OS NOVOS RUMOS DA RESPONSABILIDADE CIVIL

O Estado e a violência urbana

Felipe Braga Netto

OS NOVOS RUMOS DA RESPONSABILIDADE CIVIL

O Estado e a violência urbana

2019

EDITORA JusPODIVM
www.editorajuspodivm.com.br

EDITORA
*Jus*PODIVM
www.editorajuspodivm.com.br

Rua Território Rio Branco, 87 – Pituba – CEP: 41830-530 – Salvador – Bahia
Tel: (71) 3045.9051
• Contato: https://www.editorajuspodivm.com.br/sac

Diagramação: Caetê Coelho *(caete1984@gmail.com)*

Capa: Ana Caquetti

N472o Netto, Felipe Braga.
Os novos rumos da responsabilidade civil o Estado e a violência urbana / Felipe Braga Netto – Salvador: Editora JusPodivm, 2019.
352 p.

Bibliografia.
ISBN 978-85-442-2706-0.

1. Responsabilidade Civil. 2. Violência Urbana. 3. Direito dos Danos. 4. Solidariedade Social. I. Netto, Felipe Braga. II. Título.

CDD 342.151

"O vício da gente esquecer das próprias
faculdades de pensar é bastante comum.
Mesmo entre os que pensam.
Alguém faz uma afirmativa crítica e
nós deitamos nessa jangadinha e vamos
de rodada mansamente rio abaixo,
sem interrogarmos mais se as cabeceiras do rio
são puras nem se a jangada é legítima".

Mário de Andrade

OBRAS DO AUTOR

- *Manual de Direito Civil – Volume Único.* Cristiano Chaves de Farias, Felipe Braga Netto e Nelson Rosenvald. 4ª edição. *Juspodivm, 2019.*
- *Novo Tratado de Responsabilidade Civil.* Cristiano Chaves de Farias, Felipe Braga Netto e Nelson Rosenvald. 4ª edição. Saraiva, 2019.
- *Curso de Direito Civil. Responsabilidade Civil. Cristiano Chaves de Farias, Felipe Braga Netto e Nelson Rosenvald.* 6ª edição. Juspodivm, 2019.
- *Manual de Direito do Consumidor à luz da jurisprudência do STJ.* 14ª edição. Juspodivm, 2019.
- *Manual da Responsabilidade Civil do Estado à luz da jurisprudência do STF e do STJ e da Teoria dos Direitos Fundamentais.* 5ª edição. Juspodivm, 2018.
- *Curso de Direito Civil. Parte Geral e LINDB.* Juspodivm, 2015.
- *Teoria dos Ilícitos Civis.* 3ª edição. Juspodivm, 2018.
- *Responsabilidade Civil.* São Paulo: Saraiva, 2008.
- *As Coisas Simpáticas da Vida.* 3ª edição. Belo Horizonte: Rodapé, 2018.
- *O Livro de Lucca.* Belo Horizonte: Rodapé, 2018.
- Uma nova hipótese de responsabilidade objetiva na ordem jurídica brasileira? O Estado como vítima de atos lesivos. *Lei Anticorrupção e Temas de Compliance.* 2ª edição. Juspodivm, 2017.
- Atuação do Ministério Público na defesa do consumidor. *Temas atuais do Ministério Público.* 6ª edição. Juspodivm, 2016.
- O Sistema Aberto do Direito Civil e seus diálogos com o novo CPC. *Direito Civil – Coleção Repercussões do novo CPC.* Juspodivm, 2017.
- O diálogo das fontes entre os microssistemas do consumidor e ambiental: em busca de redes de conexões conceituais mais generosas para as vítimas dos danos. *Temas atuais do Ministério Público.* 6ª edição. Juspodivm, 2016.
- Cervantes e Shakespeare: os ciclos históricos e a contínua revalorização dos danos. *Direito e Literatura: legados de Shakespeare e Cervantes.* Editora PUC MINAS: 2017.

- A dimensão preventiva da responsabilidade civil. *Direito Privado e Contemporaneidade: desafios e perspectivas do direito privado no século XXI.* D'Plácido, 2014.
- Imagem e imprensa na sociedade em rede: conexões temáticas na busca de critérios constitucionalmente consistentes de ponderação. *Liberdade de expressão no século XXI.* Del Rey, 2016.
- A responsabilidade civil e a hermenêutica contemporânea: uma nova teoria contratual? *A Teoria do Contrato e o novo Código Civil.* Nossa Livraria, 2003.
- Direito Civil e Constituição: desafios e perplexidades de uma aproximação. *Crise e desafios da Constituição.* Del Rey, 2003.
- A Constituição e a dimensão privada do existir. *Quinze anos de Constituição.* Del Rey, 2004.
- O dano moral na jurisprudência civil-constitucional. *Constituição e crise política.* Del Rey, 2006.
- Ato ilícito e excludente de ilicitude. *Manual de Teoria Geral de Direito Civil.* Belo Horizonte: Del Rey, 2011.
- Codificação ou interpretação? Os efeitos possíveis dos ilícitos civis. *Os 10 anos do Código Civil: evolução e perspectivas.* Belo Horizonte: Fórum, 2012.
- Dano moral e imprensa. *Temas de Direito Civil contemporâneo.* Juspodivm, 2009.
- Direitos da personalidade: em busca de modos preventivos de proteção. *Leituras complementares de Direito de Família.* Salvador: Juspodivm, 2009.
- *Dom Helder Câmara, uma breve biografia. Em defesa dos direitos e garantias fundamentais.* Belo Horizonte: ESDHC, 2010.
- Ilícito civil, esse desconhecido... *Revisitando a Teoria do Fato Jurídico. Homenagem a Marcos Bernardes de Mello.* São Paulo: Saraiva, 2010.
- *Comentários à Lei de Falências e Recuperação de Empresas (Lei nº 11.101/05). (Artigos 115 a 118).* Forense, 2009.
- *Acaba não, mundo (e outras do cronicadodia.com.br).* São Paulo: Pátio, 2011.
- Dano moral coletivo: a história de uma consagração. *Questões controvertidas de Direito Ambiental, Direitos Difusos e Coletivos e Direito do Consumidor.* Juspodivm, 2013.
- Danos ambientais e inversões probatórias: construindo um percurso argumentativo. Salvador: Juspodivm, 2015.
- A dimensão hermenêutica e reajustes de rota: a questão do destinatário final. *Transformações do Direito Privado na contemporaneidade. Reflexões e tendência do Direito Privado no século XXI.* Belo Horizonte: Newton Paiva, 2014.
- Os ilícitos civis na experiência jurídica brasileira. *Os 10 anos do Código Civil: edição comemorativa.* Brasília: ESMPU, 2014.

SUMÁRIO

INTRODUÇÃO

A responsabilidade civil é conhecida por seu caráter dinâmico e inovador. Ainda assim, não é comum associar a responsabilidade civil às questões de violência urbana, sobretudo no que se refere aos deveres e funções do Estado. É nesse cenário (difícil) que ingressa este livro. E chega com uma pergunta inquietante: quais os limites e as possibilidades de responsabilizar civilmente o Estado por danos sofridos pelos cidadãos relacionados à violência urbana? Assaltos, balas perdidas, explosões de caixas eletrônicos são fatos infelizmente comuns para os brasileiros. Juridicamente falando, o risco é apenas das vítimas, dos cidadãos? Ou já temos elementos para responsabilizar o Estado por danos como esses?

Vamos imaginar uma situação comum, diária. Apenas para tornar a discussão mais concreta e mais clara para a leitora e para o leitor. Digamos que, numa viagem de ônibus entre Belo Horizonte e Salvador, ocorra um assalto (o exemplo também se aplica a um ônibus que trafegue apenas dentro das cidades, fazendo o percurso entre bairros – o resultado jurídico seria o mesmo). Nesse assalto ocorrem danos graves: morte de passageiros, por exemplo. Ou estupros. Ou ainda passageiros sofrem queimaduras sérias (os assaltantes colocaram fogo no ônibus, o que se tornou espantosamente comum). Em todos esses casos – e até em danos mais leves, como se o assalto resultou no roubo de malas, bolsas e celulares –, a pergunta se põe: haverá indenização? As vítimas do assalto (com mortes, estupros ou danos materiais) receberão alguma espécie de indenização? A resposta que o direito brasileiro dá, no século XXI, é um sonoro não. Por incrível que pareça, não haverá indenização nesses casos (segundo entendimento pacífico da jurisprudência brasileira). É um ponto fora da curva em matéria de direito dos danos.

A tendência internacional, sabe-se, é proteger de modo prioritário a vítima dos danos.

Os tribunais, julgando o exemplo acima, costumam afirmar: o dever de prestar segurança pública é do Estado, não é das empresas de transporte (e, com isso, afastam o dever das empresas de transporte de indenizar os passageiros). Porém, nunca se dá o passo argumentativo seguinte: que seria responsabilizar civilmente o Estado por esses danos. Nota-se que o dever de prestar segurança pública – embora seja um direito fundamental social dos cidadãos – é um dever fraco, retórico, sem consequência nenhuma. Falando de modo claro: no exemplo dos danos gravíssimos sofridos na viagem de ônibus, os passageiros – ou seus familiares, se houve morte – não terão indenização alguma. Nem das empresas de transporte, nem do Estado.

Esse é só um exemplo para tentar evidenciar a atualidade e a importância da matéria. Este livro não se limitará a investigar a questão dos assaltos nos ônibus. Indagaremos também como – e em que medida – o Estado deverá responder por danos ligados à violência urbana (de modo mais amplo). Já dispomos de elementos para isso? Se sim, por que continuamos na situação anterior? O que falta? Os cidadãos continuarão a sofrer sozinhos os resultados da violência? Será que não chegou o momento de transformar vítimas em cidadãos?

Há um estranho silêncio doutrinário em torno do assunto. Como se ele não fosse atual nem relevante (talvez seja difícil pensar em outro tão atual e tão relevante). Quaisquer que sejam as soluções a que cheguemos, é fundamental discutir com clareza a questão. Ou será que continuaremos a fugir do problema, como se ele não existisse? Uma coisa são as políticas públicas relativas à violência urbana. Outra coisa é o que fazer – juridicamente falando – com as vítimas que (já) sofreram danos graves oriundos daí. Este livro investiga o último ponto.

Felipe Braga Netto

1

O DIREITO DOS DANOS E A ATIVIDADE ESTATAL: MUDANDO A DIREÇÃO DO OLHAR

1. NOVOS DIAS, NOVOS OLHARES

Convém traçar, de modo breve, o sumário dos nossos passos argumentativos. O livro é dividido em três capítulos.

No primeiro capítulo exibiremos, de modo contextualizado, a situação atual da doutrina e da jurisprudência, sobretudo apontando – desde as primeiras linhas, com objetividade – o problema que iremos abordar e os dilemas que envolve. Acreditamos que o problema enfrentado neste livro é, de fato, um problema, com repercussões conceituais e pragmáticas realmente relevantes. Há, no discurso jurisprudencial brasileiro, contradições e falhas de coerência que precisam ser discutidas, tendo como pano de fundo a responsabilidade civil do Estado. Há, ainda, tratamentos diferenciados, sem razão constitucional bastante, para situações substancialmente semelhantes, pelo menos sob o ponto de vista do cidadão que sofreu o dano. Mais ainda: certas situações de desequiparação talvez não estejam sendo sequer percebidas, embora cristalizadas na prática jurisprudencial brasileira. Em suma, busca-se, no primeiro capítulo, através de reflexões contextualizadas, definir o problema e as dimensões de análise em que a obra se insere.

A crescente intensidade da violência, em nossos dias, dispensa – infelizmente – exaustão argumentativa. É algo que atinge, de uma forma ou de outra, a vida da maioria dos brasileiros, não de modo distante ou retórico, mas diário e brutal. São muitos – variadíssimos – os modos de se abordar a questão da violência. O olhar pode ser econômico, jurídico, filosófico, sociológico, pode ter acentos praticamente infinitos. Queremos, neste livro, trazer um olhar que não tem sido frequente: analisar a violência sob o prisma da responsabilidade civil do Estado. O direito dos nossos dias dispõe de argumentos que possibilitam essa imposição de responsabilidade? Ou o problema ainda não dispõe de um aparato normativo-conceitual que permita respostas mais incisivas? A questão, sabemos, não é simples, nem comporta respostas absolutas – neste ou naquele sentido.

No capítulo segundo traremos o lastro conceitual mais amplo, analítico, que investiga o sentido teórico de certas mudanças que estamos atravessando, com profundas repercussões conceituais no problema discutido nesta obra. Há aqui – mas não só aqui, ao longo de todo o livro – uma necessária interdisciplinaridade, com diálogos entre campos de conhecimento distintos, porém complementares. A responsabilidade civil do Estado exige, nos nossos dias, esse diálogo, o tema pede contribuições oriundas de setores temáticos diversos – todos, porém, fundamentais à solução dos complexos conflitos da matéria. Os conceitos, categorias e institutos do direito civil iluminarão os debates, porém o tema, interdisciplinar por excelência, pede mais, e esses diálogos definirão os caminhos por onde iremos passar.

Talvez deslizemos num truísmo ao afirmar que a responsabilidade civil do Estado é matéria em permanente construção. Na responsabilidade civil – e não só nela – todos os temas, em certo sentido, estão em elaboração contínua. Sofrem releituras e redefinem seus perfis ao calor do caminhar histórico. A responsabilidade civil talvez se diferencie dos demais institutos jurídicos por se permitir um olhar singular – mais compreensivo e mais contemporâneo – em relação à sociedade e às mudanças que continuamente redefinem os perfis sociais. Em sociedades plurais e complexas, com sistemas jurídicos formados não só por regras, mas fundamentalmente por princípios, e com a progressiva valorização da dimensão existencial das relações jurídicas, a responsabilidade civil experimenta refuncionalizações contínuas, e parece vocacionada a traçar linhas de tendência que definirão os próximos passos que nós, socialmente, iremos dar.

No capítulo terceiro teremos as análises conclusivas. Discutiremos se cabe, ou não, em nosso sistema jurídico, à luz dos elementos normativo-conceituais disponíveis, a responsabilização civil do Estado por atos relacionados à violência urbana. Em caso positivo, a que modelos explicativos podemos recorrer, para, com coerência sistemática, chegar a esse resultado? São muitas (e relevantes, acreditamos) as questões a serem enfrentadas e resolvidas: a responsabilidade civil do Estado, na hipótese tratada, é uma responsabilidade civil por ato lícito ou por ato ilícito? Há diferença substancial entre ações e omissões estatais nos danos estudados? Estamos diante de uma hipótese de responsabilidade objetiva ou subjetiva? Qual o regime das excludentes de responsabilidade civil na matéria? O fato da segurança pública ser, de modo intrínseco, uma atividade de óbvios contornos estatais, significa que o Estado responderá pelos riscos que lhe são inerentes?

São múltiplas, e relevantes, as indagações que podem ser formuladas. São, fundamentalmente, questões dos nossos dias, com sérias repercussões na vida dos cidadãos do nosso século, e com projeções teóricas significativas no caminhar histórico da responsabilidade civil do Estado e nos respectivos direitos fundamentais titularizados pelos cidadãos brasileiros.

1.1. De onde viemos e para aonde vamos: entendendo o problema

Propomos neste livro uma reflexão contextualizada acerca dos limites e funções da responsabilidade civil do Estado – particularmente no que se refere às omissões. A forma tradicional de pensar a responsabilidade civil do Estado postula a impossibilidade, em geral, do Estado responder por danos vinculados à violência urbana. Convém questionar se há, nestas primeiras décadas do século XXI, uma rede de conexões normativas e conceituais que permitam repensar o problema.

As funções do Estado são, hoje, no mínimo mais coloridas do que as tradicionais funções absenteístas dos séculos passados. Há, de certo modo, um descompasso entre o Estado que garante, ou deve garantir, os direitos fundamentais, e os arcabouços conceituais tradicionais, no que se refere ao dever de indenizar estatal. Se clamamos, com frequência, por decisões judiciais com uma estrutura analítica um pouco mais refinada, precisamos navegar entre modelos teóricos que não se satisfaçam com o apego cômodo a realidades cognitivas superadas.

A discussão, como se intui, perpassa vários níveis, mas orbita em torno de uma pergunta essencial: quais os limites e funções do Estado na proteção dos direitos fundamentais diante de agressões de terceiros?[1] O olhar acadêmico costuma, a propósito, traçar fases ou dimensões relativamente à responsabilidade civil do Estado (trata-se, aliás, de hábito conceitual algo comum na literatura jurídica, basta lembrar das dimensões dos direitos fundamentais, a cujo respeito não faltam polêmicas ou mesmo contribuições de pertinência duvidosa). Seja como for, e com as inexatidões próprias de qualquer simplificação, trata-se de mecanismo conceitual que facilita o olhar,

1. Em artigo precursor – escrito há mais de 25 anos – que abriu e assentou os caminhos teóricos para chegar a certas concepções que temos hoje, Maria Celina Bodin de Moraes apontou: "A rigor, portanto, o esforço hermenêutico do jurista moderno volta-se para a aplicação direta e efetiva dos valores e princípios da Constituição, não apenas na relação Estado-indivíduo mas também na relação interindividual, situada no âmbito dos modelos próprios do direito privado". (MORAES, Maria Celina Bodin de. A caminho de um direito civil constitucional. *Revista de Direito Civil.* v. 65, ano 17, julho-setembro/1993, pp. 21-32, p. 28). Juarez Freitas, escrevendo sobre o tema que particularmente nos interessa nesta tese, argumenta que "o Estado brasileiro precisa ser responsável pela eficácia direta e imediata dos direitos fundamentais, já em suas obrigações negativas, já em suas dimensões prestacionais. Será, nessa perspectiva, proporcionalmente responsabilizável, tanto por ações como por omissões, admitida a inversão do ônus da prova da inexistência do nexo causal a favor da suposta vítima" (FREITAS, Juarez. A Constituição, a responsabilidade do Estado e a eficácia direta e imediata dos direitos fundamentais. SAMPAIO, José Adércio Leite (Coord.). *Constituição e crise política.* Belo Horizonte: Del Rey, 2006, pp. 381-401, p. 382). Em outra oportunidade, destacou que "o princípio da responsabilidade extracontratual objetiva do Estado pelas condutas omissivas ou comissivas causadoras de lesão antijurídica apresenta-se como um dos pilares do Estado Democrático, sobremodo pelos riscos inerentes à atuação estatal (FREITAS, Juarez. A responsabilidade extracontratual do Estado e o princípio da proporcionalidade: vedação de excesso e de omissão. *Revista de Direito Administrativo.* Rio de Janeiro, nº 241, 2005, pp. 21/37, p. 28).

propiciando uma compreensão mais ampla e panorâmica do objeto a ser estudado.

Houve, nos séculos passados, épocas – nitidamente absolutistas – em que o Estado não respondia pelos danos que causava. Não poderíamos, por certo, falar em direitos fundamentais, pelo menos não do modo como os enxergamos atualmente. Não se poderia levar o rei aos tribunais do rei, dizia-se. Essa é uma primeira fase, dita absolutista, em que não havia sequer em tese responsabilidade civil estatal. Carlos Edison do Rêgo Monteiro Filho, a respeito, diagnostica: "Inicialmente, a primeira fase que se identifica é a da *irresponsabilidade* do Estado, que por nada respondia. Em um segundo momento, exsurgiu a responsabilidade civil do Estado por *culpa subjetiva*. Em uma terceira etapa, evolvendo na sequência do assunto, chegou-se à responsabilidade do Estado por *culpa anônima*, já não sendo necessária a identificação precisa do causador do dano, do agente que violou o direito – a culpa seria do serviço indistintamente considerado. E, finalmente, a quarta fase: a da *responsabilidade objetiva*, que vigora atualmente. No Brasil, desde o Texto de 1946, as Constituições têm repetido a regra da responsabilidade objetiva" [2].

Nesta obra, interessa-nos, fundamentalmente, a fase inaugurada a partir da Constituição de 1946. O art. 194 da Constituição Federal de 1946 trazia a seguinte redação: "As pessoas jurídicas de

2. MONTEIRO FILHO, Carlos Edison do Rêgo. Problemas de responsabilidade civil do Estado. *RTDC*, v. 11, jul/set 2002, pp. 35-65, p. 39. Convém frisar, a propósito, que a maioria da doutrina costuma apenas mencionar três fases: a) fase da irresponsabilidade estatal; b) fase da responsabilidade subjetiva; c) fase da responsabilidade objetiva (inaugurada, no Brasil, pela Constituição de 1946 e que perduraria até hoje). O jurista citado, porém, argutamente, menciona como sendo a terceira fase a "culpa anônima" – quando, embora ainda estivéssemos em sede subjetiva, a identificação do causador do dano não mais se fazia necessária. Trata-se, porém, de questão menor – mera escolha classificatória – consistente na seguinte pergunta: a chamada "culpa anônima" foi uma fase autônoma na evolução histórica da responsabilidade civil do Estado ou foi apenas um mecanismo para contornar as notórias dificuldades da responsabilidade subjetiva? Algo parecido, de certo modo, com o que aconteceu com o mecanismo da culpa presumida, diante da responsabilidade civil subjetiva tradicional (quando falamos em culpa presumida ainda estamos, por certo, em terreno subjetivista, embora com um mecanismo com tenta tornar menos difícil a situação da vítima do dano, a inversão do ônus da prova relativamente à culpa).

direito público interno são civilmente responsáveis pelos danos que os seus funcionários, nessa qualidade, causem a terceiros. Parágrafo único. Caber-lhes-á ação regressiva contra os funcionários causadores do dano, quando tiver havido culpa destes". Trata-se da chamada teoria do risco administrativo. Nesse contexto – a partir da Constituição Federal de 1946, na experiência brasileira – estamos diante de período histórico e normativo em que o Estado não só responde pelos danos que causar aos cidadãos, como responde objetivamente, isto é, sem culpa[3].

Percebe-se, no contexto mencionado, que "a terceira fase, finalmente, revela a tentativa do direito público, a partir do início do século XX, de construir as garantias do cidadão contra o Poder Público, desenvolvendo mecanismos para se responsabilizar o Estado de maneira ampla. Em homenagem ao florescente princípio da igualdade, pretendeu-se que o dever de reparação vinculasse in-

---

3. Assim, "na realidade, terá sido apenas com a Constituição de 1946 que, pelo disposto em seu art. 194, se deu a adoção expressa do princípio da responsabilidade objetiva do Estado" (CAHALI, Yussef Said. *Responsabilidade Civil do Estado*. São Paulo: RT, 2007, 3ª edição, p. 32. Destacou-se que "*o risco e a solidariedade social* são, pois, os suportes dessa doutrina que, por sua objetividade e partilha dos encargos, conduz à mais perfeita *justiça distributiva*, razão pela qual tem merecido o acolhimento dos Estados modernos, inclusive o Brasil, que a consagrou pela primeira vez no art. 1946 da CF de 1946" (MEIRELES, Hely Lopes. *Direito Administrativo Brasileiro*. São Paulo: Malheiros, 2000, p. 585). Aponta-se, no mesmo sentido, que "a partir da Constituição Federal de 1946, adotou-se no nosso ordenamento jurídico a teoria da responsabilidade objetiva para a responsabilização do Estado" (GANDINI, João Agnaldo Donizete; SALOMÃO, Diana Paola. A responsabilidade civil do Estado por conduta omissiva. *Revista Forense*, v. 386, julho/agosto de 2006, Rio de Janeiro: Forense, pp. 129-151, p. 139). Nosso maior tratadista da responsabilidade civil já houvera registrado que "não obstante a persistência das ideias regalistas, a responsabilidade do Estado progride para um ponto de satisfação plena aos princípios solidaristas" (DIAS, José de Aguiar. *Da Responsabilidade Civil*. Rio de Janeiro: Forense, 1954, p. 641). Sob uma perspectiva mais ampla, não restrita à responsabilidade civil do Estado, podemos notar uma mudança de análise da responsabilidade civil: do ato ilícito para o dano injusto (MULHOLLAND, Caitlin Sampaio. *A responsabilidade civil por presunção de causalidade*. Rio de Janeiro: GZ, 2010, p. 27). Já a questão das três fases históricas da responsabilidade civil do Estado – esquematicamente apontadas pela doutrina, de modo geral – foi elegantemente abordada por TÁCITO, Caio. Tendências atuais sobre a Responsabilidade Civil do Estado. *Revista de Direito Administrativo*, v. 55, 1959, p. 262 e seguintes. Cabe referir, com o perdão da obviedade, que quaisquer classificações – sobretudo as de feição histórica – são esquemáticas e aproximativas, não sendo razoável buscar, por meio delas, uma precisão absoluta nas sempre superpostas experiências sociais.

distintamente particulares e Poder Público e, sob outra perspectiva, que os ônus decorrentes dos danos produzidos pela administração pública fossem igualmente repartidos por toda comunidade, não recaindo somente sobre *a vítima*"[4].

Aliás, é voz corrente entre os autores que se debruçaram sobre o tema que a jurisprudência brasileira demorou décadas para aceitar, por assimf dizer, a responsabilidade objetiva do Estado estabelecida

---

4. TEPEDINO, Gustavo. A Evolução da Responsabilidade Civil no Direito Brasileiro e suas Controvérsias na Atividade Estatal. *Temas de Direito Civil*. Rio de Janeiro: Renovar, 2001, pp. 173-215, p. 186. Assim, "pode-se afirmar que o legislador brasileiro, bem como a doutrina e a jurisprudência, sempre tiveram clara a evolução da responsabilidade do Estado, sempre no sentido de sua objetivação, afastando-se da culpa e aproximando-se do risco, até assumi-lo, sendo razoável que se falasse em algum tipo de responsabilidade subjetiva apenas no período que vai do início de vigência do antigo Código Civil de 1916 até a promulgação da Constituição Federal de 1946, quando, promulgada esta, a responsabilidade do Estado passou a ser objetiva, ficando revogado o Código Civil" (GANDINI, João Agnaldo Donizete; SALOMÃO, Diana Paola. A responsabilidade civil do Estado por conduta omissiva. *Revista Forense*, v. 386, julho/agosto de 2006, Rio de Janeiro: Forense, pp. 129-151, p. 146). A Constituição Federal de 1998, em seu art. 37, § 6º: "As pessoas jurídicas de direito público e as de direito privado prestadoras de serviços públicos responderão pelos danos que seus agentes, nessa qualidade, causarem a terceiros, assegurado o direito de regresso contra o responsável nos casos de dolo ou culpa". Trata-se de norma que já participa de nossa tradição constitucional. Desde a Constituição de 1946 (art. 194), a responsabilidade civil do Estado é objetiva – na modalidade do risco administrativo. Desde então, essa estrutura normativa permanece, com pequenas alterações nos textos posteriores. A Constituição de 1967 repete a norma (art. 105), acrescentando que caberá ação regressiva em caso de culpa ou dolo (o que não havia no texto de 1946). A norma foi mantida na Emenda nº 1º, de 1969, passando a ser o art. 107 da Constituição. A responsabilidade objetiva do Estado já configura tradição memorável da história constitucional do Brasil. O STF, em mais de uma ocasião, frisou que o art. 37, § 6º, da CF/88 não difere substancialmente do dispositivo equivalente da Constituição anterior, o art. 107 da CF/67, após a EC 1/69 (STF, RE 136.861, Rel. Min. Joaquim Barbosa, j. 21/09/10). O que mudou, isto sim, ao longo das décadas, foi a interpretação que a Suprema Corte deu ao dispositivo: "A teoria do risco administrativo, consagrada em sucessivos documentos constitucionais brasileiros desde a Carta Política de 1946, confere fundamento doutrinário à responsabilidade civil objetiva do Poder Público pelos danos a que os agentes públicos houverem dado causa, por ação ou por omissão" (STF, RE 109.615, Rel. Min. Celso de Mello, DJ 02/08/96). O Código Civil tentou repetir o dispositivo constitucional (Código Civil, art. 43: "As pessoas jurídicas de direito público interno são civilmente responsáveis por atos dos seus agentes que nessa qualidade causem danos a terceiros, ressalvado direito regressivo contra os causadores do dano, se houver, por partes destes, culpa ou dolo"). Dissemos "tentou porque o Código Civil, inexplicavelmente, não mencionou as pessoas jurídicas de direito privado prestadoras de serviço público. A omissão, porém, sabemos, não tem consequências hermenêuticas relevantes.

pela Constituição de 1946. A assimilação das mudanças não se faz de modo instantâneo[5].

O Estado responde objetivamente pelos danos que os agentes públicos causem – ou mesmo as pessoas jurídicas de direito privado prestadoras de serviços públicos (tendo sido essa uma inovação da Constituição de 1988 que os redatores do Código Civil de 2002, ao reproduzir o dispositivo constitucional, aparentemente se esqueceu de incluir). Os agentes públicos apenas respondem por culpa[6]. A

5. Gustavo Tepedino, a propósito, cita um julgado do TJSP, de 1952, cuja ementa é bastante reveladora da mentalidade tradicional: "A culpa é o fundamento da responsabilidade civil das pessoas jurídicas de direito público; a Constituição não trouxe modificação à doutrina do Código Civil" (TEPEDINO, Gustavo. A Evolução da Responsabilidade Civil no Direito Brasileiro e suas controvérsias na Atividade Estatal. *Temas de Direito Civil*. Rio de Janeiro: Renovar, 2001, pp. 173-215, p. 188). Nesse contexto "é necessário anotar que mesmo diante da aceitação generalizada na doutrina de que o dispositivo em questão consagrava uma responsabilidade objetiva – o que é repetido pelos autores modernos e consta até mesmo de julgados recentes do STF – a jurisprudência dos tribunais brasileiros demorou a incorporar essa mudança normativa a suas decisões. Este foi um desenvolvimento lento ao longo da vigência do texto de 1946, que consolidou a teoria do risco no direito administrativo brasileiro, de modo que foi automaticamente incorporada à Constituição de 1967" (HORBACH, Carlos Bastide. Responsabilidade do Estado: 25 anos de aplicação da Constituição de 88. *25 anos da Constituição brasileira de 1988*: Democracia e Direitos Fundamentais no Estado Democrático de Direito. RIBEIRO, Patrícia Henriques (Org.). Belo Horizonte: D'Plácido, 2014, pp. 105-132, p. 110). Helena Elias Pinto registra de modo semelhante: "Trata-se de um interessante caso em que o dispositivo constitucional que disciplina o tema não sofreu mudança essencial no período, mas a interpretação que lhe atribuiu a Suprema Corte registrou modificações acentuadas" (PINTO, Helena Elias. *Responsabilidade Civil do Estado por Omissão*. Rio de Janeiro: Lumen Juris, 2008, p. 64).

6. A responsabilidade do agente público é é subjetiva (regida portanto pelo tradicional art. 186 do Código Civil, antigo 159 no Código de 1916), sem prejuízo de outras normas específicas aplicáveis à situação. Trata-se de conhecida cláusula geral do direito privado brasileiro, a cláusula geral da responsabilidade civil subjetiva. Podemos, é verdade, criticar a cláusula geral subjetiva por essa ou aquela razão (redacional ou conceitual), mas não podemos deixar de reconhecer que as vantagens da tradição civilística brasileira – nos códigos civis de 1916 e de 2002 – ao inserir os ilícitos na parte geral do (e não na parte especial – como o faz, por exemplo, o Código Civil alemão, tido como uma legislação tecnicamente escorreita). O BGB (§ 823) optou ainda por uma descrição tarifada dos bens jurídicos que, violados, ensejariam ilícitos, numa técnica inferior àquela adotada pelo Código Civil brasileiro, que se valeu de cláusulas gerais (arts. 186 e 187). Sabe-se que, "diversamente do direito penal, porém, o direito civil não tipifica legislativamente cada comportamento danoso; ao contrário, a obrigação de indenizar está inserida em uma cláusula geral, prevista no art. 186 c/c o art. 927 do Código Civil"(Maria Celina Bodin de Moraes, "A Constitucionalização do Direito Civil e seus efeitos sobre a Responsabilidade Civil". In: *A Constitucionalização do Direito: fundamentos teóricos e aplicações específicas*. Cláudio Pereira de Souza e Daniel Sarmento (Orgs). Rio de Janeiro: Lumen Juris, 2007, p. 440). Seja como for, o conceito de ilícito

culpa, desse modo, apenas é necessária na ação de regresso[7]. Aliás, outra inovação da Constituição Federal de 1988, em termos de responsabilidade civil do Estado, foi a substituição da expressão "funcionários públicos" pela expressão "agentes públicos". A expressão "funcionários públicos", que constava nas cartas constitucionais anteriores, era lida pela doutrina como demasiado restrita, não dando conta da multiplicidade de pessoas que atuam, de uma forma ou de outra, em nome do Estado. Por isso a Constituição de 1988, em correto ajuste redacional, inseriu a expressão "agentes públicos". A tendência, ademais, na matéria, é a leitura (hermenêutica) no sentido da progressiva ampliação das pessoas que, agindo ou se omitindo, fazem surgir a responsabilidade civil do Estado. Não importa se o vínculo é precário, se é temporário, nem mesmo importa que haja (ou que tenha havido) remuneração.

---

civil não se confunde com o de responsabilidade civil. Os ilícitos civis são uma categoria ampla e multiforme – a responsabilidade civil é apenas uma das muitas sanções possíveis que resultam de ilícitos civis (sem mencionar o fato, bastante óbvio, de que a responsabilidade civil pode resultar de atos lícitos).

7. No Brasil, inexplicavelmente, as ações de regresso *não são* propostas. Pelo menos essa é a regra. Quando o são, em geral são contra agentes públicos humildes, como motoristas de veículos de repartições públicas. São muitas as razões possíveis dessa cultura de marcada omissão em relação às ações de regresso. Talvez, em parte, nosso conhecido traço patrimonialista – tão bem denunciado por Raymundo Faoro, em *Os Donos do Poder* – que faz pensar que os bens do Estado não são de ninguém (HOLANDA, Sérgio Buarque de. *Raízes do Brasil*. São Paulo: Companhia das Letras, 1995, p. 141 e seguintes; FAORO, Raymundo. *Os Donos do Poder*. Rio de Janeiro: Globo, 1989; CITTADINO, Gisele. Raymundo Faoro e a Reconstrução da Democracia no Brasil. In: Juarez Guimarães. (Org.). Raymundo Faoro e o Brasil. São Paulo: Editora Fundação Perseu Abramo, 2009, v. 1, p. 33-37). Ou, pior, nossa proverbial dificuldade em distinguir o privado do público, ou o *jardim* e a *praça*, na sutil metáfora de Nelson Saldanha (SALDANHA, Nelson. *O Jardim e a Praça: Ensaio sobre o lado privado e o lado público da vida social e histórica*. Porto Alegre: Sergio Antonio Fabris Editor, 1986). Imagina-se, conscientemente ou não, que aquilo que é do Estado não é de ninguém, e portanto não há problema se houver um prejuízo aqui e outro ali. Esse modo de pensar leva à corrupção, mas não só a ela. A propósito, o STF já se manifestou afirmando que "o que é preciso é que as Procuradorias dos órgãos públicos se compenetrem de que devem aforar a competente ação regressiva contra o agente público que agiu com dolo ou culpa (CF, art. 37, § 6º)" (STF, Agr. 167.659-1, Rel. Min. Carlos Velloso). O Projeto de Lei nº 718/2011, do Senado Federal, que pretende regulamentar a responsabilidade civil do Estado, dispõe: "Art. 9º. A responsabilização dos agentes será, em qualquer caso, efetivada regressivamente. § 1º. Identificado o agente causador do dano, e apurado seu dolo ou culpa, impõe-se o ajuizamento da ação de regresso".

Convém indagar se a fase teórico-normativa inaugurada pela Constituição de 1946 explica, de modo satisfatório, as relações jurídicas atualmente experimentadas, isto é, se guarda compatibilidade com nossa democracia constitucional. Ou se caberia dar um passo além, construindo um modelo teórico que contemple o Estado como garantidor dos direitos fundamentais. Construindo, em outras palavras, um modelo conceitual que dialogue com a complexidade das sociedades contemporâneas e forneça uma estrutura analítica que se pretenda harmônica com as atuais democracias constitucionais[8]. Conforme frisamos, as funções do Estado, hoje, são no mínimo mais coloridas que as tradicionais funções absenteístas dos séculos passados.

Nosso ponto de partida, em certa medida, é o ponto de chegada da responsabilidade objetiva do constituinte de 1946. Será que, normativamente – tendo presentes as construções teóricas e jurisprudenciais que desenvolvemos nestes setenta anos – a responsabilidade civil do Estado de hoje é a mesma de 1946? Não dispomos, agora, no século XXI, de uma rede de conexões normativas e conceituais que nos permitam dar um passo além? Talvez possamos afirmar que o Estado do século XXI tem o dever, em certa medida, de acertar,

8. Nesse contexto, "o alargamento das funções do Estado provocou mudanças nas relações entre Poder Público e indivíduo, as quais, por sua vez, promoveram marcantes alterações na tradicional concepção acerca da responsabilidade civil do Estado. Condições sociais e políticas inéditas reclamaram, primeiro da jurisprudência, depois na legislação, soluções ajustadas às novas circunstâncias" (FREITAS, JUAREZ. Responsabilidade civil do Estado e o princípio da proporcionalidade: vedação do excesso e da omissão. *Revista de Direito Administrativo*. Rio de Janeiro, v. 241, 2005, pp. 21/37, p. 23). Alguns autores, argutamente, percebem o abismo teórico (e social) que existe entre certos conceitos e a realidade dos nossos dias. No direito administrativo – fundamental, embora não de modo exclusivo, nos debates relativos ao problema desta tese –, por exemplo, o instrumental teórico é fundamentalmente do século XIX. Assim, "o conteúdo e as interpretações do direito administrativo permanecem vinculados e referidos a uma realidade sociopolítica que há muito deixou de existir. O instrumental do direito administrativo é, na sua essência, o mesmo de um século atrás". Justen Filho destaca de modo enfático: "A supremacia da Constituição não pode ser mero elemento do discurso político. Deve constituir o núcleo concreto e real da atividade administrativa. Isso equivale a rejeitar o enfoque tradicional que inviabiliza o controle das atividades administrativas por meio de soluções opacas e desconstituídas de transparência, tais como discricionariedade administrativa, conveniência e oportunidade e interesse público. Essas fórmulas não devem ser definitivamente suprimidas, mas sua extensão e importância têm de ser restringidas à dimensão constitucional e democrática" (JUSTEN FILHO, Marçal. *Curso de Direito Administrativo*. São Paulo: Saraiva, 2011, p. 14).

sob pena de responsabilidade. Não advogamos, com isso, uma responsabilidade estatal irrestrita e ampla, desvinculada do nexo causal. Apenas constatamos que a forma de pensar a responsabilidade civil do Estado não pode perder de vista as contribuições teóricas do constitucionalismo contemporâneo[9]. Aliás, parece incorporada ao aparato conceitual dos juristas a crença de que tanto mais avançada será uma lei quanto maior for sua potencialidade em exprimir a normativa constitucional[10].

---

9. Cabe, aqui, de modo semelhante, invocar o que – em outro contexto teórico – escreveu Caitlin Sampaio Mulholland: "Antecipa-se, contudo, que a hipótese retratada neste trabalho não busca a ampliação das hipóteses de danos ressarcíveis. Ainda que indiretamente esta possa ser uma das consequências possíveis da presunção de causalidade, o desenvolvimento do livro visa, única e exclusivamente, ao atendimento do princípio da solidariedade social e da reparação integral dos danos injustamente sofridos e que, de outra maneira, restariam irressarcidos" (MULHOLLAND, 2010, p. 8). Há, atualmente, menciona a autora, uma passagem do ato ilícito ao dano injusto e uma mudança do eixo paradigmático da teoria da responsabilidade civil – da culpa ao risco. Além disso, a responsabilidade civil, sabemos – categoria fundamentalmente histórica – reflete o que determinada comunidade entende por dano. Ela trabalha com a difícil operação de filtrar o que deve ser reparado ou compensado. Obviamente, o discurso humano nem sempre vê os danos do mesmo modo. Circunstâncias e valores ético-culturais definem o que determinada comunidade enxergará como dano (o permanente desafio de distinguir danos triviais daqueles injustos). Caitlin Mulholland sublinha ainda que a "expressão *direito de danos* deve ser utilizada preferencialmente quando nos referimos ao estado atual da Teoria Geral da Responsabilidade Civil" (MULHOLLAND, Caitlin Sampaio. *A responsabilidade civil por presunção de causalidade.* Rio de Janeiro: GZ, 2010, p. 15, nota 5). A expressão "direito de danos" representa a ênfase nas preocupações com as vítimas dos danos e está menos ligada a um juízo de reprovabilidade da conduta do ofensor (HOFMEISTER, Maria Alice Costa. *O dano pessoal na sociedade de risco.* Rio de Janeiro: Renovar, 2002, p. 121).
10. PERLINGIERI, Pietro. *La personalità umana nell'ordinamento giuridico.* Camerino: Jovene, 1972; PERLINGIERI, Pietro. Norme costituzionali e rapporti di diritto civile. *Scuole, tendenze e metodi.* Napoli: Esi, 1989; *Perfis do direito civil – uma introdução ao direito civil-constitucional.* Trad. Maria Cristina de Cicco. Rio de Janeiro: Renovar, 1997; MORAES, Maria Celina Bodin de. A caminho de um direito civil constitucional. *Revista de Direito Civil.* v. 65, ano 17, julho-setembro/1993, pp. 21-32; TEPEDINO, Gustavo. *Temas de Direito Civil.* Rio de Janeiro: Renovar, 2001; LÔBO, Paulo Luiz Netto. Constitucionalização do Direito Civil. *Direitos e Deveres,* nº 3, jul./dez. Maceió: Imprensa Universitária, 1998, pp. 92-121 FACHIN, Luiz Edson Fachin. *Teoria crítica do direito civil.* Rio de Janeiro: Renovar, 2000. *L'età della decodificazione.* Milano: Giuffrè, 1989, p. 8. TEPEDINO, Gustavo, *RTDC,* Editorial, vol. 20, out/dez. 2004; MONATERI, P. G. *Pensare il Diritto Civile.* Torino: Giappichelli, 1999, p. 24/25. A propósito, as conclusões doutrinárias mais atuais apontam para o fato de que "o Estado brasileiro, em última análise, tem o dever de zelar pela eficácia direta e imediata dos direitos fundamentais, punível a omissão despida de motivos plausíveis" (FREITAS, Juarez. Responsabilidade Civil do Estado e o princípio da proporcionalidade: vedação de excesso e de inoperância. *Responsabilidade Civil do Estado.* Juarez Freitas (org.). São Paulo: Malheiros, 2006, pp. 170-197, p. 185). Nesse contexto, "os princípios da *solidariedade social e da justiça distributiva,* capitulados no

Talvez seja o momento de revisitar o tema, à luz das conquistas recentes da teoria dos direitos fundamentais e da constitucionalização do direito civil (e, também, do direito administrativo). Rever, enfim, as conclusões tradicionais, à luz das opções normativas da Constituição da República[11].

Vivemos dias em que os casos mostram-se singularmente complexos.

São notórias, por exemplo, as dificuldades de quantificação dos danos extrapatrimoniais. Envolvem, quase sempre, valorações pouco objetivas (trata-se de quantificar o que, ontologicamente, não comporta quantificação). Isso, porém, não impede que enfrentemos, diariamente, por todo o país, o desafio (judicial) dessas quantificações. O mesmo raciocínio se aplica, de certa forma, à questão da responsabilidade civil do Estado por atos relacionados à violência urbana. Os desafios, na matéria, não são poucos nem fáceis. Dirí-

art. 3, incisos I e III, da Constituição, segundo os quais se constituem em objetivos fundamentais da República a construção de uma sociedade livre, justa e solidária, bem como a erradicação da pobreza e da marginalização e a redução das desigualdades sociais e regionais, não podem deixar de moldar os novos contornos da responsabilidade civil. Do ponto de vista legislativo e interpretativo, retiram da esfera meramente individual e subjetiva o dever de repartição dos riscos da atividade econômica e da autonomia privada, cada vez mais exacerbados na era da tecnologia. Impõem, como linha de tendência, o caminho da intensificação dos critérios objetivos de reparação e do desenvolvimento de novos mecanismos de seguro social" (TEPEDINO, Gustavo. A Evolução da Responsabilidade Civil no Direito Brasileiro e suas Controvérsias na Atividade Estatal. *Temas de Direito Civil*. Rio de Janeiro: Renovar, 2001, pp. 173-215, p. 175-176).

11. Estudos recentes percebem "uma insuficiência de elaboração teórica em relação à responsabilidade civil do Estado, que parece estagnada no ponto similar ao que estava o direito civil antes de sua releitura à luz da Constituição, em momento que se convencionou chamar de constitucionalização do direito civil" (PINTO, Helena Elias. *Responsabilidade Civil do Estado por Omissão*. Rio de Janeiro: Lumen Juris, 2008, p. 4). A autora esclarece que estagnação, no caso, significa a ausência de novos paradigmas, e não falta de movimento. Não há, na verdade, em relação à responsabilidade civil do Estado – sobretudo na modalidade omissiva – a exuberância teórica que seria legítimo esperar. Em relação a livros, temos, no início do século passado, a obra – inovadora sob vários aspectos – de Amaro Cavalcanti, publicada em 1904 (*Responsabilidade Civil do Estado*. Rio de Janeiro: Borsoi, 1957, 2ª edição). Tivemos, depois, em meados do século passado, a obra de Aguiar Dias (DIAS, José de Aguiar. *Da Responsabilidade Civil*. Rio de Janeiro: Forense, 1960, 4ª edição), que embora não seja monográfica, não cuide exclusivamente do tema, avança de modo substancial em vários aspectos, sendo fundamental na matéria. Há cerca de trinta anos atrás, foi publicada a obra de Yussef Said Cahali (CAHALI, Yussef Said. *Responsabilidade Civil do Estado*. São Paulo: RT, 2007, 3ª edição). Nos livros de direito administrativo, a matéria é quase sempre citada de modo genérico e superficial, sem análise detida das complexidades e dos problemas que suscita.

amos, até, que a matéria é dificílima, permeada de armadilhas e perplexidades. Mas a aridez do caminho não pode servir como convite ao desvio de olhar diante desses diários e gravíssimos danos. A ordem constitucional democrática, que privilegia a dimensão existencial das relações jurídicas, certamente não é respeitada – ou construída, em suas potencialidades – com escolhas assim, que se recusam a enfrentar o necessário, mas árduo, caminho de não deixar vítimas desamparadas, mesmo diante de casos difíceis. Maria Celina enfatiza que contamos, nesses "anos pós-constitucionais", com um ordenamento jurídico plural e solidário, e uma metodologia de interpretação e aplicação do direito mais flexível e justa[12].

Convém, porém, lembrar – embora traduza certa obviedade – que a construção de uma sociedade mais justa e solidária não se faz apenas imputando aos danos reparações monetárias. É fundamental ampliar os espaços de exercício da dignidade – na família, nos contratos, na empresa, ou em quaisquer relações subjetivas que projetem efeitos jurídicos. Nota-se, nos estudos mais atuais, o progressivo abandono de uma postura neutra – claramente envelhecida e historicamente gasta –, e a busca, à luz da Constituição da República, de paradigmas diferenciados de proteção, otimizando aquelas formas de contrato, de propriedade, de união familiar que melhor realizem os valores constantes de nossa ordem constitucional. Buscando-se, enfim, modelos que operacionalizem a realização dos valores existenciais, em detrimento, havendo choque, dos valores patrimoniais.

Fundamental, nesse contexto, dialogar com os direitos fundamentais, como sistema de valores que unificam a ordem jurídica. Há autores que mencionam a chamada dimensão objetiva dos direitos fundamentais, ou eficácia irradiante[13]. Sabemos que os

12. MORAES, Maria Celina Bodin de. Professores ou juízes? *Civilística*. a 3, nº 2. 2014, editorial.

13. Trata-se de ponto repetido, com maior ou menor intensidade, por muitos autores. Confira-se, por exemplo, nesse sentido: "A teoria contemporânea dos direitos fundamentais afirma que o Estado deve não apenas abster-se de violar tais direitos, mas também proteger seus titulares de lesões e ameaças provindas de terceiros. Esse deve de proteção envolve as atividades legislativa, administrativa e jurisdicional do Estado, que devem guiar-se para a promoção dos direitos da pessoa humana. Tal aspecto

direitos fundamentais se colocam acima do legislador, limitam e condicionam a sua atividade. Seria desnaturar os direitos fundamentais condicioná-los a episódicas maiores legislativas. No que particularmente nos interessa nesta obra, convém registrar que os direitos fundamentais não são enxergados, apenas, atualmente, como direitos de defesa em face do Estado, como trincheiras para exigir abstenções estatais. Já estamos bem longe desses dias, quando os direitos fundamentais eram apenas isso. Há, hoje, uma dimensão ativa, no sentido de exigir que o Estado aja, eficaz e adequadamente, para proteger direitos fundamentais de violações de terceiros. Se na função ou dimensão passiva dos direitos fundamentais, exigíamos abstenções do Estado, na função ou dimensão ativa exigimos ações dele. Isto é, na dimensão negativa, o Estado deveria respeitar os direitos fundamentais, não os violando. Atualmente, na dimensão positiva, o Estado deve mais: dever proteger os direitos fundamentais de agressões provindas de terceiros.

Aliás, talvez possamos dizer que o Estado ocupa – diante dos direitos fundamentais – uma posição ambígua, algo paradoxal. Ele é, a um só tempo, amigo e inimigo. Tradicionalmente, é um dos piores inimigos dos direitos fundamentais, que foram, historicamente, como sabemos, criados para fazer frente às violências e agressões estatais. Porém o Estado, por outro lado, é amigo dos direitos fundamentais, cabendo-lhe singular posição de destaque – até pelo

---

constitui um dos mais importantes desdobramentos da dimensão objetiva dos direitos fundamentais" (SARMENTO, Daniel. A dimensão objetiva dos direitos fundamentais: fragmentos de uma teoria. *Jurisdição constitucional e direitos fundamentais*. José Adércio Leite Sampaio (Coord.). Belo Horizonte: Del Rey, 2003, pp. 251-314, p. 294). Talvez seja importante frisar, em conexão teórica, que "o tema da responsabilidade civil do Estado se situa atualmente no campo de discussão teórica sobre a tutela dos direitos fundamentais" (PINTO, Helena Elias. *Responsabilidade Civil do Estado por Omissão*. Rio de Janeiro: Lumen Juris, 2008, p. 60). Nessa ordem de ideias, é necessário, "ao tratar da responsabilidade extracontratual do Estado, apagar o regalismo, de ordem a cuidar dos interesses existenciais legítimos dos cidadãos, na marcha para a performance do Estado apta a honrar seus poderes-deveres, máxime de salvaguarda eficaz dos direitos fundamentais, evitados ou reparados prontamente os danos juridicamente injustos" (FREITAS, Juarez. Responsabilidade Civil do Estado e o princípio da proporcionalidade: vedação de excesso e de inoperância. *Responsabilidade Civil do Estado*. Juarez Freitas (org.). São Paulo: Malheiros, 2006, pp. 170-197, p. 196/197).

monopólio do uso legítimo da força que dispõe – na proteção desses direitos dos perigos e ameaças provindas de terceiros[14].

Aliás, parecemos esquecer, em nossas conclusões conceituais acerca da responsabilidade civil do Estado, que a segurança pública dos cidadãos é um direito fundamental social[15]. Aliás, se os direitos fundamentais projetam efeitos nas relações entre cidadãos, e se cabe ao Estado, atualmente, uma postura ativa – e não passiva – na defesa desses direitos, parece óbvio que deverá estar devidamente apto a fazê-lo – podendo responder civilmente (mas não só civilmente), caso não o faça, diante de um dano injusto. Voltaremos ao tema adiante, em mais de uma oportunidade.

O estudo dos deveres de proteção, ou deveres estatais de tutela, tem merecido progressiva atenção daqueles que se dedicam à teoria dos direitos fundamentais. Conforme registramos, não é aceitável, em nossos dias, uma postura passiva do Estado em relação a certos danos sofridos pelos cidadãos. Se essa passividade, em boa parte dos séculos passados, estava de acordo com o modelo conceitual-normativo estatal existente – com o perfil que tínhamos então do Estado –, hoje a situação alterou-se substancialmente. Há, inclusive, no direito dos danos dos nossos dias, uma forte preocupação com a dimensão preventiva. Nesse sentido, "parte da doutrina e jurisprudência identifica os denominados deveres estatais de tutela

14. Hoje sabemos que muitos atentados a direitos fundamentais – em certos casos, até, gravíssimos – resultam, não do Estado, mas de outros particulares. (RIVERO, Jean; MOUTOUH, Huges. *Liberdades públicas*. Trad. Maria Ermantina de Almeida Prado Galvão. São Paulo: Martins Fontes, 2006).

15. Daniel Sarmento, a propósito, argumenta: "Ademais, a alusão à segurança, como direito fundamental social (art. 6º da CF), induz a ideia de que o Estado tem não apenas a missão política, mas também o dever jurídico de agir no plano social para proteger os indivíduos da violação dos seus direitos fundamentais por atos de terceiros. E o princípio do Estado de Direito, que confere ao Estado o monopólio do uso legítimo da força, negando aos particulares, em princípio, a capacidade de autotutela dos seus direitos, também pode ser invocado para amparar o reconhecimento dos deveres estatais de proteção dos direitos fundamentais" (SARMENTO, Daniel. *Direitos Fundamentais e Relações Privadas*. Rio de Janeiro: Lumen Juris, 2004, p. 168). O autor lembra ainda que "dentro da moldura axiológica delineada pela Constituição de 1988, afigura-se indiscutível que os direitos fundamentais, mesmo os de matriz liberal, não podem ser concebidos apenas como direitos de defesa em face do Estado, exigindo-se deste uma postura ativa, no afã de proteger o indivíduo de ofensas e ameaças perpetradas também por terceiros".

(*staatliche Schutzpflichten*). O termo indica o dever do Estado de proteger ativa e preventivamente o direito fundamental contra ameaças de agressão provenientes, principalmente, de particulares. Em outras palavras, considera-se que o particular também possa *de fato* e, em regra, mediante o exercício de outro direito fundamental seu, agredir o direito fundamental objeto do dever estatal de tutela em uma situação que envolva irreparabilidade da possível lesão, incontrolabilidade de processos ameaçadores de direitos fundamentais sensíveis ou conflitos caracterizados por clara e acentuada assimetria de forças, chances e condições entre agentes particulares envolvidos em conflito. Por isso, encontram-se, sob o gênero dos deveres estatais de tutela, as categorias do dever de mera *prevenção de riscos*, do dever de fomentar a *segurança* e, até mesmo, do dever de *proibição de condutas* a ser imposto pelo Estado"[16].

Há, hoje, um cenário (algo espantoso) de Estado ausente, passivo, quase indiferente. Em relação à segurança pública, por exemplo, o Estado, em certas ocasiões, age como se tivesse desistido de enfrentar a violência, como se as coisas "fossem assim mesmo", como se a proteção coubesse a cada um dos cidadãos, entregues à própria sorte. Um retorno – afirmemos com certo exagero – ao estado de coisas da Idade Média, quando a ideia do público praticamente desapareceu, sendo dominada pelo privado[17].

---

16. DIMOULIS, Dimitri; MARTINS, Leonardo. *Teoria Geral dos Direitos Fundamentais*. São Paulo: Atlas, 2012, p. 60.

17. Habermas chega a afirmar que na sociedade feudal não havia uma esfera pública, distinta e separada da esfera privada. Cf. HABERMAS, Jürgen. *The Structural Transformation of the Public Sphere*. T. Thomas Burger. Cambridge: MIT Press, 1991, p. 7. A propósito da Idade Média, Borges, escritor argentino, escreveu com argúcia: "A ideia de um texto passível de múltiplas leituras é característica da Idade Média, e tão caluniada e complexa Idade Média que nos deu a arquitetura gótica, as sagas da Islândia e a filosofia escolástica, na qual tudo é discutido. Que nos deu, principalmente, a Comédia, que continuamos lendo e que continua nos assombrando". Mas a ideia é a mesma, a ideia que de fomos feitos para a arte, fomos feitos para a memória, fomos feitos para a poesia ou possivelmente fomos feitos para o esquecimento. Mas alguma coisa resta, e essa coisa é a história, ou a poesia, que não são essencialmente diferentes". Voltando ao ponto inicial, à ideia que sugeriu a presente nota de rodapé, convém lembrar, com Borges, que "a obra que perdura é sempre capaz de uma infinita e plástica ambiguidade". Isso sempre se aplica aos grandes autores. Mário de Andrade escreveu sobre Machado de Assis: "Mas Machado de Assis foi um gênio. Forte prova disso, dentro de uma obra tão conceptivamente nítida e de poucos princípios, está na multiplicidade de interpretações a que ela se sujeita". E prossegue: "Só os gênios verdadeiros se prestam

Uma pergunta que estará, explicitada ou subjacente, a cada etapa do nosso trabalho é a seguinte: quais os limites e funções do Estado na proteção dos direitos fundamentais diante de agressões de terceiros? Quais as consequências hermenêuticas do fato da responsabilidade civil do Estado estar consagrada na Constituição de 1988 e, mais que isso, já fazer parte de nossa tradição constitucional? Acreditamos que cabe ao intérprete propiciar o diálogo entre o tratamento jurídico dos danos e as opções valorativas básicas da Constituição da República[18].

1.1.1. Que perguntas podemos fazer hoje?

Mário Quintana certa vez escreveu: "A resposta correta, não importa nada. O importante é que as perguntas estejam certas"[19]. Existem, na responsabilidade civil do Estado dos nossos dias, muitas perguntas que podem ser feitas, muitas investigações que podem ser

---

a este jogo dos interesses e das vadiações humanas. São tudo, aristocráticos, burgueses, populistas. Morais, imorais e amorais". A respeito de Shakespeare, Harold Blomm admite que "como leitores, jamais saberemos ao certo como ler *Hamlet*. A cada nova leitura parece que confrontamos uma nova peça" (BLOMM, Harold. *Como e Por que Ler*. Rio de Janeiro: Objetiva, 2001, p. 205). A opinião é dividida por vários especialistas, citemos apenas mais um, Tomás Abraham, que adverte que jamais poderemos dizer "Já li *Hamlet*" e, assim, dar uma ideia de esgotamento do tema (ABRAHAM, Tomás. *Shakespeare, el antifilósofo*. Buenos Aires: Sudamericana, 2014, p. 55).

18. Maria Celina Bodin de Moraes, citando António Manuel Hespanha a propósito dos primeiros 25 anos após a Constituição brasileira de 1988, lembra que "'o caso brasileiro' tem revelado uma concepção crítica e socialmente comprometida do Direito, de tal modo que, em termos comparativos, o discurso jurídico europeu não mais se pode considerar inovador ou de vanguarda" (MORAES, Maria Celina Bodin de. Os últimos 25 anos e o futuro. *Civilística*. a 2, nº 3. 2013, editorial). Em outra oportunidade, Maria Celina Bodin de Moraes argumenta: "Em decorrência do princípio constitucional de solidariedade social, pois, distribuem-se as perdas e estende-se o mais amplamente possível as garantias à integridade psicofísica e material de cada pessoa humana. Esta é a razão justificativa, a um só tempo ética e jurídica, do deslocamento dos custos do dano da vítima para o responsável pela atividade" (MORAES, Maria Celina Bodin de. A constitucionalização do direito civil e seus efeitos sobre a responsabilidade civil. *Direito, Estado e Sociedade*. v. 9, nº 29, pp. 233-258, jul-dez 2016, p. 252). Frisou-se, em outra oportunidade, que a ética da liberdade foi substituída pela ética da solidariedade (MORAES, Maria Celina Bodin de. Constituição e direito civil: tendências. *Revista Direito, Estado e Sociedade*. Rio de Janeiro, nº 15, pp. 95-113, ago./dez., 1999, p. 106). Os autores, em geral, notam que a evolução da responsabilidade civil do Estado se dá num sentido de progressiva proteção das vítimas dos danos (Cf. PAILLET, Michel. *La responsabilitè administrative*. Paris: Dalloz, 1996, p. 9).

19. QUINTANA, Mário. *Caderno H*. São Paulo: Globo, 1998, p. 54.

iniciadas. O tema, em si, faz parte daquele conjunto de assuntos que não costuma aguardar o legislador, caracterizando-se, ao contrário, por acentuado dinamismo, antecipando soluções que o legislador ainda não trouxe, ou sequer pensou em trazer.

As perguntas são muitas – e a cada uma delas, outras surgem, ou podem surgir.

Talvez possamos começar formulando a seguinte pergunta: o dano contraria alguma expectativa, legítima e razoável, de segurança? Esse é o ponto de partida para a discussão, contextualizada e séria, dos casos de responsabilidade civil do Estado ligados à violência urbana. Não é possível ao Estado estar, através de seus agentes, em todos os lugares a todo tempo. Nem se pode desconhecer as progressivamente severas restrições orçamentárias que tudo isso envolve. Não basta, por outro lado, invocar essa dificuldade orçamentária e achar que, com essa alegação, tem-se um passaporte que imunize o Estado contra as indenizações. Não terá. Nem tanto ao mar, nem tanto à terra. Em síntese: nem se pode cair na afirmação irresponsável que o Estado deverá responder por todos os danos ligados à violência, de modo abrupto e amplíssimo, nem tampouco nos satisfará, como sociedade, uma negativa genérica à indenizabilidade desses danos[20].

---

20. Em relação ao tema, a chamada "reserva do possível" costuma ser uma porta de saída – um tanto cômoda – de discussões. Estudos consistentes têm demonstrado, entretanto, que o princípio do mínimo existencial pode ser oposto ao Estado, e a "reserva do possível" não pode ser usada como desculpa para a inobservância de direitos fundamentais (Conferir, a propósito, TORRES, Ricardo Lobo. O mínimo existencial e os direitos fundamentais. *Revista de Direito Administrativo*, nº 177, 1989, pp. 20-49). O STF, a propósito, consignou: "É certo que não se inclui, ordinariamente, no âmbito das funções institucionais do Poder Judiciário – e nas desta Suprema Corte em especial – a atribuição de formular e implementar políticas públicas, pois nesse domínio, o encargo reside, primeiramente, nos Poderes Legislativo e Executivo. Tal incumbência, no entanto, embora em bases excepcionais, poderá atribuir-se ao Poder Judiciário, se e enquanto os órgãos estatais competentes, por descumprirem os encargos político-jurídicos que sobre eles incidem, vierem a comprometer, com tal comportamento, a eficácia e integridade de direitos individuais e/ou coletivos impregnados de estatura constitucional, ainda que derivados de cláusulas revestidas de conteúdo programático" (STF, ADPF 45, Rel. Min. Celso de Mello). O STJ já teve oportunidade de se manifestar a respeito: "O dever de ressarcir danos, inclusive morais, efetivamente causados por atos dos agentes estatais ou pela inadequação dos serviços públicos decorre diretamente do art. 37, § 6º da Constituição, dispositivo auto-aplicável, não sujeito à intermediação legislativa ou administrativa para assegurar o correspondente direito subjetivo à in-

Não adianta postular respostas fechadas – elas não existirão e, se existissem, seriam falsas, de escassa utilidade. Os fatos não tardariam a desmenti-las. A responsabilidade civil, além do mais, não costuma lidar bem com camisas-de-força, com respostas apriorísticas e estanques. Há sempre – e isso é, na matéria, uma vantagem, não um vício – um espaço para a riqueza colorida das circunstâncias, sobretudo quando lidamos com princípios, cláusulas gerais, conceitos jurídicos indeterminados. Por isso não há de se exigir das pesquisas respostas à maneira da lógica-formal, com encadeamento matemático, por assim dizer – isso, adianta-se, não existirá, e é questionável se seria desejável que existisse.

Aliás, não deixa de ser curioso notar que a violência urbana – na visão clássica da responsabilidade civil – é frequentemente abordada *contra* a vítima do dano, ou pelo menos contra uma delas. Só um exemplo prosaico: há autores que defendem que no caso de veículo roubado ou furtado, o dono do caso será civilmente responsável pelos danos que o ladrão, no uso do carro roubado ou furtado, vier a causar a terceiros[21]. Argumenta-se que a "guarda jurídica" da

---

denização. Não cabe invocar, para afastar tal responsabilidade, o princípio da reserva do possível ou a insuficiência de recursos" (STJ, REsp 1.051.023, Rel. Min. Teori Albino Zavascki, 1ª T, DJ 01/12/2008). Outrossim, no que diz respeito à nossa tese, convém observar que não se cuida, aqui, de pretender definir judicialmente políticas públicas para o Estado. Não é disso que se trata. Cuida-se apenas de se reconhecer, concreta e posteriormente, que determinada política pública (de segurança, no caso) falhou em determinada situação, no resguardo eficiente da integridade física dos cidadãos. Nesse contexto, parte-se a indagar se isso pode ensejar – presentes determinados pressupostos – o dever de indenizar estatal.

21. José de Aguiar Dias, embora, em geral, perfilhe ideias objetivistas, no ponto cita os notórios subjetivistas Mazeud e Mazeud e, com base na teoria da guarda da coisa, adere a essa posição, que aliás foi reproduzida por autores mais recentes. Aliás, a teoria da gurda da coisa surgiu do engenho teórico de autores franceses que, corajosamente, pensaram modos e formas de funcionalizar (embora a expressão não fosse então usada) a responsabilidade civil para responsabilizar os patrões pelos acidentes de trabalho relacionados às suas máquinas. A preocupação era não deixar determinadas vítimas sem indenização. Pontes de Miranda lembra que a ideia de *risco profissional* surgiu na França: "Começou-se com a proclamação, nos livros de doutrina jurídica, de economia e de sociologia, da 'injustiça' das regras de direito comum para a responsabilidade civil nos processos de acidentes no trabalho. O trabalhador não podia obter reparação se não provasse a culpa do patrão. Prova difícil; às vezes, devido à complexidade da indústria contemporânea, impossível de fazer-se. A vítima sofria o incômodo oriundo da empresa" (PONTES DE MIRANDA. *Tratado de Direito Privado*, t. 53. Rio de Janeiro: Borsoi, 1966, p. 157). Como, na época, não havia obviamente legislação trabalhista, e a responsabilidade civil era fundada na culpa, esses danos, relacionados às máquinas,

coisa ainda estaria com o dono do carro. A conclusão, por certo, não se sustenta à luz da razoabilidade. A interpretação do direito não pode conduzir a soluções absurdas, nem a complexidade dos nossos dias autoriza tamanho grau de abstração e conceitualismo.

Seja como for, as indagações são muitas – e podemos, pelo menos em parte, sumarizá-las aqui, apenas com o intuito de contextualizar a discussão.

O Estado pode responder por ato de violência urbana? Ou isso seria, sempre e em todos os casos, considerado um fato de terceiro? Ou mesmo seria um fortuito externo, uma excludente de responsabilidade civil, que afastaria o nexo causal? Aliás, o nexo causal poderá se formar nessas hipóteses? O fato de a segurança pública ser, intrinsecamente, uma atividade de óbvios contornos estatais, significa, ou pode significar, que o Estado responderá pelos riscos que lhe são inerentes? Poderíamos, ainda nesses casos, presumir o nexo causal? Isto é, poderíamos pensar que a prova relativa ao nexo causal caberia, não à vítima, mas ao suposto ofensor (ao Estado, nessa perspectiva, é que caberia provar que o nexo causal não se formou)?

As indagações, convém repetir, são muitas, e todas teoricamente sedutoras[22]. Não convém, nos parece – em argumento *ad baculum*[23] – repetir que, sob uma perspectiva orçamentária, o Estado

ficavam sem reparação. No Brasil, posteriormente, passou-se a aplicar a teoria para outros casos, como os veículos. O STJ, nessa trilha, decidiu: "Responsabilidade solidária entre a conduta do veículo que causou o acidente e a pessoa jurídica proprietária do automóvel. Aplicação da teoria da guarda da coisa" (STJ, REsp 604758, Rel. Min. Nancy Andrighi, 3ª T, DJ 17/10/06).

22. A questão "assume um relevo extraordinário diante do contexto de exclusão e violência em que está mergulhada a sociedade brasileira. Basta pensarmos na dramática situação vivenciada pela legião de pessoas humildes e trabalhadoras, residentes em favelas dominadas por quadrilhas de traficantes, e por isso sujeitas ao poder de um verdadeiro "Estado Paralelo". A sua liberdade de ir e vir, cerceada por frequentes *toques de recolher*, impostos pela marginalidade; o seu direito à vida, ameaçado por constantes tiroteios e balas perdidas, exigem não uma abstenção, mas um comportamento ativo dos Poderes Públicos, que têm a obrigação de intervir para proteger os direitos humanos destes sofridos cidadãos" (SARMENTO, Daniel. *Direitos Fundamentais e Relações Privadas*. Rio de Janeiro: Lumen Juris, 2004, p. 168).

23. Argumento *ad baculum* consiste, fundamentalmente, em "defender uma conclusão destacando as terríveis consequências de não acreditar nela" (BLACKBURN, Simon. *Dicionário Oxford de Filosofia*. Trad. Desidério Murcho. Rio de Janeiro: Jorge Zahar Editor, 1997, p. 24).

não suportaria responder civilmente por atos ligados à violência urbana, e com isso sumariamente encerrar a discussão.

As perguntas, dissemos, são muitas, e convidam à reflexão. Existem diferenças normativas, na responsabilidade civil do Estado, entre ações e omissões? Isto é, há dualidade de regimes? Objetiva nas ações, e subjetiva nas omissões? Existem argumentos, sólidos e consistentes, para criar regimes diferenciados? As repetições de certas soluções jurisprudenciais, não raras vezes superficiais, contribuem para tornar ainda mais difícil a visualização do problema. Isso sem falar que um equívoco, repetido muitas vezes, ganha, com frequência, ares de verdade.

Podemos, ainda, indagar – supondo que a responsabilidade civil do Estado por danos relacionados à violência urbana seja aceita, pelo menos em certos casos: a responsabilidade civil do Estado, na hipótese, seria subjetiva ou objetiva? Sendo objetiva, poderíamos pensar na categoria da responsabilidade objetiva agravada? Que excludentes o Estado poderia alegar? Teríamos, no caso, uma responsabilidade por ato lícito ou ilícito? A vulnerabilidade da vítima teria alguma relevância na discussão? Poderíamos pensar no conceito de "esfera de risco"? Ou seja, há certos danos que se colocam em conexão com a atividade estatal, de modo que se dilui, de certo modo, a distinção entre atos próprios e atos de terceiros? Há paralelos possíveis entre a responsabilidade objetiva das instituições financeiras, por atos de terceiros, desde que conexos às suas atividades, e a atividade do Estado, por atos de terceiros, desde que conexos às suas atividades (como, por exemplo, a segurança pública)?

São, repetimos, *algumas* perguntas que poderíamos formular. Dissemos algumas, porque estão, aí, em caráter exemplificativo – poderíamos formular outras, e outras discussões surgirão ao longo do livro. Por exemplo: seria razoável e proporcional que o Estado impedisse o dano? Não se trata, sabemos, de uma pergunta de resposta única, nem mesmo de respostas fáceis. Os argumentos variarão na linha do tempo, e não só nela. Toda uma gama de circunstâncias poderá influir, de modo relevante, na construção das respostas – lugar do dano, horário do dano, conduta da vítima (precavida ou leviana, potencializando os perigos), conduta dos policiais (que, negligentemente, digamos, nada fizeram, embora pudessem razoavelmente agir para que o dano não ocorresse)[24].

A falta dos cumprimentos dos deveres estatais deverá ser conectada com uma investigação, no caso concreto, acerca da proporcionalidade, investigação iluminada pela teoria do risco (inclusive indagando em que medida os riscos são atribuíveis ao Estado). Convém lembrar que a virada conceitual experimentada pela responsabilidade civil está ligada, em boa medida, à consolidação da teoria do risco como novo fator de imputação no direito dos danos[25]. A vulnerabilidade da vítima também poderá contribuir para a discussão e orientar a pertinência das respostas[26]. São muitos,

24. É difícil escolher um caso para simbolizar os tantos e tristes episódios relacionados ao tema. Os exemplos, infelizmente, são diários, e cada um parece superar o outro em carga dramática, dor e tristeza. Quando escrevíamos este trecho da tese – em 07 de maio de 2016 – uma jovem de 17 anos morreu, baleada na cabeça, em arrastão na Linha Amarela, no Rio de Janeiro. A adolescente – Ana Beatriz Frade – estava dentro do carro, no banco do carona, ao lado do padrasto e do irmão – de dois anos. O padrasto da garota morta, que dirigia o carro, tentou, em movimento natural, se afastar do arrastão, quando Ana Beatriz foi atingida pelo disparo. Ele, o padrasto, foi hospitalizado em estado de choque. A jovem, que morava em Guarapari, no Espírito Santo, com os avós, tinha ido ao Rio para fazer uma surpresa para a mãe (iria buscar a mãe, que chegava de uma viagem, no aeroporto Tom Jobim, exatamente no dia das mães). Não bastasse toda a dor, a mãe ainda teve a infelicidade de perder a filha do *dia das mães*. Há controvérsias quanto ao número de assaltantes envolvidos. Cerca de oito criminosos participaram da ação. No arrastão, o carro de uma policial militar foi roubado. Ela abandonou o carro, a arma e a farda antes dos ladrões chegarem. Os bandidos, aliás, usaram o carro desta policial militar – um pálio vermelho – para fugir do local. Infelizmente, é *só um exemplo* (para a família – com o perdão da torpe obviedade – *não é só um exemplo*). Poderíamos, lamentavelmente, descrever um caso desses por dia – alterando nomes, idades, condição socioeconômica, circunstâncias. Todos, no entanto, terrivelmente dramáticos e cuja gravidade dispensa comentários.

25. MULHOLLAND, Caitlin Sampaio. *A responsabilidade civil por presunção de causalidade*. Rio de Janeiro: GZ, 2010, p. 16. Aliás, em nossos dias, "estudar o Direito de Danos sem um fundamento objetivo é absolutamente impensável. A configuração de uma sociedade do risco, em que os acidentes não são mais fortuitos, mas previsíveis e certos, é o alicerce justificador da responsabilidade objetiva. Ao mesmo tempo, a concepção personalista do Direito de Danos promove a modificação do paradigma individualista em que foi fundada a responsabilidade civil no início do século XIX, para fazer valer como objetivo principal da obrigação de indenizar não mais a punição do ofensor pela conduta ilícita perpetrada e pelo dano gerado, mas sim a reparação da vítima pelo dano sofrido que lhe foi injustamente causado" (MULHOLLAND, Caitlin Sampaio. *A responsabilidade civil por presunção de causalidade*. Rio de Janeiro: GZ, 2010, p. 309).

26. Não exageramos ao afirmar que a responsabilidade civil contemporânea desvia seu olhar em direção à vítima do dano (Em sentido semelhante: HIRONAKA, Giselda Maria

inegavelmente, os fatores envolvidos, e as respostas não são, nem poderiam ser, excessivamente simplificadoras ou apriorísticas. Aliás, no direito dos danos, apenas muito dificilmente respostas apriorísticas podem satisfazer. Precisamos, em geral, da riqueza de tons do caso concreto para dar soluções que não se afastem da equidade – no sentido aristotélico de justiça do caso concreto[27].

O que parece certo – e isso podemos adiantar – é sinalizar que não se pode, hoje, afastar como previamente impossível a discussão acerca da responsabilização do Estado por danos vinculados à violência urbana. Isso não significa, por certo, que todos os danos com essa alegação serão indenizáveis – absolutamente. Porém tampouco significará que esses danos são liminarmente afastados como insuscetíveis de indenização. Melhor seria evitar posturas fundamentalistas. O que se busca é a arte da tensão profícua. Ou, melhor ainda, da moderação contextualizada, que busque investigar, à luz das novas leituras das funções do Estado[28], em que medida os

---

Novaes. Responsabilidade civil: o estado da arte. In: NERY, Rosa Maria de Andrade; DONNINI, Rogério (Coords). *Responsabilidade Civil: estudos em homenagem ao Professor Rui Geraldo Camargo Viana*. São Paulo: RT, 2009, p. 201). Há, aliás, autores – aponta Maria Celina Bodin de Moraes – para os quais a responsabilidade objetiva seria uma espécie de seguro coletivo (MORAES, Maria Celina Bodin de. Risco, solidariedade e responsabilidade objetiva. *Revista dos Tribunais*, v. 854, dez/2006, pp. 11-37, p. 15).

27. Nesse contexto, "a doutrina costuma enfatizar a importância da responsabilidade objetiva como instrumento de equidade, visão que casa perfeitamente com a tendência atual de considerar a responsabilidade civil sob o enfoque mais amplo do balanceamento de interesses conflitantes, da cessação do ilícito, da proteção dos valores constitucionais e da busca por justiça e equidade" (FRAZÃO, Ana. Risco da empresa e caso fortuito externo. *Civilística*. a 5, nº 1, 2016, p. 10).

28. Ricardo Lobo Torres sublinha que "a legitimação do Estado e do ordenamento jurídico é o processo de julgamento de suas qualidades e de sua validade ética. A legitimação implica sempre a resposta à pergunta sobre o merecimento e a razão de ser dos direitos e dos princípios. Por que a preeminência dos direitos humanos? Qual a melhor forma de Estado? Por que a dignidade humana é um dos fundamentos da República?" (TORRES, Ricardo Lobo. A Legitimação dos Direitos Humanos e os Princípios da Ponderação e da Razoabilidade. *Legitimação dos Direitos Humanos*. TORRES, Ricardo Lobo (Org.). Rio de Janeiro: Renovar, 2002, pp. 397-449, p. 398). O autor, um pouco depois, esclarece ainda que a principal distinção entre legitimação e fundamento consiste em que aquela é buscada fora do ordenamento ou do direito a ser justificado, enquanto o fundamento pode ser coextensivo ao próprio objeto a se justificar. Conclui, por fim, que "a legitimidade do Estado moderno tem que ser vista sobretudo a partir do equilíbrio e harmonia entre valores e princípios jurídicos afirmados por consenso".

riscos sociais são riscos estatais, e em que medida atos de terceiros são apenas atos de terceiros.

Se lançarmos os olhos para nossa jurisprudência – tendo como ângulo de análise a responsabilização civil estatal por atos relacionados à violência urbana – verificaremos que são pouco frequentes, atualmente, as hipóteses de êxito. Porém talvez não exageremos ao afirmar que existem, embora dispersos, sinais alentadores de uma mudança de olhar, e são esses sinais, essa mudança de olhar, que o nosso livro seguirá, buscando novos modos de compreensão.

1.1.2. Soluções diferentes para situações semelhantes? O cidadão não é o mesmo?

Há, como vimos, na experiência brasileira, a peculiaridade histórica da responsabilidade civil do Estado estar constitucionalizada desde meados do século passado. Talvez, no entanto, não tenhamos ainda desenvolvido – a respeito do tema – a rede de conexões conceituais que seria desejável[29]. Isto é, talvez não tenhamos promovido o diálogo entre o campo conceitual da responsabilidade civil e a teoria dos direitos fundamentais, tendo como pontos de convergência os marcos teóricos e normativos da responsabilidade civil do Estado, particularmente na modalidade omissiva. A responsabilidade civil, pensamos, poderá contribuir fecundamente nas reflexões acerca do tema.

O tema impõe, assim, um necessário diálogo interdisciplinar, aberto e tematicamente heterogêneo.

---

29. Isso não passou despercebido por todos os autores. Houve quem registrasse que "essa constitucionalização é uma peculiaridade da história da responsabilidade civil do Estado no Brasil, cujas repercussões jurídico-interpretativas ainda não foram inteiramente apreciadas ou consideradas seriamente" (PINTO, Helena Elias. *Responsabilidade civil do Estado por omissão*. Rio de Janeiro: Lumen Juris, 2008, p. 85). A singular relevância do estudo da responsabilidade civil do Estado e a necessidade de tratamento sistemático para o tema, especialmente à luz da doutrina civil-constitucional, foi percebida, há cerca de 15 anos, por Carlos Edison do Rêgo Monteiro Filho. O autor enfatiza "o descuido dos civilistas com o tema de que trata o presente estudo" (p. 36) e lembra a passagem de um direito civil patrimonialista e individualista para um direito civil existencialista e solidário (p. 38). (MONTEIRO FILHO, Carlos Edison do Rêgo. Problemas de responsabilidade civil do Estado. *RTDC*, v. 11, jul/set 2002, pp. 35-65).

Sabemos, ainda, que o campo conceitual da responsabilidade civil não costuma tolerar soluções em abstrato. Seus passos argumentativos são dados, em geral, à luz de reflexões contextualizadas com as (ricas) variáveis dos casos concretos. Aliás, nossos dias parecem marcados pela revalorização das situações concretas, em detrimento do conceitualismo abstrato que marcou, de modo tão característico, os séculos passados, sobretudo no direito civil. Aliás, as próprias funções da responsabilidade civil, ao contrário do que poderíamos pensar, não estão, até hoje, suficientemente claras ou bem definidas. André Tunc percebeu isso com clareza, ao afirmar que a responsabilidade civil, resultado de uma evolução quase tão longa quanto à da humanidade, não possui – ao contrário do que poderíamos imaginar – funções bem estabelecidas e definidas[30].

O pensar doutrinário – sobretudo relativamente a um tema tão sugestivo em suas repercussões práticas, como este – tenta chamar atenção para o perigo de soluções anti-isonômicas que eventualmente possam estar se cristalizando em nossos acervos jurisprudenciais. O cidadão é o mesmo, esteja numa fila de banco, num caixa eletrônico, ou dentro de um ônibus ou metrô em direção ao trabalho. Por que – digamos que seja vítima de um assalto, sofrendo um tiro – as soluções serão tão diversas? Por que em algumas dessas situações a vítima será indenizada e em outras não? Estamos diante de situações ontologicamente distintas? Será que temos um discurso constitucionalmente consistente diante dessas desequiparações?

Outro perigo é que essas diferenças *sequer* sejam visualizadas. É o que talvez ocorra, em grande medida. Sequer se percebe (ou pelo menos a maioria não percebe) que estamos tratando de modo diferente situações substancialmente idênticas – pelo menos da

30. TUNC, André. *Responsabilitè civile*. Paris: Económica, 1989, p. 133. ROSENVALD, Nelson. *As funções da Responsabilidade Civil*. São Paulo: Atlas, 2013. Maria Celina Bodin de Moraes, abordando a questão do duplo fundamento do sistema jurídico (culpa e risco) no que toca à responsabilidade civil, argutamente destaca: "Este é, notoriamente, um dos maiores problemas por que passa a teoria da responsabilidade civil em nossos dias: com efeito, as múltiplas dúvidas existentes acerca das funções e dos modelos de responsabilidade civil indicam que o instituto ainda não está estabilizado" (MORAES, Maria Celina Bodin de. Risco, solidariedade e responsabilidade objetiva. *Revista dos Tribunais*, v. 854, dez/2006, pp. 11-37, p. 16).

perspectiva da vítima, que é um dos pontos centrais da atual responsabilidade civil[31]. É certo que o caráter fragmentário e disperso da jurisprudência contribui para esse estado de coisas. Continua-se a repetir certas conclusões, aplicando-as – um tanto mecanicamente, às vezes – a certo bloco de fatos, e nem sempre se consegue enxergar o todo, o horizonte de eventos, por assim dizer, que escapa daquele rígido bloco de fatos.

Aliás, o próprio enquadramento do fortuito interno (e, consequentemente, do externo, afinal de contas o que não é um é outro) é bastante errático na jurisprudência brasileira (voltaremos ao tema ainda neste primeiro capítulo). No transporte de pessoas (ônibus em geral, essa é a situação mais comum encontrada nos julgados), os assaltos são considerados fortuitos externos. Isto é, por eles a empresa de transporte não responde. Porém, os mesmos assaltos são fortuitos internos nos bancos[32]. Nos estacionamentos, a

31. Já se percebeu corretamente ser preciso evitar "decisões divergentes em casos essencialmente semelhantes" e a existência "de reduzido espectro de proteção em relação aos direitos fundamentais, com tendência de proteção mais efetiva para a propriedade (por serem os respectivos titulares em menor número e mais bem aparelhados para a disputa judicial) do que para a dignidade da pessoa humana" (PINTO, Helena Elias. *Responsabilidade civil do Estado por omissão.* Rio de Janeiro: Lumen Juris, 2008, p. 1). Um exemplo que bem ilustra a problemática tem ocorrido em relação aos danos causados por disparo de arma de fogo em estádios de futebol: há decisões de tribunais pátrios no sentido da ausência de configuração da responsabilidade, por se tratar de ato predatório de terceiro (causa excludente do nexo causal), e outras no sentido contrário, com fundamento na responsabilidade objetiva.

32. Frisamos, antes, que os assaltos nos transportes de pessoas (ônibus, por exemplo), configuram fortuito externo, isentando as empresas de transporte do dever de indenizar. Cabe lembrar, no entanto, que em relação a determinadas atividades prevalece entendimento oposto. Em relação aos bancos, por exemplo. O assalto que ocorre em banco (ferindo, por exemplo, o cliente que estava na fila) é fortuito interno, responsabilizando a instituição financeira pelos danos. Nesse sentido, pode-se citar de modo ilustrativo: "Responsabilidade civil. Morte de menor. Assalto à agência bancária. Indenização. Dano moral. Quantum indenizatório. Razoabilidade. Despicienda a análise de eventual conduta culposa por parte da instituição financeira-recorrente, visto ser objetiva a sua responsabilidade em hipótese como a dos autos. Demais disso, em razão da previsibilidade, não configura o roubo evento de força maior, como pretendido" (STJ, REsp. 694.153, Rel. Min. Cesar Asfor Rocha, 4ª T, DJ 05/09/05). O mesmo se diga quando o cliente sofre danos em virtude de roubo ou furto de cofre que alugava em agência bancária. Assim, neste sentido, "o roubo ou furto perpetrado contra a instituição financeira, com repercussão negativa ao cofre locado ao consumidor, constitui risco assumido pelo fornecedor do serviço, haja vista compreender-se na própria atividade empresarial, configurando, assim, hipótese de fortuito interno" (STJ, REsp 1.250.997, Rel. Min. Marco Buzzi, DJ 14/02/2013). O mesmo vale para as fraudes praticadas por

matéria ainda não parece suficientemente clara, havendo frequentes oscilações neste ou naquele sentido[33].

Tudo isso, acreditamos, só demonstra a necessidade de construirmos um modelo de compreensão para a responsabilidade civil do Estado nos casos de violência urbana. Cremos que a relevância e atualidade evidenciam-se por si.

Devemos, sempre – e essa é, também, acreditamos, uma das funções da análise acadêmica, criticar as inconsistências e incongruências dos julgados, buscando modelos que prestigiem a coerência e a isonomia – buscar soluções que não sejam arbitrárias e voluntariosas. Por exemplo, a tão conhecida distinção entre obrigações de meio e de resultado. Basta uma breve consulta à literatura jurídica e aos acervos de jurisprudência para se constatar a balbúrdia reinante. Não há critérios claros e objetivos para se enquadrar determinada

---

terceiros relacionadas às operações bancárias, como clonagem de cartões de crédito, por exemplo. Nesse sentido posiciona-se o STJ, através da Súmula 479: "As instituições financeiras respondem objetivamente pelos danos gerados por fortuito interno relativo a fraudes e delitos praticados por terceiros no âmbito de operações bancárias".

33. Já mencionamos que a instituição bancária responde objetivamente pelos furtos, roubos e latrocínios ocorridos nas dependências de estacionamento que oferecera aos veículos de seus clientes (STJ, REsp 1.045.775, Rel. Min. Massami Uyeda, 3ª T., DJ 04/08/09). A mesma responsabilidade ocorrerá, naturalmente, conforme dissemos, se houver assalto e morte de cliente dentro de agência bancária (STJ, REsp 694.153, Rel. Min. Cesar Asfor Rocha, 4ª T., DJ 05/09/05). Também haverá responsabilidade civil se houver, por exemplo, assalto a mão armada em estacionamento de *shopping* (STJ, REsp 419.059, Rel. Min. Nancy Andrighi, 3ª T., DJ 29/11/04). A hipótese configura fato do serviço (acidente de consumo) e não há, no caso, força maior. O STJ afirmou no julgado citado: "Por ser a prestação de segurança e o risco ínsitos à atividade dos hipermercados e *shopping centers*, a responsabilidade civil desses por danos causados aos bens ou à integridade física do consumidor não admite a excludente de força maior derivada de assalto à mão armada ou qualquer outro meio irresistível". As empresas que exploram comercialmente estacionamentos respondem pelos danos que os veículos neles estacionados sofrerem. Tal posição se cristalizou na Súmula 130 do STJ: "A empresa responde, perante o cliente, pela reparação de dano ou furto de veículos ocorridos em seu estacionamento" (convém observar que a súmula menciona furto, não roubo). Porém, ainda assim, houve ampliações de sentido nos julgados posteriores. A empresa responde inclusive por eventuais roubos a mão armada (STJ, REsp 230.180, Rel. Min. Barros Monteiro, 4ª T., DJ 25/03/02). O mesmo vale para estacionamento de hospital (REsp 73.243), de supermercado (REsp 61.184), de hotel (REsp 227.014) e até mesmo estacionamento disponibilizado por empregador (REsp 195.664). Mesmo se o estacionamento for gratuito, haverá responsabilidade (REsp 50.502; REsp 437.649). A excludente de força maior é descabida em casos assim, sendo o roubo algo absolutamente previsível (STJ, 303.776).

atividade aqui ou ali. Há, apenas, muito de voluntarismo e muito de tradição (às vezes mal-informada). Por que, por exemplo, as cirurgias plásticas são tidas como obrigações de resultado e todo o resto da responsabilidade médica, em geral, como obrigações de meio?[34] Há rigor conceitual nessa diferenciação?

---

34. Há muitos aspectos mal iluminados, digamos assim, em nossa jurisprudência, revelando fraca consistência (por que, por exemplo, aplica-se o Código de Defesa do Consumidor aos médicos – como fornecedores de serviços – e não aos advogados? Há distinções ontológicas sólidas?). Mas voltando ao ponto que ensejou esta nota. Talvez caiba questionar a serventia teórica da inclusão das cirurgias estéticas entre as obrigações de resultado, de modo absoluto. Não só, aliás, as cirurgias estéticas, mas a inclusão de qualquer procedimento entre as obrigações de meio ou as obrigações de resultado não deixa de ter certo sabor arbitrário. Por que – objetiva e normativamente falando – certos procedimentos são de resultado e outros não? Há, de fato, de modo aferível, notas que ontologicamente distinguam uns dos outros? É isso que precisa ser discutido, e as respostas, sabemos, não são simples. O médico não tem controle absoluto sobre os resultados, mesmo que tenha agido com toda diligência possível. Toda intervenção cirúrgica, qualquer que seja, apresenta riscos. Pode resultar em resultados não esperados, ainda que não tenha havido erro. A afirmação de que determinado procedimento – cirurgia plástica com fins estéticos, por exemplo – é obrigação de resultado não parece encontrar amparo na medicina. Na doutrina, certos autores têm percebido argutamente o problema (e suas origens): "Em primeiro lugar, é necessário desfazer a enorme distância entre a plástica corretiva e a estética que a retórica jurídica estabeleceu. Não há fundamentos para tratar as duas hipóteses como essencialmente diversas. Deve-se o distanciamento a resquícios do preconceito que cercou, no início, a cirurgia plástica de objetivos meramente estéticos. A doutrina noticia célebre julgado da primeira metade do seculo passado, em França, em que o cirurgião plástico foi condenado, por erro médico, a indenizar a paciente. O interesse no caso não reside tanto na decisão condenatória – afinal, os relatos indicam ter mesmo ocorrido uma deplorável imperícia do profissional. O interesse está, como aponta Aguiar Dias, na condenação do próprio procedimento: considerou-se que a responsabilidade do médico decorria de ter concordado em fazer operação plástica em pessoa completamente sã, apenas com o objetivo de aprimoramento estético. A jovem paciente era bonita e esbelta, mas tinha as pernas desproporcionalmente grandes. O objetivo da intervenção foi reduzi-las por ablação de gordura (o que foi motivo de verdadeiro escândalo naquela época é hoje largamente aceito e praticado em inúmeras clínicas de lipoaspiração de todo o mundo). Em outros termos, assentou-se que, se o único objetivo da operação cirúrgica é aformoseamento estético de pessoa saudável, realizá-la já é, por si, conduta culposa" (COELHO, Fábio Ulhoa. *Direito Civil, v. 2.* São Paulo: Saraiva, 2005, p. 323). A questão é essa: será que não estamos, um tanto acriticamente, reproduzindo padrões mentais que não são mais os nossos? Será que no século XXI a cirurgia plástica com fins estéticos é algo moralmente condenável? Será que a medicina consegue, com a clareza desejável, separar nitidamente as cirurgias exclusivamente reparadoras daqueles exclusivamente estéticas? E, mais complicado ainda, nos chamados procedimentos mistos, é possível fazer a separação de *partes* da cirurgia, para dizer que até aqui é reparadora, a partir dali é estética? A tendência, pensamos, é superar as dicotomias inflexíveis e absolutas, regando, com a semente da boa-fé objetiva, as relações, quaisquer que sejam. Tepedino, nesse sentido, argumenta: "Tal entendimento, a rigor, reflete a tendência mais atual do direito das obrigações, a temperar a distinção entre obrigações de meio e de resultado.

Não que queiramos, ilusoriamente, coerências matemáticas nos julgados, sabemos que isso não ocorrerá. Mas é a crítica acadêmica que pode, com legitimidade, indagar os porquês das desequiparações indevidas, evitando que situações semelhantes tenham soluções diversas, ou, contrariamente, fatos distintos recebam soluções idênticas, o que em ambos casos agredirá a isonomia constitucionalmente buscada. Maria Celina Bodin de Moraes enfatiza que "cabe agora, respeitando o modelo solidarista imposto pela Constituição, reelaborar os conceitos, delimitar as funções, racionalizar os critérios de imputação, em suma, proceder à reconstrução racional do sistema da responsabilidade civil no âmbito do ordenamento jurídico estatal. Este é o trabalho da doutrina e precisa ser realizado"[35].

Uma visão filosoficamente bem fundada da responsabilidade civil do Estado percebe que os riscos da atividade estatal não podem ser suportados pelo cidadão. Não será ele, sozinho, vítima infeliz de um dano, que deverá pagar a conta. A responsabilidade civil, há tempos, não é novidade, tem deslocado seu eixo de análise: da culpa ao risco. Convém, ainda, neste passo, fazer um registro. A responsabilidade civil caminha no sentido de proteger, de modo prioritário, a vítima do dano[36]. Nota-se, nas últimas décadas, um

---

Afinal, diga-se entre parênteses, o princípio da boa-fé objetiva, aplicado ao direito das obrigações, iluminado pelos princípios da dignidade da pessoa humana e da solidariedade social, consagrados na Constituição Federal, congrega credor e devedores nos deveres de cumprir (e de facilitar o cumprimento) das obrigações. Se assim é, ao resultado esperado pelo credor, mesmo nas chamadas obrigações de meio, não pode ser alheio o devedor. E, de outro lado, o insucesso na obtenção do fim proposto, nas chamadas obrigações de resultado, não pode acarretar a responsabilidade *tout court*, desconsiderando-se o denodo do devedor e os fatores supervenientes que, não raro, fazem gerar um desequilíbrio objetivo entre as prestações, tornando excessivamente oneroso o seu cumprimento pelo devedor" (TEPEDINO, Gustavo. A responsabilidade médica na experiência brasileira contemporânea. *Temas de Direito Civil. Tomo II.* Rio de Janeiro: Renovar, 2006, p. 89).

35. MORAES, Maria Celina Bodin de. A Constitucionalização do Direito Civil e seus efeitos sobre a Responsabilidade Civil. *A Constitucionalização do Direito: fundamentos teóricos e aplicações específicas.* Cláudio Pereira de Souza e Daniel Sarmento (Orgs). Rio de Janeiro: Lumen Juris, 2007, p. 453.

36. Odete Medauar, nesse sentido, aponta que "há um nítido caminho na responsabilidade civil do Estado, sempre em prol da vítima". Adiante, complementa: "A questão da responsabilidade civil do Estado precisa caminhar ainda mais, sempre colocando no centro dos estudos a vítima, que é na verdade a tônica dos estudos que vêm sendo feitos sobre a responsabilidade civil do Estado" (MEDAUAR, Odete. Jornada sobre

claro movimento nesse sentido. Na responsabilidade civil do Estado isso talvez seja ainda mais evidente. Se o Estado deve não só se abster de violar direitos fundamentais, mas deve, igualmente, protegê-los de violações de terceiros, essa conclusão – uma espécie de obviedade nos estudos atuais do constitucionalismo contemporâneo – deverá ser transposta para os dilemas da responsabilidade civil, sobretudo naquelas situações em que o Estado estiver envolvido, direta ou indiretamente. E há setores temáticos visceralmente ligados ao Estado – talvez nenhum outro seja tão estatal como a segurança pública (apenas, possivelmente, a saúde pública).

Voltaremos a essas questões mais adiante. Por ora talvez seja suficiente registrar que a irresponsabilidade do Estado pelos danos relacionados à violência urbana satisfez, por dilatados anos, à consciência jurídica, e ainda hoje é tão influente que inspira forte resistência diante de argumentos contrários[37]. Hoje, porém, a matéria parece pronta para ser revisitada, não se mostrando confortável com o tratamento conferido ao longo do século passado, exigindo ulterior reflexão.

Talvez, ainda antes de concluir este tópico, caiba mais uma reflexão. Vivemos, atualmente, em sociedades de risco (a afirmação

---

Gestores Públicos e Responsabilidade Civil na Administração Pública, *Boletim de Direito Administrativo*, 1/1, NDJ, jan. 2004, p. 13). Aliás, há muitas décadas Duez já pressentia com exatidão que os danos causados pelo Estado não devem ser considerados mais "como negócio de um soberano todo poderoso, mas como forma de dar satisfação às necessidades gerais da coletividade. (...) A coletividade, nacional ou local, conforme o caso, assumirá esse encargo" (citado por DIAS, José de Aguiar. *Da Responsabilidade Civil*. Rio de Janeiro: Forense, 1954, p. 61). Paulo Luiz Netto Lôbo, a propósito, contextualiza: "Dos preceitos constitucionais denota-se a preferência pela responsabilidade objetiva, em razão do risco criado ou do risco da atividade, ainda que lícita. As hipóteses tratadas pela Constituição são voltadas essencialmente à afirmação de três valores, que marcam a transformação contemporânea da responsabilidade civil: a primazia do interesse da vítima, a máxima reparação do dano e a solidariedade social" (LÔBO, Paulo. *Direito Civil. Obrigações*. São Paulo: Saraiva, 2011, p. 23).

37. José de Aguiar Dias, escrevendo em meados do século passado, parecia não se conformar com o estado de coisas então existente, que só muito excepcionalmente responsabilizava civilmente o Estado: "Com essa manifestação, deixamos claro nosso ponto de vista, que sustentamos mesmo em face do nosso direito positivo. Como, todavia, reconheçamos estar em minoria, forçoso é informar que a irresponsabilidade do Estado continua dominando em relação aos atos de governo, de polícia, legislativos e judiciários" (DIAS, José de Aguiar. *Da Responsabilidade Civil*. Rio de Janeiro: Forense, 1954, p. 641).

virou quase um truísmo). Em nossas atuais sociedades de risco, há – ou, melhor ainda, deveria haver – uma permanente (e democrática) discussão acerca de quais riscos são socialmente aceitáveis. E quem por eles deverá responder. O caminhar das décadas e dos séculos altera, por certo, nossas percepções acerca dos riscos. Não só isso. Altera também nosso olhar sobre quais riscos, hoje, o Estado (por exemplo) deverá responder, e quais estão sob a responsabilidade dos cidadãos. Trata-se de discussão democrática e necessária.

1.1.3. Elitismos e contradições na jurisprudência: um breve olhar

Sob o ângulo da responsabilidade civil, e tendo como panorama de análise a jurisprudência brasileira atual, podemos constatar que a vítima de um disparo de arma de fogo dentro de uma agência bancária será indenizada (ou sua família, se houve morte), porém a solução será em tudo diversa se a vítima encontrava-se dentro de um transporte público, por exemplo (não haverá indenização, segundo sólida jurisprudência dos tribunais superiores brasileiros). Isso, por si só, é algo que deveria causar espanto, ou incômodo, entre nós, mas é aceito com relativa indiferença, ou sequer é percebido como algo digno de atenção.

Não só. O que o Superior Tribunal de Justiça tem dito, até agora – com visões claramente diferenciadas, e nem sempre notadas – é que os usuários de transporte público não têm direito à segurança, mas os usuários dos shoppings (e de seus estacionamentos) têm. No primeiro caso, o assalto não gera consequência jurídica alguma (sob o ângulo da responsabilidade civil – nem das empresas de transporte, nem do Estado). Já no segundo caso, o shopping responderá pelos danos (morais, materiais e estéticos)[38]. Há, sem dúvida, um desnível de proteção, escalas diferenciadas relativamente

38. Assim, em julgados recentes, a posição a respeito dos shoppings se cristaliza: "Na esteira do entendimento mantido por esta Corte, a responsabilidade civil do shopping center no caso de danos causados à integridade física dos consumidores ou aos seus bens não pode ser afastada sob a alegação de caso fortuito ou força maior, pois a prestação de segurança devida por este tipo de estabelecimento é inerente à atividade comercial exercida por ele" (STJ, AgRg no REsp 1.487.443, 3ª T, Rel. Min. Moura Ribeiro, DJ 31/08/2016). De modo semelhante: "Nos termos da orientação jurisprudencial do

ao que podem esperar do direito de danos os usuários de transporte público e os usuários de shopping centers (lembremos, aliás, que ambos são consumidores, à luz do CDC).

Talvez caiba, aqui, muito brevemente, uma observação lateral – que não guarda relação direta com o objeto deste livro, mas não deixa de ter conexões temáticas. É curioso observar o que talvez possa ser visto como certo elitismo na jurisprudência brasileira. São frequentes os julgados que condenam as empresas áreas em virtude de atrasos e cancelamentos nos voos; são, porém, inexistentes, ou raríssimos, julgados que reconhecem os mesmos danos em atrasos ou cancelamentos de viagens de ônibus[39]. Vamos além: quase afirmaríamos que, se um assalto ocorrer dentro de um avião,

---

Superior Tribunal de Justiça, o roubo à mão armada ocorrido nas dependências de estacionamento mantido por estabelecimento comercial não configura caso fortuito apto a afastar o dever de indenizar" (STJ, AgRg no AREsp 840.534, Rel. Min. Raul Araújo, 4ª T, DJ 13/04/2016).

39. Há muitas formas de discriminação que, de tão comuns, passam a ser enxergadas como algo natural entre nós. A desigualdade racial, em muitos aspectos, está "naturalizada" na sociedade brasileira. Daniel Sarmento, nesse sentido, percebe que "de tanto conviver com esta desigualdade, desde a sua primeira infância, o brasileiro mediano acaba perdendo a capacidade crítica de percebê-la como uma tremenda injustiça. Socializado neste contexto, ele passa a ver este quadro como absolutamente natural e internaliza, inconscientemente, a ideia de que o 'normal' é que o negro ocupe as posições subalternas da sociedade". Segue afirmando: "Para lutar contra a discriminação racial e a desigualdade é preciso reaprender a olhar. Olhar para ver que são quase sempre negras as crianças famélicas que fazem malabarismos com bolinhas nos sinais de trânsito das grandes cidades; quase sempre negras as famílias que dormem sob as marquises, na imundície das sarjetas das nossas ruas; quase sempre negras as vítimas da violência policial e da tortura. Olhar para ver que a miséria no Brasil tem cor" (SARMENTO, Daniel. A igualdade étnico-racial no direito constitucional brasileiro: discriminação "de facto", teoria do impacto desproporcional e ação afirmativa. In: *Livres e iguais: estudos de direito constitucional*. Rio de Janeiro: Renovar, 2010, pp. 139-166, p. 140). Desmistificar a ideologia da democracia racial brasileira talvez seja uma das formas de encarar o problema. A segregação entre brancos e negros é fato bem conhecido nos Estados Unidos. A segregação, acrescenta Edward Telles, foi por muito tempo formalizada pelo aparato legal e político e a segregação residencial urbana continua a demarcar rígidas fronteiras entre brancos e negros (TELLES, Edward E. *O significado da raça na sociedade brasileira*. Trad. Ana Arruda Callado. Princenton e Oxford: Princenton University Press, 2012, p. 4). Embora não tenhamos tido as tristes e sangrentas agressões contra os negros ocorridas nos Estados Unidos, o Brasil não pode se vangloriar de não enfrentar o problema. O racismo é sempre irracional, e mais ainda se torna quando lembramos que somos a segunda população negra no mundo. A maioria de nós, de uma forma ou de outra, já presenciou algo criminoso ou, no mínimo, desagradável. Seja através de piadas, seja por outros modos, a agressão existe, ainda que oblíqua. Hoje, talvez, menos evidente do que em décadas passadas. Mas, em geral, ainda somos o país do elevador de serviço.

a jurisprudência não hesitaria em responsabilizar a empresa área pelo dano (o que não ocorre, atualmente, segundo pacífica jurisprudência do STJ, em relação às empresas de ônibus). Outro exemplo que evidencia certos desníveis – normativos e jurisprudenciais – em nosso direito de danos: se ocorrer um atentado terrorista dentro de um avião, a União está autorizada a responder pelos danos (Lei nº 10.744, de 09/10/2003, art. 1º)[40]. Se for dentro de um ônibus, inexiste qualquer previsão legislativa que possa proteger as vítimas. Provavelmente, ficariam desamparadas, como ocorre atualmente com os danos relacionados à violência urbana.

Não é novidade, hoje, no século XXI, que personagens não estatais ofendem direitos fundamentais. Aliás, muitas das relações entre esses personagens são assimétricas, desiguais. A esse poder privado não deve ser indiferente o Estado. Isso acontece, por exemplo, nas relações negociais, com os contratos de adesão, ocasião em que a parte economicamente mais forte impõe, heteronomicamente, a sua vontade, sem espaço para discussões. Mas não é esse o aspecto que particularmente nos interessa nesta obra. Interessa-nos a violação de direitos fundamentais ligados à violência urbana, diante de omissões do Estado. Não nos interessa tanto, pelo menos por ora, as agressões aos direitos fundamentais perpetradas pelo Estado (tortura e morte, digamos, de um preso por um policial). O tema central do livro é outro: indagar quais os alcances e as possibilidades da atribuição ao Estado de um dano causado por um cidadão a outro cidadão (para ficarmos num exemplo paralelo e de fácil solução: morte de um detento, não pelo policial, mas por um companheiro de cela).

Aliás, o exemplo que demos na última frase do parágrafo anterior evidencia, com clareza, que a situação já é aceita, com tranquilidade, por nossa jurisprudência, embora em situações específicas. No caso da morte de detento por companheiro de cela,

40. "Art. 1º. Fica a União autorizada, na forma e critérios estabelecidos pelo Poder Executivo, a assumir despesas de responsabilidades civis perante terceiros na hipótese da ocorrência de danos a bens e pessoas, passageiros ou não, provocados por atentados terroristas, atos de guerra ou eventos correlatos, ocorridos no Brasil ou no exterior, contra aeronaves de matrícula brasileira operadas por empresas brasileiras de transporte aéreo público, excluídas as empresas de táxi aéreo".

não se hesita em responsabilizar civilmente o Estado pelos danos. O STF tem múltiplos julgados acerca da matéria (reconhecendo, aliás, explicitamente, a responsabilidade objetiva do Estado nas omissões, ao contrário do que repete o STJ). A hipótese, porém, reconhecemos, é de mais fácil solução, porque ninguém discute que caberá ao Estado zelar pela integridade física e moral do detento (CF, art. 5º, XLIX e LXXV). Tão forte é esse dever que a jurisprudência do STJ já responsabilizou o Estado até mesmo por suicídio de detento[41].

Não houve, porém, na hipótese da morte do detento por companheiro de cela, ação do Estado (a morte não resultou, pelo menos nesse caso, de uma ação de um policial, ou de um agente penitenciário). Houve omissão. É certo que a vítima estava sob custódia do Estado, o que torna sua responsabilidade inegável. Porém não são apenas essas omissões estatais que causam danos aos cidadãos (não evitar a morte de um preso). Há outras, mais ou menos graves, que também causam danos, e caberá indagar em que medida podemos responsabilizar civilmente o Estado por elas. Admite-se, por exemplo, que a ausência de fiscalização estatal (ou mesmo uma fiscalização deficiente) possa fazer o Estado responsável pelos danos relacionados à ausência de fiscalização ambiental, por exemplo[42]. Registre-se, a propósito, que o direito ambiental dialoga

---

41. O STJ, em outubro de 2006, decidiu que o Estado deve responder civilmente se um preso cometer suicídio enquanto está recolhido ao cárcere (STJ, 847.687, Rel. Min. José Delgado, 1ª T, DJ 25/06/2007). O Estado de Goiás, em sua defesa, tentou alegar a ausência de nexo causal, mas o argumento foi afastado pelo STJ. O relator, ao votar, lembrou que a jurisprudência do STJ responsabiliza o Estado em caso de morte de detentos por companheiros de cela, com base na teoria do risco administrativo. Salientou o Ministro que mesmo que não tenha havido falha da administração pública a indenização é devida. Em outra oportunidade, o Min. Teori Albino Zavascki consignou que "o Estado tem o dever de proteger os detentos, inclusive sobre si mesmos. Se o Estado não consegue impedir o evento, ele é o responsável" (STJ, EDcl no AgRg no REsp 1.305.259, Rel. Min. Campbell Marques, 2ª T, DJ 22/08/2013).

42. Predomina no STJ a tese de que em matéria de proteção ambiental, há responsabilidade civil do Estado quando a omissão de cumprimento adequado do seu dever de fiscalizar tiver sido determinante para a concretização ou para o agravamento do dano. Trata-se, no entanto, de responsabilidade subsidiária (STJ, AgRg no Resp 1.001.780 – alguns acórdãos falam em responsabilidade solidária com execução subsidiária). De uma forma ou de outra, a execução perante o Estado só poderá ocorrer caso o degradador direto não cumprir a obrigação. Convém lembrar que o conceito de poluidor, no direito ambiental brasileiro, é amplíssimo, confundindo-se com o de degradador da qualidade ambiental (STJ, REsp 1.071.741). Os deveres-poderes estatais, nesse contexto, se exercidos fora ou aquém dos postulados da eficiência, da proporcionalidade, da adequação, podem fazer

com novas bases éticas, que se evidenciam (mais fortes) em nosso século. Um direito biodifuso não aceita as velhas fórmulas individualistas e patrimonializantes[43].

Em sentido semelhante, aceita-se que a ausência de atendimento hospitalar, ou mesmo o atendimento deficiente, em hospital público, dê ensejo à responsabilidade civil do Estado por omissão. São muitos e frequentes os julgados nesse sentido. Houve, no caso, ligada ao dano, não uma ação, porém uma omissão estatal[44]. É fácil notar que a ação deficiente, negligente, tardia equivale à omissão. Isso, seja em relação à saúde, seja em relação à segurança pública.

---

o Estado solidariamente responsável pelos danos ambientais verificados. A solução será a mesma se o Estado, de uma forma ou de outra, não adimplir seus deveres mínimos em relação à proteção material de determinado bem jurídico fundamental – no caso, o meio ambiente, macrobem de uso comum das gerações. Ademais, na área ambiental, a participação indireta ganha singular força, e a omissão ou a fiscalização deficiente do Estado pode ser bastante para fazê-lo responsável pela degradação ambiental. "Daí sustentarmos, desde sempre, que o Estado também pode ser solidariamente responsabilizado pelos danos ambientais provocados por terceiros, já que é seu dever controlar e impedir que aconteçam" (MILARÉ, Édis. *Direito do Ambiente*. São Paulo: RT, 2014, p. 450).

43. Tivemos, na matéria, curiosa evolução conceitual: de *res nullius* para *res communis ommium*. Passamos, em poucas décadas, de um agressivo desprezo ao meio ambiente para uma necessária (e merecida) reverência normativa, como direito fundamental de estatura constitucional (de terceira geração). A bibliografia sobre o tema é riquíssima, e muitos autores registram que o direito biodifuso está redefindo papéis e funções no ordenamento jurídico. Conferir, apenas a título exemplificativo, dentre outros valiosos trabalhos: NASH, Roderick Frazier. *The Righst of Nature: a history of environmental Ethics*. The University of Wisconsin Press. Madison, 1989; SOLLOW, Robert M. Intergenerational Equity and Exhaustible Resources. *Review of Economic Studies*. Symposium on the Economics of Exhaustible Resources, 1974; BENJAMIN, Herman V., Responsabilidade civil pelo dano ambiental. *Revista de Direito Ambiental*. São Paulo, v. 3, nº 9, p. 5-52, jan./mar. 1998; SILVA, José Afonso da. *Direito Ambiental Constitucional*. São Paulo: Malheiros, 1995; HUTCHINSON, Tomás. *Daño Ambiental*. Buenos Aires: Abeledo-Perrot, 1998; ITURRASPE, Jorge Mosset. *Daño Ambiental*. Buenos Aires: Bubinzal Culzoni, 1999; REHBINDER, Eckard. Germany (Chapter 3). KOTZÉ, L. J.; PATERSON, A. L. (eds.). *The role of the judiciary in environmental governance*. Netherlands: Kluwer Law International, 2009; STEIGLEDER, Annelise Monteiro. *Responsabilidade civil ambiental*. Porto Alegre: Livraria do Advogado, 2011; MULHOLLAND, Caitlin Sampaio. *A responsabilidade civil por presunção de causalidade*. Rio de Janeiro: GZ, 2010; BENJAMIN, Herman. *Direito Constitucional Ambiental Brasileiro*. CANOTILHO, J.J. Gomes; LEITE, José Rubens Morato. *Direito Constitucional Ambiental Brasileiro*. São Paulo: Saraiva, 2007.

44. A imprensa noticiou um (triste) caso no qual uma criança de 10 anos, no Rio de Janeiro, atingida por uma bala perdida na noite de Natal, aguardou oito horas em hospital público sem o devido atendimento e veio a falecer. O médico plantonista (neurocirurgião) havia faltado, e possuía, segundo a imprensa, um crônico histórico de faltas, sobretudo em datas festivas. Lembremos que não é necessário, para responsabilizar civilmente o médico, que a culpa seja grave. O direito brasileiro não conhece a gradação da culpa

Percebe-se, nesse contexto, que não é estranha à nossa prática jurisprudencial a ideia de responsabilizar o Estado por omissões, sobretudo naqueles setores temáticos intimamente ligados à sua atuação (saúde, por exemplo). Não há, portanto, nenhum salto conceitual em responsabilizar civilmente o Estado por danos vinculados a falhas ou omissões na prestação de segurança pública (quando essas falhas ou omissões estiverem relacionadas a um dano injusto). Nunca se poderá, com certeza absoluta, afirmar que se o Estado estivesse presente, o dano não ocorreria (se o atendimento médico tivesse sido realizado a tempo, será que a criança teria sido salva? Nunca poderemos saber, sem espaço a dúvidas). Mesmo nos danos vinculados à violência urbana, esse grau de incerteza, esse componente inefável, de certa forma persistirá, incomodando a nossa (tão humana) necessidade de firmar certezas. Isso, porém, participa da própria organicidade da responsabilidade civil, sobretudo diante dos novos danos, das complexas e nada lineares discussões atuais sobre o nexo causal.

Há, porém, em todos esses casos, a constatação (um tanto quanto óbvia) de que se tivéssemos uma segurança pública – ou uma saúde pública – minimamente eficiente, boa parte desses danos não ocorreria. Se as expectativas legítimas dos cidadãos fossem, em relação a esses serviços públicos sociais, razoavelmente contempladas, não haveria espaço para o direito dos danos se insinuar nesses espaços. Mas infelizmente há.

1.1.4. Contextualizando o livro: entre o padrão mental tradicional e a busca de novas formulações teóricas

Este livro não é uma pesquisa empírica. Não analisará dados relativos à violência no Brasil, nem buscará modelos de comparação com a situação em outros países[45]. Nossa preocupação é epistemolo-

(cf. TEPEDINO, Gustavo. A responsabilidade médica na experiência brasileira contemporânea. *Temas de Direito Civil. Tomo II.* Rio de Janeiro: Renovar, 2006, p. 93). Mesmo a culpa leve, na responsabilidade subjetiva, obriga a indenizar. Ademais, o que mede, por assim dizer, a indenização, é o dano, não o grau de culpa (Código Civil, art. 944).

45. Ver, por exemplo, ADORNO, Sérgio; CARDIA, Nancy. Dilemas do controle democrático da violência: execuções sumárias e grupos de extermínio. São Paulo (Brasil), 1980-1989. In: Tavares dos Santos, José Vicente. (Org.). *Violências em tempo de globalização*. São

gicamente mais restrita: pesquisaremos em que medida os modelos normativo-conceituais atuais aceitam a possibilidade de que o Estado responda civilmente por danos ligados à violência. O padrão mental convencional, hoje, no Brasil, responde negativamente, fechando as portas para a indenização. O problema, real e diário, é que essa resposta convencional permite que danos – frequentemente gravíssimos, com dimensões existenciais, e não só patrimoniais – fiquem sem indenização, com vítimas desamparadas[46]. Um

---

Paulo: Hucitec, 1998, p. 66-90. WOOD, Jennifer; CARDIA, Nancy. Plural Policing in Brazil, In: *Plural Policing in Comparative Perspective*. Jones, T. e Newburn, T. (Coord). London: Routledge, 2006, pp. 245-295. CARDIA, Nancy. The Impact of Exposure to Violence in Sao Paulo: Accepting Violence or Continuing Horror? In: Rotker, Susan (ed.) *Citizens of Fear: Urban Violence in Latin America*, New Brunswick: Rutgers University Press, 2002, pp. 152-186. CARDIA, Nancy. A violência urbana e os jovens. In: Pinheiro, Paulo Sergio (coord.). (Org.). *São Paulo sem medo: um diagnóstico da violência urbana*. Rio de Janeiro: Editora Garamond, 1998, pp. 133-154. Também DORNELLES, J. R. W.. Conflito de Segurança. *Entre Pombos e Falcões*. 2. ed. Rio de Janeiro: Lumen Juris, 2003. 222p. DORNELLES, J. R. W. Globalização, direitos humanos e a violência na modernidade recente. *Temas Emergentes de Direitos Humanos*, v. V, p. 311-332, 2006.

46. PEREIRA DE AGUIAR, Carlos Alberto. A miséria e a criminalidade no Rio de Janeiro. *A responsabilidade civil e o fato social no século XXI*. COUTO, Antônio; SLAIBI FILHO, Nagib. Rio de Janeiro: Forense, 2004, p. 159-169. Há quem conecte o chamado "dano social" às balas perdidas. Nesse sentido, argumenta-se "nosso País vive uma triste realidade social. Nos grandes centros urbanos, a violência e a miséria se alastram. Turbas armadas, e até organizadas, causam terror e medo. Mesmo pequenas cidades do interior se veem invadidas por quadrilhas de criminosos profissionais, dispostos a assaltar os bancos locais. E o *Estado Oficial* nada faz. Em algumas cidades, já há o *Estado Paralelo*, disputando poder com aquele que antes detinha o monopólio. (...). Diante dessa triste realidade contemporânea, parece-nos que a ideia de dano social pode servir para um novo dimensionamento à responsabilidade civil do Estado (no caso do *Estado Oficial*). Ora, se a responsabilidade civil tem um intuito pedagógico – ou punitivo, como querem alguns –, deve trazer impacto àquele que não está fazendo a *lição de casa*. E pode-se dizer que, no quesito segurança – e também em outros –, o Estado não vem cumprindo as suas obrigações assumidas perante a sociedade. A sua conduta, nessa área, pode ser tida como *socialmente reprovável*" (TARTUCE, Flávio. Reflexões sobre o dano social. *RTDC*, v. 34, ano 9, abr/jun 2008, pp. 179-201, p. 197-198). A sugestão nos parece de duvidosa valia. A indenização, no caso dos danos sociais, não iria para as vítimas, o que talvez não resolvesse o problema. Sem falar que a imposição de indenização punitiva ao Estado também merece maior reflexão. Seja como for, a categoria do dano social foi proposta por Antônio Junqueira de Azevedo. Ele argumenta que "os danos sociais são lesões à sociedade, no seu nível de vida, tanto por rebaixamento do seu patrimônio moral – principalmente a respeito da segurança – quanto por diminuição na qualidade de vida" (AZEVEDO, Antonio Junqueira. Por uma nova categoria de dano na responsabilidade civil: o dano social. *O Código Civil e sua interdisciplinaridade*. FILOMENO, José Geraldo Brito e outros (Orgs.). Belo Horizonte: Del Rey, 2004, pp. 370-377, p. 376). Os exemplos fornecidos pelo ilustre civilista, no entanto, não parecem inovar em relação às espécies de danos já conhecidos (pedestre que joga papel no chão, passageiro que atende celular no avião, pai que solta balão com seu filho). Tais condutas, social-

exemplo prosaico: alguém, em viagem de ônibus, é atingido por um disparo de arma de fogo, durante um assalto, e fica cego. De acordo com o modo tradicional de pensar o problema – falamos dos tribunais brasileiros nas últimas décadas, até agora, em 2016, quando escrevemos este texto – a vítima não será civilmente indenizada, nem pela empresa de transporte (concessionária de serviço público), nem pelo Estado. A literatura jurídica, em geral, apenas reproduz esse entendimento, sem se debruçar verticalmente sobre o tema. Esse, em linhas gerais, o problema em torno do qual se movimentará esta obra.

A violência física (e psicológica) sofrida pela vítima é, decerto, um dano injusto[47]. Há uma lesão à situação jurídica subjetiva protegida pelo ordenamento. A questão que se põe é a seguinte: temos, atualmente, um aparato normativo-conceitual suficiente para responsabilizar civilmente o Estado por esses danos? Isso é juridica-

---

mente reprováveis, argumenta, podem gerar danos como entupimentos de bueiros em dias de chuva, problemas de comunicação no avião causando acidentes aéreos, incêndios causados pela queda de balões etc. Não nos parece que a hipótese tenha autonomia conceitual. Todos os danos, a rigor, são danos sociais. Existem, aliás, danos infinitamente mais graves, com reprovabilidade infinitamente maior, que poderiam ser citados. Os danos, a rigor, podem ser patrimoniais ou extrapatrimoniais, individuais ou transindividuais. Os exemplos dados de dano social já se sentariam, confortáveis, em alguma cadeira conceitual anteriormente existente, não precisando de novas. Além do mais, as inovações conceituais, em nossos dias, devem apresentar uma dimensão funcional (como ocorre, por exemplo, com a tão útil distinção entre fortuito interno e fortuito externo). Além da dimensão funcional, devem, se possível, privilegiar as opções valorativas básicas da Constituição, resguardando, de forma prioritária (e, se possível, preventiva), as dimensões existenciais do ser humano.

47. Nesse contexto, "o dano injusto é figura central no estudo da responsabilidade civil do Estado na atualidade: corresponde à junção da noção de dano com a de antijuridicidade objetiva, sob a ótica da equidade e da função social da responsabilidade civil. Trata-se do dano que não deve ser suportado pelo lesado ou, em outras palavras, é o dano a uma situação juridicamente protegida. Note-se que não há maior novidade no seu reconhecimento no contexto da responsabilidade civil do Estado. O que há de novo é a relevância que lhe é atribuída. E mais: o reconhecimento da imprescindibilidade da noção de *injusto* para a elaboração de uma teoria geral da responsabilidade civil do Estado (por ação e por omissão)" (PINTO, Helena Elias. *Responsabilidade civil do Estado por omissão.* Rio de Janeiro: Lumen Juris, 2008, p. 120-121). Assim sendo, "ainda que na origem o direito da responsabilidade civil seja individualista e patrimonialista (pois seu objetivo é a reparação pecuniária e individual de um dano), sua interpretação e aplicação hoje levam em consideração outros fundamentos, de cunho solidarista, instrumentalizando uma ótica personalista do direito civil, especialmente no que se refere ao Direito de Danos" (MULHOLLAND, Caitlin Sampaio. *A responsabilidade civil por presunção de causalidade.* Rio de Janeiro: GZ, 2010, p. 13).

mente possível? Temos um discurso constitucionalmente consistente para considerar que os danos – ou alguns deles – relacionados a falhas na segurança pública ensejam as condições de possibilidade de impor o dever de indenizar estatal?

Talvez caiba, aqui, uma observação terminológica. A expressão "violência urbana" não apresenta um modelo semântico definido, preciso, estático. Não seria correto nem adequado se assim o fizéssemos. É um modelo aberto, dinâmico, sujo, por assim dizer, com as impurezas e dinamicidades da vida social. "Urbano", aí, nem se contrapõe, rigorosamente, ao "rural". Seria artificial e constitucionalmente descabida quaisquer dicotomias firmadas nesses termos. As vítimas não valem mais ou menos por estarem em ambientes urbanos ou rurais, nem há limites claros sobre o que seria um e outro. Além do mais, um óbvio fator se impõe como definitivo: se os danos ambientais são, conceitualmente, transnacionais, atingindo países sem se preocupar com fronteiras, o mesmo – infelizmente – pode-se dizer da violência. Para ficarmos num único exemplo, que tem se repetido com frequência impressionante, praticamente diária: explosões de caixas eletrônicos em pequenas cidades do interior do Brasil. Muitas vezes, essas cidades, que sequer possuem agências bancárias, contam com um terminal (caixa eletrônico), em pequenos supermercados, por exemplo. Os assaltantes escolhem, estrategicamente, essas pequenas cidades, em razão da escassa presença da Polícia Militar em tais locais (muitas vezes existem apenas pouquíssimos policiais de plantão na cidade, durante a noite). Esses danos, obviamente, não são ontologicamente distintos dos danos ocorridos nas grandes cidades. As soluções, portanto, nesses casos, devem ser as mesmas, sendo constitucionalmente inadequada qualquer diferenciação.

Também não nos parece adequado, nem fiel aos nossos propósitos deste livro, fechar os olhos para a jurisprudência brasileira acerca do tema. Esta obra, portanto, observará em que sentido a jurisprudência dos nossos tribunais superiores aceita que o Estado responda civilmente por danos relacionados à violência urbana. Não esqueçamos – como já teve oportunidade de ponderar Maria Celina Bodin de Moraes – que a responsabilidade civil dos nossos dias está sendo, em boa medida, criada pela jurisprudência[48]. Costuma-se, a propósito, notar que, sobretudo a partir da Segunda Guerra Mundial, os civilistas italianos, e também os alemães, sofreram substancial influência do ordenamento anglo-saxão, que privilegia a jurisprudência[49]. Não só isso: se tivermos em conta a caminhada histórica da responsabilidade civil do Estado – eixo de nossa pesquisa – veremos que suas grandes construções não resultaram, propriamente, de mudanças legislativas, mas de formulações jurisprudenciais que tiveram, em alguma medida, relevância nas reflexões posteriores sobre o tema. Porém, ainda nesses casos, é sempre o olhar doutrinário – sereno e teoricamente consistente – que irá discernir o essencial do acessório, o permanente do passageiro, aquilo que deve permanecer na pauta dos estudos sobre o tema daquilo que não ostenta maior relevância teórica.

O Brasil, como Estado constitucional democrático, deve dispor de uma teoria da responsabilidade civil do Estado que reflita não apenas nossa tradição constitucional, mas que traduza também os

48. MORAES, Maria Celina Bodin. *Danos à pessoa humana*. Rio de Janeiro: Renovar, 2003, p. 49. A jurista, em outra oportunidade, esclareceu: "Quanto ao aumento das hipóteses de ressarcimento, sabe-se que a responsabilidade civil é um dos instrumentos jurídicos mais flexíveis, dotado de extrema simplicidade, estando apto a oferecer a primeira forma de tutela a interesses novos, considerados merecedores de tutela tão-logo sua presença seja identificada pela consciência social". (MORAES, Maria Celina Bodin de. A Constitucionalização do Direito Civil e seus efeitos sobre a Responsabilidade Civil. *A Constitucionalização do Direito: fundamentos teóricos e aplicações específicas*. Cláudio Pereira de Souza e Daniel Sarmento (Orgs). Rio de Janeiro: Lumen Juris, 2007, p. 439).

49. GIORGIANNI, Michele. *RTDC*, ano 4, v. 13, p. 303, jan./mar. 2003. Não nos colocamos, aliás, dentre aqueles que desprezam a prática como algo menor ou sem relevância conceitual. Lembremos, a propósito, que os romanos eram fundamentalmente pragmáticos. Talvez daí venha a longevidade de seus modelos conceituais, que atravessam espantosamente muitos séculos. Na responsabilidade civil, particularmente, a jurisprudência se mostra singularmente relevante, convindo não esquecer que boa parte da evolução da matéria decorreu, não da lei, mas da doutrina e da jurisprudência. Nesse sentido, "poucos temas têm, no ordenamento jurídico brasileiro, maior caráter casuístico e problemático que a responsabilidade civil. De fato, sendo regulada por cláusulas gerais constantes da legislação, coube – como continua a caber – à jurisprudência a construção concreta do instituto, definindo, entre outros aspectos, as hipóteses de dano reparável e a extensão dessa reparação" (HORBACH, Carlos Bastide. Responsabilidade do Estado: 25 anos anos de aplicação da Constituição de 88. *25 anos da Constituição brasileira de 1988*: Democracia e Direitos Fundamentais no Estado Democrático de Direito. RIBEIRO, Patrícia Henriques (Org.). Belo Horizonte: D'Plácido, 2014, pp. 105-132, p. 105).

avanços do conhecimento jurídico em diversos campos temáticos, em diálogo interdisciplinar[50].

A propósito, a interdisciplinaridade é nota fundamental, por certo, nos discursos acadêmicos contemporâneos. Neste livro, não haverá, nem poderia haver, limitação temática do olhar a esse ou aquele ramo do direito, embora o modelo conceitual da responsabilidade civil – que nos guiará nesta obra – tenha sido construído, através dos séculos, no campo do direito privado, mais particularmente no direito civil. O tema, sem dúvida, parte dos conceitos da literatura civilística, mas vai além dela. No Brasil, conforme já frisamos, o tema participa, há décadas, de nossa tradição constitucional, integrando os documentos constitucionais brasileiros desde 1946. A matéria é permeada, ainda, em certo sentido, de discussões próprias da filosofia e da ciência política e, em maior grau, é permeável à

50. A autora, posteriormente, destaca "que o estudo da responsabilidade civil do Estado, na atualidade, impõe reflexões que encaminham o intérprete para um diálogo interdisciplinar que cria um campo comum entre o Direito Constitucional, o Direito Civil, o Direito Administrativo, o Direito Processual Civil, a Teoria Geral do Direito e até mesmo o Direito Penal" (PINTO, Helena Elias. *Responsabilidade Civil do Estado por* omissão. Rio de Janeiro: Lumem Juris, 2008, p. 14). A relevância do tema é reconhecida, de modo recorrente, na doutrina, que tem frisado que "a questão dos fundamentos da responsabilidade civil do Estado no direito brasileiro é um dos assuntos que mais está a merecer uma reflexão por parte da doutrina nacional" (ARAGÃO, Alexandre Santos de. Os fundamentos da responsabilidade civil do Estado. *Revista dos Tribunais.* v.824, pp. 72-81, jun/2004, p. 72). Na jurisprudência, a questão também recebe especial enfoque. Um dos ministros do STF, por exemplo, afirmou em voto: "Entendo que essa construção da responsabilidade civil do Estado, por parte do Supremo Tribunal Federal, é uma das importantes construções que o Tribunal, ao longo do tempo, tem desenvolvido em termos de concretização do princípio do Estado de direito, entendido como aquele regime no qual não há soberano. Portanto, o próprio Estado está jungido ao regime do Estado de direito" (STF, RE 382.054, voto do Min. Gilmar Mendes). Desse modo, "é a jurisprudência constitucional, pois, a responsável pela delimitação concreta dos limites da proteção do cidadão frente às ações danosas do poder público; sendo o Supremo Tribunal Federal o real protagonista na definição do instituto da responsabilidade do Estado no direito brasileiro" (HORBACH, Carlos Bastide. Responsabilidade do Estado: 25 anos de aplicação da Constituição de 88. *25 anos da Constituição brasileira de 1988*: Democracia e Direitos Fundamentais no Estado Democrático de Direito. RIBEIRO, Patrícia Henriques (Org.). Belo Horizonte: D'Plácido, 2014, pp. 105-132, p. 105). Nesse contexto, é fácil perceber que de todos os temas jurídicos, a responsabilidade civil é aquele cuja construção jurisprudencial se dá de modo mais intenso, mais vigoroso. Anteriormente – e de modo lapidar – já houvera sido destacado por Maria Celina Bodin de Moraes: "É inquestionável que o Direito da Responsabilidade Civil, em nossos dias, está sendo criado pela jurisprudência", conforme citamos anteriormente.

teoria dos direitos fundamentais, que vem sendo construída por estudiosos de vários países.

Nosso percurso argumentativo – ao defender o fortalecimento das funções protetiva e preventiva do Estado – passa por alguns marcos teóricos, como a força normativa dos princípios constitucionais (com especial acento no princípio da solidariedade social), a priorização das situações existenciais em relação às patrimoniais, a funcionalização social dos conceitos e categorias, o princípio da primazia do interesse da vítima do dano. Há, ainda, nesse contexto, outros marcos que dialogam com os anteriores, e se mostram singularmente relevantes: a eficácia horizontal dos direitos fundamentais e o vetor hermenêutico que postula a máxima eficácia dos direitos fundamentais. Tudo isso tendo como pano de fundo uma realidade, normativa e social, que desconhece limites rígidos entre direito público e direito privado – havendo, ao contrário, e cada vez mais, interpenetrações e diálogos[51].

51. Escrevemos em outra oportunidade: "O que parece inegável é que o direito perdeu o caráter de isolamento que já teve, e que alguns juristas forcejavam por manter. *No mundo contemporâneo, de recíprocos contatos, a pureza não é algo que possa ser vangloriado.* O direito busca respostas mais condizentes com o contexto social em que se insere, e não está livre para encontrar *qualquer* solução". Um pouco antes: "Hoje predomina, de forma bastante caracterizada, a fragmentação das fontes normativas, com o surgimento de sistemas parciais, com metodologia e terminologia próprias, o que não deixa de ser desconcertante para a mentalidade tradicional do jurista. Não existe mais *a* fonte; existem uma multiplicidade delas, sem que nenhuma ocupe uma posição de absoluta proeminência, excludente das demais". E tematicamente conectado à matéria: "É difícil, atualmente, em termos de direito público e privado, achar algo que não esteja numa zona cinza. As influências recíprocas são muito fortes. Tudo, sob certo aspecto, interpenetra-se. O direito público privatiza-se; o direito privado publiciza-se. No plano empírico, não há, frequentemente, espaços estanques. Se, nos grandes códigos, a separação era um objetivo a ser buscado, existindo monumentos do saber privado (códigos civis) e monumentos do publicismo (constituições), hoje prepondera a preocupação prática. Legisla-se, no mundo contemporâneo, sem maiores indagações se a norma é de direito público ou de direito privado. Simplesmente legisla-se, buscando atingir, com eficiência, as finalidades normativas. Há, por certo, referências temáticas (consumidor, meio-ambiente), mas são referências a aspectos da vida social, e não a ramos do direito" (BRAGA NETTO, Felipe Peixoto. *Teoria dos Ilícitos Civis.* Belo Horizonte: Del Rey, 2003, p. 52). Em sentido semelhante: NEGREIROS, Teresa. Dicotomia Público/Privado frente ao Problema da Colisão de Princípios. *Teoria dos Direitos Fundamentais.* TORRES, Ricardo Lobo (Org.). Rio de Janeiro: Renovar, 1999, pp. 337-375; FACCHINI NETO, Eugenio. Reflexões histórico-evolutivas sobre a constitucionalização do direito privado. *Direitos Fundamentais e Direito Privado.* Porto Alegre: Livraria do Advogado, 2003, pp. 11-60; CAMPILONGO, Celso Fernandes. *Direito e Democracia.* São Paulo: Max Limonad, 1997, p. 51. Nelson Saldanha lembrou que "o conhecimento do Direito, no

Convém reafirmar que a responsabilidade civil do Estado é um tema que perpassa diversas disciplinas jurídicas e exige um olhar necessariamente interdisciplinar e amplo. O tema traz consigo a dinamicidade própria da responsabilidade civil, o que lhe confere certa, digamos, agilidade orgânica para acompanhar os ventos sociais e lhe possibilita uma atuação – em certa medida e sob certas condições históricas – levemente iconoclasta. Por outro lado, o tema também dialoga, tradicionalmente, com os conceitos, institutos e categorias do direito público, com as formulações teóricas tradicionais do direito administrativo, que dificilmente escondem certo gosto autoritário. Apenas muito recentemente, no Brasil, os autores que lidam com o direito administrativo começam a perceber a necessidade de reler antigas e (muito) repetidas lições tradicionais da matéria à luz da teoria dos direitos fundamentais e dos princípios normativos constitucionais, como a dignidade da pessoa humana e a solidariedade social[52].

Talvez seja importante assinalar, nesse contexto, o que poderíamos descrever como democratização da atividade administrativa. Há uma busca de maior consensualidade nas decisões administrativas, há um aumento, salutar e progressivo, dos modos e das formas de controle da administração pública pelos cidadãos. O Estado do século XXI assume funções progressivamente complexas

---

plano empírico (incluindo-se aí a leitura direta das normas vigentes), não conduz, pelo menos como resultado imediato, à verificação do caráter 'público' ou 'privado' das regras e dos institutos" (*Estudos de Teoria do Direito*. Belo Horizonte: Del Rey, 1994, p. 51). Norberto Bobbio constatou que a distinção entre direito público e privado, em si mesma dinâmica e relativa, não tem nenhuma razão para subsistir, se adotado, como critério de bipartição, as fontes normativas (BOBBIO, Norberto. *Direito e Estado no Pensamento de Emanuel Kant*. Brasília: Editora Universidade de Brasília, 1997, p. 84).

52. Ricardo Lobo Torres enfatiza que "a *soberania*, por exemplo, depois de superado o dogma da *soberania absoluta* e da sua definição como atributo do Estado, passa a ser ponderada com os direitos humanos e com a dignidade da pessoa humana" (TORRES, Ricardo Lobo. A Legitimação dos Direitos Humanos e os Princípios da Ponderação e da Razoabilidade. *Legitimação dos Direitos Humanos*. TORRES, Ricardo Lobo (Org.). Rio de Janeiro: Renovar, 2002, pp. 397-449, p. 433). Ver, também, GOMES, José Jairo. *Responsabilidade Civil e Eticidade*. Belo Horizonte: Del Rey, 2005, trabalho no qual o autor propõe uma nova feição para a responsabilidade civil a partir das ideias de solidariedade e cooperação.

comparativamente àquelas que ostentava nos séculos passados[53]. Os cidadãos, a seu turno, são partícipes diretos nessas funções, abandonando em boa medida a postura, passiva e estática, que os definiu durante muito tempo. A democracia, nesse contexto, ganha uma dimensão ativa, que certamente não se resume ao voto periódico mas abrange, certamente, outras faces, como o direito de ser permanentemente informado acerca das decisões de interesse coletivo, como a dimensão fiscalizatória dos gastos e opções governamentais (a internet desempenha, sabemos, papel fundamental nesse campo), e outras medidas que envolvem diálogo e mobilização da sociedade civil, mostrando que o público nem sempre é estatal. Cabe lembrar que a participação fiscalizatória direta configura direito fundamental, cuja concretização tende a melhor tutelar a ação do Estado, simultaneamente em termos éticos e de eficiência, qualificando o espaço público, dominado pela democracia meramente formal[54]. Convém registrar, a propósito, que cidadãos silenciosos podem ser

53. Jesús Leguina enfatiza que a administração pública, "enquanto gestora institucional dos interesses coletivos e mediadora dos conflitos de interesses privados, assumiu o papel de protagonista insubstituível na direção de todas as atividades econômicas e sociais, sem que exista hoje parcela alguma da sociedade civil em que, de alguma forma, não esteja presente a sua ação. Encontramo-nos, pois, ante uma Administração Pública quantitativa e qualitativamente distinta da que era própria de um modelo de relações econômicas de corte liberal clássico. A Administração deve, com efeito, planificar, dirigir, ordenar, multiplicar sua ação prestacional, promovendo condições de existência digna para todos os setores sociais" (LEGUINA, Jesús. El fundamento de la responsabilidad de la Administración. *Revista Española de Derecho Administrativo* – REDA, citado por ARAGÃO, Alexandre Santos de. Os fundamentos da responsabilidade civil do Estado. *Revista dos Tribunais*. v.824, pp. 72-81, jun/2004, p. 73).

54. FREITAS, Juarez. A democracia como princípio jurídico. *Direito Público Moderno*. FERRAZ, Luciano; MOTTA, Fabrício (Orgs). Belo Horizonte: Del Rey, 2003, p. 171. Aliás, no contexto brasileiro, deve-se estimular "os órgãos de controle a terem consciência do universo de suas possibilidades funcionais. Em alguns casos específicos (controle de políticas públicas, por exemplo), tais órgãos devem ser capazes de promover a cultura do acompanhamento, da orientação e dos acordos de adequação de comportamentos desviantes, e não necessariamente a lógica da condenação e da punição *de per se*" (PEREIRA, Rodolfo Viana. O controle como categoria dogmático-constitucional. *25 anos da Constituição brasileira de 1988*: Democracia e Direitos Fundamentais no Estado Democrático de Direito. RIBEIRO, Patrícia Henriques (Org.). Belo Horizonte: D'Plácido, 2014, pp. 555-589, p. 586). Para uma perspectiva mais ampla sobre o tema, sobretudo para a distinção entre controles institucionalizados e não institucionalizados (e seus problemas): ARAGÓN, Manuel. *Constitución y control del poder*: introducción a una teoría constitucional del control. Buenos Aires: Ediciones Ciudad Argentina, 1995; VASCONCELOS, Pedro Carlos Bacelar de. *Teoral geral do controlo jurídico do poder público*. Lisboa: Edições Cosmos, 1996.

ótimos para governantes autoritários, mas são desastrosos para uma democracia[55].

Não exageramos ao dizer que as expectativas da sociedade atual em relação ao Estado são bem distintas daquelas que observávamos nos séculos passados. Exige-se, do Estado, progressiva eficiência, e não se tolera – ou se tolera cada vez menos – autoritarismos e desvios de poder. Há, em suma, uma democratização da atividade administrativa, buscando-se progressivamente instrumentos que a legitimem[56].

Outro ponto que pode ser destacado é o seguinte: o direito administrativo, em geral – lembremos que a responsabilidade civil do Estado é, em grande parte, estudada e balizada no direito administrativo, conforme já destacamos – ainda se vale, em boa medida, de conceitos e formulações teóricas do século XIX, espelhando uma realidade que não traduz aquela que vivemos hoje. Por exemplo, grande parte das formulações teóricas partem, não dos direitos do cidadão, mas dos poderes do administrador, como se esse unilateralismo, algo autoritário, pudesse explicar a complexidade das relações dos nossos dias. Obviamente, não temos, hoje, súditos (expressão que espantosamente ainda lemos em alguns livros de direito administrativo)[57], mas cidadãos, titulares de direitos fundamentais (oponíveis ao Estado, mas não só a ele).

55. DAHL, Robert A. *Sobre a Democracia*. Tradução Beatriz Sidou. Brasília: UNB, 2001, p. 110.

56. A Lei nº 12.527/2011 – conhecida como Lei de Acesso à Informação – traz relevantes avanços neste sentido, contribuindo para que tenhamos não só mecanismos normativos que possibilitem que os cidadãos tenham acesso efetivo a informações relevantes da administração pública, como também contribui para criar, de modo progressivo, uma cultura de transparência no poder público – ainda resistente, em certos setores, à transparência. O art. 21 enfatiza: "Não poderá ser negado acesso à informação necessária à tutela judicial ou administrativa de direitos fundamentais. Parágrafo único. As informações ou documentos que versem sobre condutas que impliquem violação dos direitos humanos praticada por agentes públicos ou a mando de autoridades públicas não poderão ser objeto de restrição de acesso".

57. Nelson Saldanha esclarece que "o aparecimento da noção moderna de cidadão pressupôs a superação do conceito de súdito (*der Untertan*), substituído pelo *Bourgeois*, com suas conotações irremediavelmente ambíguas" (SALDANHA, Nelson. *Ethos* Político, Direitos e Cidadania. *Legitimação dos Direitos Humanos*. TORRES, Ricardo Lobo (Org.). Rio de Janeiro: Renovar, 2002, pp. 389-395, p. 390).

Dissemos, acima, que apenas muito recentemente, no Brasil, os autores que lidam com o direito administrativo começam a perceber a necessidade de reler antigas lições da matéria à luz dos princípios normativos constitucionais, como a dignidade da pessoa humana e a solidariedade social. Não só isso. A própria forma de enxergar a atividade legislativa estatal altera-se de modo significativo. O Estado, legislando, não é mais o soberano altivo que já foi no passado, no sentido de exercer um poder incontrastável e sem controle. A atividade legislativa, nesse sentido, perde o tom arbitrário que já ostentou[58].

Tão forte, aliás, evidenciava-se o arbítrio estatal em certas áreas que isso como que se institucionalizou em alguns conceitos e categorias jurídicas. Na responsabilidade civil do Estado, por exemplo, criou-se um dualismo curioso, algo exótico (pelo menos aos olhos contemporâneos). Distinguiu-se "atos de império" (*acta jure imperii*) de "atos de gestão" (*acta jure gestionis*). Nos "atos de império" não seria possível responsabilizar civilmente o Estado. Já nos "atos de gestão" essa responsabilidade civil seria possível. E o que seriam os "atos de império"? Atos como legislar e julgar, por exemplo. Ou mesmo os ditos atos próprios das forças armadas. Atos, dizia-se, que o Estado praticava no uso de sua soberania, de

58. O STF já esclareceu que o Estado "não dispõe da competência para legislar ilimitadamente, de forma imoderada e irresponsável, gerando, com o seu comportamento institucional, situações normativas de absoluta distorção e, até mesmo, de subversão dos fins que regem o desempenho da função estatal". (STF, ADInMC 1.063-8, Rel. Min. Celso de Mello, DJ 27/04/01). Em outra ocasião, o STF proclamou que "o Estado não pode legislar abusivamente. A atividade legislativa está necessariamente sujeita à rígida observância de diretriz fundamental que, encontrando suporte teórico no princípio da proporcionalidade, veda os excessos normativos e as prescrições irrazoáveis do Poder Público" (STF, ADI-MC 1.407-DF, Rel. Min. Celso de Mello, Pleno, DJ 24/11/2000). Sobretudo em relação à democratização da atividade administrativa, Gustavo Binenbojm lembra que "no mais das vezes, o discurso da autonomia científica do direito administrativo serviu de pretexto para liberar os administradores públicos da normatividade constitucional". E ressalta: "Como assinala Santamaria Pastor, as bases profundas do direito administrativo são de corte inequivocamente autoritário; até que fosse atraído para a *zona de irradiação do direito constitucional*, manteve-se ele alheio aos valores democráticos e humanistas que permeiam o direito público contemporâneo" (BINENBOJM, Gustavo. A constitucionalização do direito administrativo no Brasil: um inventário de avanços e retrocessos. In: *A Constitucionalização do Direito: fundamentos teóricos e aplicações específicas.* Cláudio Pereira de Souza e Daniel Sarmento (Orgs). Rio de Janeiro: Lumen Juris, 2007, p. 756).

seu poder inconstrastável. Bem se vê que a distinção, hoje, nenhuma relevância apresenta em termos de responsabilidade civil estatal. Tanto "atos de império" como "atos de gestão" podem empenhar o dever de indenizar do Estado (se o Estado condena criminalmente um inocente, esse fato obviamente será indenizável)[59].

Gustavo Tepedino, a propósito, lembra que "com o individualismo em expansão, procura-se separar os atos do Estado entre atos de império e os atos de gestão (*iure imperii e iure gestionis*), de modo que apenas estes últimos gerariam responsabilidade por parte do Estado. No intuito de temperar a doutrina da irresponsabilidade, alvitrou-se que a administração pública só não estaria adstrita a reparar os danos a que desse causa quando agisse no desenvolvimento de atividades próprias do Estado, no exercício de sua soberania e poder de império. Quando, ao revés, desempenhasse atividade de gestão do patrimônio e serviços públicos, o Estado deveria ser equiparado aos cidadãos comuns, atraindo a teoria subjetiva do direito civil em matéria de responsabilidade. As dificuldades para distinguir os atos de império (*governamental activities*) e de gestão (*proprietary activities*), normalmente entrelaçados ou superpostos, levaram à derrocada da elaboração doutrinária (embora tenha perdurado, como regra, no direito inglês,

59. O dualismo, ao que parece, tem origem na doutrina de M. Laferrière, em 1887. Hoje, entretanto, a bipartição está superada, cabendo apenas como notícia histórica. Os autores atuais percebem que "a iniquidade dessa fórmula – que excluía o dever de indenizar justamente nas hipóteses em que o Estado, praticando atos de império, estava em posição de vantagem e superioridade em relação ao particular – e a própria dificuldade de se diferenciar as duas categorias são fatores que favoreceram a evolução do tema no sentido de uma teoria segundo a qual não há distinção a partir da classificação do ato praticado pelo agente público" (PINTO, Helena Elias. *Responsabilidade civil do Estado por omissão*. Rio de Janeiro: Lumen Juris, 2008, p. 72). Mencionemos, apenas como exemplo entre inúmeros outros atos categorizáveis como sendo de império que ensejam o dever estatal de indenizar, que "o Estado não está isento de responder por danos causados a servidor militar durante a atividade no Exército. Neste sentido, há inúmeros precedentes desta Corte Superior" (STJ, AgRg no REsp 1.233.030, Rel. Min. Humberto Martins, 2ª T, DJ 14/04/11). Cabe também lembrar que o STF já proclamou que o "Estado responde civilmente por danos causados aos particulares pelo desempenho inconstitucional da função de legislar" (STF, REsp. 153.464, Rel. Min. Celso de Mello).

até a Crown Proceedings Act, de 1947, e, nos Estados Unidos da América, até o Federal Tort Claims Act, de 1946) "[60].

Essa caminhada em direção à perda (ou, mais realisticamente, à redução) do arbítrio estatal se vê em diversos campos, todos conexos, em maior ou menor medida, ao nosso tema. Na análise do chamado "mérito administrativo" também há avanços recentes. Se, antes, sequer se cogitava dessa possibilidade, hoje progressivamente se percebe que não há, aprioristicamente, campos imunes à verificação de sua adequação aos princípios normativos constitucionais[61]. Não é novidade, entre nós, o fato de que o sistema de jurisdição constitucional brasileiro foi significativamente fortalecido com a Constituição Federal de 1988. Ampliou-se, de modo substancial, a possibilidade de controle de constitucionalidade de atos legislativos. Isso revela a consciência, hoje clara, de que direitos fundamentais podem ser ameaçados por atos legislativos.

Afirmar, atualmente, que a Constituição prevalece em relação às leis é um truísmo de imensas proporções. O curioso é que nem sempre foi assim. Sabe-se que o chamado *judicial review* não existia na Europa, até mais ou menos meados do século passado (entendia-se, desde a Revolução Francesa, que o Parlamento representava a vontade popular, e que a lei sempre traduzia essa vontade. Não seria

60. TEPEDINO, Gustavo. A Evolução da Responsabilidade Civil no Direito Brasileiro e suas Controvérsias na Atividade Estatal. *Temas de Direito Civil*. Rio de Janeiro: Renovar, 2001, pp. 173-215, p. 185-186. Carlos Edison do Rêgo Monteiro filho, de modo semelhante, argumenta: "Essa bipartição entre atos de império e atos de gestão teve, à época, o mérito de abrandar, temperar a teoria da irresponsabilidade que vigorava então. O Estado passa realmente a não ser mais visto como um ente supremo, acima do bem e do mal, que diz o Direito e por nada responde. Houve essa evolução e, pelo menos, já se reconhecia, no Estado, a prática de alguns atos pelos quais teria de responder. Mas, por outro lado – e daí o demérito dessa distinção, dessa bipartição – foi-se constatando ser muito difícil, se não impossível, *distinguir os atos de império dos atos de gestão do Estado*. Frequentemente, esses atos se mesclavam; às vezes, um mesmo ato apresentava aspectos de gestão e de império, tornando, na prática, tormentosa a sua diferenciação" (MONTEIRO FILHO, Carlos Edison do Rêgo. Problemas de responsabilidade civil do Estado. *RTDC*, v. 11, jul/set 2002, pp. 35-65, p. 40).

61. Nesse contexto, "a ideia, antes sagrada, da insindicabilidade judicial do mérito do ato administrativo, vem cedendo espaço diante da possibilidade de controle calcado em princípios abertos, como proporcionalidade, razoabilidade, moralidade administrativa e eficiência" (Ubiquidade constitucional: os dois lados da moeda. *A Constitucionalização do Direito: fundamentos teóricos e aplicações específicas*. Cláudio Pereira de Souza e Daniel Sarmento (Orgs). Rio de Janeiro: Lumen Juris, 2007, p. 135).

possível, assim, que o Judiciário interviesse). Seja como for, gostemos ou não, é certo que o modelo da revisão judicial se estabeleceu, e tem ganhado adeptos entre países de todo o mundo (a França, por exemplo, não possuía um controle repressivo de constitucionalidade, passou a tê-lo, após reforma constitucional ocorrida em 2008)[62].

Outro aspecto da questão – particularmente relevante em nosso trabalho – está relacionado à supremacia da Constituição, porém numa dimensão fundamentalmente hermenêutica. Lembremos que o Brasil ocupa posição singular na responsabilidade civil do Estado, conforme temos afirmado. Em outros países – Itália, França, Argentina, mencionados apenas a título exemplificativo, não é absolutamente nosso propósito nes livro traçar modelos de comparação – a matéria, seja por ausência de menção constitucional,

62. Inicialmente cabe ponderar que o *judicial review* não participa, necessariamente, da essência da democracia. Não seria traço ontológico seu. Dieter Grimm traz exemplos de nações que ostentaram o traço democrático sem, no entanto – pelo menos durante certo período histórico – trazerem a nota institucional da revisão judicial (Dieter Grimm. Jurisdição Constitucional e Democracia. *Revista de Direito do Estado*. 4:3, 2006, p. 6-9. De modo semelhante, Carlos Santiago Nino. *La Constitución de la Democracia Deliberativa*. Barcelona: Gedisa, 1997). Sem falar que existem, em tese, outros modos de revisão dos atos normativos com a Constituição, não necessariamente judiciais. Porém, atualmente, os autores que se debruçam sobre o direito constitucional no Brasil – pelo menos a maioria – têm como certo que falar em Constituição sem revisão judicial seria falar em algo ornamental, sem arcabouços protetivos dos direitos fundamentais. As cortes, desse modo, através da deliberação, protegeriam direitos fundamentais, que poderiam – sem essa atuação – sofrer agressões se entregues apenas à lógica eleitoral dos parlamentos. Assim, "se concordarmos que as variáveis de legitimidade da democracia não se esgotam no procedimento, mas abrangem também os resultados, passa a ser aceitável que a substância subordine, em algumas circunstâncias, o procedimento, ou seja, que a instituição que tenha alcançado a resposta mais compatível com um critério substantivo de legitimidade tenha boas razões para prevalecer independentemente de seu *pedigree* (subvertendo a estrutura formal)" Conrado Hübner Mendes, *Direitos Fundamentais, Separação de Poderes e Deliberação*. São Paulo: Saraiva, 2011, p. 192). Nesse ponto cabe explicitar algo que quase sempre fica implícito: mesmo quem ardorosamente defende a revisão judicial não poderá, por certo, prescindir da atuação do parlamento, que segue sendo essencial às democracias contemporâneas. O ponto final, por assim dizer, no processo de construção constitucional, é que seria dado – na visão do *judicial review* – pelas cortes, não pelos parlamentos. Nesse sentido: "Em outras palavras, seja no âmbito da civil law ou da common law, a jurisdição constitucional, nas sociedades contemporâneas, tem atuado intensamente como mecanismo de defesa da Constituição e de concretização das suas normas asseguradoras de direitos. E já são muitos os autores que designam este 'ativismo judicial' como um processo de 'judicialização da política'" (CITTADINO, Gisele. *Pluralismo, Direito e Justiça Distributiva. Elementos da Filosofia Constitucional Contemporânea*. 2ª edição. Rio de Janeiro: Lumen Juris, 2000, pág. 233).

seja em virtude de tratamento disperso e fragmentado, parece não ter atingido a relevância que tem entre nós. É preciso, portanto, acreditamos, desenvolver as dimensões hermenêuticas da constitucionalização da responsabilidade civil do Estado entre nós. Convém ainda registrar que, em razão das peculiaridades históricas da matéria no Brasil, o direito comparado pouco tem a oferecer relativamente ao tema. Essa, pelo menos, é a posição de parcela da doutrina[63].

Percebe-se, aos poucos, a alteração, embora lenta, do padrão mental convencional a respeito do tema. São muitos os aspectos, conexos ao assunto, que exigem uma releitura com olhos contemporâneos. Por exemplo, para falarmos num ponto especialmente caro ao nosso estudo: as omissões estatais. Não é difícil perceber, em nossos dias, a mudança – não só estritamente jurídica mas também, em sentido mais amplo, social, como percepções partilhadas acerca dos deveres do Estado atual – acerca do que seriam omissões aceitáveis por parte do Estado ou de seus agentes. Reduzem-se os espaços de omissão estatal legítima. Em outras palavras, uma omissão que nos séculos passados talvez não resultasse em responsabilidade estatal, hoje poderá eventualmente impor. Isso, decerto, tem reflexos nos deveres estatais relativos à segurança pública (tema que mais de perto interessa a este livro), mas não só neles. Aliás, os estudos atuais têm frisado o reconhecimento dos deveres de proteção (do cidadão) por parte do Estado[64]. Há, atualmente, acreditamos, espaço para uma

63. Youssef Said Cahali, por exemplo, um dos mais tradicionais juristas associados ao tema, chega a abrir um tópico – em seu livro *Responsabilidade Civil do Estado* – com o seguinte título: "O direito comparado e sua reduzida importância" (CAHALI, Youssef Said. *Responsabilidade Civil do Estado*. São Paulo: RT, 2007, p. 25).

64. Assim, "o reconhecimento dos deveres de proteção constitui premissa implícita em toda a discussão concernente à responsabilidade do Estado por atos omissivos. Com efeito, do ponto de vista lógico, só é possível responsabilizar por omissão a quem estava previamente adstrito a um dever de ação. Esse dever de ação nem sempre vai se fundamentar em lei específica, decorrendo, no mais das vezes, da Constituição e da própria *natureza das coisas*, como acontece, por exemplo, em relação aos direitos à vida, à segurança e à propriedade, que o Poder Público tem de salvaguardar" (SARMENTO, Daniel. A dimensão objetiva dos direitos fundamentais: fragmentos de uma teoria. In: Jurisdição constitucional e direitos fundamentais. José Adércio Leite Sampaio (Coord.). Belo Horizonte: Del Rey, 2003, pp. 251-314, p. 302/303). Um pouco adiante (p. 308), afirma ainda que "é importante dar aos policiais treinamento e capacitação adequados para que não violem os direitos fundamentais dos criminosos e da população, o que já pressupõe uma política pública e não uma simples abstenção dos governantes"

nova compreensão acerca dos deveres de proteção estatal em relação aos cidadãos e – também e consequentemente – para investigar em que medida certas omissões do Estado podem desencadear o mecanismo indenizatório a ser postulado pelos cidadãos. Exige-se, do Estado, em nossos dias, que atue. Não basta, por certo, qualquer atuação, mas uma atuação banhada pela proporcionalidade, pela eficiência, pela segurança, pelo planejamento[65].

O Estado, desde suas origens, não é um conceito – ou mesmo uma realidade histórica – de contornos lineares ou exatos. O Estado, muitas vezes heterogêneo e contraditório, é um símbolo múltiplo, um símbolo capaz de muitos valores, eventualmente incompatíveis. Não convém, acreditamos, nem mesmo como técnica de abordagem introdutória, traçar linhas genéricas – e certamente imprecisas – acerca das origens da responsabilidade civil, ou mesmo acerca de suas ligações com a origem do Estado. Sabe-se que esse modelo de escrita acadêmica, generalista e verborrágica, está superado. Aliás, os próprios historiadores reconhecem que a "história sempre tonteia diante da questão das origens"[66]. Há uma infinidades de fatores culturais que confluem para que tenhamos o perfil de Estado que

65. Trata-se de algo evidente, que dispensa maior exaustão argumentativa. Os próprios agentes públicos não negam essa realidade (mas não deixa de ser estranho ouvir certas declarações) O então prefeito da cidade do Rio de Janeiro, Eduardo Paes, em entrevista à rede americana CNN, um pouco antes das Olimpíadas de 2016 no Rio de Janeiro, afirmou: "O governo está falhando completamente em seu trabalho de policiar e cuidar das pessoas". E completou: 'O Estado está fazendo um trabalho terrível, terrível, em relação à segurança pública". Em: http://oglobo.globo.com/rio/estado-esta-fazendo-trabalho-terrivel-na-area-de-seguranca-diz-paes-19639483#ixzz4DTcYqxr. A declaração ocorreu numa semana em que várias notícias sobre o assunto dominavam o debate público (o assalto a um atleta paralímpico; o resgate de um traficante dentro do Hospital Souza Aguiar; a morte de uma médica na Linha Vermelha; além do roubo dos equipamentos de uma TV alemã).

66. DURANT, Will. *História da civilização*. t. I. Trad. Gulnara de Moraes Lobato. São Paulo: Companhia Editora Nacional, 1957, p. 301. Pontes de Miranda, no entanto, anota: "O valor dos estudos históricos para o conhecimento do direito vigente assenta em que não se pode conhecer o presente, sem se conhecer o passado, não se pode conhecer o que é, sem se conhecer o que foi. Não se poderia situar, no tempo, na evolução jurídica, cada enunciado do sistema lógico" (PONTES DE MIRANDA. *Tratado de Direito Privado*. T. I. Rio de Janeiro: Borsoi, 1954, p. XV). Em outra oportunidade, Pontes de Miranda, de modo peculiar, frisou: "Todas as investigações do passado são mais ou menos bíblicas, inconsistentes, sentimentais. Parece-nos improfícuo qualquer esforço para o reconstruir" (PONTES DE MIRANDA. *Obras literárias: poesia e prosa*. Rio de Janeiro: José Olympio, 1960, p. 115).

temos hoje (em constante mudança, aliás). Existem até historiadores que registram a importância de Shakespeare, por exemplo, no estabelecimento do conceito de poder do Estado[67]. Dizemos isso só para evidenciar quão vastos e díspares são os fatores envolvidos no problema, se optássemos por análise mais ampla.

Convém, por fim, algo dizer acerca do tamanho da obra. O crítico literário Agripino Grieco costumava dizer: "Nunca houve livro que não melhorasse se reduzido à metade". Não sabemos se a afirmação procede, ou se pode ser legitimamente generalizada. Podemos, no entanto, afirmar que brevidade e clareza são deveres que se impõem a quem escreve neste século atribulado e veloz. Deixou de fazer sentido livros demasiadamente extensos, extensão que nem sempre traduz qualidade e inovação teórica (não que a brevidade, por outro lado, assegure isso, por óbvio). A propósito, Machado de Assis, com ironia característica, percebeu: nada mais feio que dar pernas longíssimas a ideias brevíssimas[68].

2. A VOCAÇÃO DA RESPONSABILIDADE CIVIL PARA O NOVO

A responsabilidade civil, ontem e hoje, caminha não só recolhendo contribuições técnicas, mas também trazendo, fecundamente, para a dimensão jurídica, dilemas e problemas sociais que nos

---

67. É o que afirma BARZUN, Jacques. *From Dawn to Decadence*. New York: Perennial, 2001, p. 254. Sob uma perspectiva mais ampla: HONAN, Park. *Shakespeare: Uma vida*. São Paulo: Companhia das Letras, 2001; FIEDLER, Leslie A. *The Stranger em Shakespeare*. Londres: Lowe and Brydone, 1972; BLOOM, Harold. *Shakespeare*: a invenção do humano. Rio de Janeiro: Objetiva, 1998; MARCHE, Stephen. *How Shakespeare changed everything*. New York: Harper, 2012; CASTRO NEVES, José Roberto. *Medida por medida: o direito em Shakespeare*. Rio de Janeiro: Edições Janeiro, 2016; YOSHINO, Kenji. *Mil vezes mais justo – o que as peças de Shakespeare nos ensinam sobre a Justiça*. Trad. Fernando Santos. São Paulo: Martins Fontes, 2014, p. 122. O autor, aliás – em reflexão que não deixa de ter relação com as funções, clássicas e atuais, do Estado – pondera: "Nenhuma peça de Shakespeare é pura tragédia, porque nenhuma termina sem uma promessa de que do caos nascerá a ordem". Ver ainda sobre a forma como Shakespeare cuidava das minorias: FIEDLER, Leslie A. *The Stranger em Shakespeare*. Londres: Lowe and Brydone, 1972.
68. Aliás, Shakespeare, em Hamlet, escreveu: "A concisão é a alma da sabedoria" ("*Brevity is the soul of wit*", Ato II, Cena 2). Poderíamos, talvez, continuar citando fartamente. Parece que muitos dos nossos maiores chegaram, sobre o assunto, a conclusões semelhantes: "Usar muitas palavras para comunicar poucos pensamentos é sempre o sinal inconfundível da mediocridade; em contrapartida, o sinal de uma cabeça eminente é resumir muitos pensamentos em poucas palavras" (SHOPENHAUER, Arthur. *A arte de escrever* (organização, prefácio e notas de Pedro Süssekind). Porto Alegre: LP&M, 2007, p. 94).

afligem em determinado período histórico. Dizendo de outro modo: a responsabilidade civil aceita um novo modo de olhar para os problemas – distinto, talvez oposto, àquele que costumava ser praticado até então. Convém sempre lembrar que não é inédita, na história da matéria, seu uso, inovador e até iconoclasta, para evitar que determinadas pessoas, mais vulneráveis, ficassem sem indenização, desamparadas pelo direito. Foi, em linhas gerais, o que ocorreu – na passagem do século XIX para o século XX – com a teoria do risco, a partir sobretudo das obras de Josserand e Saleilles[69]. O que ocorria naquele contexto com os trabalhadores – diante dos então novos e terríveis danos provocados pela Revolução Industrial – guarda certa semelhança com o que acontece, hoje, com as vítimas dos danos ligados à segurança pública, pelo menos em um ponto: em ambos os casos, além da clara vulnerabilidade das vítimas[70], há um certo desvio de olhar do pensamento jurídico tradicional, limitando-se a dizer que esses danos não são indenizáveis e ponto final. Algo assim: vamos falar de outra coisa?

Nesse contexto, conforme afirmamos, a responsabilidade civil do Estado participa da tradição constitucional brasileira há muitas décadas – mais exatamente, desde a Constituição Federal de 1946. Não temos, no entanto, uma lei que regule a matéria (não de modo exclusivo e amplo). Há, é verdade, no Congresso, relevante projeto de lei a respeito do tema, que será eventualmente abordado durante o livro (Projeto de Lei do Senado, nº 718, de 2011). De todo modo, a inserção, em nossas constituições, de modo reiterado, do tema, suscita – ou deveria suscitar – o convite para que investiguemos as potencialidades hermenêuticas que daí decorrem, sobretudo no diálogo do tema com os direitos fundamentais.

---

69. Costumamos atribuir a vanguarda dessas novas ideias, invariavelmente, a Josserand e a Saleilles. Há, porém, quem argumente que tais ideias são anteriores, e estão culturalmente conectadas aos trabalhos de Sauzet (em artigo publicado em 1883) e, um pouco depois, Sainctelette, em obra que se tornou muito conhecida na França (*Accidents de transport et de travail*). Cf. TUNC, André. *La responsabilité civile*. Paris: Economica, 1989, p. 71.

70. O ponto guarda relação com "a responsabilidade civil como técnica de socialização de danos, especialmente no que diz respeito à proteção dos membros mais fracos da sociedade" (FRAZÃO, Ana. Risco da empresa e caso fortuito externo. *Civilística*. a 5, nº 1, 2016, p. 9).

A responsabilidade civil do Estado, aliás, historicamente – e não só no Brasil – convive bem com mudanças cujas fontes não são legislativas, com mudanças que se perfizeram no silêncio da lei, por assim dizer. Aliás, convém insistir: a responsabilidade civil parece vocacionada para trazer ao universo jurídico novos modos de percepção, novas formas de abordar os problemas – ainda antes que essas novas realidades se convertam em categorias legislativas. Na responsabilidade civil do Estado isso se evidencia com alguma clareza, mas não só nela. Também, historicamente falando, podemos observar fenômeno semelhante com a teoria do risco e com a teoria do abuso de direito, cujos caminhos de construção conceitual passaram, fortemente, pelas práticas jurisprudenciais.

Existe, enfim, um contínuo processo social de revalorar quais danos serão indenizáveis. O que não era indenizável em determinado período histórico, pode passar a ser mais tarde, com um novo olhar sobre o tema, fundado em novos valores e novas relações sociais. O direito dos danos contemporâneo dialoga com a teoria dos direitos fundamentais[71] e pressupõe, como algo singularmente relevante, a força normativa dos princípios constitucionais. Há, ademais, a percepção de que a funcionalização dos conceitos, categorias e institutos deve ser buscada através da interpretação, sobretudo para priorizar, nos casos concretos, as situações existenciais em relação àquelas patrimoniais.

A dimensão existencial das relações jurídicas ganha, em nosso século, relevância singular, como que convidando os juristas a reler antigos conceitos, categorias e institutos com um novo olhar. Nas relações civis, a despatrimonialização e a repersonalização estão na ordem do dia, permeando, de modo inovador, vários estudos, revisitando setores e redefinindo antigas soluções. A legislação

71. Nessa perspectiva, "tal compreensão está igualmente relacionada à temática dos direitos fundamentais, seja porque a socialização de danos é importante instrumento de realização de justiça social, seja porque a própria responsabilidade civil passa a ser igualmente vista a partir de sua finalidade de proteger a pessoa humana. Isso obviamente amplia os deveres e responsabilidades de todos aqueles que exercem atividades de risco" (FRAZÃO, Ana. Risco da empresa e caso fortuito externo. *Civilística*. a 5, nº 1, 2016, p. 9).

infraconstitucional, sobretudo, é enxergada à luz dos valores constitucionalmente prestigiados[72]. Em face da atual Constituição da República – que adotou, entre os princípios fundamentais da República, a cidadania[73], a dignidade da pessoa humana (art. 1º, I e III), e entre os objetivos fundamentais da República a construção de uma sociedade livre, justa e solidária (art. 3º, I) – ampliou-se, de modo generoso, o panorama de análise da inconstitucionalidade das leis. Aliás, lidar com a eficácia normativa dos princípios é lidar com a abertura do sistema jurídico. Falar em abertura do sistema jurídico é algo potencialmente problemático, porque envolve, sabemos, questões epistemológicas relevantes. A abertura do sistema jurídico, resultante da força normativa dos princípios constitucionais, significa aceitar que fontes não legislativas possam provocar mudanças. Mudanças, por assim dizer, que ocorrem de fora para dentro, como janelas entre a sociedade e as tradicionalmente estáticas categorias jurídicas.

72. PERLINGIERE, Pietro. *La personalità umana nell'ordinamento giuridico*. Camerino: Jovene, 1972, p. 155. Convém registrar que a responsabilidade civil, no século passado – sob a égide do Código Civil de 1916 – refletia em boa medida a sociedade patriarcal e patrimonialista em que se inseria (não esqueçamos que ele foi elaborado ainda antes de 1900, e teve tramitação lenta, assim como seu sucessor, quase um século depois). A propriedade era a instituição em torno da qual orbitavam os demais interesses juridicamente protegidos. Hoje tanto a propriedade como os contratos ganham notas funcionais, isto é, a função define, em certo sentido, o que estes institutos são, e não apenas até aonde eles podem ir. Isto é, a funcionalização dos conceitos, categorias e institutos não atua apenas como limite externo. Além disso a todo momento os intérpretes dos nossos dias invocam a razoabilidade, a proporcionalidade, a proibição do excesso. À medida que ganham relevância normas como os princípios e as cláusulas gerais (normas abertas, por assim dizer), a importância da interpretação aumenta. Isso, porém, não significa que o intérprete esteja livre para eleger suas convicções pessoais em detrimento das opções valorativas da ordem jurídica, em aberto voluntarismo. A única forma de evitar abusos é exigir-se um maior ônus argumentativo, um mais severo dever de fundamentação quanto mais aberta for a norma a ser aplicada.

73. Ricardo Lobo Torres diagnostica que "a cidadania volta a fundamentar o *status* jurídico do cidadão e transforma-se em cidadania multidimensional, a compreender a dignidade da pessoa humana e simultaneamente os valores sociais do trabalho e da livre iniciativa. Na formulação de Rawls, aparece como cidadania razoável, que conduz à visão do outro como livre e igual em um sistema de cooperação através das gerações" (TORRES, Ricardo Lobo. A Legitimação dos Direitos Humanos e os Princípios da Ponderação e da Razoabilidade. *Legitimação dos Direitos Humanos*. TORRES, Ricardo Lobo (Org.). Rio de Janeiro: Renovar, 2002, pp. 397-449, p. 434).

A responsabilidade civil, nestas primeiras décadas do século XXI, é amiga da ética e herdeira do pluralismo[74]. Reflete, em boa medida, as mudanças nos perfis sociais, mudanças essas que projetam efeitos nas respostas jurídicas. A complexidade dos nossos dias não convive bem com respostas definitivas, apriorísticas, exigindo ao contrário um permanente repensar de conceitos e categorias. Porém, o lidar com normas abertas não significa que estejam abertas as portas para o voluntarismo. Quanto mais abertas forem as normas, mais se exigirá, do intérprete, justificações bem baseadas de suas escolhas.

A caminhada, através dos séculos, dos conceitos e instituições jurídicas exibe vários casos em que a norma, textualmente falando, não mudou, porém sua interpretação variou enormemente[75].

---

74. A questão pode ser abordada sob diversos prismas – e não apenas, por óbvio, a partir da responsabilidade civil, embora acreditamos que muito há por fazer por aqui, no sentido de atualizar, por assim dizer, as reflexões do direitos dos danos a partir das opções valorativas básicas da Constituição da República. Trata-se, atualmente, não só de justificar os direitos fundamentais, mas sobretudo protegê-los (BOBBIO, Norberto. *A Era dos Direitos*. Tradução Carlos Nelson Coutinho. Rio de Janeiro: Campus, 1992). Edward Telles diagnostica que uma sociedade democrática precisa de leis que possam, efetivamente, assegurar os direitos de todos os cidadãos, especialmente os mais desprotegidos. No Brasil, como no resto da América Latina, há uma persistente separação entre a democratização formal e a aplicação da lei (TELLES, Edward E. *O significado da raça na sociedade brasileira*. Trad. Ana Arruda Callado. Princenton e Oxford: Princenton University Press, 2012, p. 197). Uma outra indagação pode ser formulada (na verdade uma difícil e recorrente questão): devemos ser tolerantes com os intolerantes? Devemos dar liberdade às ideias que odiamos? Argumenta-se que "nem todo aspecto da diversidade cultural é digno de respeito. Algumas diferenças – o racismo e o antissemitismo são exemplos óbvios – não merecem respeito, ainda que se deva tolerar certas expressões das opiniões racistas e antissemitas" (GUTMANN, Amy. In: TAYLOR, Charles. *El multiculturalismo y "La Política del Reconocimiento".* Introdução de Amy Gutmann. Comentarios de Susan Wolf, Steven C. Rockefeller, Michael Walzer; ensayos de Jürgen Habermas, K.Anthony Appiah. Trad. Mónica Utrilla de Neira; Liliana Andrade Llanas y Gerard Vilar Roca. México: Fondo de Cultura Económica, 2009, introdução, p. 49). Aliás, podemos falar em obrigatoriedade do reconhecimento das diferenças. É o que conclui, a partir da ideia de tolerância, Michael Walzer (WALZER, Michael. *Da Tolerância*. Trad. Almiro Pisetta. São Paulo: Martins Fontes, 1999). O autor lembra que a tolerância da diferença é intrínseca à política democrática. Importante registrar que Walze, em geral, em sua obra, não utiliza o termo "pluralismo" para se referir à diversidade de concepções individuais sobre os melhores caminhos a seguir (que estaria ligada à autodeterminação individual), mas – em concepção comunitarista – para descrever a pluralidade de identidades culturais, em específicos contextos históricos.

75. Não deixa de ser curioso notar que o próprio direito romano – referencial obrigatório do pensamento jurídico através dos séculos – teve suas grandes características firmadas no período da *interpretatio*, por intermédio de substanciais trabalhos hermenêuticos,

Isso não é algo inédito ou mesmo raro nas pegadas históricas da responsabilidade civil. Conforme brevemente anotamos, se buscarmos o nascimento da teoria do risco, na França, veremos que seus precursores se valeram de novas interpretações de antigas normas.

Nesse contexto, a responsabilidade civil é construção não só normativa, mas também histórico-cultural. Não exageramos ao dizer que ela é obra coletiva dos séculos. Suas estruturas e funções alteraram-se significativamente nas últimas décadas. Trata-se, aliás, de processo em curso, não concluído. O próprio direito civil caminhou – está caminhando – de um regramento mais engessado e previsível para a aceitação, cada vez maior, do sistema jurídico como um sistema aberto de princípios normativos, que busca realizar valores e fins[76].

Há, hoje, na sociedade brasileira, visível pluralismo axiológico. Os interesses são distintos, muitas vezes díspares, as concepções sobre os melhores caminhos diferenciam-se fortemente umas das outras. Nossa Constituição de 1988, de certa forma, reflete essa realidade, acolhendo normas heterogêneas e empiricamente variadas, embora, acreditamos, guiada por certas opções valorativas básicas. Convém sempre repetir que temos uma Constituição pluralista – como a

---

ainda que perspectivados a partir da práxis. Cf. JOLOWICZ, H.F. *Historical Introduction to the study of Roman Law*. Cambridge: University Press, 1952, p. 87. A responsabilidade civil, aliás, é reconhecida por muitos autores como um instituto que carrega certa dinamicidade, aceitando redefinir-se a partir de determinadas mudanças sociais (Cf. CASTRONOVO, Carlo. *La nuova responsabilità civile*. Milano: Giuffrè, 2006, p. 101. Helena Elias Pinto argumenta de modo semelhante: "A responsabilidade civil é campo propício para mudanças de paradigmas, principalmente por sua vertente de forte elaboração jurisprudencial, pois a variedade de circunstâncias que cercam os fatos deletérios não pode ser antecipada pelo legislador. Assim, mostra-se conveniente uma releitura de sua dogmática, para que se possa constatar em que medida a sua clássica conformação doutrinária se amolda à realidade dos novos tempos" (PINTO, Helena Elias. *Responsabilidade Civil do Estado por Omissão*. Rio de Janeiro: Lumen Juris, 2008, p. 16).

76. Cf. CANARIS, Claus-Wilhelm. *Direitos Fundamentais e Direito Privado*. Trad. Paulo Motta Pinto e Ingo Wolfgang Sarlet. Coimbra: Coimbra editora, 2003. Em sentido semelhante pondera Lorenzetti: "Os direitos da pessoa começam a ter uma nova entidade. Se enlaça aqui o Direito Público, que aporta sua teoria dos direitos humanos e fundamentais, e o Direito Privado, com direitos personalíssimos" (LORENZETTI, Ricardo Luis. *Fundamento do Direito Privado*. São Paulo: Revista dos Tribunais, 1998, p. 137). De igual modo, Sérgio Cruz Arenhart, *A tutela inibitória da vida privada*. São Paulo: RT, 2000, p. 56.

sociedade que ela busca reger – que tem, entre outros objetivos, a proteção da dignidade humana e a redução das desigualdades sociais.

A complexidade dos nossos dias projeta-se – e não poderia ser diferente – nos dilemas e desafios da responsabilidade civil. O diálogo entre as profundas mudanças sociais em curso e os institutos jurídicos nem sempre (quase nunca) é simples. Há, porém, como temos repetido neste livro, institutos vocacionados a dialogar, proveitosamente, com essas mudanças. A responsabilidade civil é um deles.

Os novos perfis da responsabilidade civil – talvez o plural se imponha – refletem os novos perfis do próprio direito civil. Hoje, por certo, a responsabilidade civil não se esgota – nem epistemológica, nem empiricamente – no direito civil, nem mesmo no direito privado. Seus desafios, problemas e funções são mais amplos[77]. Busca-se a legitimidade através da argumentação, lidando-se cada vez mais com normas abertas, sobretudo constitucionais. As dimensões existenciais da pessoa humana são singularmente valorizadas. Evita-se, a todo custo, qualquer proposta, ainda que disfarçada, que possa *coisificar* o ser humano. Além disso, o direito do nosso século trabalha, não com o sujeito abstrato da dogmática do século XIX, mas com a pessoa concreta[78]. O direito do século XXI passa a exigir, de modo progressivo, uma leitura ética, que dialogue com a sociedade, evitando os exageros formais e conceitualísticos que timbraram, lamentavelmente, a experiência jurídica dos séculos passados (não falamos só do nazismo, como costumamos pensar ao

---

77. Raciocinando a respeito da responsabilidade civil do Estado, Carlos Edison do Rêgo Monteiro Filho percebe que "no panorama atual da evolução do Direito Civil, já não mais se pode admitir a concepção ultrapassada que associava a responsabilidade civil inevitavelmente à responsabilidade subjetiva, fundada na culpa, e que justifica o descuido dos civilistas com o tema de que trata o presente estudo" (MONTEIRO FILHO, Carlos Edison do Rêgo. Problemas de responsabilidade civil do Estado. *RTDC*, v. 11, jul/set 2002, pp. 35-65, p. 36).

78. Em sentido semelhante, a propósito de Rodotà, Maria Celina Bodin de Moraes lembra que "a singularidade e a originalidade de Rodotà decorrem do fato de que sempre esteve interessado no sujeito concreto real, e não no sujeito abstrato da dogmática. Rodotà começou a constitucionalizar o direito privado não pelo direito do trabalho (ainda hoje parte integrante do direito privado na Itália), como seria fácil esperar, mas por meio dos principais institutos do direito civil: primeiro a propriedade, depois a responsabilidade civil e, em seguida, o contrato" (MORAES, Maria Celina Bodin de. Stefano Rodotà: passado, presente e futuro. *Civilística*. a 4, nº 2. 2015, editorial).

ler frases assim. É preciso olhar para nós mesmos. Convém lembrar que o Brasil foi o último país das Américas a abolir a escravidão, em lamentável mancha histórica).

Aliás, ninguém desconhece que o direito civil sempre foi fortemente timbrado pelos bens patrimoniais. Essa foi, historicamente falando, sua marca característica. Hoje, porém, muitos de seus conceitos, categorias e institutos – e dentre eles situa-se, confortavelmente, a responsabilidade civil – passam por uma filtragem ética. *Despatrimonialização* e *repersonalização* passam a ser palavras de ordem de um novo estado de coisas. Não só seus conceitos, mas a própria legislação infraconstitucional passa a ser lida a partir de valores constitucionalmente prestigiados.

Há, nesse contexto, a busca de um olhar diferenciado no direito civil atual. A chave de leitura passa a ser a pessoa – e não mais, como antes, o patrimônio, que deve ser lido como instrumento para a realização a pessoa humana, e não como um fim em si mesmo. É nessa ordem de ideias que assumem especial importância expressões como as que antes mencionamos: *repersonalização* e *funcionalização* do direito civil. São conceitos que sublinham a fuga dos caracteres clássicos e a progressiva aproximação com um direito civil revisitado pelas opções valorativas básicas da Constituição. Desse modo, "são visíveis as novas feições dadas aos institutos basilares do direito civil: a propriedade, outrora de caráter absoluto, adquire, com a Constituição, um conteúdo funcionalizado; nas relações contratuais é reconhecida a superação do dogma da autonomia da vontade, fundado em uma igualdade formal, afastada da realidade fática; quanto à família – que se revela sob forma plural – coloca-se como direito vivido, e não mais como direito imposto e imaginário"[79].

Não se trata, decerto, de evolução concluída, de modelos conceituais estáticos e acabados, mas em permanente construção. Parece não haver dúvida de que a formação cultural do civilista – centrada, nos séculos passados, em aspectos formalísticos, pura-

79. FACHIN, Luiz Edson Fachin. *Teoria crítica do direito civil*. Rio de Janeiro: Renovar, 2000, p. 301.

mente conceituais – adquire, atualmente, outros tons. Os civilistas formados sob essa (nova) orientação estão "convencidos de que as relações privadas não mais se circunscrevem em uma redoma teoria abstrata e neutra, mas, ao contrário, mostram-se redefinidas axiologicamente pela ordem pública constitucional, cuja aplicação direta e imediata permite a constante abertura do sistema com a prevalência das relações existenciais sobre as patrimoniais"[80].

Nessa ordem de ideias, velhos esquemas conceituais perdem força explicativa. A abstração conceitual do civilista clássico – cujos marcos teóricos reproduziam, em grande parte, o direito romano, com suas categorias historicamente imutáveis – cedeu lugar a esquemas temáticos mais amplos. Mais atentos às diferenças, às complexidades e ao pluralismo. Há um abismo cultural entre o civilista de hoje e aquele dos séculos passados. Quando trabalhamos com normas abertas, com normas que prestigiam fortemente a atividade hermenêutica, há, por outro lado, sem dúvida, perdas relativamente à previsibilidade das decisões e, por conseguinte, uma redução do prestígio da segurança jurídica, valor por excelência do direito no Estado Liberal. Um sistema que opera com valores e princípios é certamente menos previsível do que um sistema rigorosamente fechado, silogístico e formal[81].

---

80. TEPEDINO, Gustavo, *RTDC*, Editorial, vol. 20, out/dez. 2004.

81. Francisco Amaral registra a propósito: "Sob o ponto de vista axiológico, a segurança jurídica perde terreno para os valores do bem comum e da justiça social. O pensamento jurídico passa a orientar-se mais em função dos valores do que dos interesses, recorrendo cada vez mais às cláusulas gerais e aos princípios jurídicos, categorias que não permitem maior rigor no trabalho lógico-dedutivo, ou raciocínio de subsunção, o que leva a falar-se atualmente em 'perdas de certeza' no pensamento jurídico" (AMARAL, Francisco. Racionalidade e Sistema no Direito Civil Brasileiro. *Revista de Direito Civil*. São Paulo, nº 63, 1993, pp. 44/56). A *Revista Trimestral de Direito Civil*, em editorial ("O ocaso da subsunção"), diagnosticou: "A subsunção parte de duas premissas equivocadas: (i) a separação do mundo abstrato das normas e o mundo real dos fatos, no qual aquelas devem incidir; (ii) a separação entre o momento da interpretação da norma abstrata (premissa maior) e o momento da aplicação ao suporte fático concreto (premissa menor). Como consequência, admite-se que, em tese e de antemão (em relação ao momento da incidência da norma), haveria valorações legítimas efetuadas pelo legislador, normas de conduta as quais deve se moldar, em abstrato, a sociedade" (*RTDC*, v. 34, abr/jun 2008. Rio de Janeiro: Padma, 2008). Conclui-se, adiante, registrando: "Oxalá a cultura jurídica brasileira consiga desvencilhar-se da subsunção, para que a força normativa da Constituição, hoje já quase consensualmente admitida, possa se transformar em efetiva primazia do Texto Maior no cotidiano da atividade hermenêutica".

Talvez não seja exagero afirmar que o desafio metanarrativo, hoje, é concretizar os direitos fundamentais – e a solidariedade social – dentro do próprio direito privado (mas não só nele). Já se percebeu, ademais, que à luz do princípio da solidariedade devem ser lidas não apenas as normas constitucionais, mas todo o ordenamento jurídico[82].

Esta obra dialoga, a cada momento, com o princípio da solidariedade social. Cremos que, sem esse princípio, o tema sequer se colocaria, ou pelo menos se colocaria de modo muito mais frágil. Se, digamos, assaltantes cercam um ônibus, roubam os passageiros, depois decidem colocar fogo no ônibus – com os passageiros dentro, como tristemente já aconteceu –, quem deve suportar, civilmente falando, esse dano? Essa é a questão. Ou o problema é das vítimas, que deram azar e ainda que elas, ou suas famílias, tenham que passar por severas privações em razão do acontecido, serão elas, e apenas elas, que suportarão esse ônus. Ou é possível que pensemos, a partir daí, nos passos argumentativos que permitam, em determinadas hipóteses, que responsabilizemos o Estado por esses danos, à luz do princípio da solidariedade social?

Convém, a propósito, um registro (que mais adiante desenvolveremos). Na hipótese do parágrafo anterior, segundo pacífica jurisprudência brasileira, não haverá dever de indenizar por parte das empresas de transporte. A situação é tida como um fortuito externo, apto a romper o nexo causal, isentando as empresas do dever de

---

82. PERLINGIERE, Pietro. *La personalità umana nell'ordinamento giuridico*. Camerino: Jovene, 1972, p. 161. Nessa ordem de ideias, "o fundamento ético-jurídico da responsabilidade objetiva deve ser buscado na concepção solidarista, fundada pela Constituição de 1988, de proteção dos direitos de qualquer pessoa injustamente lesada" (MORAES, Maria Celina Bodin de. A Constitucionalização do Direito Civil e seus efeitos sobre a Responsabilidade Civil. *A Constitucionalização do Direito: fundamentos teóricos e aplicações específicas*. SOUZA, Cláudio Pereira de; SARMENTO, Daniel (Orgs). Rio de Janeiro: Lumen Juris, 2007, p. 450). De acordo com Wieacker, "*o pathos* da sociedade de hoje (...) é o da solidariedade: ou seja, da responsabilidade, não apenas dos poderes públicos, mas também da sociedade e de cada um dos seus membros individuais, pela existência social (e mesmo cada vez mais pelo bem-estar) de cada um dos membros da nossa sociedade" (WIEACKER, Franz. *A História do Direito Privado Moderno*. Trad. A. M. Botelho Hespanha, 2ª ed., Lisboa: Fundação Calouste Gulbenkian, 1980, p.718).

indenizar[83]. As vítimas, portanto, desses fatos – tão comuns quanto trágicos – têm sido invariavelmente esquecidas, à luz do direito dos danos. Não há resposta jurídica adequada, ou mesmo mínima, para a situação descrita.

A violência urbana – afirmemos com o perdão do truísmo – é um dos mais severos problemas do nosso século. Tudo o que puder ser dito, sobre o tema, será pouco e pálido, diante dos dramas assustadores que marcam definitivamente famílias, mudando percursos, manchando de dor certas trajetórias humanas[84]. Nesse contexto, crescem não só os riscos para os cidadãos, crescem também a percepção social sobre eles. Já não se admite, ou se admite cada vez menos, a ausência do Estado em prestar segurança pública de modo minimamente razoável. Que o Estado se ausente, total ou

83. São muitíssimos os julgados que poderiam ser invocados nesse sentido. Tomemos, por amostragem, alguns: "A concessionária de serviço público não responde pelo roubo a mão armada ocorrido no interior do ônibus" (STJ, REsp 331.801, Rel. Min. Fernando Gonçalves, 4ª T., j. 05/04/10). Configura "causa excludente da responsabilidade da empresa transportadora o fato inteiramente estranho ao transporte em si, como é o assalto ocorrido no interior do coletivo" (STJ, REsp 435.865, Rel. Min. Barros Monteiro, Segunda Seção, DJ 12/05/03).

84. Há casos que não deixam de espantar, e merecem menção, pelo absurdo que encerram. Em julho de 2016, na Favela Vila Aliança, em Bangu, na Zona Oeste do Rio, um homem foi morto por uma bala perdida *cinco anos depois de ficar tetraplégico ao ser baleado por assaltantes*. A violência cruza drasticamente a vida de muitos brasileiros, sobretudo mais pobres. Na ocasião de sua morte, houve uma troca de tiros entre policiais militares e tranficantes durante um baile de rua na Vila Aliança. A antropóloga Mirian Goldenberg indaga – em perspectiva mais ampla, que foge dos limites deste trabalho, mas que não deixa de ter relevância na contextualização – em artigo intitulado "Existe algum jeito de não se contaminar com a violência no Brasil?": "Os brasileiros estão sofrendo com a extrema violência no país, como um músico de 47 anos: 'Eu também morro um pouco junto com todos que estão sendo assassinados, roubados, estuprados. Perdi a esperança de que o Brasil renasça das cinzas e podridão. Costumava acompanhar obsessivamente todas as notícias dos jornais e televisão. Agora, não aguento mais ouvir casos e mais casos de violência e de corrupção. Parece uma novela velha e interminável, que repete os mesmos capítulos todos os dias. Nenhum filme vai conseguir reproduzir o drama que estamos vivendo'. A violência acabou afetando o seu trabalho. Uma professora de 53 anos disse que nunca se sentiu tão insegura e vulnerável: 'As pessoas estão muito mais agressivas. São violências diárias, cotidianas, sem qualquer motivo. Um vendedor que me trata mal, um aluno que me ignora, um colega que me desrespeita, motoristas que me cortam e me xingam, um ex-marido que só me critica e desvaloriza. A falta de reconhecimento também é uma violência. Preciso me controlar para não chorar nestes momentos. O clima de violência, roubalheira e desrespeito é tamanho que afetou todo mundo. Todos que conheço estão muito irritados, intolerantes e violentos. Está muito difícil sobreviver no meio de tanta violência'" (*Folha de São Paulo*, 26/07/2016, B 2, p. 4).

parcialmente, de outras áreas, até se compreende, embora a discussão não caiba nos limites desta obra (falamos das discussões, acerbas e contundentes, acerca do tamanho do Estado). Parece, porém, haver progressivo consenso social no sentido de que a omissão do Estado, em certas áreas fundamentais, não é algo que possa ser aceito. E que, consequentemente, quando os cidadãos sofrem danos ligados a essa omissão, estamos diante de um dano injusto que, em tese, poderá ser indenizável.

A propósito, educação e saúde, quando prestados pelo Estado, são serviços públicos. Incide, assim, em relação a eles, o art. 37, § 6º, da Constituição Federal (responsabilidade objetiva, portanto). São chamados serviços públicos sociais[85]. Já quando a educação e a saúde são prestados por particulares, não são serviços públicos. São serviços de relevância pública. Não incide a cláusula constitucional que impõe a responsabilidade objetiva (embora a responsabilidade possa continuar sendo objetiva à luz do Código de Defesa do Consumidor, mas isso é outra discussão que não cabe aqui). Com relação à segurança, o mesmo ocorre. Trata-se, seguramente, de serviço público, prestado pelo Estado e vinculado à cláusula constitucional que impõe a responsabilidade objetiva – seja nas ações, seja nas omissões. De toda sorte, mesmo para aqueles que perfilham posição mais restritiva, entendendo que a responsabilidade estatal seria subjetiva nas omissões, ainda assim deveriam enfrentar a questão da imposição do dever de indenizar estatal nas hipóteses de violência urbana – quase sempre, nos casos concretos, há falha no agir do Estado, há culpa mais ou menos clara, de modo que a solução pragmática acabaria sendo a mesma. Ao contrário do que ocorre hoje, com vítimas sem indenização alguma.

Não se trata, em absoluto, nesse contexto, de fazer a defesa fundamentalista do dever de indenizar por parte do Estado. Mas apenas propor uma atitude cognitiva que reconheça que as especificidades do dever estatal são atualmente mais complexas e possivelmente

85. SANTOS DE ARAGÃO, Alexandre. O conceito de serviços públicos no Direito Constitucional brasileiro. In: *A Constitucionalização do Direito: fundamentos teóricos e aplicações específicas*. Cláudio Pereira de Souza e Daniel Sarmento (Orgs). Rio de Janeiro: Lumen Juris, 2007, p. 669 e, também, p. 673.

redefinem os espaços em relação aos quais a omissão estatal é legítima. Propomos, em especial, um modelo teórico que investigue em que medida as omissões estatais são legítimas em relação às ofensas sofridas pelos cidadãos em face da violência urbana.

2.1. A questão da proporcionalidade: existem campos imunes à indenização?

Um caminho interessante – que o nosso século parece disposto a progressivamente aprofundar – está relacionado à indagação da proporcionalidade das condutas estatais. Tradicionalmente, essa questão envolve três aspectos: a) o subprincípio da adequação entre meios e fins; b) o subprincípio da necessidade; c) o subprincípio da proporcionalidade em sentido estrito[86].

No tema desta obra, esse olhar – com as lentes da proporcionalidade – mostra-se relevante. A proporcionalidade lida (potencialmente) bem com a responsabilidade civil porque, de certo modo, ambas compartilham certo apreço pelo caso concreto, pelas circunstâncias, pela busca de respostas contextualizadas e não apriorísticas. A atuação estatal, nesse contexto, pode ser continuamente revisitada para que se investigue se o princípio da proporcionalidade foi observado. Se, por um lado, todos parecem de acordo que o Estado não pode se converter em segurador universal, amplamente responsável por todos os danos (ainda que imputáveis exclusivamente a particulares), por outro lado progressivamente se buscam

86. Juarez Freitas lembra que "tal tríplice teste deve ser aplicado, indistintamente, para o exame crítico da proporcionalidade das ações e das omissões das pessoas jurídicas de direito público e de direito privado prestadoras de serviço público" (FREITAS, JUAREZ. Responsabilidade civil do Estado e o princípio da proporcionalidade: vedação do excesso e da omissão. *Revista de Direito Administrativo*. Rio de Janeiro, v. 241, 2005, pp. 21/37, p. 22). Continua esclarecendo que "os requisitos da responsabilidade estatal objetiva compõem, em grandes traços, uma tríade: a existência de dano material ou imaterial, juridicamente injusto e desproporcional; o nexo causal direto; e, finalmente, a conduta omissiva ou comissiva do agente da pessoa jurídica de direito público ou de direito privado prestadora de serviço público, nessa qualidade". Um pouco adiante destaca: "De qualquer sorte, para os fins da responsabilização estatal, mister evoluir para a apuração das condutas públicas (comissivas ou omissivas) sob o crivo do tríplice critério da proporcionalidade".

meios e formas de evitar que tenhamos, no século XXI, um Estado omisso e marcado pela negligência[87].

O princípio da proporcionalidade é ferramenta particularmente útil no debate da responsabilidade civil do Estado por violência urbana porque ela, a proporcionalidade, atua vedando não apenas excessos, mas também omissões. O Estado brasileiro, tradicionalmente, peca por ambos os equívocos – excede-se aqui, com arbitrariedades e agressões; omite-se, terrivelmente, ali, gerando danos não menos sérios e graves. Teremos, nas duas hipóteses, a proporcionalidade como ferramenta útil de resposta, à luz da responsabilidade civil objetiva, para permitir, de modo contextualizado, a identificação dos equívocos e a busca de soluções jurídicas que permitam a prevenção dos danos. Quando isso não for possível, que sejam, ao menos, compensados ou reparados, na medida em que tenha sido danos injustos.

O princípio da proporcionalidade, nessa ordem de ideias, pode servir como mecanismo fecundo de atualização, por assim dizer, da responsabilidade objetiva do Estado. Essa responsabilidade – com o perdão do truísmo – não é aquela que existia em meados do século passado. É, hoje, diversa e caracterizadamente complexa (embora os livros jurídicos, em geral, tendam a repetir, de modo esquemático, que vivemos no tema a fase inaugurada com a Constituição Federal de 1946). Talvez possamos dizer que a responsabilidade estatal, hoje, não é apenas objetiva. É proporcional e objetiva, não distinguindo entre ações e omissões, e fortemente informada pelo princípio da solidariedade social[88]. Os danos, injustos e desproporcionais, sofri-

87. Convém lembrar, desse modo, que "a evolução do princípio da proporcionalidade não está terminada. Ao contrário: falta sobretudo efetivar e introjetar a vedação de insuficiência ou omissão. Sob a pressão e a insegurança derivadas do déficit prestacional em matéria de direitos fundamentais, a aplicação do princípio, nesse ângulo, demanda, sem mais tardar, o foco prioritário de todos os intérpretes responsáveis" (FREITAS, Juarez. A Constituição, a responsabilidade do Estado e a eficácia direta e imediata dos direitos fundamentais. SAMPAIO, José Adércio Leite (Coord.). *Constituição e crise política*. Belo Horizonte: Del Rey, 2006, pp. 381-401, p. 388-389).

88. Nesse sentido, "a solidariedade social, na juridicizada sociedade contemporânea, já não pode ser considerada como resultante de ações eventuais, éticas ou caridosas, pois se tornou um princípio geral do ordenamento jurídico, dotado de força normativa e capaz de tutelar o respeito devido a cada um" (MORAES, Maria Celina Bodin de. *Danos*

dos pelos cidadãos, observados os pressupostos constitucionais e os princípios da teoria da responsabilidade civil (com os olhos deste século), são indenizáveis. Com isso queremos lançar luzes para o fato de que não há, acreditamos, uma linha demarcatória prévia entre danos que podem ser indenizáveis e danos que não podem ser indenizáveis (não se poderia, por exemplo, segundo a visão clássica, responsabilizar civilmente o Estado por nenhum ato ligado à violência urbana, perfazendo a hipótese fato de terceiro).

A proporcionalidade – e não só ela – oferece ferramentas teóricas para que repensemos o problema. Não se trata, convém sempre repetir, de postular uma indenização irrestrita, ampla, quase automática. Não é disso, absolutamente, que se trata. Cuida-se, ao contrário, de abrir caminho para uma reflexão contextualizada, à luz de percursos argumentativos claros, consistentes, verificáveis. Maria Celina Bodin de Moraes enfatiza: "Daí o papel essencial que assume, neste modelo, chamado de pós-positivista porque aberto a valores, o ônus da argumentação"[89]. A falta do cumprimento dos deveres estatais, inclusive em setores temáticos que no passado não aceitavam essa sindicabilidade (como a segurança pública), é vista com outros olhos, mais contemporâneos. Nosso olhar não tolera, atualmente, certas omissões que nos séculos passados talvez se to-

---

à pessoa humana. Rio de Janeiro: Renovar, 2003, p. 115-116). Argumenta-se, de modo semelhante, que "a solidariedade social consubstancia-se, sem dúvida alguma, em um dos principais vetores do direito contemporâneo. A influência dos ideais solidários e do reconhecimento do caráter normativo do princípio da solidariedade social, por toda parte difundido, provocou efeitos revolucionários em diversos setores do direito privado, temperando sua histórica orientação liberal e individualista" (SCHREIBER, Anderson. *Novos paradigmas da responsabilidade civil*. São Paulo: Atlas, 2013, p. 234). Gregório Peces-Barba Martinez – possivelmente inspirado em Benjamin Constan, que realizou célebre paralelismo entre a liberdade dos antigos e a liberdade dos modernos – distinguiu a solidariedade dos antigos e a solidariedade dos modernos. A dos antigos – inspirada, em grande parte, pelo cristianismo – conferiu sentido e sabor ético e religioso à solidariedade (e, por certo, pavimentou o caminho histórico para as novas dimensões que se superporiam à anterior). Já a dos modernos é tida como fundamento dos direitos fundamentais. Peces-Barba frisa que os sentidos atuais da solidariedade relacionam-se com o fundamento dos direitos humanos, com o fundamento dos deveres jurídicos positivados (e dos direitos difusos e coletivos) e ainda como forma de cooperação social (MARTINEZ, Gregorio Peces-Barba. *Curso de Derechos Fundamentales. Teoria General*. Madrid: Universidad Carlos III, 1995, p. 263 e seguintes).

89. MORAES, Maria Celina Bodin de. O jovem direito civil-constitucional. *Civilística*. a 1, nº 1. 2012, editorial, p. 2.

lerassem. Os deveres do Estado, hoje, são enxergados com lentes mais severas, inclusive sob o prisma do princípio constitucional da eficiência. Ou seja, a falta dos cumprimentos dos deveres estatais, mesmo na segurança pública, não afasta, automaticamente, a investigação sobre eventual dever de indenizar por parte do Estado. Se não passamos, radicalmente, um polo ao outro, tampouco ficamos onde estivemos por boa parte do século passado (aceitando, passivamente, a cômoda resposta: "o Estado não responde por isso, nunca respondeu, e pronto").

Há espaço, portanto, para novas perguntas, para novas investigações teóricas, e essas perguntas e investigações serão permeadas, em boa medida, pelo princípio da proporcionalidade. Nesse sentido, Juarez Freitas destaca: "Dito em outros termos, com a devida prudência, a teoria do risco administrativo, reexaminada em harmonia com o princípio da proporcionalidade, conduz à responsabilização adequada, necessária e proporcional em sentido estrito, propensa a viabilizar a eficaz reparação, bem como a tempestiva prevenção e, se for o caso, a precaução. Tudo para que cessem os famigerados danos provocados por ações e omissões antijurídicas. Em última instância, não se quer nem o Estado arbitrário e excessivo, nem o Estado brasileiro descumpridor dos seus deveres e gravemente omisso"[90].

A análise que propomos dialoga também com a funcionalidade.

A funcionalidade dos conceitos, categorias e institutos é nota essencial dos nossos dias[91]. Já não nos satisfaz a visão puramente estrutural, uma visão que privilegie a harmonia lógica do sistema jurídico como o objetivo maior a ser buscado. Há, nesse sentido, o abandono de uma leitura (puramente) estrutural dos direitos, em favor de uma postura funcionalidade, sobre prevalece uma atuação social (e solidarista) dos direitos. A experiência jurídica, ademais, retoma a trilha

90. FREITAS, JUAREZ. Responsabilidade civil do Estado e o princípio da proporcionalidade: vedação do excesso e da omissão. *Revista de Direito Administrativo*. Rio de Janeiro, v. 241, 2005, pp. 21/37, p. 32.

91. A referência obrigatória – e já clássica – na matéria é BOBBIO, Norberto. *Dalla strutura alla funzione*. Milano: Edizioni di Comunitá, 1977.

da historicidade, emprestando singular relevo às realidades históricas, socioculturais, perdendo muito da abstração e do conceitualismo que nos marcou durante boa parte dos séculos passados.

Temos, aliás, atualmente, de modo progressivo, normas que aceitam ou propõem leituras morais[92]. Trabalhamos, além disso, com cláusulas gerais e conceitos jurídicos indeterminados (isso é particularmente verdadeiro na responsabilidade civil). Contemporaneamente, prevalecem as fórmulas abertas, as cláusulas gerais, os conceitos jurídicos indeterminados. Enfim, expedientes que possibilitam que o direito transforme-se, paralelamente às realidades sociais, sem que as normas, textualmente falando, tenham que mudar.

A passagem da análise estrutural para a análise funcional significa inserir, socialmente, os institutos, verificando-lhes os resultados concretos e não aqueles meramente normativos. A *Revista Trimestral de Direito Civil*, em editorial, lucidamente anotou que a "doutrina, por sua vez, percebeu a importância de tratar de assuntos práticos, que agitam os Tribunais, abandonando as excessivas abstrações e taxonomias, nem sempre úteis à sociedade"[93].

Aliás, a experiência jurídica – durante boa parte do século passado – foi marcada por acentuado formalismo. Buscava-se uma excelência conceitual e um estrito encadeamento lógico entre os conceitos, categorias e institutos. A pandectística traduzia, em boa medida, aquilo que Ihering criticamente denominou de "o céu dos conceitos". Hoje olhamos para trás e constatamos que o pensamento jurídico, em determinado período histórico, consolidou determinado modelo de racionalismo e de formalismo – seja o francês, com o legalismo exegético, seja o alemão, mais escolástico. Essa harmonia lógico-abstrata mostrava-se muito mais importante do que a realização das normas na dimensão social. Observamos,

92. DWORKIN, Ronald. *Freedom's law: the moral reading of the American Constitution*. Cambridge: Harvard Universiy Presses, 1996, pp. 1-39.

93. *RTDC*, editorial, vol.3. jul/set, 2000. Aliás, como agudamente observou Nelson Saldanha, a tendência do pensamento jurídico a representar o direito como uma estrutura (sistema, ordem, ordenamento) permitiu que seu conceito se desdobrasse em uma imagem, sobre a qual incidiu – desde os romanos – o desejo de repartir, distinguir, classificar (SALDANHA, Nelson. *Filosofia do Direito*. Rio de Janeiro: Renovar, 1998, p.76).

hoje, ao contrário, uma vinculação ético-social dos direitos e um recuo perante o formalismo do sistema de direito privado clássico do século XIX[94]. Não que devamos abandonar, de todo, o formalismo na experiência jurídica – trata-se de dimensão que, no seu devido peso, desempenha funções importantes[95].

Seja como for, percebe-se, em nossos dias, a progressiva substituição da lógica da subsunção – acentuadamente conceitual e formal – por algo mais flexível, que aceita um diálogo maior com os valores (já lembramos de Recásens Siches e de sua "lógica do razoável"). Operamos, em nossos dias, com conceitos como proporcionalidade, dignidade, proibição de excesso, fortalecimento das dimensões existenciais das relações jurídicas, por exemplo. À medida que ganham relevância normas como os princípios e as cláusulas gerais, o correspondente ônus argumentativo do intérprete cresce em idêntica medida. A única forma de evitar abusos é exigir-se um maior dever de fundamentação quanto mais aberta e flexível for a norma a ser aplicada.

Percebe-se, desse modo, que "a consolidação da metodologia pós-positivista em nossa doutrina e, especialmente, em nossos tribunais, tem sinalizado para o crescente perigo do excesso de voluntarismo do juiz. A necessária superação do formalismo por uma perspectiva mais flexível e principiológica tem sido efetivada nos tribunais e agora nos deparamos com o perigo oposto. O receio dos juristas atuais parece encontrar eco nas tantas decisões que, sob a alegação da aplicação de princípios constitucionais, servem a dar vazão à opinião pessoal do juiz, sem outras motivações racionais ou substanciais"[96].

94. WIEACKER, Franz. *História do Direito Privado moderno.* Trad. A M. Botelho Hespanha. Lisboa: Calouste Gulbenkian, 1967, p. 624. O autor menciona ainda uma relativização dos direitos pela sua função social, algo que pode ser observado na experiência jurídica brasileira, sobretudo pós-88.

95. Schauer escreve, com alguma ironia, formalismo é um adjetivo usado para descrever qualquer decisão judicial ou raciocínio jurídico do qual discordamos. Ver, a respeito, SCHAUER, Frederick. Formalism, *Yale Law Journal*, v. 97, march 1988, pp. 19-58. Schauer defende que há, sim, muito a ser dito em defesa do formalismo, isto é, da tomada de decisão com base em regras.

96. MORAES, Maria Celina Bodin de. Honra, liberdade de expressão e ponderação. *O Superior Tribunal de Justiça e a reconstrução do direito privado.* FRAZÃO, Ana; TEPEDINO, Gustavo (Coords). São Paulo: RT, 2011, pp. 597-614, p. 613).

Devemos, nesse contexto, evitar (e combater) o voluntarismo.

2.2. Distinções conceitualmente relevantes: em que casos há o dever de indenizar?

O direito dos danos do século XXI apresenta feição fundamentalmente dinâmica e ágil. Isso, a rigor, é nota que costuma singularizar o próprio instituto da responsabilidade civil em sua caminhada histórica. Atualmente, porém, como se sabe, a ideia da culpa perde progressivamente espaço e ganha corpo a noção de risco. Social e juridicamente, lidamos progressivamente com o conceito de risco. Com isso, a responsabilidade civil é desafiada para atender a novas funções. A responsabilidade civil, ademais, perde sua função individualística e repressiva, e ganha também uma função coletiva e preventiva. Argumenta-se aliás que, se o século XX foi devotado à reparação de danos, o presente será consagrado à prevenção[97]. A responsabilidade civil é regida pelo princípio da reparação integral[98], a simbolizar que a indenização deve compreender todos os danos sofridos pela vítima (morais, materiais e estéticos).

Um outro aspecto é que os danos são muitas vezes difusos, transindividuais. As vítimas, se no direito civil clássico eram individualizadas, hoje podem ser difusas (no direito ambiental, compreende até mesmo pessoas não nascidas, as futuras gerações). Diante da singular relevância jurídica de certos bens jurídicos, tem-se admitido, desde que presente a seriedade e a verossimilhança da alegação, que

97. SEGUÍ, Adela M. Aspectos relevantes de la responsabilidad civil moderna. *Revista de Direito do Consumidor*. São Paulo: RT, nº 52, pp. 267-318, out./dez. 2004. Em matéria ambiental, a exigência cresce de ponto, diante da frequente irreversibilidade que caracterizam as lesões biodifusas. Aliás, não seria equivocado dizer que o mesmo se aplica, em boa medida, embora por razões diversas, às vítimas de danos relacionados à violência urbana. Os danos, na hipótese, são irreversíveis, pelo menos muitos deles. A propósito, "quanto mais valioso for o direito ameaçado, maior será o ativismo judicial no controle das medidas adotadas pelo Legislativo e Executivo para protegê-lo" (SARMENTO, Daniel. *Direitos Fundamentais e Relações Privadas*. Rio de Janeiro: Lumen Juris, 2004, p. 166).

98. MONTEIRO FILHO, Carlos Edison do Rêgo. Desafios à concretização do princípio da reparação integral no Superior Tribunal de Justiça. *O Superior Tribunal de Justiça e a Reconstrução do Direito Privado*. FRAZÃO, Ana; TEPEDINO, Gustavo (Orgs). São Paulo: RT, 2011, pp. 229-271.

se inverta o regime probatório, e flexibilize-se a análise do nexo causal e a própria presunção de danosidade da atividade (em certos contextos, repita-se).

Convém, agora, analisar de modo mais específico alguns pontos.

Distinguiremos, mais adiante, nesta obra, as excludentes de ilicitude das excludentes de responsabilidade civil – distinção que nos parece singularmente relevante para o contexto deste livro[99]. Porém, neste capítulo inicial, em que buscamos contextualizar as discussões atuais que perpassam o problema que nos propusemos a tratar, convém algo dizer sobre o caso fortuito e a força maior. Essa necessidade se impõe porque os atos de violência, segundo nossos tribunais, se enquadram nessas categorias conceituais, rompendo o nexo causal entre o dano e a ação ou omissão.

Não nos parece que haja, atualmente, maior relevância na distinção entre caso fortuito e força maior. Ninguém desconhece o célebre esforço dos juristas, através dos séculos, sobretudo na Europa, para buscar um critério distintivo, uma forma de diferenciar o caso fortuito da força maior. Cada autor trazia sua solução, e a verdade é que não se chegou a uma distinção valiosa, útil, que pudesse conduzir com alguma segurança os debates posteriores. Aguiar Dias, já em meados do século passado, percebia "a inutilidade da distinção entre caso fortuito e força maior. As expressões são sinônimas"[100].

99. Muitas vezes, na doutrina, as excludentes de ilicitude são tratadas juntamente com as excludentes de responsabilidade civil, sem que se façam as devidas distinções. Não é raro, por exemplo, que tenhamos tratados juntamente o estado de necessidade e o caso fortuito, como se vê em GANDINI, João Agnaldo Donizete; SALOMÃO, Diana Paola. A responsabilidade civil do Estado por conduta omissiva. *Revista Forense*, v. 386, julho/agosto de 2006, Rio de Janeiro: Forense, pp. 129-151, p. 138. A doutrina, de modo geral, as identifica, o que não nos parece correto (excludentes de ilicitude e excludentes de responsabilidade civil). É comum, por exemplo, encontrarmos afirmações como esta: "O estado de necessidade é outra causa excludente da responsabilidade civil do Estado" (LOPES, Luciane Cristine. A responsabilidade civil do Estado em face da omissão inconstitucional. *Revista IOB de Direito Administrativo*. v. 31, ano III, jul. 2008, pp. 64-87, p. 78). O estado de necessidade, no entanto, *não é* causa excludente da responsabilidade civil do Estado; é causa excludente de ilicitude, outra categoria conceitual. Excluir a ilicitude e excluir a responsabilidade civil são situações distintas.

100. AGUIAR DIAS, José de. *Da Responsabilidade Civil*, t. II. Rio de Janeiro: Forense, 1954, p. 673 (aliás, o próprio Aguiar Dias, a propósito da distinção entre a responsabilidade con-

Bem por isso, foi adequada a posição do Código Civil brasileiro, que equiparou os institutos (Código Civil, art. 393, parágrafo único). Não há, nesse contexto, segundo acreditamos, razão para buscar distinções de sentido entre ambos, ao menos distinções que tragam repercussões pragmáticas relevantes.

Podemos ainda afirmar, em linha de princípio, que a tendência que se fortalece aponta no sentido de um progressivo estreitamento das hipóteses de caso fortuito e força maior, como excludentes de responsabilidade civil (há alguns anos o STJ responsabilizou a empresa área, afastando a alegação de força maior, na situação em que determina ave foi sugada pela turbina da aeronave, ocasionando atrasos e cancelamentos de voos). Sobretudo na responsabilidade objetiva – como é o caso da responsabilidade civil do Estado – esse ponto se mostra ainda mais forte. O constituinte, nesse caso, optou por proteger a vítima. Não pareceu desejar deixar o dano sem indenização. Caminhamos, nesse sentido, para uma análise crescentemente mais severa das excludentes, possivelmente não as aceitando em situações que no passado talvez as aceitássemos.

Se a distinção – célebre e clássica – entre o caso fortuito e a força maior não traduz, no direito contemporâneo, maior relevância, o mesmo não podemos dizer da distinção entre caso fortuito interno e caso fortuito externo (ou, mais concisamente, podemos dizer apenas: fortuito interno e fortuito externo). Essa distinção não nasceu de categorias legislativamente criadas – nasceu, ao contrário, da doutrina de Agostinho Alvim e, sobretudo, dos desenvolvimentos jurisprudenciais posteriores. Temos, aí, mais um exemplo daquilo que dissemos antes: estamos nos movimentando numa matéria em

---

tratual e extracontratual, já houvera afirmado que qualquer distinção só faria sentido se conduzisse a distintos resultados práticos). Pontes de Miranda, de modo semelhante, não enxergava relevância, no direito brasileiro, na distinção entre caso fortuito e força maior, argumentando que qualquer tentativa de distinção entre tais excludentes seria atribuir conceitos sem base histórica ou segurança na doutrina (Pontes de Miranda. *Tratado de Direito Privado.* Tomo XXIII. Rio de Janeiro: Borsoi, 1971, p. 77). Essa parecer ser, mesmo em autores mais recentes, a orientação correta: "As expressões caso fortuito e força maior são equivalentes e não se reconhecem mais efeitos práticos na distinção entre ambas" (COUTO DE CASTRO, Guilherme. *A responsabilidade civil objetiva no direito brasileiro.* Rio de Janeiro: Forense, 1997, p. 7).

que nem sempre os avanços resultam da lei, mas do diálogo, dinâmico e concreto, entre a doutrina e a jurisprudência[101].

E por que essa distinção, ao contrário da anterior (caso fortuito e força maior), é relevante? Porque, aqui, os resultados são substancialmente diversos, se o enquadramento ocorre numa ou noutra figura. Se considerarmos que determinado fato perfaz fortuito interno, o dever de indenizar permanece íntegro. O nexo causal, se assim podemos dizer, não foi rompido. Permanece o vínculo entre a atividade do ofensor e o dano. Já no segundo caso – fortuito externo – isso não ocorre. Se considerarmos que determinado fato perfaz fortuito externo, não haverá dever de indenizar. Não haverá, nesse contexto, nexo causal. Inexiste conceitualmente vínculo entre a atividade do suposto ofensor e o dano. Não há, portanto, no fortuito externo, responsabilidade civil – não há dever de indenizar.

No transporte de pessoas, por exemplo, danos que estão ligados, de algum modo, à atividade desenvolvida pela empresa de transporte, são considerados fortuitos internos (o motorista que sofre um ataque cardíaco e o ônibus se desgoverna; um pneu estoura e o ônibus cai de uma ponte; ou mesmo se o acidente de trânsito foi provocado por terceiro, persiste o dever de indenizar da empresa de ônibus, pois, ainda aí, teremos um fortuito interno, na esteira do entendimento já clássico do nosso direito – STF, Súmula 187; Código Civil, art. 735). Nessa hipótese, a responsabilidade civil pelos danos morais, materiais e estéticos sofridos pelos passageiros será da empresa de transporte, ainda que possa, depois, em regresso, cobrar do motorista culpado aquilo que pagou aos passageiros. Poderíamos ainda, na hipótese, como argumento (desnecessário) de reforço, pensar na teoria do risco (Código Civil, art. 927, parágrafo único). O Código de Defesa do Consumidor, de igual modo, reputa defeituoso – e gerador de responsabilidade objetiva – o serviço que não fornece a segurança que o consumidor dele pode esperar (Código de Defesa do Consumidor, art. 14, 1º).

101. Giordani argumenta que "a noção de fortuito externo e de fortuito interno é a que a doutrina moderna tem utilizado para diferenciar as noções de caso fortuito e de força maior" (GIORDANI, José Acir Lessa. *A responsabilidade objetiva genérica no Código Civil de 2002*. Rio de Janeiro: Lumen Juris, 2004, p. 61).

Já o fortuito externo, que não gera o dever de indenizar, é aquele que não guarda conexão com a atividade. Digamos que, em viagem de ônibus, um casal discute, e ele a agride. Não haverá, a princípio, dever de indenizar por parte da empresa de transporte, não tendo o dano relação com a atividade desempenhada. O transporte, no contexto descrito, não foi a causa do dano. Um outro exemplo – que tristemente aconteceu em 2013, na cidade mineira de Poços de Caldas – foi de uma garota que, numa montanha russa, num parque de diversões da cidade, teve um acidente vascular cerebral e faleceu. Só posteriormente se descobriu (nem a família sabia) que ela tinha um aneurisma, que foi a causa da morte. Não há, portanto, nesse caso, conexão entre a atividade do parque de diversões e o dano.

De todo modo, o exemplo mais comum de fortuito externo, segundo a jurisprudência brasileira, são os assaltos[102] durante o transporte de pessoas. Argumenta-se que o dano não guarda conexão com a atividade desenvolvida pela empresa[103]. Lembrando que, assim, a empresa fica isenta de indenizar o passageiro. Convém lembrar que o fortuito (externo) pode, em muitas circunstâncias, se assemelhar ao fato de terceiro. Os julgados costumam argumentar que a empresa de transporte não responde porque houve fato de terceiro (assaltantes). Trata-se, apenas, de mudar o ângulo de abordagem (fortuito externo ou fato de terceiro). Os argumentos, no entanto, permanecem basicamente os mesmos.

102. Assim, "o transportador só responde pelos danos resultantes de fatos conexos com o serviço que presta" (STJ, Resp 468.900, Rel. Min. Ari Pargendler, DJ 31/03/03). A jurisprudência "tem admitido claramente que o fato de terceiro que exonera a responsabilidade é aquele que com o transporte não guarde conexidade" (STJ, REsp 469.867, Rel. Min. Menezes Direito, 3ª T., DJ 14/11/05).

103. Ana Frazão, em perspectiva crítica, sublinha "que a controlabilidade do risco não diz respeito apenas à possibilidade de evitar o dano, mas também à possibilidade de gerenciá-lo adequadamente. Daí por que são questionáveis as decisões jurisprudenciais de que assaltos à mão armada em coletivos, apesar de previsíveis e habituais, seriam fortuitos externos à atividade da transportadora, por serem inevitáveis. Afinal, o critério isolado da inevitabilidade do dano pode funcionar bem como excludente de responsabilidade subjetiva, mas não necessariamente como excludente de responsabilidade pelo risco" (FRAZÃO, Ana. Risco da empresa e caso fortuito externo. *Civilistica*. a 5, nº 1, 2016, p. 18).

Sempre nos perguntamos se, nessas (dramáticas) situações, não seria o caso de se responsabilizar civilmente o Estado.

Voltaremos, adiante, ao tema, explicitando nossa posição e os percursos trilhados ao longo do livro. Podemos afirmar, desde já, que se exige hoje do Estado, indiscutivelmente, uma postura mais ativa. Mais ativa, sobretudo, na proteção dos cidadãos – seja contra violências de outros cidadãos, seja contra eventos da natureza. Os avanços da ciência, inclusive, devem ser levados em conta neste último caso (na análise das excludentes de responsabilidade civil). Se, digamos, os recentes avanços científicos permitem que se afira, com antecedência, a chegada de terremotos, e o Estado, detentor da tecnologia, não comunica a ocorrência aos cidadãos, com antecedência, para que possam se precaver, podemos, em princípio, pensar em responsabilidade civil do Estado. A matéria, como dissemos, é dinâmica, e isso é uma de suas belezas. Os fatos que podem responsabilizar civilmente o Estado não são estáticos, redefinem-se com as mudanças científicas e, de modo mais amplo, sociais.

Em relação à violência urbana, parece adequado lembrar que a segurança pública é apontada, com cores fortes, como tarefa essencialmente afeta ao Estado. Aliás, se refizermos, historicamente, o percurso que deu origem ao nascimento do Estado Moderno, certamente veremos que a questão da segurança dos cidadãos, contra os múltiplos perigos e ameaças que se punham, insinuou-se como uma das mais relevantes funções estatais. Seja como for, não parece haver dúvida, atualmente, que no século XXI – período histórico em que a redefinição das funções estatais é matéria constantemente discutida – a segurança pública persiste como nota essencial à configuração do perfil do Estado contemporâneo. De muitas outras funções o Estado – corretamente ou não, isso é outra discussão – pretende se despir. Não, porém, da segurança pública. Ao lado da saúde, é nota essencial na ideia que temos hoje de Estado. De modo um tanto paradoxal, porém, nunca – ou apenas muito raramente – se fez a conexão teórica entre essa função essencialmente estatal e a responsabilidade civil – também ela, digamos, uma senhora, com séculos de estrada. Talvez apenas agora, na primeira metade do século XXI, possamos dispor de categorias conceituais (e sociais) razoavelmente amadurecidas para levar esse diálogo adiante.

2.3. Dias de redefinição de perspectivas

Nossa tarefa, neste primeiro capítulo, é contextualizar, de modo crítico e problematizado, variados ângulos de análise no que se refere ao objeto de nossa investigação. Um dos aspectos mais ricos da responsabilidade civil contemporânea diz respeito às investigações relativas ao nexo causal. Nosso enfoque, nesta obra, não se debruçará sobre o problema, não investigará as teorias e concepções acerca do nexo causal – sólidos e louváveis trabalhos já foram feitos nesse sentido, com singular aprofundamento da matéria, e *não é esse* o objeto deste livro[104]. Há, porém, um ponto que – sem indagar

104. Os mais argutos autores que se dedicaram ao tema, os autores dos mais sólidos trabalhos sobre o nexo causal, parecem concordar em determinado ponto: a análise do tema, por nossa jurisprudência, é casuística e pragmática, sem nenhuma sutileza conceitual. O que há, na verdade, em relação à análise do nexo causal – sobretudo na jurisprudência – é uma dose imensa de pragmatismo, muito mais do que sutilezas teóricas. Assim, "perante as dificuldades que suscitam formulações como as que aludem ao efeito direto e imediato (art. 403) ou à causa necessária, não admira que a jurisprudência, quando procura encontrar nelas algum apoio, muitas vezes acabe decidindo simplesmente de acordo com o bom senso e com a invocação apenas da expressão literal contida no art. 403: quando acha que um dano deve ser reparado, dirá que ele é 'dano direito e imediato'; quando entende que ele não é merecedor de reparação, considerá-lo-á 'dano indireto'" (NORONHA, Fernando. O nexo causal na responsabilidade civil. *Revista da EMESC*, v. 15, Florianópolis, jun. 2003). O autor conclui: "Verificada a impossibilidade de resolver em termos mais ou menos científicos o problema da causalidade, como acabamos de ver, os juristas passaram a procurar encará-lo em termos mais flexíveis e práticos". Tepedino esclarece: "Por todas estas circunstâncias, pode-se considerar como prevalentes, no direito brasileiro, as posições doutrinárias que, com base no art. 403 do Código Civil brasileiro (correspondente ao art. 1.060 do Código Civil de 1916), autodenominando-se ora de teoria da interrupção do nexo causal (Supremo Tribunal Federal), ora de teoria da causalidade adequada (STJ e TJRJ), exigem a 'causalidade necessária' entre a causa e o efeito danoso para o estabelecimento da responsabilidade civil" (TEPEDINO, Gustavo. *Temas de Direito Civil. Tomo II*. Rio de Janeiro: Renovar, 2006, p. 76). Na prática, impera uma grande confusão. Percebe-se que as teorias, no final das contas, nesta matéria, importam pouco ou nada na jurisprudência. Assim, "o que se vê, em muitos casos, é que os tribunais, muito pelo contrário, se valem da miríade de teorias exatamente para justificar uma escolha subjetiva, e muitas vezes atécnica, da causa do dano" (SCHREIBER, Anderson. Novas tendências da Responsabilidade Civil brasileira, *RTDC*, vol. 22, abr/jun 2005, p. 53). Face ao diagnóstico feito, Tepedino propõe: "Para se entender, portanto, o panorama da causalidade na jurisprudência brasileira, torna-se indispensável ter em linha de conta não as designações das teorias, não raro tratadas de modo eclético ou atécnico pelas Cortes, senão a motivação que inspira as decisões, permeadas predominantemente pela 'teoria da causalidade necessária'" (TEPEDINO,

acerca da formação, ou não, do nexo causal em determinada hipótese – mostra-se particularmente relevante em nossas indagações: poderíamos, em determinadas situações, considerar presumido o nexo causal? Nas situações que dizem respeito à responsabilidade civil do Estado por violência urbana isso é possível?

Parece estar acontecendo, atualmente, em relação ao nexo causal, fenômeno semelhante àquele acontecido com a culpa, séculos atrás. Não se passou, automaticamente, da responsabilidade subjetiva à objetiva. Houve, no percurso, avanços e recuos, tentativas e erros, como quase sempre se dá na caminhada histórica dos conceitos, categorias e institutos. Por exemplo, trabalhou-se, por muito tempo – e ainda se trabalha, embora de modo menos frequente – com o conceito de culpa presumida (era, por exemplo, a hipótese – segundo doutrina e jurisprudência – da responsabilidade civil dos pais pelos atos dos filhos menores, sob a égide do Código Civil de 1916). A culpa presumida é, ainda, espécie de responsabilidade subjetiva – com a especificidade de que o ônus da prova, aqui, é invertido: não é da vítima, mas do ofensor (ou da pessoa por ele responsável). O responsável, nesse caso, no entanto, poderá se ver livre do dever de indenizar se conseguir provar a ausência de culpa (é o que distingue, aliás, a responsabilidade civil objetiva da responsabilidade civil por culpa presumida: a objetiva não admite a prova de ausência de culpa).

Voltemos ao argumento central da discussão, voltemos à frase com que iniciamos o parágrafo anterior. Dissemos que parece estar acontecendo, atualmente, em relação ao nexo causal, fenômeno

---

Gustavo. *Temas de Direito Civil. Tomo II*. Rio de Janeiro: Renovar, 2006, p. 71). Caitlin Sampaio Mulholland destacou que "a pesquisa da causalidade (...) teve sua análise fruto muito mais de induções do que de raciocínio científico-teórico" (MULHOLLAND, Caitlin Sampaio. *A responsabilidade civil por presunção de causalidade*. Rio de Janeiro: GZ, 2010, p. 9). Ainda, como referência fundamental da matéria: SAMPAIO DA CRUZ, Gisela. *O problema do nexo causal na responsabilidade civil*. Rio de Janeiro: Renovar, 2005. Impera, portanto, na prática, imensa confusão. As denominações parecem irrelevantes e, às vezes, os próprios conteúdos conceituais das teorias também. Prevalece, na verdade, um grande empirismo. Chega-se, subjetivamente, a determinada conclusão (houve ou não houve nexo causal entre o dano e a ação ou omissão), e depois se invoca – se é que se chega a invocar – essa ou aquela teoria. A (triste) verdade em relação ao nexo causal, em nossa jurisprudência, é esta: "escolha uma teoria e decida como quiser".

semelhante àquele acontecido com a culpa, séculos atrás. Isto é, o nexo causal perde, aos poucos, o status de pressuposto fundamental, sem o qual sequer se poderia imaginar a imposição do dever de indenizar. Essa redefinição das funções do nexo causal, porém, não é – nem poderia ser – unívoca ou imediata. É, também aqui, um processo histórico, com fluxos e refluxos. Ao que parece, estamos vivendo uma etapa histórica em que – a exemplo do que ocorreu com a culpa, séculos atrás – fala-se, não tanto em abandonar o nexo causal, mas em presumi-lo. Nessa perspectiva, em outras palavras, o nexo causal não deixa de ser relevante para a imposição do dever de indenizar, porém, presentes certos pressupostos, inverte-se o ônus probatório (não em relação à culpa, que em muitos casos nem necessária é, mas em relação ao nexo causal): caberá, nesse contexto, ao ofensor provar que o nexo causal não se formou. Esse é, ou parece ser, o sentido da tendência histórica que apontamos. Trata-se de mudança de singular relevância, que redefine, de modo significativo, o panorama da responsabilidade civil.

Na responsabilidade civil do Estado, essa mudança de perspectiva pode ter consequências relevantíssimas – sobretudo, mas não somente, na responsabilidade por omissão estatal. Vejamos, por exemplo, a matéria objeto desta obra: a responsabilidade civil estatal por danos relacionados à violência urbana. Nesses casos, em regra, o dano está ligado, não a uma ação, mas uma omissão do Estado. A prova do dano, em si, não costuma ser difícil nessas situações, porém a prova do nexo de causalidade entre o dano e a omissão estatal, sabemos, está longe de ser simples ou fácil. Trata-se ao contrário de autêntica "prova diabólica", no sentido que os juristas franceses davam à expressão no século passado. Como ligar o dano sofrido pela vítima à omissão do Estado? Bem por isso, através das décadas recentes, esses danos só apenas muito excepcionalmente foram indenizados. Em regra, não se consegue provar, de modo satisfatório, o nexo causal entre o dano e a omissão estatal[105].

---

105. Em artigo escrito há mais de 25 anos, noticiou-se com argúcia a busca, algo desesperada, da jurisprudência, por soluções que não deixassem a vítima desamparada: "Em ação de responsabilidade civil, em que se pleiteava indenização do Estado por ferimentos causados por projétil de arma de fogo disparado contra a vítima quando trafegava em

Discutiremos, no próximo capítulo, esse ponto, tendo como eixos teóricos a teoria do risco e o princípio da solidariedade social.

Outro aspecto que discutiremos é a questão do fato de terceiro: há obstáculo conceitual à responsabilização do Estado? Um dos argumentos mais tradicionais – e, em certo sentido, também mais fortes – é a questão do fato de terceiro. A questão, na verdade, pode assumir diversas nomenclaturas, mas o problema essencial é este: poderíamos responsabilizar o Estado por um ato praticado por alguém que não é agente estatal? Até que ponto, ou sob que circunstâncias, o Estado poderá ser chamado a responder por danos causados por terceiros? Terceiros, bem entendido, nesse contexto, seriam aqueles que não seriam agentes estatais – no sentido amplo do art. 37, § 6º –, isto é, não seriam agentes públicos, agindo ou omitindo-se nessa qualidade[106].

Sabemos que a responsabilidade civil por fato de terceiro não é, de modo nenhum, novidade, na ordem jurídica brasileira. Essa forma de responsabilidade – também chamada de responsabilidade indireta – vem tradicionalmente prevista no Código Civil, e é o que ocorre, por exemplo, nas célebres responsabilidades dos pais pelos filhos menores, dos empregadores pelos atos dos empregados, den-

via pública, acarretando-lhe paraplegia, entendeu-se que, não obstante ter restado indemonstrado o nexo de causalidade, é aplicável diretamente à espécie o art. 203, V, CF, para garantir à vítima, como pessoa portadora de deficiência que não pode arcar com a própria manutenção, o benefício mensal de um salário mínimo" (MORAES, Maria Celina Bodin de. A caminho de um direito civil constitucional. *Revista de Direito Civil*. v. 65, ano 17, julho-setembro/1993, pp. 21-32, p. 31). A solução encontrada pelo magistrado, inusitada, decerto foge do universo conceitual do direito dos danos.

106. Aliás, conforme já sublinhamos, embora muito brevemente, no início desta tese, "o sentido do vocábulo agente é o mais amplo possível, abrangendo as categorias de agentes políticos, administrativos (estatutários e contratados) e até particulares em colaboração com a administração (é o caso dos mesários convocados pela Justiça Eleitoral), bem como estagiários, terceirizados e até agentes voluntários" (PINTO, Helena Elias. *Responsabilidade Civil do Estado por Omissão*. Rio de Janeiro: Lumen Juris, 2008, p. 88). Aliás, José de Aguiar Dias, Aguiar Dias, escrevendo antes da atual Constituição, já alertava: "O que se deve ter em vista, porém, quando enfrentamos o tema da responsabilidade, é que a definição de funcionário deve ser a mais ampla possível, a fim de abranger todos aqueles, qualquer que seja a forma de sua escolha e quaisquer que sejam as suas funções, que colaborem na gestão da coisa pública" (DIAS, José de Aguiar. *Da Responsabilidade Civil*. Rio de Janeiro: Forense, 1954, p. 561).

tre outras. Hoje, entre nós, esse é um exemplo de responsabilidade objetiva (Código Civil, art. 933).

Seja em hipóteses legislativamente consagradas, seja em hipóteses criadas pela jurisprudência, a responsabilidade civil por fato de terceiro não é novidade no direito dos danos, sendo, ao contrário, algo que participa de suas reflexões há largo tempo. As instituições financeiras, por exemplo, respondem sem culpa por atos de terceiros, desde que o dano guarde íntima conexão com a atividade que desenvolvem (STJ, Súmula 479: "As instituições financeiras respondem objetivamente pelos danos gerados por fortuito interno relativo a fraudes e delitos praticados por terceiros no âmbito de operações bancárias").

O que queremos dizer é que não há salto conceitual – presentes os marcos normativos e conceituais que contextualizam a responsabilidade civil do Estado entre nós – em responsabilizar o Estado por ato de terceiro, se o dano vinculado a esse ato estiver dentro da "esfera de risco" imputável ao Estado. É o que acontece, hoje, no Brasil, com os bancos. Pouco importa que o dano tenha sido praticado por terceiro – um fraudador qualquer. A instituição financeira, em sentido estrito, pode não ter tido ação ou omissão alguma relacionada diretamente ao dano. Mas o dano é conexo às suas atividades. Responderá, por isso, de modo objetivo, pelos prejuízos.

Se o único responsável, na sociedade contemporânea, em combater a violência urbana é o Estado, se não se aceita – nem deve se aceitar – formas outras, privadas, não estatais, de justiçamento ou de enfrentamento a atos de violências contra pessoas, parece bastante claro que estamos diante de dano situado na "esfera de risco" estatal[107]. Isso parece tão certo – ainda que as consequências

107. Talvez, neste ponto, possamos nos socorrer das reflexões contextualizadas de Juarez Freitas, quando pondera: "À base, pois, dessa família de argumentos, emerge, límpida e consistente, a responsabilidade proporcional e objetiva por ação ou omissão do agente estatal, em sentido largo, de sorte que, mantida atitude cautelosa e avessa a automatismos, a responsabilidade do Estado, nos casos de omissão, não deve fugir da responsabilização objetiva. Tal não significa que a sociedade deva arcar com os danos oriundos de riscos exclusivamente atribuíveis às vítimas ou inerentes a seus

hermenêuticas raramente sejam desenvolvidas – que os tribunais brasileiros, ao negarem indenização às vítimas pelos danos sofridos durante viagens de ônibus, por exemplo (roubos, furtos, ou até danos mais graves, como estupros e mortes), frequentemente usam o seguinte argumentos: o dever de prestar segurança pública não é das empresas de transporte, mas sim do Estado[108].

Não se costuma dar, entretanto, o passo argumentativo seguinte: responsabilizar o Estado por esses danos. Não que faltem, ou inexistam, marcos normativo-conceituais para tanto. O que há, talvez, é a permanência de certo conservadorismo, de certa tendência a deixar as coisas como estão (característica tão marcante no universo jurídico), sem se preocupar em revisitar as etapas argumentativas que levaram às conclusões (ou mesmo verificar se não há tratamentos desiguais para situações danosas substancialmente semelhantes). Outro ponto que talvez possa ser mencionado é o seguinte: há, possivelmente, subjacente a essa ordem de coisas, a percepção de que o Estado, em termos orçamentários, dificilmente resistiria a uma ampla responsabilização civil por danos relacionados à segurança

---

negócios" (FREITAS, Juarez. A Constituição, a responsabilidade do Estado e a eficácia direta e imediata dos direitos fundamentais. SAMPAIO, José Adércio Leite (Coord.). *Constituição e crise política*. Belo Horizonte: Del Rey, 2006, pp. 381-401, p. 399). A questão, fundamentalmente, reside em indagar em que medida os riscos da violência são – ou devem ser – atribuídos exclusivamente às vítimas, ou participam da "esfera de risco" estatal. A propósito, um articulista destacou na imprensa: "Saiu mais um ranking mundial, o GPI (sigla em inglês para *Índice da Paz Global*). O Brasil, de novo, faz papelão: é o 81 colocado, entre 162 países, na metade exata da tabela e imediatamente atrás da Libéria, país que enfrentou duas guerras civis a partir dos anos 80. Esses episódios demonstram que a violência ultrapassou qualquer limite civilizatório" (Clóvis Rossi, *Folha de São Paulo*, quinta-feira, 13 de junho de 2013, A20, mundo).

108. Nesse sentido, Carlos Roberto Gonçalves argumenta: "Pode-se afirmar, malgrado as divergências apontadas, que são encontradas na jurisprudência, em maior número, decisões no sentido de que o assalto à mão armada em interior de ônibus, embora se pudesse ter meios de evitá-los, equipara-se à força maior, assim considerado o fato imprevisível e inevitável, que isenta de responsabilidade o transportador, ao fundamento, especialmente, de que o dever de prestar segurança pública ao passageiro é do Estado" (GONÇALVES, Carlos Roberto. *Comentários ao Código Civil:* parte especial, Direito das Obrigações (arts. 927 a 965). JUNQUEIRA DE AZEVEDO, Antônio (Org.). São Paulo: Saraiva, 2003, 153). Trata-se de artigo escrito há quase 15 anos. Podemos afirmar que, atualmente, a matéria é pacífica, no STJ, no sentido de isentar as empresas de transporte de responder pelos danos relacionados aos assaltos. Citamos a passagem, sobretudo, para lembrar que os tribunais enfatizam – ao livrar as empresas de transporte do dever de indenizar nos danos sofridos por passageiros nos assaltos – que o dever de prestar segurança pública é, não delas, mas do Estado.

pública (às suas falhas, para ser mais exato). Haveria, decerto, se aceita a tese com amplitude, um preocupante abalo nas (sempre) combalidas finanças públicas, pelo menos potencialmente[109]. Isso, embora nem sempre verbalizado, é algo que perpassa a discussão do tema, é algo que deve ser tomado no horizonte de eventos próprio da discussão.

O que não parece correto é deixar a discussão numa espécie de limbo, esquecida e incômoda, como se o assunto não fosse relevante (é extremamente importante), não fosse atual (talvez não haja outro com tanta atualidade) e não contasse com argumentos jurídicos suficientemente maduros (estamos certos que existem, na teoria da responsabilidade civil, mas não só nela) para propiciar uma indagação, séria e consistente, sobre a indenizabilidade desses danos. Pode-se até, por uma razão ou outra, não se aceitar, jurisprudencialmente, nas próximas décadas, esses danos como injustos e indenizáveis. Não se pode, porém, pensamos, deixar de discutir, com seriedade, o tema. O silêncio, esse sim, é incômodo, e um tanto inexplicável, diante das dimensões sociais do problema. Aliás, a complexidade crescente das relações sociais – e jurídicas – dos nossos dias "exige do operador jurídico capacidade para lidar com diferenciações formuladas a partir de elementos externos à estrutura conceitual, abstratamente considerada"[110].

109. Embora, em regra, o STJ tenha se posicionado no sentido de que "o dever de ressarcir danos, inclusive morais, efetivamente causados por atos dos agentes estatais ou pela inadequação dos serviços públicos decorre diretamente do art. 37, § 6º da Constituição, dispositivo auto-aplicável, não sujeito à intermediação legislativa ou administrativa para assegurar o correspondente direito subjetivo à indenização. Não cabe invocar, para afastar tal responsabilidade, o princípio da reserva do possível ou a insuficiência de recursos" (STJ, REsp 1.051.023, Rel. Min. Teori Albino Zavascki, 1ª T, DJ 01/12/2008).

110. NEGREIROS, Teresa. *Teoria do Contrato. Novos Paradigmas*. Rio de Janeiro: Renovar, 2002, p. 298. Aliás, "os conceitos jurídicos não pertencem somente à história, mas, com oportunas adaptações, podem ser utilizados para realizar novas funções. Neste processo de adequação se verifica uma mudança substancial da sua natureza" (PERLINGIERI, Pietro. *O direito civil na legalidade constitucional*. Rio de Janeiro: Renovar, 2008, p. 142).

2

O DIREITO DOS DANOS E A SOLIDARIEDADE SOCIAL: POTENCIALIDADES DE UM DIÁLOGO

1. RISCOS PARA QUEM? UMA CONSTANTE REAVALIAÇÃO DOS RISCOS ACEITÁVEIS

As perguntas que formulamos – e as questões teóricas que contextualizamos – no primeiro capítulo serão enfrentadas, fundamentalmente, no terceiro capítulo deste livro. Seguindo o roteiro metodológico que apresentamos, convém, agora, propor um olhar mais amplo, que apresente certos eixos conceituais que perpassam as categorias teóricas trabalhadas (faremos isso sobretudo a partir do próximo tópico e no restante deste segundo capítulo).

Já tivemos oportunidade de mencionar que o tema enfrentado nesta obra faz parte da tradição constitucional brasileira há muitas décadas e que, não obstante isso, talvez as consequências interpretativas ainda não tenham sido adequadamente desenvolvidas. O tema, além disso, é marcadamente interdisciplinar, recebendo contribuições múltiplas e simultâneas. Não é difícil perceber que, na sociedade contemporânea, altera-se não só a forma de solução de problemas – cada vez mais tópica e mais voltada para o caso concreto –, mas os próprios problemas e dilemas alteram-se constantemente[111].

111. VIEHWEG, Theodor. *Tópica e jurisprudência*. Brasília: Departamento de Imprensa Nacional, 1979, p. 38.

A violência urbana, hoje, embora constitucionalmente conectada às funções estatais (ninguém põe em dúvida que o dever de prestar segurança pública é um dever do Estado), é um território de ninguém, no que diz respeito à assunção – jurídica – dos riscos. As empresas de transporte público, por exemplo – conforme adiante veremos com mais clareza –, não respondem por esses riscos, e o Estado, segundo o padrão mental que prepondera atualmente, também não. Resta à vítima, sozinha e esquecida, reclamar de seu destino apenas[112]. Algo estranho, para dizer o mínimo, numa democracia constitucional regida pela normatividade dos direitos fundamentais.

Cabe registrar que nas sociedades contemporâneas há uma constante reavaliação dos riscos que são socialmente aceitáveis. Do mesmo modo, há uma dinâmica reavaliação de quem são os responsáveis por eles. Nosso projeto constitucional – heterogêneo mas humanista – busca diferenciar situações que devem ser diferenciadas, com especial acento na proteção das dimensões existenciais do ser humano. Essa é a linha de tendência mais forte e mais louvável da responsabilidade civil do século XXI. Lembremos, aliás, que atualmente o conceito de risco cada vez mais se aproxima da dimensão jurídica. O mero risco, em muitos setores da experiência jurídica, pode funcionar como mecanismo deflagrador do dever de proteção (basta lembrar das prescrições do direito ambiental). A palavra de ordem é evitar danos.

Frisamos no primeiro capítulo que as funções do Estado, hoje, são no mínimo mais coloridas que as tradicionais funções absenteístas dos séculos passados. O Estado tem longo histórico como inimigo dos direitos fundamentais (que foram criados, sabemos, para fazer frente às violências e agressões estatais). Os direitos fundamentais seriam, nessa perspectiva, direitos de defesa em face do Estado, uma espécie de trincheira para exigir abstenções estatais. Hoje, porém, a situação é outra. Há uma dimensão ativa, no sentido de exigir que o Estado aja – eficaz e adequadamente – para proteger direitos fundamentais de violações de terceiros. Se na

112. Em sentido semelhante, KOWARICK, Lúcio. Viver em risco: sobre a vulnerabilidade no Brasil urbano. *Novos Estudos*. São Paulo, nº 63, jul. 2002, pp. 9-30, p. 29-30.

função ou dimensão passiva dos direitos fundamentais exigíamos abstenções do Estado, na função ou dimensão ativa exigimos ações dele. Atualmente, na dimensão positiva, o Estado deve mais: deve proteger os direitos fundamentais de agressões provindas de terceiros (nessa perspectiva, o Estado aparece como amigo, não inimigo, dos direitos fundamentais).

Nossa (jovem) democracia constitucional precisa, talvez, refletir sobre os deveres de proteção dos cidadãos, a cargo do Estado[113]. A proteção dos direitos fundamentais, inclusive contra agressões não estatais, não pode permanecer em nível retórico. A segurança pública – e seus óbvios contornos estatais – não é uma promessa vazia a ser cumprida "se der". Aliás, costumamos esquecer, em nossas reflexões jurídicas, que a segurança é um direito fundamental social (certamente não é um direito levado a sério). Apenas muito raramente se vê raciocínios (sobretudo jurisprudenciais) que extraiam consequências normativas, vinculantes, desse direito. É um dever tão claramente estatal que os cidadãos sequer possuem a capacidade de autotutela, o uso legítimo da força é monopólio estatal. A afirmação é particularmente verdadeira nos espaços públicos, mas não só neles. Seja como for – conforme afirmamos antes –, há, hoje, um cenário (algo espantoso) de Estado ausente, passivo, indiferente. Em relação à segurança pública, o Estado, em certas ocasiões, age como se tivesse desistido de enfrentar a violência, como se as coisas "fossem assim mesmo", como se a proteção coubesse a cada um dos cidadãos, entregues à própria sorte.

A jurisprudência, em muitos desses casos, opta por uma visão restrita dos riscos. Trilha o caminho (fácil, convenhamos) da

113. Nesse contexto, "o Estado moderno não deve, como no passado, proteger o cidadão tão somente dos ladrões, assassinos e outros malfeitores, mas a sua tarefa de proteção ampliou-se consideravelmente. De fato as dependências e as interações cada vez maiores do ser humano conduziram não só à ampliação das possibilidades de comunicação mas também a uma ampliação dos perigos aos quais o homem está exposto. O Estado é então obrigado a assumir novas tarefas em matéria de proteção" (FLEINER-GERSTER, Thomas. *Teoria Geral do Estado*. Trad. Marlene Holzhausen. Revisão técnica Flávia Portella Puschel. São Paulo: Martins Fontes, 2006, p. 594). Ver também: GRIMM, Dieter. A função protetiva do Estado. Trad. Eduardo Mendonça. *A Constitucionalização do Direito: fundamentos teóricos e aplicações específicas*. Cláudio Pereira de Souza e Daniel Sarmento (Orgs). Rio de Janeiro: Lumen Juris, 2007, p. 160.

ausência do nexo causal ou esgrima a excludente do fato de terceiro. Podemos, aliás, adiantar uma discussão dos nossos dias: em que medida um fato de terceiro é um fato de terceiro? Em outras palavras, em que medida ele pode ser aceito como excludente de responsabilidade civil? Começa-se a perceber – em certas situações e em certas atividades – que a pergunta a ser feita *não é mais* aquela (tão) clássica: há nexo causal entre o dano e a ação ou omissão? A pergunta, em certos cenários, passa a ser outra: o dano participa da esfera de risco da atividade? O dano está compreendido nos riscos típicos, inerentes, próprios, da atividade? Voltaremos à questão adiante.

Costuma-se afirmar – e em princípio a afirmação é correta – que quando nos movimentamos no universo teórico da responsabilidade objetiva, as discussões acerca da causalidade ganham maior relevância (trata-se, afinal, do último filtro contra a reparação, já que a culpa passa a ser irrelevante nesta hipótese). Relativamente à responsabilidade civil do Estado no Brasil, já frisamos que desde 1946 estamos diante de responsabilidade objetiva (pelo menos no que se refere às ações estatais, existe certa polêmica, a ser enfrentada no terceiro capítulo deste livro, no que se refere às omissões estatais). São poucas ou inexistentes, entretanto, as reflexões contextualizadas que relacionem o Estado à violência urbana, sob a ótica da responsabilidade civil. Quais os limites e funções da responsabilidade civil do Estado? Já dispomos, hoje, de uma rede de conexões normativas e conceituais que nos permitam dar um passo além?

O padrão mental convencional costuma, de modo um tanto quanto cômodo, responder negativamente, e reproduzir reflexões de meados do século passado (não esqueçamos, aliás, que nossa jurisprudência – e até parte de nossa doutrina – levou décadas para aceitar, plenamente, a responsabilidade civil do Estado objetiva consagrada na Constituição Federal de 1946, o que evidencia, com clareza, que as mudanças de compreensão não se processam de modo automático, são fundamentalmente mudanças culturais, e que a norma jurídica não é só – dizemos nos desculpando pela obviedade – o texto escrito). Para muitos de nós, vivemos, hoje, o mesmo cenário normativo-conceitual de 1946 (não se leva em conta a força normativa dos princípios constitucionais, não se leva em conta que vivemos no Estado dos direitos fundamentais, não se leva em conta a proteção prioritária da vítima do dano, não se leva em conta a priorização das situações existenciais em relação às patrimoniais – e a lista, embora não pareça, é apenas exemplificativa). Alguns intérpretes conseguem até piorar a situação em relação a 1946, passando a exigir a prova da culpa nas omissões estatais.

A teoria do risco – fortemente temperada pelo princípio da proporcionalidade – e a solidariedade social devem iluminar o debate. A responsabilidade civil deve ser chamada a dialogar com os direitos fundamentais. O problema, de todo modo, é delicado e difícil. Convém fugir de soluções excessivamente simplificadoras, apriorísticas ou fundamentalistas. Devemos também ter particular cuidado com certas soluções anti-isonômicas[114].

Chamamos atenção, no primeiro capítulo, para o que talvez possamos categorizar como certo elitismo da jurisprudência, além de incômodas contradições. Sabemos que muitas relações sociais se caracterizam pela assimetria, pela desigualdade. Não deixa de ser espantoso constatar que isso se reproduza, em alguma medida, na jurisprudência (e até na legislação). Conforme frisamos antes, são frequentes os julgados que condenam as empresas áreas em virtude de atrasos e cancelamentos nos voos; são, porém, inexistentes, ou raríssimos, julgados que reconhecem os mesmos danos em atrasos ou cancelamentos de viagens de ônibus. Dissemos que poderíamos quase afirmar que, se um assalto ocorrer dentro de um avião, a jurisprudência não hesitaria em responsabilizar a empresa área pelo dano (o que não ocorre, atualmente, segundo pacífica jurisprudência do STJ, em relação as empresas de ônibus). Outro exemplo que evidencia certos desníveis – normativos e jurisprudenciais – em

114. Cabe aceitar o convite de Maria Celina Bodin de Moraes para, respeitando o modelo solidarista imposto pela Constituição, racionalizar os critérios de imputação, proceder à reconstrução racional do sistema da responsabilidade civil no âmbito do ordenamento jurídico estatal (MORAES, Maria Celina Bodin de. A Constitucionalização do Direito Civil e seus efeitos sobre a Responsabilidade Civil. *A Constitucionalização do Direito: fundamentos teóricos e aplicações específicas.* Cláudio Pereira de Souza e Daniel Sarmento (Orgs). Rio de Janeiro: Lumen Juris, 2007, p. 453).

nosso direito de danos: se ocorrer um atentado terrorista dentro de um avião, a União está autorizada a responder pelos danos (Lei nº 10.744, de 09/10/2003, art. 1º). Se for dentro de um ônibus, inexiste qualquer previsão legislativa que possa proteger as vítimas. Provavelmente, ficariam desamparadas, como ocorre atualmente com os danos relacionados à violência urbana.

Certas situações de desequiparação talvez não estejam sendo sequer percebidas, embora cristalizadas na prática jurisprudencial brasileira. Há, na jurisprudência brasileira, uma compreensão restrita acerca dos riscos, pelo menos de certos riscos (diante de certas vítimas, de certas situações). Por exemplo, o que o STJ tem dito, até agora – esperamos que isso mude – é que os usuários de transporte público não têm direito à segurança, mas os usuários dos shoppings (e de seus estacionamentos) têm. No primeiro caso, o assalto não gera consequência jurídica alguma (sob o ângulo da responsabilidade civil – nem das empresas de transporte, nem do Estado). Já no segundo caso, o shopping responderá pelos danos (morais, materiais e estéticos)[115]. Há, sem dúvida, um desnível de proteção, escalas diferenciadas relativamente ao que podem esperar do direito de danos os usuários de transporte público e os usuários de shopping centers (lembremos, aliás, que ambos são consumidores, à luz do Código de Defesa do Consumidor).

Em virtude do que dissemos até aqui neste primeiro tópico – mas não só por isso – as tarefas e as possibilidades da interpretação, no tema deste livro, são singularmente amplas.

---

115. Mencionamos, ao longo do trabalho, a firme posição da jurisprudência atual no sentido de repudiar que as empresas de transporte público possam responder pelos danos sofridos pelos passageiros em assaltos. Já em relação aos shoppings, o entendimento é diverso: "Na esteira do entendimento mantido por esta Corte, a responsabilidade civil do shopping center no caso de danos causados à integridade física dos consumidores ou aos seus bens não pode ser afastada sob a alegação de caso fortuito ou força maior, pois a prestação de segurança devida por este tipo de estabelecimento é inerente à atividade comercial exercida por ele" (STJ, AgRg no REsp 1.487.443, 3ª T, Rel. Min. Moura Ribeiro, DJ 31/08/2016). De modo semelhante: "Nos termos da orientação jurisprudencial do Superior Tribunal de Justiça, o roubo à mão armada ocorrido nas dependências de estacionamento mantido por estabelecimento comercial não configura caso fortuito apto a afastar o dever de indenizar" (STJ, AgRg no AREsp 840.534, Rel. Min. Raul Araújo, 4ª T, DJ 13/04/2016).

2. OS POTENCIAIS TRANSFORMADORES DA INTERPRETAÇÃO: UM OLHAR PARA CERTOS CAMINHOS PERCORRIDOS

No que diz respeito ao tema deste livro, podemos afirmar que a decisão, que cada sociedade, em cada período histórico, observará a respeito das consequências civis da violência urbana é fundamentalmente uma escolha social (discutiremos brevemente, neste segundo capítulo, a questão das decisões coletivas vinculantes). A pergunta é esta: nós, como sociedade, estamos dispostos a arcar com esses danos? Como distribuir, socialmente, esses custos? O custo decorrente da violência urbana deve ser socialmente redistribuído ou deve ser suportado pelas vítimas – infelizes, porém cada vez mais frequentes – dos danos? O princípio da solidariedade social deve ser chamado para iluminar a questão? Há, em nossos dias, um arcabouço normativo-conceitual que nos permite responsabilizar civilmente o Estado por esses danos (se não por todos, por boa parte deles). São algumas das perguntas que perpassam esta obra. O problema desnuda – política e filosoficamente – uma visão de mundo, queiramos ou não[116].

Será que as vítimas de violência urbana, em nosso estágio civilizatório atual, não dispõem de direitos e pretensões – normativamente vinculantes – contra o Estado? Será que vamos resgatar,

116. Cada ciclo histórico traz suas peculiariedades e opta, em linhas gerais, por certos valores. Na sociedade romana podemos dizer que a segurança e a estabilidade eram os valores supremos (GALGANO, Francesco. *Il diritto privato fra codice e costituzione*. Bologna: Zanichelli, 1988, p. 5). Hoje passa a ser crescentemente aceito que o intérprete do século XXI deve ter uma atenção prioritária com a pessoa humana (e não coisificá-la ou relegar sua proteção às dimensões patrimoniais). A dignidade da pessoa humana é princípio que perpassa, horizontalmente, o sistema jurídico em todos os setores e áreas. Não só horizontal, mas também verticalmente, estando a dignidade humana situada no ápice, como fundamento da República (CF, art. 1º, III), plasmando e conformando quaisquer leis, complementares ou ordinárias, quaisquer atos infralegais. O Código de Processo Civil de 2015, art. 8º, reconhece essa realidade ao dispor: "Ao aplicar o ordenamento jurídico, o juiz atenderá aos fins sociais e às exigências do bem comum, resguardando e promovendo a dignidade da pessoa humana e observando a proporcionalidade, a razoabilidade, a legalidade, a publicidade e a eficiência" (conferir, a propósito: MORAES, Maria Celina Bodin de; BARBOSA, Fernanda Nunes. O processo civil constitucionalizado. *Civilística*, a. 5, nº 1, 2016, editorial). Aliás, sabemos, hoje, que só há real dignidade se houver padrões mínimos de liberdade e de igualdade material. E a igualdade não se restringe à *proibição de exclusão*. Igualdade é também *obrigação de inclusão*.

sob outra roupagem, o terrível "contra a Pátria não há direitos"?[117] Não convém postular exageros e comparar situações absolutamente incomparáveis: vivemos, atualmente, numa democracia constitucional, não parece haver dúvida razoável sobre o ponto. Hoje, porém, a situação é esta: vítimas da violência urbana são absolutamente esquecidas pela ordem jurídico-constitucional brasileira, não lhes é dado amparo algum (estamos falando das práticas atualmente vivenciadas – não, por certo, das generosas potencialidades normativas constitucionais). Não há, realisticamente, direitos mínimos, perante o Estado, reconhecidos jurisprudencialmente para essas vítimas. Isso destoa, clara e vastamente, dos princípios e regras que regem o direito de danos dos nossos dias[118].

Talvez seja chegado o momento de revisitar antigas leituras, rever tradicionais concepções. Isso tem sido feito, aqui e ali, na

---

117. Elio Gaspari, em *A Ditadura Escancarada*, menciona uma placa pendurada em determinada delegacia (paulista) de polícia durante o auge da ditadura militar brasileira no século passado: "Contra a Pátria não há direitos" (GASPARI, Elio. *A Ditadura Escancarada*. São Paulo: Companhia das Letras, 2002, p. 17).

118. Ou como disse, em página clássica, a propósito de outro assunto, José de Aguiar Dias: "Isso estabelece uma doutrina que não pode merecer os aplausos dos juristas informados dos princípios atualmente observados em relação à responsabilidade civil" (DIAS, José de Aguiar. *Da Responsabilidade Civil*. Rio de Janeiro: Forense, 1954, p. 689). Em certos aspectos, talvez não seja despropositado falar em "estado de coisas inconstitucional" em relação aos danos causados pela violência urbana (e o desamparo jurídico das vítimas). Podemos, sem dúvida, traçar paralelo, pelo menos aproximativo, em relação à matéria já decidida pelo STF relativamente à condição degradante das penitenciárias no Brasil. A respeito do tema, o Supremo Tribunal Federal registrou: "Presente quadro de violação massiva e persistente de direitos fundamentais, decorrente de falhas estruturais e falência de políticas públicas e cuja modificação depende de medidas abrangentes de natureza normativa, administrativa e orçamentária, deve o sistema penitenciário nacional ser caracterizado como estado de coisas inconstitucional" (STF, ADPF 347, Rel. Min. Marco Aurélio, Pleno, j. 09/09/2015). A situação é tão absurda que, em novembro de 2016 – enquanto escrevíamos este texto –, diante da superlotação dos presídios e cadeias gaúchos, alguns detentos estão presos em viaturas e ônibus estacionados diante das delegacias. Outros presos ficam algemados em lixeiras públicas nas calçadas, em frente às delegacias. O secretário de segurança pública do Rio Grande do Sul declarou, em entrevista, estar cogitando construir containers para alojar os detentos, ou até mesmo usar um navio para alojá-los. Voltando ao ponto central: há – isso é um fato inquestionável – o dever, constitucionalmente posto, do Estado prestar segurança pública aos cidadãos, um direito fundamental social. E esse direito – também parece não haver dúvida razoável sobre o ponto – é violado de modo sistemático e abusivo, isto é, muitos brasileiros recebem exatamente o contrário daquilo que poderia ser aceito como uma prestação mínima.

responsabilidade civil do Estado, mas apenas muito raramente em relação à segurança pública[119].

Nossa proposta, neste tópico – em desenvolvimento mais amplo, conforme já sinalizamos –, é projetar o olhar para hipóteses e situações em que a jurisprudência brasileira, relativamente à responsabilidade civil, desbravou novos caminhos, ou imprimiu, através dos potenciais transformadores da interpretação, uma nova sensibilidade no modo de abordar velhos problemas[120].

Talvez convenha, em palavra mais ampla, lembrar que as normas abertas – que traçam objetivos e fins a serem alcançados – se não são uma característica (exclusiva) do nosso século, pelo menos é algo que se intensificou fortemente nele. Cabe ao intérprete densificar materialmente essas normas, através de um processo racional de argumentação, buscando dimensões objetivas de sentido, à luz dos caminhos socialmente tidos como razoáveis e proporcionais. Após a Segunda Guerra, muitos juristas europeus, sobretudo alemães e italianos, voltaram suas atenções teóricas para a jurisprudência, afastando-se da redoma conceitual de abstração e conceitualismo puro que por muito tempo marcou os estudos jurídicos, sobretudo na literatura civilística.

---

119. Por exemplo, a jurisprudência brasileira tem, em determinados casos, responsabilizado civilmente o Estado por danos causados por enchentes. Em certo caso, o cidadão que teve sua casa alagada por anos consecutivos, com perdas materiais expressivas, teve seu direito à indenização estatal reconhecido pelo STJ. O tribunal, no caso, construiu a argumentação relativa ao nexo causal com a omissão estatal em desobstruir as "bocas de lôbo" (STJ, REsp 1.125.304, Rel. Min. Castro Meira, 2ª T, DJ 28/02/2011).

120. Convém sempre lembrar que "os conceitos jurídicos não pertencem somente à história, mas, com oportunas adaptações, podem ser utilizados para realizar novas funções. Neste processo de adequação se verifica uma mudança substancial da sua natureza" (PERLINGIERI, Pietro. *O direito civil na legalidade constitucional*. Rio de Janeiro: Renovar, 2008, p. 142). Maria Celina Bodin de Moraes esclarece que "o mecanismo da responsabilidade civil é composto, em sua maioria, por cláusulas gerais e por conceitos vagos e indeterminados, carecendo de preenchimento pelo juiz a partir do exame do caso concreto. Como a incidência dos princípios e valores constitucionais se faz, em via mediata, justamente desta maneira, através do preenchimento valorativo destes conceitos, vê-se que a constitucionalização da responsabilidade civil pode se dar naturalmente" (MORAES, Maria Celina Bodin de. A Constitucionalização do Direito Civil e seus efeitos sobre a Responsabilidade Civil. *A Constitucionalização do Direito: fundamentos teóricos e aplicações específicas*. Cláudio Pereira de Souza e Daniel Sarmento (Orgs). Rio de Janeiro: Lumen Juris, 2007, p. 440).

Nessa ordem de ideias – e conectado, conceitualmente, ao que dissemos no primeiro capítulo – podemos lembrar que "a responsabilidade civil tem representado nos países ocidentais um papel verdadeiramente revolucionário"[121]. Há muitos conceitos e categorias que, funcionalizados, permitem esse novo olhar, essas novas funções para a responsabilidade civil. De uma perspectiva mais ampla, podemos dizer que ganha força, em nossos dias, as percepções teóricas acerca dos chamados "direitos de terceira geração" – embora saibamos que essas categorizações não deixam de ter certo artificialismo (como, aliás, qualquer categorização histórica)[122].

Muitas das mais importantes revoluções na responsabilidade civil se deram ou se dão no silêncio da lei (ou mais exatamente, apesar dele). Assim ocorreu com a teoria do abuso de direito, com a teoria do risco, com a teoria da responsabilidade civil do Estado. Queremos dizer que nessas matérias – e em muitas outras – os avanços vieram, não da lei, mas da jurisprudência. Não só no Brasil, mas em vários países do mundo. José Carlos Barbosa Moreira, a propósito, lembra, falando a respeito do abuso de direito: "Aliás, conforme tantas vezes aconteceu na história das instituições jurídi-

---

121. MORAES, Maria Celina Bodin de. *Danos à pessoa humana*. Rio de Janeiro: Renovar, 2003, p. 22. Aliás, Aguiar Dias, a propósito do caráter dinâmico da responsabilidade civil, registrou: "É por isso que não foi possível, até hoje, malgrado o esforço dos melhores juristas, estabelecer uma teoria unitária e permanente (no sentido relativo que o termo tem em direito) da responsabilidade civil. O instituto é essencialmente dinâmico, tem de adaptar-se, transformar-se na mesma proporção em que evolve a civilização, há de ser dotado de flexibilidade suficiente para oferecer, em qualquer época, o meio ou processo pelo qual, em face de nova técnica, de novas conquistas, de novos gêneros de atividade, assegure a finalidade de restabelecer o equilíbrio desfeito por ocasião do dano, considerado, em cada tempo, em função das condições sociais então vigentes" (DIAS, José de Aguiar. *Da Responsabilidade Civil*. 10ª ed. Rio de Janeiro: Forense, 1997, p. 16).

122. Nesse sentido, "uma elaboração dos chamados direitos *de terceira geração* como direitos de grupo parece ainda mais pertinente. *Os direitos de terceira geração* são direitos de que o meio ambiente tenha certa qualidade ou de que a economia desenvolva-se até um grau suficiente. Os direitos das gerações futuras encaixam-se de maneira mais natural na categoria dos direitos de terceira geração. Estes direitos não são comunitaristas, mas tampouco são individuais. Deve-se entendê-los como pertencentes, de algum modo, à humanidade, sem se atribuírem a nenhum indivíduo ou grupo em particular" (EDMUNDSON, Willian A. *Uma introdução aos direitos*. Trad. Evandro Ferreira e Silva. Revisão da tradução Newton Eichemberg. São Paulo: Martins Fontes, 2006, p. 232).

cas, a elaboração doutrinária foi precedida da atuação de tribunais: a jurisprudência, notadamente na França, adiantou-se à ciência"[123].

O Brasil, por muito tempo, olhou com desconfiança para a jurisprudência, que não era vista como algo que merecesse atenção da doutrina ou análises acadêmicas mais apuradas. Isso, no entanto, mudou, e nós nos aproximamos da experiência de outros países acerca da matéria. Ruy Rosado de Aguiar, nesse contexto, esclarece: "A doutrina estrangeira dedica especial atenção à jurisprudência, não apenas a dos países da *common law*, mas também a do sistema continental". Segue lembrando que "basta ler os juristas franceses para verificar quanto deve a doutrina à experiência dos tribunais, de modo muito especial no desenvolvimento do instituto da responsabilidade civil". E conclui: "Não é diferente o que acontece na Itália, na Alemanha, na Espanha, onde as monografias, cursos e comentários estão sempre amparados em abundantes citações e remissões jurisprudenciais"[124].

Geneviève Viney, de modo semelhante, lembra que "a responsabilidade civil é uma matéria muito jurisprudencial. Na França, é a jurisprudência que faz quase tudo, assim como em outros países". De modo semelhante, destaca Maria Celina Bodin: "Quanto ao aumento das hipóteses de ressarcimento, sabe-se que a responsabilidade civil é um dos instrumentos jurídicos mais flexíveis, dotado de extrema simplicidade", por estar apto "a oferecer a primeira forma de tutela a interesses novos, considerados merecedores de tutela tão logo sua presença seja identificada pela consciência social"[125]. São

123. BARBOSA MOREIRA, José Carlos. Abuso do Direito. *Revista Trimestral de Direito Civil*. v. 13, jan-mar/2003, pp. 97/110, p. 99.

124. AGUIAR JÚNIOR, Ruy Rosado de. A experiência no STJ. *O Superior Tribunal de Justiça e a reconstrução do direito privado*. FRAZÃO, Ana; TEPEDINO, Gustavo (Coords). São Paulo: RT, 2011, pp. 15-22, p. 15.

125. MORAES, Maria Celina Bodin de. A Constitucionalização do Direito Civil e seus efeitos sobre a Responsabilidade Civil. *A Constitucionalização do Direito: fundamentos teóricos e aplicações específicas*. Cláudio Pereira de Souza e Daniel Sarmento (Orgs). Rio de Janeiro: Lumen Juris, 2007, p. 439. A jurista, mais adiante, no artigo citado, enfatiza que "o direito da responsabilidade civil é antes de tudo jurisprudencial" (MORAES, Maria Celina Bodin de. A Constitucionalização do Direito Civil e seus efeitos sobre a Responsabilidade Civil. *A Constitucionalização do Direito: fundamentos teóricos e aplicações específicas*. Cláudio Pereira de Souza e Daniel Sarmento (Orgs). Rio de Janeiro: Lumen Juris, 2007, p. 440).

muitas, e de autores consistentes, as considerações nesse sentido. Aliás, ninguém menos que Josserand afirmou: "A história da responsabilidade é a história e é o triunfo da jurisprudência"[126].

A jurisprudência, no contexto mencionado, tem função importantíssima na construção de nossa ordem constitucional democrática, na afirmação dos direitos fundamentais na vida social e no desenvolvimento efetivo de soluções que privilegiem a dimensão existencial das relações jurídicas. É ela, no contato enriquecedor com os casos concretos, que promoverá a funcionalização dos conceitos, categorias e institutos e fará, assim, aos poucos, de nossa experiência jurídica algo mais próximo do nosso generoso projeto constitucional.

Há, porém, em relação à jurisprudência – depois de louvarmos suas virtudes –, espaço para observações críticas. Há, por certo, diferenças estruturais relevantes entre o nosso sistema jurídico, da família da *civil law*, e aqueles formados na tradição da *common law*. Nossa tradição, de origem romano-germânica, é "um direito doutoral, de professores, aqueles que em virtude de estudos aprofundados acerca do sistema, impossíveis de ser realizados no dia a dia por força das demandas cotidianas do julgar", melhor conhecem e melhor elaboram sua interpretação lógica, sistemática e teológica[127].

Outrossim, falta, frequentemente, nos julgados, a capacidade dialética de debater os argumentos que se contrapõem à tese defendida pelo juiz ou relator. Existem, por certo, exceções, mas são apenas isso, exceções. Sabemos que um trabalho acadêmico será

126. JOSSERAND, Louis. Evolução da Responsabilidade Civil. *Revista Forense*, v. 86, nº 454-456, Rio de Janeiro, 1941, pp. 448-559, p. 559. No mesmo artigo, um pouco antes, o célebre jurista aponta a responsabilidade civil como "a grande vedete do direito civil mundial".

127. MORAES, Maria Celina Bodin de. Professores ou juízes. Editorial. *Civilística*. Rio de Janeiro, a. 3, nº 2, jul.-dez./2014, Disponível em: http://civilistica.com/professores-ou-juizes/ acesso em 13/11/2016, p. 3. Nossa tradição, nesse contexto, é baseada na teoria e na exegese; no sistema da *common law*, ao contrário, na prática e na perícia. A autora prossegue explicando que na tradição da *common law* "o direito é jurisprudencial, baseado nos casos concretos (*case law*) e pouco codificado. O primado é conferido aos processos, que devem ser leais (*fair trial*) e realizados pelos cidadãos (*jury trial*), e cuja maestria se adquire sobretudo pela prática ou por técnicas pedagógicas que se aproximam ao máximo da prática profissional (o *case method*). Nesse sistema, as escolas de Direito são semelhantes a laboratórios".

tanto mais valioso quanto maior for sua capacidade de dialogar, de modo crítico e orgânico, com padrões teóricos que nem sempre são os nossos. Na jurisprudência, porém, isso raramente ocorre, sendo raro que os julgados tragam posições opostas àquelas que defendem, sobretudo que tragam, dialeticamente, argumentos contrários[128].

Feitas essas ressalvas, vejamos, concretamente, alguns dos avanços jurisprudenciais brasileiros, alguns passos que foram dados no sentido de realizar o potencial transformador da interpretação (que, muitas vezes, resulta de propostas doutrinárias, em fecundo diálogo de enriquecimento recíproco). Não nos interessa, na verdade, louvar esse ou aquela decisão, apenas evidenciar – sobretudo em se tratando do direito de danos – a especial dinamicidade da jurisprudência, seu caráter construtivo.

Talvez possamos começar falando da responsabilidade civil pelo fato da coisa. Lembremos que foi através dela que Josserand e Saleilles, na passagem do século XIX para o século XX, em interpretações ousadas, propuseram a criação doutrinária da teoria do risco, rompendo com o dogma da responsabilidade subjetiva – algo quase sagrado naqueles dias. Os dois juristas, Josserand e Saleilles, sobretudo o primeiro, fundaram o sistema da responsabilidade objetiva – baseado do risco – a partir de interpretações relativas ao art. 1.384, I, do Código Civil francês, que trata do fato da coisa. Esse artigo, que dormia esquecido por largo período histórico, teve suas potencialidades interpretativas redescobertas pelos juristas, que acabaram seguidos, depois, pela jurisprudência francesa. A teoria da guarda da coisa, ou da guarda da coisa inanimada, foi o ponto de partida para uma imensa caminhada hermenêutica que chega aos nossos dias, com a sempre atual e sempre renovada teoria do risco (hoje muitas das potencialidades da teoria do risco resultam de seu

---

128. Isso, como frisamos, ocorre com certa frequência na jurisprudência, inclusive do STF. A jurisprudência é usada pelos ministros do STF à maneira de reforço argumentativo, como e quando convém. Indicativo dessa postura são os baixíssimos índices de citações de precedentes para afastá-los (3,65%) ou superá-los (1,52%), segundo pesquisa realizada (Três desafios para melhorar a jurisdição constitucional brasileira. SUNDFELD, Carlos Ari; PINTO, Henrique Motta. *Jurisdição Constitucional Brasileira*. VOLVODIC, Adriana; PINTO, Henrique Mota; GORZONI, Paula; SOUZA; Rodrigo Pagani de. (Orgs). São Paulo: Malheiros: 2012, p. 38).

diálogo com o princípio da proporcionalidade e, naturalmente, com o princípio da solidariedade social. São pontos fundamentais na responsabilidade civil do Estado por omissão).

A importância da responsabilidade civil é relativamente recente (tendo como escala de comparação a multissecular história do direito civil). A responsabilidade civil não era, por exemplo, uma matéria muito importante quando da promulgação do Código Civil francês, o Código de Napoleão (1804). Sobre o ponto, Geneviève Viney – pesquisadora francesa com relevantes estudos sobre a responsabilidade civil – destaca: "Recentemente li o livro do centenário do Código Civil francês, que data do início do século 20. Não há artigo sobre responsabilidade, apesar de Saleilles, Josserand e a teoria do risco já existirem". Segue sublinhando: "Há artigos sobre os contratos, muitas outras coisas, mas nada sobre responsabilidade. Não era considerada uma matéria importante"[129].

Convém frisar, a propósito da responsabilidade civil pelo fato da coisa, que o Código Civil brasileiro não tem – ao contrário do francês – um artigo que preveja, de modo genérico[130], essa responsabilidade, o que não impediu que nossa jurisprudência avançasse na matéria (algumas vezes, talvez, até com certo exagero). Responsabiliza-se, por exemplo, entre nós, quem empresta, sem culpa, seu carro a outrem, se ocorre dano no uso do carro emprestado (responsabilidade civil solidária entre o dono do carro e o responsável direto pelo dano). A teoria da guarda da coisa permeia e fundamenta essa responsabilidade. Liga-se, desse modo, uma coisa ao dano (sempre,

---

129. VINEY, Geneviève. *RTDC*, v. 29, jan./mar. 2007, *Diálogos com a Doutrina*, p. 279.

130. Aguiar Dias já notara a aparente falta de lógica do legislador brasileiro ao disciplinar certos casos de responsabilidade pelo fato da coisa e não outros (DIAS, José de Aguiar. *Da Responsabilidade Civil*. Rio de Janeiro: Forense, 1954, p. 462). O problema remete à existência (ou não) de lacunas no ordenamento jurídico, uma questão com sutis implicações filosóficas. Fundamental, na matéria, sobretudo na análise dos modos e formas de desenvolvimento judicial do direito é Karl Larenz (LARENZ, Karl. *Metodologia da ciência do direito*. Lisboa: Fundação Calouste Gulbenkian, 1997, sobretudo capítulos IV e V). Talvez possamos sintetizar a questão do seguinte modo: estaticamente considerado, o ordenamento jurídico pode ter lacunas. Se, porém, analisarmos o sistema jurídico não de modo estático, mas dinâmico, veremos que as lacunas desaparecem. Em outras palavras: o próprio sistema jurídico conta com mecanismos e técnicas contra a existência de lacunas, de modo a supri-las.

naturalmente, nesses casos, haverá uma conexão com uma ação ou omissão anterior, isso é inafastável).

É comum, também, o uso das categorias conceituais da responsabilidade pelo fato da coisa para fazer frente aos danos causados por animais. Nesse caso, houve previsão específica do Código Civil brasileiro, no art. 936: "O dono, ou detentor, do animal ressarcirá o dano por este causado, se não provar culpa da vítima ou força maior". Trata-se, acreditamos, de responsabilidade objetiva, que prescinde do elemento culpa[131]. Há, porém, no caso, a possibilidade do dono ou detentor do animal invocar as excludentes de responsabilidade civil: a) culpa exclusiva da vítima; b) caso fortuito ou força maior. Em relação à culpa exclusiva da vítima – excludente conhecida, por muitos autores contemporâneos, como "fato da vítima", para sublinhar a relevância do nexo causal, não da culpa[132] –, não há maiores problemas hermenêuticos. Romperá o nexo causal, e excluirá o dever de indenizar (digamos que a vítima pulou o muro da casa e caiu dentro do canil).

Já a excludente relativa ao caso fortuito ou força maior poderá, em certos casos, causar certa perplexidade. Se, digamos, há uma enchente, ou terremoto – para ficarmos em casos clássicos – que destrói o portão de casa onde estava o cachorro que, solto, na rua, ataca alguém, com danos graves. Haverá, em tese, a incidência da excludente. Será, no entanto, essa a melhor solução, a solução constitucionalmente conforme? O dono ou detentor do animal, por certo, não tem culpa (embora a culpa se mostre cada vez menos relevante como fator de imputação de responsabilidade). Pode-se dizer que mesmo sob um prisma objetivo, relativo ao nexo causal, não haverá dever de indenizar, presente a excludente[133].

---

131. Pietro Trimarchi, analisando dispositivos semelhantes de códigos civis europeus, conclui que o detentor, no caso, não se libera da responsabilidade apenas provando ter adotado todas as medidas adequadas (não seria culpa presumida, portanto). Apenas se liberaria diante do caso fortuito ou força maior (TRIMARCHI, Pietro. *Rischio e responsabilità oggettiva*. Milano: Giuffrè, 1961, p. 179).

132. CRUZ, Gisela Sampaio da. *O problema do nexo causal na responsabilidade civil*. Rio de Janeiro: Renovar, 2005, p. 115.

133. De todo modo, trata-se de análise que só pode ser feita diante do caso concreto. Aliás, mesmo autores que escrevem em meados do século passado já anteviam que

É preciso, porém, nesse caso, lembrar que a vítima sofreu dano grave (convém sempre repetir que um dos princípios reitores da atual responsabilidade civil recomenda uma preocupação prioritária com a vítima do dano)[134]. E tampouco ela agiu para que isso se desse – seja pelo ângulo da culpa, seja pelo ângulo do nexo causal. Acreditamos, por isso, que o correto, no tema, é invocar – como argumento hermenêutico de reforço – a teoria do risco (Código Civil, art. 927, parágrafo único), para responsabilizar o dono ou detentor do animal, ainda que equitativamente (adiantamos que nos parece possível que a indenização equitativa possa ser imposta, também, em certos casos relativos à responsabilidade civil estatal por omissão nos casos de violência urbana).

A teoria do risco, propomos, não tem lugar apenas como técnica de aplicação isolada, como cláusula geral de responsabilidade objetiva, que só possa ser aplicada de modo estanque. Cremos, ao contrário, que muitas vezes ela serve – ou pode servir – como relevante lastro teórico para certas discussões, como argumento hermenêutico que orienta o caminho devemos escolher numa encruzilhada hermenêutica – auxiliando os passos argumentativos diante de casos difíceis.

Outro exemplo que podemos lembrar, ainda a propósito da responsabilidade pelo fato da coisa, diz respeito à chamada "queda anônima". A hipótese é conhecida. O Código Civil prevê, art. 938: "Aquele que habitar prédio, ou parte dele, responde pelo dano proveniente das coisas que dele caírem ou forem lançadas em lugar indevido". Doutrina e jurisprudência assentaram que a hipótese abrange quem quer resida no imóvel, mesmo gratuitamente (comodatário, locatário, usufrutuário et.). Se, porém, não se sabe de qual unidade habitacional proveio o objeto danoso, como proceder?

---

a ocorrência de caso fortuito ou força maior somente pode ser analisada caso a caso, não havendo fatos que possam, *a priori*, ser tidos como fortuitos (FONSECA, Arnoldo Medeiros da. *Caso fortuito e teoria da imprevisão*. 3ª edição. São Paulo: Forense, 1958, p. 152. Em sentido semelhante: PONTES DE MIRANDA. *Tratado de Direito Privado*. Tomo XXIII. Rio de Janeiro: Borsoi, 1958, p. 85).

134. MULHOLLAND, Caitlin Sampaio. *A responsabilidade civil por presunção de causalidade*. Rio de Janeiro: GZ, 2010, p. 5.

Como agir diante do anonimato? A solução tradicional recomendaria que a vítima ingressasse com múltiplas ações, diante da ausência de personalidade jurídica do condomínio (ou, em alternativa menos gravosa – mas só um pouco –, alguns juristas propuseram que a vítima só poderia propor a ação contra os moradores das unidades habitacionais que, em tese, poderiam ter cometido o dano, supondo que o prédio tivesse, digamos, dois blocos, e o dano só teria ligação com um deles).

A solução que acabou por prevalecer na jurisprudência, no entanto, mais favorável à vítima, foi no sentido da responsabilização do condomínio, sem que a vítima precise, em insólita situação, proceder à citação de cada um dos responsáveis pelas inúmeras unidades habitacionais. Maria Celina Bodin de Moraes, a respeito, aponta: "A opção jurisprudencial de responsabilizar o condomínio, se não obedece à literalidade da norma contida no artigo 1.529 do Código Civil (de 1916), gerando maiores encargos aos condôminos, vem em socorro da vítima", para quem qualquer outra solução, "embora mais fiel à letra da lei, seria de difícil realização"[135]. Carlos Eduardo Pianovski enfatiza que "mesmo por meio das regras próprias de Direito Civil, opera o STJ, nas hipóteses de dano à pessoa, como importante agente na proteção dos direitos fundamentais"[136].

Dissemos, antes, que boa parte das revoluções – talvez a palavra seja exagerada, talvez não – relacionadas à responsabilidade civil se dão no silêncio da lei. Mencionamos que assim ocorreu com a responsabilidade civil do Estado, com a teoria do risco e também com o abuso de direito, que passaremos a abordar brevemente. Aqui o avanço foi fundamentalmente doutrinário e jurisprudencial, não propriamente legal (no Brasil, antes da consagração explícita pelo Código Civil de 2002, já era categoria conhecida e aplicada).

---

135. MORAES, Maria Celina Bodin de. *Danos à pessoa humana*. Rio de Janeiro: Renovar, 2003, p. 151-154, e especialmente p. 153.

136. RUZYK, Carlos Eduardo Pianovski. O "caso das pílulas de farinha" como exemplo da construção jurisprudencial de um "direito de danos" e da violação da liberdade positiva como "dano à pessoa". *O Superior Tribunal de Justiça e a reconstrução do direito privado*. FRAZÃO, Ana; TEPEDINO, Gustavo (Coords). São Paulo: RT, 2011, pp. 288-302, p. 302.

Talvez possamos começar dizendo que a maioria, a quase totalidade dos ilícitos civis envolve dano. A responsabilidade civil sempre envolve dano[137](convém não confundir ilícito civil com responsabilidade civil). A respeito do dano, trata-se de componente essencial à responsabilidade civil. Se alguém, dirigindo imprudentemente seu carro, atropela outra pessoa, ou bate em outro veículo, haverá um ilícito civil com dano (Código Civil, art. 186 c/c art. 927). Os danos, no Brasil, podem ser morais, materiais ou estéticos, segundo conhecida opção jurisprudencial do Superior Tribunal de Justiça. Porém, em relação aos danos estéticos, nos colocamos – há tempos – de acordo com Carlos Edison do Rêgo Monteiro Filho ao ponderar que "melhor seria que se reconhecesse, para que se pudesse pôr termo às infindáveis polêmicas que o circundam, que o dano estético nada mais é que a lesão à integridade física (em detrimento da imagem da pessoa, daí o adjetivo), que pode gerar na vítima dano moral e ou patrimonial"[138].

Embora poucos civilistas abordem o assunto, os ilícitos civis também podem existir sem dano. Entendemos que "o dano não é um componente necessário do ilícito civil. O dano é um componente eventual. Existe em grande parte dos casos, sem que tenha que existir em todos". Continuávamos: "A estrutura conceitual do ilícito civil, no direito brasileiro, prescinde do dano, satisfazendo-se com a configuração da contrariedade ao direito, que é o juízo de

---

137. Há, é verdade, alguns autores que começam a construir teses de responsabilidade civil *sem dano*, mas isso é algo que ainda não é aceito. Talvez um dia seja. Os autores – excelentes autores – que têm se dedicado ao tema geralmente aludem ao assunto a partir de uma perspectiva do dever de cuidado, a partir de uma perspectiva da tutela inibitória (e dos princípios da precaução e da prevenção). Acreditamos que a questão é terminológica. Responsabilidade civil, entendemos, *diz respeito ao dever de indenizar*. Pressupõe o dano, portanto. Essas outras figuras são fundamentais, mas talvez não participem do modelo conceitual da responsabilidade civil, estritamente falando. Conferir, a respeito, a tese de doutorado do juiz federal Bruno Leonardo Câmara Carrá, na USP. Concluiu, depois de denso estudo, que a responsabilidade civil necessita do dano (CARRÁ, Bruno Leonardo Câmara. *Responsabilidade Civil sem Dano. Uma análise crítica*. São Paulo: Atlas, 2014).

138. MONTEIRO FILHO, Carlos Edison do Rêgo. Desafios à concretização do princípio da reparação integral no Superior Tribunal de Justiça. *O Superior Tribunal de Justiça e a Reconstrução do Direito Privado*. FRAZÃO, Ana; TEPEDINO, Gustavo (Orgs). São Paulo: RT, 2011, pp. 229-271, p. 261-262, p. 268.

valor negativo que o sistema jurídico faz relativamente à determinada ação ou omissão"[139].

E oferecíamos um exemplo: "A violação a domicílio, por exemplo, é hipótese singela, porém eloquente, de ilícito civil sem dano. O dano, por certo, pode ocorrer, mas não é necessário que ele ocorra". Ainda assim, "o ilícito existirá, porque as normas civis que regem a propriedade foram violadas com o ingresso não consentido". No mesmo sentido José Roberto de Castro Neves esclarece: "Se uma pessoa, por exemplo, invade a casa de outra e sai, em seguida, sem nada furtar, possivelmente não terá causado dano, mas haverá, aí, um ato ilícito". Fundamentalmente, "o dano está relacionado à responsabilidade – ao dever de responder pelo prejuízo –, mas não ao ato ilícito. Para a verificação do ato ilícito, basta a violação ao direito e não há necessidade de dano"[140].

Um outro exemplo possível de ilícito sem dano é o abuso de direito (Código Civil, art. 187). O abuso de direito é ilícito civil não exige o dano entre seus requisitos (por isso, aliás, o conceito é tão relevante em matéria ambiental, para legitimar a atuação dos princípios da precaução e da prevenção). Mesmo porque sua eficácia nem sempre é a indenização. Outras sanções, que não o dever de indenizar, podem resultar de atos praticados com abuso de direito (perdas de direitos, por exemplo). Desse modo, a teoria do abuso de direito ganhou autonomia e se aplica a todos os campos do direito, "extravasando, pois, o campo da responsabilidade civil, e gerando consequências outras que não apenas a obrigação de reparar, pecuniariamente, o prejuízo experimentado pela vítima"[141]. Obviamente a estrutura normativa do abuso de direito é aplicável ao Estado[142].

139. BRAGA NETTO, Felipe Peixoto. *Teoria dos ilícitos civis*. Belo Horizonte: Del Rey, 2003, p. 109.

140. CASTRO NEVES, José Roberto de. Responsabilidade civil – vinte rachaduras, quebras e desmoronamentos (e uma canção desesperada). *RTDC*, v. 33, ano 9, jan-mar/2008, pp. 219-246, p. 220.

141. GONÇALVES, Carlos Roberto Gonçalves. *Responsabilidade Civil*. São Paulo: Saraiva, 2003, p. 59.

142. Aguiar Dias, escrevendo em meados do século passado, já constatara essa realidade, de resto bastante clara (DIAS, José de Aguiar. *Da Responsabilidade Civil*. Rio de Janeiro: Forense, 1954, T. II, p. 611).

A questão do ilícito civil sem dano não costuma interessar aos civilistas, mas é tema de singular relevo para os processualistas civis, sobretudo a partir da influência de autores italianos. Curiosamente, a matéria é mais valorizada no processo civil do que no direito civil. Os processualistas civis brasileiros têm se dedicado, nas últimas décadas, a aperfeiçoar o conceito de *tutela inibitória*, como a tutela que busca inibir ou impedir a prática de um ilícito civil[143]. Aliás, os processualistas civis clamaram pelo aprofundamento do estudo do conceito de ilícito civil[144] – algo que os civilistas, de modo geral, não fizeram. Lembremos ainda que os direitos extrapatrimoniais devem ser preferencialmente tutelados através de formas preventivas. Do contrário, teremos o direito não patrimonial transformado em direito à indenização.

Falemos, porém, sobre a responsabilidade civil pelo abuso de direito (Código Civil, art. 187). Consagrou-se, aqui, a teoria do abuso de direito, velha conhecida da jurisprudência, cuja caracterização como ilícito, todavia, era polêmica. O conhecido artigo citado (Código Civil, art. 187) tem a seguinte redação: "Também comete ato ilícito o titular de um direito que, ao exercê-lo, excede manifestamente os limites impostos pelo seu fim econômico ou social, pela boa-fé ou pelos bons costumes". O Brasil não conhecia, em termos legislativos, a categoria do abuso de direito, pelo menos com a generalidade posta no Código Civil atual. Trata-se de relevante cláusula geral, claramente inspirada no art. 334 do Código Civil português. Não basta ter direito. É fundamental não exercê-lo de modo abusivo. Se o exercício for abusivo, teremos um ilícito civil.

Temos, atualmente, de acordo com o Código Civil, dois conceitos – não coincidentes – de ilícito civil: o tradicional, previsto no art. 186; e a norma seguinte, cláusula geral, consagrada

143. MARINONI, Luiz Guilherme. *Tutela inibitória: individual e coletiva*. São Paulo: RT, 1998; MARINONI, Luiz Guilherme. *Tutela contra o ilícito*. São Paulo: RT, 2016; ARENHART, Sérgio Cruz. *A tutela inibitória da vida privada*. São Paulo: RT, 2000.

144. MARINONI, Luiz Guilherme. *Novas Linhas do Processo Civil*. São Paulo: Malheiros, 2000, p. 112.

no art. 187[145]. Embora tenha sido uma novidade no contexto do Código Civil, a jurisprudência, de longa data, conhecia a categoria do abuso de direito, à qual se desenvolveu, face às necessidades concretas, ao longo dos séculos. Trata-se de conceito pouco simpático ao individualismo, pois traduz a ideia de convivência razoável entre as situações jurídicas.

José Carlos Barbosa Moreira lembra caso clássico, examinado pela jurisprudência francesa no início do século vinte, relativo ao construtor de balões dirigíveis, cujo vizinho – decididamente um espírito malicioso – fez construir, em seu terreno, altas e finas torres de madeira, com o só propósito de danificar os dirigíveis que se alçavam ou aterrissavam. A jurisprudência francesa, em todas as instâncias, não aceitou o argumento do agressor de que poderia usar a propriedade como lhe aprouvesse, sendo certo que inexistia utilidade ou interesse do proprietário na manutenção das torres[146].

Um outro caso citado por Barbosa Moreira é emblemático. Trata-se de caso antigo, um dos primeiros citados no direito comparado. Cuidava-se de um proprietário de um castelo que, tendo falecido-lhe a esposa, a enterrou dentro de sua propriedade. O filho do casal, anos depois, tentou visitar o túmulo da mãe, mas foi proibido pelo pai, com quem estava brigado. Não é preciso muita argumentação para demonstrar a evidência do abuso do direito de propriedade no caso, e foi nesse sentido que decidiu a justiça alemã, reconhecendo a desproporção da proibição. No Brasil, a consagração, em termos claros, do abuso de direito, tem possibilitado à jurisprudência enriquecer o sistema, impondo vedações às

---

145. Convém sempre lembrar que em relação à responsabilidade civil do Estado, doutrina e jurisprudência são conclusivas no sentido de ser irrelevante indagar a licitude ou ilicitude do ato ou da omissão. Em ambos casos, pode existir dever de indenizar por parte do Estado. Os pressupostos e requisitos da responsabilidade estatal, desse modo, não têm relação com a licitude ou ilicitude da atividade danosa. Odete Medauar esclarece que "deixam-se de lado, para fins de ressarcimento do dano, o questionamento do dolo ou culpa do agente, o questionamento da licitude ou ilicitude da conduta, o questionamento do bom ou mau funcionamento da Administração. Demonstrado o nexo de causalidade, o Estado deve ressarcir" (MEDAUAR, Odete. *Direito administrativo moderno*. São Paulo: RT, 2011, p. 388/389).

146. BARBOSA MOREIRA, José Carlos. Abuso do Direito. *Revista Trimestral de Direito Civil*. v. 13, jan.-mar./2003, pp. 97/110, p. 99.

condutas caprichosas ou arbitrárias, e realizando, adequadamente, os fins sociais do direito. Em nossas reflexões, precisamos sempre indagar – à luz da teoria dos direitos fundamentais e da força normativa dos princípios constitucionais – se o Estado tinha o dever de evitar o dano, sofrido pelo cidadão.

Hoje é algo fora de dúvida que a utilização de um direito não pode se prestar a fins opostos àqueles que orientaram seu nascimento, nem tampouco podem colidir com princípios maiores, se em choque. A teoria do abuso de direito está informada pela ideia de relatividade dos direitos. Isto é, os direitos flexibilizam-se mutuamente. Não há direito isolado, mas dentro do corpo social, onde outros direitos convivem. Pontes de Miranda observou que "repugna à consciência moderna a ilimitabilidade no exercício do direito; já não nos servem mais as fórmulas absolutas do direito romano"[147].

Outro aspecto relevante é que o art. 187 não exige a culpa para sua configuração. Sabemos que, por muito tempo, a culpa, na responsabilidade civil, reinou soberana. Sem culpa não haveria responsabilidade civil. Havia autores que defendiam, com talento e veemência, o caráter necessário da culpa na responsabilidade civil[148]. Essa valorização, em determinados períodos históricos, da culpa, precisa (sempre) ser culturalmente conectada com os valores sociais e o pensamento econômico subjacente. O liberalismo e o individualismo econômicos do século XIX, por exemplo, moldaram e definiram, em boa medida, a noção de culpa na responsabilidade civil. O direito – dizemos navegando no mar da obviedade – nunca atua no vazio, é sempre o resultado de adaptações sociais que o conformam. Nelson Saldanha explica: "São as ordens jurídicas *in concreto* que, dentro de uma realidade onde se incluem condicionamentos e decisões, definem a inserção de determinados valores dentro de seus dispositivos". Continua explicando que "um ordenamento politicamente liberal incorporará valores diferentes dos de um

147. PONTES DE MIRANDA. *Tratado de Direito Privado*. Rio de Janeiro: Borsoi, 1966, T. LIII, p. 62.

148. MAZEAUD, Henri; MAZEAUD, Leon. *Traité théorique et pratique de la responsabilité civile*. Paris: Montchrestien, 1945.

socialista; também o direito dos países árabes apresenta obviamente valores de outro tipo, que não os chamados cristãos"[149].

Atualmente, a responsabilidade objetiva, sem culpa, ganhou largo espaço, e talvez seja mais comum que a subjetiva. Para ficarmos num único exemplo: nas relações de consumo, a responsabilidade civil é fundamentalmente objetiva, não dependendo da culpa do fornecedor de produtos ou serviços. E, hoje, quase todos os contratos que firmamos são contratos de consumo, a disciplina do Código Civil é nitidamente residual.

Voltando, especificamente, à análise do art. 187 do Código Civil. Barbosa Moreira, a respeito, é bastante claro: "Se assim não fosse – isto é, se para a configuração do abuso do direito tivessem de concorrer os pressupostos do art. 186 – tornar-se-ia inútil o art. 187. Haveria, não equiparação, mas identificação", ou melhor – continua – "subsunção da figura do abuso de direito na do ato ilícito segundo o art. 186"[150]. Aguiar Dias, por sua vez, é incisivo ao dizer que o abuso de direito, "sob pena de se desfazer em mera expressão de fantasia, não pode ser assimilado à noção de culpa. Inócua, ou de fundo simplesmente especulativo, seria a distinção, uma vez que por invocação aos princípios da culpa se teria a reparação do dano por ele causado"[151].

Cabe lembrar que na responsabilidade civil do Estado – uma hipótese clara e pacífica de responsabilidade objetiva desde a Constituição de 1946, no Brasil – não há menção à desnecessidade de culpa no texto constitucional[152]. Também, em inúmeros casos de responsabilidade objetiva, previstos em lei, não há menção à dispensa de culpa, resultando tal dispensa da própria natureza da responsabilidade, como é o caso do artigo 938 do Código Civil ("Aquele que

149. SALDANHA, Nelson. *Filosofia do Direito*. Rio de Janeiro: Renovar, 1998, p. 136.

150. BARBOSA MOREIRA, José Carlos. Abuso do Direito. *Revista Trimestral de Direito Civil*. v. 13, jan-mar/2003, pp. 97/110, p. 104.

151. DIAS, José de Aguiar. *Da Responsabilidade Civil*. Rio de Janeiro: Forense, p. 539, nº 184.

152. O mencionado artigo está assim redigido: "As pessoas jurídicas de direito público e as de direito privado prestadoras de serviços públicos responderão pelos danos que seus agentes, nessa qualidade, causarem a terceiros, assegurado o direito de regresso contra o responsável nos casos de dolo ou culpa".

habitar prédio, ou parte dele, responde pelo dano proveniente das coisas que dele caírem ou forem lançadas em lugar indevido"). Convém frisar, por fim, que as Jornadas de Direito Civil, promovidas pelo Conselho da Justiça Federal, aprovaram o Enunciado nº 37: "A responsabilidade civil decorrente do abuso do direito independe de culpa, e fundamenta-se somente no critério objetivo-finalístico".

O dano, por sua vez, só é necessário à incidência do art. 186 do Código Civil, não do art. 187. Para que haja responsabilidade civil, o dano se faz imprescindível. Acontece que nem sempre a sanção relativa ao abuso de direito é a responsabilidade civil. Outras sanções, que não o dever de indenizar (responsabilidade civil), podem resultar do abuso de direito. Convém repetir: para que o artigo 186 incida, é necessário, além da culpa, o dano. Sem dano não há ilícito civil de acordo com o artigo 186. Aliás, como acima frisado, nenhuma forma de responsabilidade civil, nem mesmo a que provém de atos lícitos, pode ter lugar sem que haja dano. O dano é elemento fundamental da responsabilidade civil[153].

Nesse ponto, o artigo 186 estabeleceu mudança em relação ao seu inspirador, que foi o art. 159 do Código Civil de 1916. O art. 159 prescrevia: "Aquele que, por ação ou omissão voluntária, negligência, ou imprudência, violar direito, ou causar prejuízo a outrem, fica obrigado a reparar o dano". O art. 186, a seu turno, dispõe: "Aquele que, por ação ou omissão voluntária, negligência ou imprudência, violar direito e causar prejuízo a outrem, ainda que exclusivamente moral, comete ato ilícito". Havia, antes, a disjuntiva "ou" ("violar direito, ou causar prejuízo"). No Código de 2002, substitui-se pela conjuntiva "e" ("violar direito e causar prejuízo"). Tal mudança, entretanto, foi puramente redacional, sem projeções práticas, porque a jurisprudência que se formou sob a égide do Código passado apenas aceitava que houvesse reparação, de acordo com o art. 159, se ocorresse dano. Ou seja, além da violação do direito, a necessidade do prejuízo.

---

153. MULHOLLAND, Caitlin Sampaio. *A responsabilidade civil por presunção de causalidade.* Rio de Janeiro: GZ, 2010, p. 24.

Será que o artigo 187 exige, tal como o artigo 186, a existência do dano? Haverá abuso de direito sem dano? Ou o dano é elemento fundamental do conceito de ilícito, qualquer que seja a sua espécie? Convém reafirmar mais uma vez: os requisitos do art. 186 do Código Civil não se aplicam ao art. 187. São figuras conceitualmente distintas. Naturalmente pode acontecer do abuso de direito causar prejuízos, hipótese em que esses deverão ser reparados, como prescreve o art. 927. Não, porém, em caráter de necessidade, podendo haver abuso de direito – e como tal ato ilícito – sem que haja dano.

Para concluir esta análise – que já se alonga – talvez possamos oferecer, como exemplo de abuso de direito cuja eficácia não é o dever de indenizar, as cláusulas abusivas nos contratos de adesão. Antes, uma observação. O Código Civil, que antes centralizava, de modo exclusivo, as relações privadas, hoje ocupa um espaço normativo residual, acessório, menor. A imensa maioria das relações contratuais que os brasileiros participam, no século XXI, são relações de consumo (cartões de crédito, bancos, seguros, passagens aéreas, planos de saúde, escolas e faculdades privadas, shoppings, serviços em geral etc.). Os contratos de adesão são uma técnica de que se valem as grandes empresas para impor aos consumidores o conteúdo contratual que lhes pareça mais conveniente. Tal heteronomia, ao contrário da anterior, pode conter aspectos negativos e ofensivos da equidade. A parte economicamente mais forte, através de contratos de adesão (Código de Defesa do Consumidor, art. 54), dispõe unilateralmente prevendo, em geral, condições que lhe são favoráveis.

Em muitas situações analisadas pela jurisprudência brasileira, a sanção pelo abuso de direito é a nulidade da cláusula abusiva (o que não impede que, além da nulidade, haja a imposição do dever de indenizar). Mas a nulidade da cláusula é uma sanção possível – seja isolada, seja ao lado de outras sanções. Aliás, não só é uma sanção possível, é uma sanção comum[154]. Dessa forma, conforme dissemos,

154. O STJ já decidiu que a apropriação, pelo banco credor, do saldo em conta corrente, destinado ao pagamento de salários, configura abuso de direito, porque violada a boa-fé, ainda que haja, entre as partes, cláusula contratual permissiva (STJ, REsp. 250.523, Rel. Min. Ruy Rosado de Aguiar, 4ª T, DJ 18/12/00). Se o contrato de plano de saúde prevê a cobertura de determinado tratamento, não podem ser excluídos os procedimentos imprescindíveis para o seu êxito (STJ, AgRg no AREsp 35.266, Rel. Min. Sidnei Beneti,

nem sempre a sanção para o abuso de direito é a indenização. Outras sanções também são possíveis, como a perda de direitos (como sanção para quem abusa), ou a nulidade de determinadas cláusulas contratuais (quando houve abuso de direito na formulação das cláusulas). Como se pode ver, "a teoria do abuso de direito ganhou autonomia e se aplica a todos os campos do direito, extravasando, pois, o campo da responsabilidade civil, e gerando consequências outras que não apenas a obrigação de reparar, pecuniariamente, o prejuízo experimentando pela vítima"[155]. Aliás, a eficácia dos ilícitos civis, no Brasil, nem sempre é a indenização – ao contrário do que normalmente se pensa.

Convém, aqui, fazer uma breve advertência. Ao dizermos que a sanção pelo abuso de direito *nem sempre* é a responsabilidade civil, estamos dizendo, claro, que às vezes é. Só chamamos atenção para o fato de que a responsabilidade civil *não é a única* sanção possível que resulta do abuso de direito, mas é uma sanção importante. São muitos os exemplos possíveis[156]. Aliás, pode-se conectar o tema à

3ª T, DJ 07/11/2011). Havia, no caso, cláusula – reputada abusiva – que limitava as sessões de quimioterapia. Se a patologia (câncer) está coberta pelo plano, não é dado ao plano vedar esse ou aquele tratamento cientificamente indicado para a respectiva cura. Da mesma forma, a recusa do plano de saúde em cobrir o valor de *stents* usados procedimento de angioplastia, é abusiva (STJ, REsp 986.947, Rel. Min. Nancy Andrighi, 3ª T., DJ 26/03/08). No mesmo sentido (STJ, AgRg no AREsp 11.571, Rel. Min. Sidnei Beneti, 3ª T, DJ 10/11/11). É abusiva a cláusula que, em contratos de planos de saúde, nega a cobertura de próteses essenciais à cirurgia, ou tratamento hospitalar decorrente da intervenção cirúrgica (STJ, AgRg no REsp 1.201.998, Rel. Min. Paulo de Tarso, 3ª T., DM 20/08/12). Pouco importa se o material é ou não importado (STJ, REsp 1.046.355, Rel. Min. Massami Uyeda, DJ 05/08/08). O Tribunal de Justiça do Rio Grande do Sul já teve oportunidade de afirmar: "Constitui abuso do exercício de direito, após manter o contrato de assistência médico-hospitalar por vários anos, invocar cláusula contratual e resili-lo, justamente no momento em que o segurado, por sua idade avançada, mais carece de cobertura" (TJRS, Ap. Cível 596.177.501).

155. GONÇALVES, Carlos Roberto Gonçalves. *Responsabilidade Civil*. São Paulo: Saraiva, 2003, p. 59.

156. A jurisprudência brasileira, por exemplo, tem sido firme no sentido de que a seguradora que descumpre o contrato de seguro – feito justamente para liberar o segurado das preocupações decorrentes do sinistro – pode responder por danos morais (STJ, REsp. 257.036, Rel. Min. Ruy Rosado de Aguiar, 4ª T., DJ 12/02/01). A maioria dos julgados diz respeito ao agir abusivo dos planos de saúde, que costumam se negar a cobrir os procedimentos – em momentos de urgência e aflição dos segurados. Desse modo, a recusa em cobrir internação de emergência em virtude de patologia aguda enseja indenização por danos morais (STJ, REsp. 618.290, Rel. Min. Carlos Alberto Menezes Direito, 3ª. T., DJ 25/10/05). No mesmo sentido, e em julgados reiterados, o STJ, em

questão das indenizações punitivas, embora ambos as questões – abuso de direito e indenizações punitivas – possam ser tratadas de modo separado[157].

O abuso de direito é uma hipótese de responsabilidade objetiva, que deve ser analisado à luz de critérios funcionais e finalísticos. Pode funcionar como limite ao exercício dos direitos subjetivos – e importantes expedientes conceituais foram desenvolvidos nesse sentido, tais como a teoria dos atos próprios (*venire contra factum proprium*) e a teoria do adimplemento substancial (*substantial per-*

---

relação aos planos de saúde, firmou posição no sentido de que a recusa indevida à cobertura médica pleiteada pelo segurado é causa de danos morais, pois agrava a situação de aflição psicológica e de angústia no espírito daquele (STJ, REsp 907.718, Rel. Min. Nancy Andrighi, 3ª T., DJ 07/10/08). Assim, "é evidente o dano moral sofrido por aquele que, em momento delicado de necessidade, vê negada a cobertura médica esperada" (STJ, REsp 110.6789, Rel. Min. Nancy Andrighi, 3ª T., DJ 18/11/09).

157. Esta tese não entrará na discussão a respeito da natureza das indenizações punitivas, já existindo, entre nós, argutas análises sobre o tema. A respeito das indenizações punitivas na ordem jurídica brasileira, as reflexões teoricamente mais consistentes são de Maria Celina Bodin de Moraes: "De *lege ferenda*, em hipóteses excepcionais, contudo, parece aceitável a figura da indenização punitiva quando for imperioso dar uma resposta à sociedade, tratando-se, por exemplo, de conduta ultrajante ou insultuosa, em relação à consciência coletiva, ou, ainda, quando se der o caso de prática maliciosa, danosamente reiterada. O interesse protegido, o bem-estar da coletividade, justifica o remédio. Propugna-se, ainda, pela admissão, considerado o bem jurídico tutelado, de indenização punitiva na rearação de dano moral para situações potencialmente causadoras de lesões a um grande número de pessoas, em relações de consumo e na responsabilidade ambiental. Requer-se, porém, a manifestação do legislador tanto para delinear as estremas do instituto, quanto para estabelecer as imprescindíveis garantias processuais" (MORAES, Maria Celina Bodin de. *Punitives damages* em sistemas civilistas: problemas e perspectivas. *RTDC*, v. 18, ano 5, abr/jun-2004, pp. 45-78, p. 78). Lorenzetti argumenta que a função primordial da reparação é reparar o dano, e não castigar o ofensor. LORENZETTI, Ricardo Luís. La Responsabilidad Civil. *Revista de Direito do Consumidor*. São Paulo: RT, abr/jun. 2000, p. 46. Pontes de Miranda, aliás, já defendia que a teoria da responsabilidade civil não deve se basear no propósito de sancionar, de punir, mas reparar, sempre que possível, o dano sofrido pela vítima, sem qualquer elemento de vingança (PONTES DE MIRANDA. *Tratado de Direito Privado*. São Paulo: Borsoi, 1968, p. 183). Conferir, também, sob perspectiva diversa, ROSENVALD, Nelson. *As funções da Responsabilidade Civil*. São Paulo: Atlas, 2013, p. 19: "Podemos e devemos conceber a responsabilidade civil como um sistema complexo em que confluem várias finalidades. Reparação, prevenção e punição, simultaneamente. A sanção punitiva civil como via intermédia entre o direito penal e o direito civil, em evidente demonstração de que na *era das incertezas* a segurança jurídica jamais nascerá de fórmulas laboratoriais, mas da operabilidade de modelos jurídicos dúcteis, adaptáveis a demandas da sociedade contemporânea. Ademais, supera-se a visão patrimonialista e individualista dos direitos subjetivos em prol de uma noção eminentemente solidária da responsabilidade civil" (ROSENVALD, Nelson. *As funções da responsabilidade civil*. São Paulo: Atlas, 2013, p. 19).

formance), dentre outras. A doutrina do direito civil-constitucional tem se mostrando atenta, nas últimas décadas, às muitas implicações do fenômeno[158]. Queremos dizer, com isso, que o abuso de direito é uma categoria cuja construção se deu de modo fundamentalmente interpretativo, em diálogo recíproco entre doutrina e jurisprudência (bem menos do que com categorias propriamente legislativas). E com isso queremos evidenciar os fortes e vastos potenciais hermenêuticos da cláusula constitucional na responsabilidade civil do Estado por omissão, diante dos danos relacionados à violência urbana.

Um registro final. A teoria do abuso de direito dialoga intimamente com a boa-fé objetiva. A boa-fé objetiva – positivada no Código Civil, sobretudo no art. 422 – pode ser culturalmente conectada ao direito alemão, cuja previsão a respeito da lealdade e da confiança (*treu und glauben*) tornaram-se célebres em boa parte do mundo, como paradigmas objetivos a serem seguidos nas relações negociais. O direito civil não protege, hoje, apenas aquilo que foi pactuado: vai além. Protege as expectativas legitimamente criadas, à luz de valores como cooperação e lealdade. Hoje, ademais, o dever de informar se incorporou ao direito contratual como dever geral de conduta.

Muitos dos novos fenômenos e funções do direito civil atual podem também ser traduzido pela teoria dos atos próprios. A teoria dos atos próprios, a rigor, postula que *nemo potest venire contra factum proprium* (ninguém pode vir contra os próprios atos). Trata-se, a rigor, da proibição do comportamento contraditório. É mais uma das muitas manifestações da (cláusula geral) boa-fé objetiva[159].

---

158. Ver, exemplificativamente, dentre muitos outros que poderiam ser citados: NEGREIROS, Teresa. *Teoria do Contrato: novos paradigmas.* Rio de Janeiro: Renovar, 2002; SLAWINSKI, Célia Barbosa Abreu. Breves reflexões sobre a eficácia atual da boa-fé objetiva no ordenamento jurídico brasileiro. In: TEPEDINO, Gustavo (Coord.). *Problemas de Direito Civil-Constitucional.* Rio de Janeiro: Renovar, 2000; MATTIETTO, Leonardo. *O Direito Civil-Constitucional e a Nova Teoria dos Contratos.* In: TEPEDINO, Gustavo (Coord.). *Problemas de Direito Civil-Constitucional.* Rio de Janeiro: Renovar, 2000; LEWICKI, Bruno. Panorama da boa-fé objetiva. In: TEPEDINO, Gustavo (Coord.). *Problemas de Direito Civil-Constitucional.* Rio de Janeiro: Renovar, 2000.

159. Ver, a propósito: DIEZ-PICAZO. *La doctrina de los propios actos – Un estudo critico sobre la jurisprudencia del Tribunal Supremo.* Barcelona: Bosch, 1963; COSTA, Judith Martins. *A ilicitude derivada do exercício contraditório de um direito: o renascer do venire contra*

Cremos que todas essas situações são aplicáveis ao Estado, às ações e omissões estatais. O princípio, por exemplo, que veda comportamentos contraditórios é inteiramente aplicável ao Estado, e não se restringe, cremos, à chamada responsabilidade contratual, tendo espectro de aplicação mais amplo[160].

3. A COSMOVISÃO DA (PÓS?) MODERNIDADE: VIVENDO EM SOCIEDADES PLURAIS E COMPLEXAS

É frequente, atualmente, na filosofia constitucional, lermos referências ao pós-modernismo. Nem todos os autores aceitam que a nossa época possa ser descrita como pós-moderna[161]. A questão é sabidamente delicada e polêmica, uma vez que o pós-modernismo rejeita o universalismo e a razão, e pode, com isso, acabar rejeitando os direitos fundamentais. Podemos argumentar, em contrário, que a Modernidade vai além do Estado Liberal, incorporando *também* o Estado Social. Seria, nesse contexto, equivocado restringir a cosmovi-

---

factum proprium. Rio de Janeiro: Revista Forense, nº 376, nov./dez. 2004; SCHREIBER, Anderson. *A proibição do comportamento contraditório – Tutela da confiança e venire contra factum proprium*. Rio de Janeiro: Renovar, 2005; SOMBRA, Thiago Luís Santos. *A tutela da confiança em face dos comportamentos contraditórios*. São Paulo: Revista de Direito Privado, nº 33. pp. 307-342, jan./mar. 2008.

160. A teoria do abuso de direito também permeia e fundamenta o instituto do adimplemento substancial (*substancial performance*, também chamada de adimplemento mínimo). Trata-se de técnica que repele a resolução do negócio se o adimplemento foi realizado de modo substancial, isto é, se a parte inadimplida é mínima em relação ao todo. O STJ frisou, nessa linha, que "a teoria do substancial adimplemento visa a impedir o uso desequilibrado do direito de resolução por parte do credor, preterindo desfazimentos desnecessários em prol da preservação da avença, com vistas à realização dos princípios da boa-fé e da função social do contrato" (STJ, REsp 1.051.270). As Jornadas de Direito Civil, aliás, já assentaram no Enunciado nº 412: "As diversas hipóteses de exercício inadmissível de uma situação jurídica subjetiva, tais como *supressio*, *tu quoque*, *surrectio* e *venire contra factum proprium*, são concreções da boa-fé objetiva".

161. Habermas menciona, em blague, que alguns veem "pós" quando ainda estamos em pleno domínio do "ainda". HABERMAS. Cf. *The new conservatism*. Cambridge: MIT Press, 1990, p. 3. Algo semelhante ao afirmado por Sérgio Paulo Rouanet: "Dizer que somos pós-modernos dá um pouco a impressão de que deixamos de ser contemporâneos de nós mesmos. Seja como for, temos que aceitar filosoficamente o fato de que na opinião de grande número de pessoas, nem todas lunáticas, entramos na era da pós-modernidade" (ROUANET, Sérgio. *As Razões do Iluminismo*. São Paulo: Companhia das Letras, 2000, p. 229).

são da Modernidade ao Estado liberal-burguês[162]. Em geral, porém, no direito civil, a descrição tem sido aceita – ainda que nem sempre com os mesmos argumentos ou pressupostos filosóficos. Maria Celina Bodin de Moraes proclama que "à responsabilidade civil deve ser reconhecido o papel de constituir-se como um dos fenômenos sócio-jurídicos mais importantes da pós-modernidade"[163].

Seja como for, é impossível pensar em pós-positivismo sem atribuir caráter normativo aos princípios. Os princípios, desse modo, são normas jurídicas vinculantes, trata-se de percepção largamente compartilhada em nossos dias. Os princípios, porém, não fornecem, de modo abstrato, todos os componentes de sua aplicação. Em virtude da própria estrutura maleável e flexível com que são formados, eles precisam da dialética dos casos concretos para assumirem sua exata dimensão. O sistema jurídico, desse modo, cada vez mais se põe como um sistema aberto de princípios normativos. Esses princípios, que estabelecem objetivos e fins, são articulados de modo dinâmico, não estático. Eles trabalham com uma lógica de ponderação, o que significa que apenas nos casos concretos, devidamente contextualizados, é que os princípios se expandem ou se retraem, à luz das especificidades das circunstâncias.

Atualmente a interpretação jurídica ganhou notas de complexidade que inexistiam nos séculos passados. Não se trata de operação neutra, formal, lastreada unicamente na subsunção silogística. Tampouco se aceita a ideia de que a ordem jurídica traz apenas uma

---

162. Em descrição provocadora, percebe-se que "a constatação, desconcertante, é que o Brasil chega à pós-modernidade sem ter conseguido ser liberal nem moderno. Herdeiros de uma tradição autoritária e populista, elitizada e excludente, seletiva entre amigos e inimigos – mansa com os ricos e dura com os pobres, chegamos ao terceiro milênio atrasados e com pressa" (BARROSO, Luís Roberto. *Fundamentos Teóricos e Filosóficos do Novo Direito Constitucional Brasileiro.* In: Revista de Direito Administrativo, nº 225, 2001, pp. 05-37, p. 8; SARMENTO, Daniel. *Direitos Fundamentais e Relações Privadas*. Rio de Janeiro: Lumen Juris, 2004, p. 65).

163. MORAES, Maria Celina Bodin de."A Constitucionalização do Direito Civil e seus efeitos sobre a Responsabilidade Civil". *A Constitucionalização do Direito: fundamentos teóricos e aplicações específicas.* Cláudio Pereira de Souza e Daniel Sarmento (Orgs). Rio de Janeiro: Lumen Juris, 2007, p. 452. Erik James sustenta que uma das características do direito pós-moderno é a volta dos direitos humanos e um certo retorno aos sentimentos.

resposta correta para cada problema[164]. Ainda há, é certo, quem defenda essa posição, mas trata-se de corrente hoje minoritária. A norma é o ponto de partida da interpretação[165], é o que resulta da interpretação e não o texto friamente estático. As leituras éticas das normas se impõem muito forte neste século XXI.

Dizer, hoje, que a Constituição é norma jurídica vinculante é autêntico truísmo – não só as regras da Constituição, mas também, e sobretudo, os seus princípios[166], O juiz pode aplicá-los diretamente,

164. A questão, porém, é polêmica. Em crítica teoricamente sofisticada a essa visão, argumenta-se que "a despeito da dimensão inevitavelmente 'criativa' da interpretação constitucional – dimensão presente em qualquer processo hermenêutico, o que, por isso mesmo, não coloca risco, segundo Habermas, a lógica da separação dos poderes, – as Cortes Supremas, ainda que recorram a argumentos que ultrapassem o direito escrito, devem proferir 'decisões corretas' e não se envolver na tarefa de 'criação do direito', a partir de valores 'preferencialmente aceitos'. As decisões de princípio proferidas pelas Cortes Constitucionais não podem ser equiparadas, segundo Habermas, a emissões de juízos que '*ponderam objetivos, valores e bens coletivos*', pois, dado que normas e princípios constitucionais, em virtude do seu sentido deontológico de validade, são vinculantes e não especialmente preferidos, a interpretação constitucional deve decidir '*qual pretensão e qual conduta são corretas em um dado conflito e não como equilibrar interesses ou relacionar valores*". (CITTADINO, Gisele. *Pluralismo, Direito e Justiça Distributiva. Elementos da Filosofia Constitucional Contemporânea.* 2ª edição. Rio de Janeiro: Lumen Juris, 2000, pág. 212/213).

165. Cabe lembrar, a propósito, à luz das lições de Humberto Ávila, que a "matéria bruta utilizada pelo intérprete – o texto normativo ou dispositivo – constitui uma mera possibilidade de Direito. A transformação dos textos normativos em normas jurídicas depende da construção de conteúdos de sentido pelo próprio intérprete" (ÁVILA, Humberto. *Teoria dos Princípios: da definição à aplicação dos princípios jurídicos*. São Paulo: Malheiros, 2003, p. 16). Aliás, a ideia não é nova, sendo, na verdade, muito antiga – obviamente sob outros pressupostos teóricos e sociais. Paulo já proclamava que "não é da regra que promana o direito, senão com base no direito, existente por si mesmo, que a regra é elaborada". *Non ut ex regula jus sumatur, sed ex jure, quod est, regula fiat* (*De Diversis Regulis Juris Antiqui*, reg. 1 (tradução de Limongi França). *Brocardos Jurídicos – As Regras de Justitiano*. São Paulo: RT, 1969, p. 48).

166. Uma análise precursora acerca dos princípios, especialmente no direito privado, deve-se a ESSER, Josef. *Principio y norma en la elaboración jurisprudencial del derecho privado*. Trad. Eduardo Valenti Fiol. Barcelona: Bosch, 1961, p. 10/11. Embora, por certo, em muitos casos, continuemos aplicando o direito a partir da subsunção. Reconhecer uma nova realidade não significa necessariamente abandonar as antigas. Aliás, o novo não é sinônimo de qualidade teórica. O autenticamente novo é um fiel depositário da tradição. É teoricamente ingênuo louvar o novo como se ele, por si mesmo, trouxesse consigo intrínsecas qualidades boas. Temos, porém, esse hábito mental, sobretudo se o novo vem de fora, de outros países, que costumamos importar como se fossem as *últimas e mais importantes novidades teóricas*. Importação frequentemente acrítica, frise-se. Cabe conferir, a respeito, a crítica de Virgilio Afonso da Silva: "Não é difícil perceber que a doutrina jurídica recebe de forma muitas vezes pouco ponderada as teorias desenvolvidas no exterior. E, nesse cenário, a doutrina alemã parece gozar de

sem mediação legislativa. E os cidadãos podem invocá-los não só para limitar a atividade estatal, como também para se defender de agressões de outros particulares, dos chamados poderes privados (empresas de telefonia, bancos, seguros etc.). Temos, hoje, uma constituição normativa que consagra e protege, de modo incisivo, os direitos fundamentais. Aliás, não é propriamente novidade mencionar que as constituições do século XX, de modo geral, chamaram a si matérias que tradicionalmente eram próprias do direito civil, revitalizando-as com novas luzes. Lembremos que os princípios têm estrutura normativa aberta, flexível. Atualmente traduz certa obviedade afirmar que os princípios constitucionais não são vistos como enunciados apenas políticos, mas fundamentalmente jurídicos, vinculantes. São, ainda, explícitos (dignidade da pessoa humana) ou implícitos (princípio da proporcionalidade ou razoabilidade[167], que não têm consagração explícita na Constituição, ou princípio da afetividade, por exemplo).

Lembremos, também, que não há hierarquia entre princípios[168]. Os conflitos entre eles resolvem-se pela ponderação ou pelo sopesamento. É uma técnica que traz, entre outros, três postulados básicos: a) só tem sentido diante de casos concretos, nunca de modo abstrato e apriorístico; b) a solução dada em determinado caso concreto (prevalência, digamos, em determinado caso, da privacidade e da intimidade em relação à liberdade de expressão) não será

---

uma posição privilegiada, já que, por razões desconhecidas, *tudo* o que é produzido na literatura jurídica germânica parece ser encarado como revestido de uma aura de cientificidade e verdade indiscutíveis". (SILVA, Virgílio Afonso da. *Interpretação constitucional.* São Paulo: Malheiros, 2007, p. 116).

167. Sustenta-se que "a razoabilidade pode ser vista como uma ponte que liga produtivamente as esferas – antes separadas – do direito e da moral, servindo de passaporte para o ingresso do pós-positivismo no terreno onde ele realmente se faz necessário: a prática jurídica" (BUSTAMANTE, Thomas da Rosa. A razoabilidade na dogmática jurídica contemporânea: em busca de um mapa semântico. *RTDC*, vol. 22, abri/jun 2005, p. 157).

168. É a posição da Corte Constitucional Alemã, que só excepciona – colocando-o acima dos outros – o princípio da dignidade da pessoa humana. (Cf. GRIMM, Dieter. A função protetiva do Estado. Trad. Eduardo Mendonça. In: *A Constitucionalização do Direito: fundamentos teóricos e aplicações específicas.* Cláudio Pereira de Souza e Daniel Sarmento (Orgs). Rio de Janeiro: Lumen Juris, 2007, p. 162). É o que também conclui Paulo Lôbo, citando a posição doutrinária majoritária: "O entendimento dominante na doutrina brasileira é de que não há hierarquia normativa entre os princípios" (LÔBO, Paulo. *Direito Civil. Parte Geral.* São Paulo: Saraiva, 2009, p. 77).

necessariamente a mesma em outro caso com contextos distintos; c) o intérprete, para chegar a uma solução, poderá fazer concessões recíprocas, procurando ponderar os interesses envolvidos. Por isso é que há autores alemães que dizem que o Estado Constitucional de Direito é um Estado de Ponderação (*Abwägungsstaat*).

A ideia, porém, neste tópico, é apenas mencionar, brevemente, questões que serão desenvolvidas um pouco adiante. Antes, porém, cabem algumas palavras metodológicas.

Neste segundo capítulo buscaremos as conexões de sentido que vinculam o princípio da solidariedade social à responsabilidade civil – naturalmente, com olhar mais voltado à responsabilidade civil do Estado. A postura epistemológica tradicional nem sempre relaciona a responsabilidade civil do Estado – seja por ação, seja por omissão – à solidariedade social. E, segundo cremos, sobretudo nos casos de omissão – quando a caracterização do nexo causal é mais delicada e problemática – o princípio da solidariedade pode trazer luzes que permitem que cheguemos a soluções mais constitucionalmente consistentes[169]. Nesse contexto teórico, o potencial epistêmico, segundo cremos, do princípio da solidariedade social ainda não foi devidamente desenvolvido na responsabilidade do Estado por omissão. A solidariedade social, pode, inclusive, ser funcionalmente enxergada como princípio que autoriza novas leituras do nexo de causalidade[170].

169. Já se percebeu que "o princípio da responsabilidade extracontratual objetiva do Estado pelas condutas omissivas ou comissivas causadoras de lesão antijurídica apresenta-se como um dos pilares do Estado Democrático", sobretudo pelos riscos inerentes à atuação estatal. A par disso, a consagração, entre nós, da aplicabilidade direta e imediata dos direitos fundamentais (CF, art. 5º, § 1º) é um dos argumentos mais robustos contra a teoria segundo a qual não poderia o Estado ser objetivamente responsabilizado por omissões (FREITAS, Juarez. A responsabilidade extracontratual do Estado e o princípio da proporcionalidade: vedação de excesso e de omissão. *Revista de Direito Administrativo.* Rio de Janeiro, nº 241, 2005, pp. 21/37, p. 28). A respeito da solidariedade social, isso "significa que se dividem, por todos, os prejuízos causados pelo Estado, porque, da mesma forma, por toda a população é repartido o benefício que o Estado proporciona. Esse princípio pode ser também apontado como o princípio da isonomia ou da solidariedade social". (MONTEIRO FILHO, Carlos Edison do Rêgo. Problemas de responsabilidade civil do Estado. *RTDC*, v. 11, jul/set 2002, pp. 35-65, p. 44).

170. Teorizou-se, nesse sentido, que "no ordenamento jurídico brasileiro estão presentes os elementos para que se adotem novos posicionamentos acerca do papel do nexo de causalidade, justificados através da utilização dos princípios da reparação integral

Cremos que a análise de situações concretas pode ser teoricamente proveitosa. Para tanto, analisaremos – com a brevidade necessária – uma situação de frequente ocorrência em nossa sociedade: danos sofridos por passageiros no transporte terrestre (especialmente, ônibus, interestaduais ou intramunicipais). Não, porém, quaisquer danos, mas particularmente os danos oriundos de violência urbana. Houve, digamos, um assalto em ônibus, entre cujas (trágicas) consequências houve morte de passageiros ou vítimas com graves queimaduras (só para ficar em exemplos recentemente acontecidos). Interessa-nos, apenas, em corte epistemológico, as consequências do evento para o direito dos danos: haverá dever de indenizar? Se afirmativa a resposta, por parte de quem? Da empresa de transporte? Do Estado? Ou a vítima ficará sem nenhuma indenização?

Impõe-se, a esta altura, um comentário, breve que seja. O padrão jurisprudencial atual, amplamente dominante – diríamos até: pacífico, mas sempre pode surgir, aqui ou ali, uma voz dissonante – é compacto ao afirmar que não haverá responsabilidade civil das empresas de transporte. Também não se responsabiliza o Estado – embora, aqui, em regra, haja mais silêncio do que debate. O tema, enfim, parece permeado por silêncios e incompreensões. Nesta obra, passaremos, em percurso argumentativo, pela questão da responsabilidade civil – melhor seria dizer, da ausência dela – das empresas de transporte, mas nosso tema, fundamentalmente, diz respeito ao Estado, aos deveres do Estado diante dos cidadãos nos danos relacionados à violência urbana.

Antes, porém, das referidas análises, impõe-se um olhar mais amplo – em conformidade com o roteiro metodológico exposto na introdução deste livro. É o que faremos no próximo item, para depois retomar a análise das perspectivas relativas à nossa cultura jurisprudencial.

---

e da precaução, e embasados nos princípios da dignidade da pessoa humana (art. 1º, III, da CF) e da solidariedade social (art. 3º, I, da CF)". (MULHOLLAND, Caitlin Sampaio. *A responsabilidade civil por presunção de causalidade*. Rio de Janeiro: GZ, 2010, p. 6-7). Adiante a autora lembra que "o nexo de causalidade deve também ser reinterpretado para alcançar os objetivos da responsabilidade civil contemporânea". Trata-se, a rigor, de ponto da mais alta importância, não só para o tema desta tese, mas para o direito de danos como um todo, em nosso século.

3.1. Escolhas coletivas fundamentais: as formas das decisões vinculantes

O tema desta obra transita, em tantos aspectos, pelas reflexões próprias do direito constitucional e até da ciência e filosofia políticas, em certo sentido. Podemos, sob muitos aspectos, invocar o aceso debate acerca constitucionalismo e democracia, e indagar em que medida o Judiciário poderia intervir nos problemas levantados por esta tese (sem que os juízes tenham sido eleitos). Ou, ao contrário, dependeríamos de uma lei, votada pelo Parlamento, para que o dever do Estado responder civilmente pela violência urbana se impusesse? A discussão, ademais, justifica-se, tematicamente, em virtude da função das cortes como agentes concretizadores – e dos mais importantes – dos direitos fundamentais.

Nosso olhar, neste breve tópico, se dirigirá ao debate acerca da legitimidade das decisões coletivamente vinculantes – algo pertinente, cremos, no espaço teórico da discussão sobre a responsabilidade do Estado para responder pelos danos relacionados à violência urbana. Não se coloca em dúvida, no século em que vivemos, o valor da democracia. Países são ou buscam ser democráticos, e a aura de legitimidade, mesmo internacional, é tanto maior quanto mais elevada for a percepção sobre seu caráter democrático. A presença, maior ou menor, do timbre democrático define, aos olhos contemporâneos, muito da respeitabilidade do país. Além disso, as democracias constitucionais contemporâneas reconhecem – e valorizam – uma ampla esfera autodeterminativa para o ser humano[171].

171. Conferir, a propósito: RODOTÀ, Stefano. *La vida y las reglas. Entre el derecho y el no derecho.* Traducción de Andrea Greppi. Madrid: Editorial Trotta. 2010, especialmente o ensaio *El derecho y su límite,* p. 25-71. Conferir ainda: FRIEDMAN, L. M. *The Republic of Choice: Law, Authority and Culture.* Cambridge: Harvard UP, 1990; SARMENTO, Daniel. Dimensão objetiva dos direitos fundamentais: fragmentos de uma teoria. In: Ricardo Lobo Torres e Celso Albuquerque Mello (Orgs). *Arquivos de Direitos Humanos,* v., IV. Rio de Janeiro: Renovar, 2003, pp. 63-102. RAZ, Joseph. *The Morality of Freedom.* Oxford: Oxford Universty Press, 1986). Este último autor citado parece aceitar que determinadas formas de vida são mais valiosas que outras. Em sentido semelhante, Larmore reconhece que são muitos os modos moralmente válidos de cada um se autorrealizar e menciona a ideia de "desarcordo razoável" (LARMORE, Charles. *The Morals of Modernity.* Cambridge: Cambridge University Press, 1996).

Numa democracia contemporânea, o senso comum teórico supõe que cabe ao legislador traçar, através de normas gerais, as escolhas coletivas fundamentais. Não se trata, naturalmente, de um processo estático e estanque, mas fundamentalmente complexo e dinâmico, sujeito a passos e contrapassos, avanços e recuos. As democracias atuais, nessa perspectiva, operam através da representação eleitoral, como um dos pilares que as legitimam e as definem. Não basta a representação eleitoral, mas ela deve existir como requisito mínimo, por assim dizer. A representação é conjugada com a regra da maioria, que supõe que a cada representante é conferido um voto com igual peso no corpo legislativo.

Poderíamos falar em outro dualismo – que se tornou clássico nos debates da filosofia constitucional e da ciência política – entre juízes e legisladores. Qual dos dois atores institucionais deverá ter a última palavra nos conflitos democráticos? Ainda há pertinência teórica em falar na "última palavra"? É certo que poderíamos, em tese, incluir o Executivo no debate – poder que tem, certamente, funções e deveres relativos à defesa dos direitos fundamentais –, mas sua participação é certamente menos relevante, e não é, decerto, definitiva, em termos de última palavra. Desse modo, o dualismo entre democracia e constitucionalismo talvez pudesse se inserir entre aqueles dilemas cujos problemas e soluções se renovam com o tempo.

Indaga-se, em infindáveis discussões acadêmicas, se a revisão judicial guarda – e em que medida – harmonia com o ideal democrático[172]. É comum a associação, mais ou menos ampla, da jurisdição constitucional com a defesa dos direitos e interesses das minorias. São muitas as justificativas para a adoção de semelhante ótica. São muitas, igualmente, as críticas possíveis a tal modo de ver o problema. É certo que essa visão – que hipertrofia, de certo modo, a função do constitucionalismo – se traduz em elevadas expectativas

172. É relevante registrar que Habermas, assim como Dworkin, defende o *judicial review*, não aceitando, no ponto, as críticas dos comunitários acerca da incompatibilidade entre a revisão judicial e o processo político democrático. Habermas vislumbra que o a revisão judicial pode "reforçar o processo de formação da vontade democrática". (CITTADINO, Gisele. *Pluralismo, Direito e Justiça Distributiva. Elementos da Filosofia Constitucional Contemporânea.* 2ª edição. Rio de Janeiro: Lumen Juris, 2000, pág. 213).

em relação aos tribunais constitucionais, nem sempre correspondidas. O fato é que, bem ou mal, o *judicial review* desempenha, hoje, no modelo brasileiro, uma força antimajoritária.

As cortes constitucionais – e o Supremo Tribunal Federal, no caso brasileiro – teriam, assim, a palavra interpretativa final a propósito da Constituição. Não poderiam, porém, segundo o padrão mental convencional, legislar nem criar normas a partir da interpretação, apenas eventualmente afirmar, com força vinculante, que determinadas normas e práticas são incompatíveis com a Constituição. Seriam, nesse contexto teórico, tidas como *legisladores negativos*, não como *legisladores positivos*. Em outras palavras, não teriam o poder de estatuir, apenas o de vetar.

Em termos puramente descritivos, constatamos que as cortes, de modo geral, atuam olhando para o passado (um caso concreto, que deverá, retrospectivamente, ser resolvido). Mesmo no chamado controle direto de constitucionalidade – em que se discute a compatibilidade ou não de determinada lei com a Constituição, dito do modo mais simples – há sempre um olhar para o passado, para a lei aprovada e suas circunstâncias. Sabemos que nas decisões judiciais podem ser inseridas modulações – limitando, eventualmente, seus efeitos no passado ou no futuro. Já o parlamento opera num nível de ainda maior abstração. A lei, segundo dicção clássica, é e deve ser genérica e impessoal. Sabemos que não é bem assim, sabemos que existem muitas normas que se distanciam desse padrão. Mas é um padrão a ser buscado, algo desejável e saudável numa democracia.

As cortes, ademais, estariam – em tese – dissociadas das paixões eleitorais e operariam num grau mais elevado de estabilidade (buscando guardar coerência com sua jurisprudência) e com argumentos técnicos, fundamentalmente jurídicos. A corte, ademais, estaria como que fora da discussão política, seria uma instância, por assim dizer, externa. De toda sorte, ao contrário dos parlamentos – tidos como ontologicamente ligados à democracia – a intervenção das cortes, ao contrário, por mais que seja defendida com sutis e refinados argumentos, precisa ser permanentemente justificada, como uma eventualmente indevida intromissão contramajoritária.

A Constituição, nessa ordem de ideias, é enxergada como mecanismo legitimador de interferência e ação das cortes mesmo diante do legislador, que não teria a última palavra nas respectivas controvérsias. Cabe retomar um ponto aludido no início do texto: haveria, de fato, a última palavra? Talvez pensar em termos de última palavra seja pensar em curto ou médio prazo. Os arranjos e as soluções institucionais, em certo sentido, modificam-se com o tempo, e não se pode pretender que a suposta última palavra seja de fato a última, imutável com as décadas[173]. Falar em separação de poderes, numa democracia contemporânea e complexa, talvez seja, de certo modo, falar em conflitos institucionais – não extraordinários, mas comuns e até, em certo sentido, desejáveis para o aprimoramento democrático.

Pode-se argumentar que a questão da falta de legitimidade democrática do poder judiciário seria um falso problema, uma vez que o prisma de análise, aqui, seria outro, e diria respeito à eventual correção da decisão judicial, e não à legitimidade popular de quem a emitiu. Outro aspecto da intervenção judicial seria – independente do acerto da decisão – possibilitar, nas democracias contemporâneas, uma das modalidades possíveis dos célebres freios e contrapesos, tão caros à compreensão da separação de poderes.

A discussão, nesse ponto, abre-se em múltiplos matizes argumentativos que não poderíamos entrar sem ampliar excessivamente o foco deste trabalho. Cabe apenas relembrar, conforme frisamos anteriormente, que hoje os países são ou buscam ser democráticos, e a democracia atingiu um status de valor quase universal. É certo que muito do trânsito e da legitimidade internacional de um país,

173. A propósito, sob um prisma histórico – fiquemos, aqui, com a experiência americana, origem e forma por excelência do *judicial review* – várias "últimas palavras" da Suprema Corte não foram exatamente últimas palavras. Aborto, pena de morte são exemplos dessa recorrência. Aliás, o tristemente célebre caso dos escravos, em 1857, em Dread Scott, evidenciou isso (Scott v. Sandford, 60, U.S., 393). Cabe, também, mencionar a experiência jurídica inglesa – específica mas exemplar. Sobretudo no direito constitucional, mas não só nele. Conferir, a propósito, GOUGH, J. W. *Fundamental law in english constitutional*. Oxford: Clarendon Press, 1961. Ver, ainda, em livro com forte teor histórico, PONTES DE MIRANDA. *História e prática do habeas corpus. Direito constitucional e processual comparado*. Rio de Janeiro: José Konfino Editor, 1955.

no concerto de nações, advém de sua maior ou menor vivência democrática. Países com pouca ou nenhuma abertura democrática tendem a ser repudiados ou isolados em fóruns multinacionais.

Nesta segunda década do século XXI, todos parecem concordar que democracia *não é só* a regra da maioria (ainda que Waldron se incline fortemente a favor da regra da maioria, a *sabedoria da multidão*)[174]. Dworkin entende como função precípua das cortes a proteção dos direitos fundamentais, ao passo que aos parlamentos caberia a definição das políticas públicas. Trata-se, talvez, do mais entusiasmado defensor do sistema da revisão judicial[175]. A feição americana do *judicial review* foi objeto de extensa abordagem teórica e serviu, por certo, de modelo de análise para os mais diversos matizes – seja entusiástica, seja acidamente crítica. Há, ainda, por certo, uma multiplicidade de posições intermediárias, que intervieram no debate com reflexões e críticas pontuais. Todos parecem reconhecer, no entanto, forte traço judicialista na experiência americana.

Inicialmente cabe ponderar que o *judicial review* não participa, necessariamente, da essência da democracia. Não seria traço ontológico seu. Dieter Grimm traz exemplos de nações que ostentaram o traço democrático sem, no entanto – pelo menos durante certo período histórico – trazerem a nota institucional da revisão judicial [176]. Sem falar que existem, em tese, outros modos de revisão dos atos normativos com a Constituição, não necessariamente judiciais.

Porém, atualmente, os autores que se debruçam sobre o direito constitucional no Brasil – pelo menos a maioria – têm como certo que falar em Constituição sem revisão judicial seria falar em algo ornamental, sem arcabouços protetivos dos direitos fundamentais. As cortes, desse modo, através da deliberação, protegeriam direitos fundamentais, que poderiam – sem essa atuação – sofrer agressões se

174. WALDRON, Jeremy. *Law and disagreement*. Oxford: Oxford University Press, 2004, p. 10-12.

175. DWORKIN, Ronald. *Freedom's law: the moral reading of the American Constitution*. Cambridge: Harvard Universiy Press, 1996, p. 32.

176. GRIMM, Dieter. Jurisdição Constitucional e Democracia. *Revista de Direito do Estado*. 4:3, 2006, p. 6-9. De modo semelhante, NINO, Carlos Santiago. *La Constitución de la Democracia Deliberativa*. Barcelona: Gedisa, 1997.

entregues apenas à lógica eleitoral dos parlamentos[177]. Nesse ponto cabe explicitar algo que quase sempre fica implícito: mesmo quem ardorosamente defende a revisão judicial não poderá, por certo, prescindir da atuação do parlamento, que segue sendo essencial às democracias contemporâneas. O ponto final, por assim dizer, no processo de construção constitucional, é que seria dado – na visão do *judicial review* – pelas cortes, não pelos parlamentos[178]. Seja como for, gostemos ou não, é certo que o modelo da revisão judicial se estabeleceu, e tem ganhado adeptos entre países de todo o mundo (a França, por exemplo, não possuía um controle repressivo de constitucionalidade, passou a tê-lo, após reforma constitucional ocorrida em 2008).

Ainda que não se aceite, em sua integralidade, os argumentos caros à revisão judicial, tampouco podemos deixar de perceber que os parlamentos – mesmo que evitemos demonizá-los – são ambientes pouco afeitos à discussão serena e técnica acerca de direitos. Há, inegavelmente, uma agenda mais imediatista, mais porosamente eleitoral, mais composta de ataques permeados de retórica. As cortes, em contraposição, por mais defeitos que possam ostentar – e ostentam –, são um espaço em que a persuasão técnica recebe melhor acolhida. Direitos, nesse contexto, poderiam ser melhor resguardados aqui.

Seja como for, um ponto merece ficar claro: ainda que se tenha reservas, mais ou menos vastas, às concepções teóricas (dos mais variados matizes) que justificam o *judicial review*, isso não significa

---

177. Desse modo, "se concordarmos que as variáveis de legitimidade da democracia não se esgotam no procedimento, mas abrangem também os resultados, passa a ser aceitável que a substância subordine, em algumas circunstâncias, o procedimento, ou seja, que a instituição que tenha alcançado a resposta mais compatível com um critério substantivo de legitimidade tenha boas razões para prevalecer independentemente de seu *pedigree* (subvertendo a estrutura formal)" (MENDES, Conrado Hübner. *Direitos Fundamentais, Separação de Poderes e Deliberação.* São Paulo: Saraiva, 2011, p. 192).

178. Nesse sentido: "Em outras palavras, seja no âmbito da *civil law* ou da *common law*, a jurisdição constitucional, nas sociedades contemporâneas, tem atuado intensamente como mecanismo de defesa da Constituição e de concretização das suas normas asseguradoras de direitos. E já são muitos os autores que designam este 'ativismo judicial' como um processo de '*judicialização da política*'" (CITTADINO, Gisele. *Pluralismo, Direito e Justiça Distributiva. Elementos da Filosofia Constitucional Contemporânea.* 2ª edição. Rio de Janeiro: Lumen Juris, 2000, pág. 233).

que devamos, como consequência lógica, combater sua existência. Além do mais, críticas teóricas à parte, é certo que se observa, como linha de tendência, um progressivo aumento na adoção do *judicial review*, por variados e culturalmente distintos países.

Também há críticas que entendem ilegítima a supressão da vontade popular pela vontade, às vezes internamente discordantes, de juízes (em outras palavras, quando não há consenso dentro da corte, em deliberação intrainstitucional). E, quando isso ocorre, é o princípio majoritário que prevalece – não dos cidadãos, mas dos juízes. Ademais, segundo certa visão teórica[179], o ativismo judicial empobreceria a experiência democrática, diminuindo a responsabilidade política dos cidadãos, esvaziando o aprendizado democrático e até a possibilidade de aprender com os próprios erros.

Hoje se sabe que o juiz constitucional é um ator político, longe, muito longe, da pecha de neutralidade que a teoria clássica pretendia conectar à figura do magistrado. Ele reage, nesse contexto, a variáveis multiformes, e não apenas à norma. Deverá, por isso mesmo, e cada vez mais, atender a rigorosas exigências de argumentação racional.

De toda forma, a vontade política ganha corpo no dinamismo e no fortalecimento de uma cultura deliberativa que não se esgote em decisões intrainstitucionais. A Constituição, nas sociedades contemporâneas, deve ser desenvolvida também nos parlamentos, não só nas cortes. Nesse sentido cabe citar relevante estudo a propósito, que evidencia que "não estamos diante de uma encruzilhada binária entre corte e parlamento". A perspectiva do diálogo, ao relativizar a última palavra, "mostra que a alternativa à supremacia do parlamento não é necessariamente a soberania, pura e simples, da corte,

179. Robert Dahl considera que o ativismo judicial seria uma espécie de "regime de guardiões" (*guardianship*), por meio do qual indivíduos, incapazes de se autogovernar, delegam essa responsabilidade para pessoas mais bem dotadas para tanto (MENDES, Conrado Hübner. *Direitos Fundamentais, Separação de Poderes e Deliberação*. São Paulo: Saraiva, 2011, p. 166). Learned Hand traz críticas semelhantes, ponderando que se há, na comunidade, uma cultura de liberdade, nenhuma corte precisa salvá-la. Se não há, nenhuma corte pode salvar. Cabe mencionar que os autores citados não guardam relação necessária com o chamado minimalismo, embora sejam claros críticos do ativismo.

mas um jogo interativo mais rico e complexo. A inexistência de revisão judicial, por outro lado, estimula uma cultura da soberania do parlamento" [180].

A separação de poderes, desse modo, afasta-se de uma perspectiva estática e ganha densidade dinâmica. Estimulam-se as recíprocas responsabilidades deliberativas (entre parlamentos e cortes) e, com isso, espera-se, aprimoram-se e refinam-se os mecanismos democráticos de busca de melhores razões públicas, de melhores argumentos. De modo semelhante, acuradas análises defendem "que parlamentos e cortes têm legitimidade para serem ativistas à medida que se engajem no diálogo. Podem optar por deferir, por esperar, ou, em face de um bom novo argumento, por desafiar o outro poder" [181].

Algo é certo: se pensarmos estritamente que a Constituição só poderá ser adequadamente defendida pelas cortes, haverá, de certo modo, um esvaziamento das potencialidades e funções dos demais atores institucionais. Talvez a postura epistemologicamente mais adequada seja fugir das defesas fundamentalistas de qualquer dos polos (parlamentos *ou* cortes), evidenciando que não há necessariamente oposição (e, mesmo que ocasionalmente haja, ela pode ser construtiva e saudável para a democracia, refinando seus mecanismos decisórios). A postura mais adequada, nesses termos, parece desaconselhar uma postura cognitiva binária, em termos excludentes.

Digamos, como palavra de conclusão deste tópico, ser sempre problemático, nas democracias constitucionais, indagar acerca da legitimidade das decisões coletivamente vinculantes. Essa verificação há de ser feita, sempre, à luz não de um, mas de uma variável de fatores – substantivos e procedimentais – que poderão conferir estofo democrático à deliberação. Hoje dificilmente se aceitaria que a democracia se exaure e se esgota na instituição de mecanismos de consagração majoritária. Há de haver, por certo – conjugado ao

180. MENDES, Conrado Hübner. *Direitos Fundamentais, Separação de Poderes e Deliberação.* São Paulo: Saraiva, 2011, p. 202.

181. MENDES, Conrado Hübner. *Direitos Fundamentais, Separação de Poderes e Deliberação.* São Paulo: Saraiva, 2011, p. 192.

procedimentalismo que assegure a vontade da maioria –, referenciais substantivos que confiram legitimidade às decisões. É desse diálogo, nem sempre fácil ou livre de embates, que é feita a construção da democracia nas sociedades contemporâneas.

4. OLHANDO PARA TRÁS

Para bem compreendermos o novo, é essencial conhecer o que havia antes. Seja para evitar o apego anacrônico a modelos teóricos que já não nos servem, seja para evitar que nos deixemos seduzir irrefletidamente pela (leviana) novidade. O novo não é necessariamente sinônimo de qualidade. O autenticamente novo é um fiel depositário da tradição. Pontes de Miranda certa vez frisou que um dos enganos da inteligência humana é crer na unilateralidade do verdadeiro. Exemplificou dizendo que entre duas ou mais pessoas que discutem, podem todos ter razão. A afirmação é ainda mais forte na ciência jurídica, cujo conhecimento é – e deve ser – pluralista. Cabe lembrar que a natureza da argumentação jurídica não é demonstrativa, e sim persuasiva[182].

4.1. O individualismo jurídico e as liberdades clássicas do direito civil

Cabe, neste item, ampliar um pouco a visão do olhar. Alargaremos, conscientemente, o foco – conforme registramos na introdução deste livro, ao sumarizarmos o percurso a ser trilhado no segundo capítulo –, para melhor contextualizar o sentido das mudanças que perpassam o direito civil dos nossos dias. A dimensão hermenêutica que resguarda, de forma preferencial, a pessoa humana – fundamental nas reflexões e conclusões desta obra – é resultado, por certo, de reflexões contextualizadas e anteriores, e é isso que veremos a partir de agora.

A propriedade sempre foi o direito por excelência dos códigos civis. Nesse sentido, "sempre foi muito firme a opinião de que o

182. MACCORMICK, Neil. *Rhetoric and the Rule of Law.* Oxford: Oxford University Press, 2005, p. 05.

direito de propriedade representava o verdadeiro e único elemento de unificação das diversas matérias que compõem o direito civil"[183]. Os direitos de personalidade, hoje tão louvados, só recentemente receberam atenção dos civilistas (se compararmos tais direitos com a multissecular atenção dada à propriedade). Se hoje dizemos, em uníssono, que não há direitos absolutos – sendo todos socialmente condicionados –, é para contrastar com o caráter absoluto e exacerbado que a propriedade gozou através dos séculos, como algo praticamente sem limites.

Sob inspiração individualística, a liberdade se afirmou, nos códigos civis, sob a forma da propriedade (simbolizada pela autonomia para celebrar pactos vinculantes)[184]. Havia um respeito religioso à propriedade e aos contratos, considerados invioláveis em seu conteúdo. A liberdade então exercida era uma liberdade de proprietários. Os códigos civis regiam relações entre pessoas dotadas de patrimônio. Os códigos civis clássicos, que se propunham a ser a "Constituição" do direito privado, não atingiam as pessoas sem patrimônio, e já aí se vê quão pobres eram tais "Constituições"[185]. Hoje a função social da propriedade se reflete nas definições dos comportamentos possíveis. O proprietário, nesse sentido, não pode mais ser considerado senhor absoluto e arbitrário das escolhas relativas à utilização do bem[186]. O individualismo jurídico era muito bem representado por três liberdades básicas do direito civil: liber-

---

183. MORAES, Maria Celina Bodin de. Ampliando os direitos da personalidade. *20 anos da Constituição Cidadã de 1988*. VIEIRA, José Ribas (Org.). Rio de Janeiro: Forense, 2008, pp. 369-388, p. 369.

184. Zagrebelsky alude à crise acerca da ideia de Código, e lembra que a lei, hoje, é resultado do pluralismo social, e não só isso: o direito deixou de ter origem apenas no poder estatal (ZAGREBELSKY, Gustavo. *El derecho dúctil*. Madrid: Trotta, 2003, p. 38-39).

185. Aliás, em ficção risível, bem ao espírito oitocentista, concluiu-se que mesmo a pessoa que não tem patrimônio é considerada como se o tivesse, para que as categorias jurídicas pudessem continuar a funcionar. Rodotà, a propósito, constata que a abstração separava a vida do direito e como que liberava este último de se medir pelas situações reais. O direito parte, por exemplo, da distinção entre capazes e incapazes e confina os incapazes a uma indiferenciada área de exclusão, considerando apenas realmente relevantes as atividades com viés econômico (RODOTÀ, Stefano. *La vida y las reglas. Entre el derecho y el no derecho*. Traducción de Andrea Greppi. Madrid: Editorial Trotta. 2010, p. 43).

186. BARCELONA, Pietro. Proprietà costituzionale. In *Digesto delle discipline privatistiche*, Sezione Civile. Torino: UTET, 1993, v. XV, p. 459.

dade de contratar, de ser proprietário e de testar[187]. Obviamente, são liberdades que ainda persistem, que não desapareceram nem desaparecerão, mas sofrem os influxos dos novos valores deste século.

É certo que está havendo, no direito civil dos nossos dias, um progressivo decréscimo de autonomia da vontade, no que se refere às relações contratuais, decréscimo esse inversamente proporcional à crescente liberdade das pessoas nas relações existenciais. Esse aumento de liberdade nas relações existenciais tem amparo no princípio da melhor realização do ser humano, princípio implícito em nossa ordem constitucional, princípio cuja estruturação teórico-normativa pode ser extraída da dignidade da pessoa humana, fundamento da República (CF/88, art. 1º, III). Se os espaços se ampliam nas situações subjetivas existenciais, por outro lado, as patrimoniais – superado o paradigma liberal – exigem atenta tutela estatal. O Estado não pode se manter alheio à brutal exclusão social, porque, com ela, as demais liberdades se convertem em quimeras. O exercício da liberdade pressupõe níveis mínimos de igualdade.

Os contratos são instrumentos para a consecução de finalidades sociais. Trata-se de instituto jurídico cujas feições alteram-se de acordo com as funções que é chamado a exercer, bem como a partir do contexto econômico e social em que se insere. Perderam, atualmente, a cor puramente voluntarista, uma espécie de manto sagrado atrás do qual a vontade humana tudo podia (porque livremente manifestada). Não se trata, hoje, de buscar a vontade tácita para além da vontade expressamente declarada. É preciso absorver a imensa mudança havida: a Constituição confere força obrigatória aos contratos não porque voluntariamente queridos – na medida do querer egoístico das partes –, e sim porque seus efeitos são socialmente adequados, proporcionais, razoáveis e equitativos[188].

---

187. Cf. STOLFI, Giuseppe. *Teoria del negozio giuridico*. Madrid: Briz, 1959, p. 20. Também: BARCELLONA, Pietro. *El individualismo propietario*. Madrid: Trotta, 1996, p. 115.

188. Antônio Junqueira de Azevedo, nesse sentido, ensina que "a perspectiva muda inteiramente, já que de psicológica passa a social. O negócio não é o que o agente quer, mas sim o que a sociedade vê como declaração de vontade do agente. Deixa-se,

Tradicionalmente o direito civil ocupa-se com a validade e a eficácia dos negócios jurídicos. Isso, porém, a partir de um prisma voluntarista: conjugar aquilo que se desejou com aquilo que se declarou desejar. Hoje há uma tendência de analisar de modo mais objetivo as cláusulas contratuais e os comportamentos das partes. As perguntas são outras: houve quebra de confiança? (princípio da confiança). Houve comportamento contraditório? (princípio do *venire contra factum proprium*). Uma das partes adimpliu substancialmente a sua prestação? (princípio do adimplemento substancial). Há desproporção entre as prestações? (princípio da equivalência material entre as prestações). Uma das partes frustrou as legítimas expectativas da outra? (princípio da boa-fé objetiva em uma de suas funções).

O contrato, em nossos dias, dialoga fortemente com os ventos constitucionais. Ele não perdeu, nem o poderia, o seu viés econômico. Esse viés, porém, já não é o único. Há, também, muito forte, a preocupação com as dimensões existenciais do ser humano e com a promoção da solidariedade social. O Código Civil, em mais de uma oportunidade, sublinha a relevância da dimensão funcional a respeito dos contratos. Nesse contexto, a função social passa a ser parâmetro de validade dos contratos. Há quem sustente que a função social é o mais importante princípio do Código Civil, e que a Constituição somente admite o contrato que realiza sua função social[189]. Seja como for, a função social permeia todas as formas de contratos e de propriedade, de bens imóveis e móveis, inclusive as novas e iconoclastas formas de circulação de riqueza, pela bolsa de valores, em transações instantâneas, ou pelo comércio digital.

---

pois, de examinar o negócio através da ótica estreita do seu autor e, alargando-se extraordinariamente o campo de visão, passa-se a fazer o exame pelo prisma social e mais propriamente jurídico" (AZEVEDO, Antônio Junqueira. *Negócio jurídico: existência, validade e eficácia*. São Paulo: Saraiva, 2000, p. 21).

189. Paulo Lôbo conclui que a "Constituição apenas admite o contrato que realiza a função social, a ela condicionando os interesses individuais, e que considera a desigualdade material das partes" (LÔBO, Paulo. *Direito Civil. Parte Geral*. São Paulo: Saraiva, 2009, p. 58). O autor completa afirmando: "O art. 421 – certamente o mais importante do Código –, quando imprimiu ao contrato a função social, e não apenas a função de autorregulação de interesses individuais, significou profundo redirecionamento da aplicação do direito civil".

A legitimidade da eficácia dos contratos transmudou-se da forma para o conteúdo. A forma permanece condição necessária, mas não suficiente. É fundamental que o conteúdo reflita, em alguma medida, a ordem dos valores constitucionais, sem o que não haverá validade no ajuste. Nessa ordem de ideias, a aferição de validade dos contratos deslocou-se do momento de formação do vínculo para, além dele, espalhar-se pelos momentos posteriores à contratação[190]. A verificação da validade, à luz da Constituição, é dinâmica e flexível, e não estática e rígida. O princípio do equilíbrio material entre as prestações, cuja base normativa superior é o art. 3º, III, CF/88, impõe um contínuo acompanhamento da relação contratual, verificando, caso a caso, a existência de desigualdades reais que exijam correção.

Tivemos, historicamente, três fases: a) primeiro, na dicção clássica da *Lei de Maine*, a passagem do *status* ao contrato; b) depois, houve um largo período, a partir do Século XIX, de consagração da liberdade formal, firmada pelos pactos vinculantes, expressões da liberdade contratual; c) vivemos, atualmente – com a grosseira inexatidão que marca qualquer sistematização histórica – em que se busca, sobretudo, uma tutela da confiança, à luz de valores sociais como a boa-fé objetiva, a função social, o equilíbrio substancial entre as prestações.

Se assegurar a liberdade de contratar era a grande missão dos códigos civis oitocentescos[191], hoje a grande missão, das Constituições e dos códigos civis, é assegurar uma tutela privilegiada à pessoa humana. Nesse contexto, os contratos são socialmente funcionalizados, o que impede uma utilização inconsequente da autonomia da vontade. A propriedade, cuja função social tem sede constitucional,

190. Nesse sentido, "um contrato livremente pactuado pode ser, não obstante, um contrato injusto e, nesta medida, pode ser revisto, modificado judicialmente ou mesmo integralmente rescindido: à ênfase na liberdade sucede a ênfase na paridade. Trata-se, pois, de uma transformação profunda no conceito de justiça contratual. A dimensão de tal mudança dificilmente pode ser compreendida em função, apenas, do direito contratual, exigindo, complementarmente, uma contextualização filosófica". (NEGREIROS, Teresa Negreiros. *Teoria do Contrato. Novos Paradigmas*. Rio de Janeiro: Renovar, 2002, p. 158).

191. DONEDA, Danilo. Os direitos da personalidade no Código Civil. *A Parte Geral do novo Código Civil: estudos na perspectiva civil-constitucional*. TEPEDINO, Gustavo (Org.). Rio de Janeiro: Renovar, 2002, p. 38.

restringe o espaço de ação do proprietário, que não pode agir em descompasso com a inserção social do bem que titulariza.

Há, além disso, a necessidade da tutela da confiança das partes e de terceiros. Busca-se o equilíbrio material ou substancial entre as prestações. A função social dos contratos desempenha relevantes tarefas, ao lado das múltiplas funções da boa-fé objetiva. Passa-se da tutela subjetiva da vontade à tutela objetiva da confiança[192].

Há negócios jurídicos que têm um núcleo extrapatrimonial irredutível – e nem estamos falando do direito das famílias. As empresas de plano de saúde, por exemplo, estão sujeitas a uma boa-fé qualificada, decorrente da intensa função social do serviço prestado mediante remuneração. Não é qualquer bem jurídico que está em jogo. É a saúde humana. Não há possibilidade de realizarmos nossos projetos de vida sem saúde. Sem desconhecer os aspectos patrimoniais envolvidos, não é possível encarar esses contratos sob uma ótica puramente patrimonialista (a violência, não só simbólica, que certos poderes privados podem exercer é tão grande que em certas situações de inadimplemento contratual – recusa, por exemplo, por parte dos planos de saúde, em arcar com cirurgias de urgência, reconhece-se o direito à compensação moral, em nossa jurisprudência). A tutela da pessoa humana exige, cada vez mais, a atenção do direito. Isso redimensiona o sistema jurídico, faz com que os conceitos e as categorias sofram o impacto da ética, sem uma vinculação estreita com o patrimônio[193].

4.2. A tradição patrimonialista que historicamente permeou os institutos civis

Já no item anterior pudemos vislumbrar o ponto. Cabe, aqui, apenas complementá-lo. Tradicionalmente, os institutos civis car-

192. Cf. FACHIN, Luiz Edson. O "aggiornamento" do direito civil brasileiro e a confiança negocial. *Repensando os fundamentos do direito civil brasileiro contemporâneo.* Rio de Janeiro: Renovar, 2008, p. 145; MATTIETTO, Leonardo de Andrade. O papel da vontade nas situações jurídicas patrimoniais: o negócio jurídico e o novo Código Civil. *Diálogos sobre Direito Civil – Construindo a racionalidade contemporânea.* Rio de Janeiro: Renovar, 2002, pp. 23-39, p. 35.

193. Em sentido semelhante, Rodotà lembra que "agora, não a propriedade, mas a personalidade se torna o contexto em cujo interior deve ser colocado o governo da vida" (RODOTÀ, Stefano. *Perché laico.* Bari: Laterza, 2010, p.189-205).

regam forte dose de patrimonialidade. Se percorrermos o Código Civil – apesar dos princípios sociais que o dirigem e das cláusulas gerais que traz – não será difícil identificar fortes resíduos de um passado no qual a preocupação precípua era com o patrimônio[194]. Já mencionamos, aliás, no primeiro capítulo, que a questão da violência urbana – na responsabilidade civil tradicional – foi costumeiramente interpretada *contra* a vítima do dano, que deveria responder pelos danos causados aos patrimônios alheios pelo responsável pelo furto do veículo, por exemplo. A dimensão da responsabilidade civil do Estado é uma ilustre ausente dos debates.

Voltando ao olhar mais amplo, podemos dizer que hoje os civilistas aludem, crescentemente, à despatrimonialização e à repersonalização das relações civis. Os juristas são instados a reler a legislação infraconstitucional com novos olhos, observando os valores constitucionalmente prestigiados[195]. Nesse contexto, dificilmente teríamos, hoje, no plano do direito civil, uma conduta agressora das convicções sociais como conforme ao direito. Em face da atual Constituição da República – que adotou, entre os princípios fundamentais da República, a cidadania, a dignidade da pessoa humana (art. 1º, I e III), e entre os objetivos fundamentais da República a construção de uma sociedade livre, justa e solidária (art. 3º, I) – ampliou-se, de modo generoso, o panorama de análise da inconstitucionalidade das leis.

Vivemos, atualmente, em sociedades complexas e heterogêneas. Aliás, o direito do século XXI se define, em boa medida, pelo pluralismo (pluralismo das concepções de mundo, dos sujeitos protegidos pelas normas, das próprias normas, oriundas de fontes diversas, dos interesses tutelados, e da própria filosofia, fundada no diálogo, na razão argumentativa). Além disso, os desafios e ameaças que hoje nos afligem são, de certo modo, distintos daqueles dos séculos passados.

194. Houve até quem defendesse que o Código Civil de 2002 seria ainda mais patrimonialista que o de 1916 (FACHIN, Luiz Edson; RUZIK, Carlos Eduardo. Um projeto de código civil na contramão da Constituição. *Revista Trimestral de Direito Civil.* Rio de Janeiro, v. 4, p. 243, set./dez. 2000).

195. PERLINGIERE, Pietro. *La personalità umana nell'ordinamento giuridico.* Camerino: Jovene, 1972, p. 155.

Há quem sustente que vivemos numa sociedade de risco. Em boa medida, nossa sociedade é definida por eles[196].

Durante o século XIX e boa parte do século XX, o direito civil orgulhava-se do rigor formal dos seus conceitos, em sistema logicamente impecável. Porém, paralelamente aos encadeamentos lógicos dos juristas, os poderes privados eram – e, de certo modo, ainda são – marcados por forte carga despótica[197]. O marido sobrepunha-se, social e juridicamente, à mulher; o pai sobrepunha-se ao filho; os empregadores a seus empregados. A igualdade material não inspirava os códigos civis. Os códigos civis clássicos não se preocupavam com esses desníveis de poder privado; antes os secundavam. Padrões de comportamento preconceituosos se repetiam, e a lei os incentivava. Atualmente, se levarmos a sério a conexão interna entre democracia e Estado Constitucional parece claro que o sistema de direitos não é cego às condições sociais de desigualdade nem às diferenças culturais[198].

---

196. A referência conceitual, a respeito, é Ulrich Beck (BECK, Ulrich. *Sociedade de Risco – rumo a uma outra modernidade.* Trad. Sebastião Nascimento. 2 ed. São Paulo: Ed. 34, 2011). Há autores, sob diversa orientação teórica, que preferem dizer que vivemos numa "sociedade informacional". (Cf. CASTELLS, Manuel. *A sociedade em rede.* Lisboa: Calouste Gulbenkian, 2005).

197. Pontes de Miranda, desde o início do século passado, vigorosamente se punha contra o conteúdo despótico no exercício dos direitos subjetivos, antecipando, em longas décadas, o conceito de função social da propriedade e dos contratos: "Tampouco se definiria o direito subjetivo como poder de mandar, de impor, de comandar. Aos séculos de pontiagudo individualismo foi grata tal concepção, que pôs o indivíduo no lugar dos déspotas. O 'meu' direito (subjetivo) significava a minha força, o meu poder, a minha violência, sucedâneos da força, do poder, da violência do príncipe" (PONTES DE MIRANDA. *Tratado da Ação Rescisória.* Rio de Janeiro: Forense, 1976, p. 10).

198. TAYLOR, Charles. *El multiculturalismo y "La Política del Reconocimiento".* Introdução de Amy Gutmann. Comentarios de Susan Wolf, Steven C. Rockefeller, Michael Walzer; ensayos de Jürgen Habermas, K.Anthony Appiah. Trad. Mónica Utrilla de Neira; Liliana Andrade Llanas y Gerard Vilar Roca. México: Fondo de Cultura Económica, 2009, p. 12. Sob outro prisma, Edward Telles diagnostica: "Uma sociedade democrática precisa de leis que possam, efetivamente, assegurar os direitos de todos os cidadãos, especialmente os mais desprotegidos. No Brasil, como no resto da América Latina, a demora na reforma do Poder Judiciário é, provavelmente, o principal empecilho à democracia e à difusão dos direitos humanos para todos. Como observado por Caldeira, há uma persistente separação entre a democratização formal e a aplicação da lei. A despeito das intenções das leis e políticas progressistas, que aos poucos foram introduzidas nos códigos jurídicos brasileirose que são defendidas pelos principais representantes da Justiça, muitas vezes elas não são aplicadas. Leis são usualmente ignoradas no Brasil, especialmente quando elas defendem os interesses dos menos poderosos" (TELLES,

É preciso lembrar que as relações entre particulares são, frequentemente, assimétricas e desiguais. Há poderes privados – aos quais não deve ser indiferente o Estado[199]. Bem por isso, os direitos fundamentais, hoje, no Brasil, não são apenas direitos de defesa em face do Estado. Exige-se uma postura ativa do Estado para proteger os direitos fundamentais. Essa constatação redefine muitas abordagens, sobretudo da responsabilidade civil do Estado por omissão. Não há *numerus clausus* das dimensões de proteção dos direitos fundamentais, nem *numerus clausus* dos perigos.

O conservadorismo que sempre timbrou o direito de família – baseado no poder do marido e do pai – refletia por certo a sociedade que tínhamos[200]. Hoje a sociedade é plural, com muitos modelos

---

Edward E. *O significado da raça na sociedade brasileira.* Trad. Ana Arruda Callado. Princenton e Oxford: Princenton University Press, 2012, p. 197). Já no que diz respeito à questão do gênero, Nancy Fraser, uma das maiores estudiosas da questão, pondera: "O gênero, eu acredito, é uma coletividade bivalente. Nem simplesmente uma classe, nem simplesmente um grupo de status, o gênero é uma categoria híbrida pautada simultaneamente na política econômica e na cultura" (FRASER, Nancy. Redistribuição, reconhecimento e participação: por uma concepção integrada de justiça. *Igualdade, diferença e direitos humanos.* Rio de Janeiro: Lumen Juris, 2010, pp. 167-189, p. 174). Mais adiante comenta: "O núcleo normativo de minha concepção é a noção de *participação paritária.* De acordo com essa norma, a justiça requer arranjos sociais que permitam a todos os membros adultos da sociedade interagir uns com os outros como pares". Há quem sustente que grande parte do problema da desigualdade entre os sexos é uma questão de liberdades divergentes encobertas pelo manto da necessária igualdade de direitos. Cf. MCCOLGAN, A. *Woman under the Law: the false promese of Human Rights.* London: Longman, 2000.

199. É inegável, sobretudo em nossos dias, que existem situações de opressão ou desnível entre particulares, algo semelhante com as relações assimétricas que lastrearam – ainda na concepção liberal – dos direitos fundamentais em face do Estado (UBILLO, Juan María Bilbao. *La Eficácia de los Derechos Fundamentales frente a particulares. Análisis de la Jurisprudencia del Tribuna Constitucional.* Madrid: Centros de Estudios Políticos y Consitucionales, 1997, p. 369).

200. Sintomaticamente, os civilistas são conhecidos por simbolizar, tradicionalmente, o conservadorismo jurídico. Pierre Bourdieu, por exemplo, enxerga nos privatistas o "culto do texto, o primado da doutrina e da exegese, quer dizer, ao mesmo tempo da teoria e do passado" (BOURDIEU, Pierre. *O poder simbólico.* Trad. Fernando Tomaz. Rio de Janeiro: Bertrand Brasil, 2001, p. 252. De modo semelhante, percebeu-se que "a permanência jurídica se manifesta, em toda sua plenitude, no setor específico das codificações. E, aí, especialmente em matéria de Direito Civil, tido por protótipo do conservadorismo jurídico" (VASCONCELOS, Arnaldo. *Teoria da Norma Jurídica.* São Paulo: Malheiros, 1993, p. 144). Nesse contexto teórico, convém lembrar que o século XIX foi pródigo em generalizações, amplas construções teóricas e esquemas abstratos (MEAD, George H. *Movements of thougt in the nineteenth century.* Chicago: The University of Chicago Press, 1972).

familiares aceitos, e o direito civil, como não poderia deixar de ser, também reflete isso. Não há dúvida que admitir um mais intenso diálogo do direito civil com a ética não significa dar passaporte para o voluntarismo. Não se trata de substituir a pauta de valores constitucionais pela pauta, pessoal e idiossincrática, de valores do intérprete. Bem por isso, uma linha de conduta hermenêutica se impõe com singular rigor: quanto mais semanticamente aberta for a norma, maiores e mais severos são os deveres argumentativos do intérprete. O dever de densidade argumentativa, portanto, é proporcional à flexibilidade dos signos normativos[201].

5. A REVITALIZAÇÃO DO DIREITO CIVIL EM MÚLTIPLAS DIMENSÕES: O ESPECTRO NORMATIVO DA DIGNIDADE E DA SOLIDARIEDADE SOCIAL

As muitas dimensões atuais do direito civil são revitalizadas pelo farto uso dos princípios e cláusulas gerais. O direito privado, nessa perspectiva, sofre uma mutação funcional, aceitando que seus conceitos, categorias e institutos sejam redefinidos à luz da solida-

201. Nesta linha, "mostra-se fundamental a lição de Michele Taruffo sobre o tema: as principais constituições redemocratizantes (italiana, espanhola, portuguesa e brasileira, esta última em seu art. 91, IX) consagram o dever de motivação da sentença não apenas na legislação ordinária, mas especialmente entre as regras constitucionais, e com isto, ao lado da função que a motivação exerce no âmbito do processo, consagrou uma função extraprocessual. Isto significa que, além de facilitar a revisão da sentença, pelas partes e pelo juízo de segunda instância, o dever de motivação desempenha uma função garantista ao viabilizar o controle externo sobre as razões que fundam a decisão e, portanto, traduz a implementação histórica de uma concepção democrática do Poder Judiciário" (MORAES, Maria Celina Bodin de. O jovem direito civil-constitucional. *Civilística*. a 1, nº 1. 2012, editorial, p. 3). Convém registrar, ainda, a propósito do que dissemos no texto (deveres mais fortes de densidade argumentativa) que o Código de Processo Civil de 2015 (Lei nº 13.105, de 16 de março de 2015), nesse sentido, dispõe, no art. 489, § 1º: "Não se considera fundamentada qualquer decisão judicial, seja ela interlocutória, sentença ou acórdão, que: II – empregar conceitos jurídicos indeterminados, sem explicar o motivo concreto de sua incidência no caso; III – invocar motivos que se prestariam a justificar qualquer outra decisão". De modo semelhante, o § 2º do mesmo artigo prescreve: "No caso de colisão entre normas, o juiz deve justificar o objeto e os critérios gerais da ponderação efetuada, enunciando as razões que autorizam a interferência na norma afastada e as premissas fáticas que fundamentam a conclusão". O novo Código de Processo Civil prevê ainda que a decisão judicial deve ser interpretada a partir da conjugação de todos os seus elementos e em conformidade com o princípio da boa-fé.

riedade social (e da função social, dignidade, boa-fé etc.). Ganha também força e respeito a concepção teórica – idealizada por Luiz Edson Fachin – que postula um patrimônio mínimo para cada ser humano, como piso para o exercício dos demais direitos de modo digno[202].

A dignidade da pessoa humana, fundamento da República (CF, art. 1º, III), e a solidariedade social (CF, art. 3º, III), passam a ser invocadas com frequência nos trabalhos acadêmicos e em decisões judiciais. Poderíamos, talvez, resumir a tendência que se observa nos estudos de direito civil em duas palavras: *repersonalização* e *despatrimonialização*. A doutrina, nesse sentido, tem se mostrado atenta ao construir "parâmetros de diferenciação capazes de dar o relevo jurídico necessário aos interesses existenciais[203]".

Há, hoje, toda uma construção – normativa e conceitual – a partir do princípio da dignidade da pessoa humana. Não há setor da experiência jurídica que não tenha, de algum modo, sido atingido pela eficácia irradiante desse princípio. Direito público e direito privado, relações simétricas e relações assimétricas, com ou sem a participação estatal, é certo que a dignidade humana se projeta com singular força normativa por toda a ordem jurídica. Talvez não seja exagero afirmar que boa parte da abertura do sistema jurídico dos nossos dias se opera através da dignidade da pessoa humana – e suas múltiplas e transformadoras dimensões de eficácia. Trata-se de norma aberta que impõe não apenas omissões (dever de não agir contra a dignidade), mas também ações, prestações (dever de agir, positivamente, para realizá-la). Observa-se, nesse último sentido, um claro déficit, uma clara ausência estatal em certos setores fundamentais. Talvez não seja necessária muita exaustão argumentativa para lembrar que às vítimas de violência urbana, no Brasil, sobretudo quando mais humildes economicamente, não é conferida dignidade alguma, em concreto. São, após o dano, esquecidas e frequentemente

202. FACHIN, Luiz Edson. *Estatuto Jurídico do Patrimônio Mínimo*. Rio de Janeiro: Renovar, 2001, páginas 300/311.

203. NEGREIROS, Teresa Negreiros. *Teoria do Contrato. Novos Paradigmas*. Rio de Janeiro: Renovar, 2002, p. 103.

precisam contar com a caridade alheia (o risco, nesse sentido, é exclusivamente do cidadão, não do Estado). Trata-se de estado de coisas que contraria os eixos conceituais que expomos neste capítulo.

A dignidade – como de resto os demais princípios constitucionais – não é conceito que possa ser extraído a partir do ser humano isolado, em pobre (e irreal) compartimentalização. Trata-se de norma que supõe e exige seres humanos em recíprocos contatos. Só daí será possível extrair, material e dinamicamente, os contornos aproximados do princípio. A doutrina percebe que "há uma lógica evolutiva nas dimensões da dignidade humana". Assim como antes os direitos liberais e os direitos sociais "formatavam o conteúdo da dignidade humana, hoje também os direitos de solidariedade, como é o caso especialmente da qualidade ambiental, passam a conformar o conteúdo da dignidade humana, ampliando o seu âmbito de proteção"[204].

Trata-se, ademais, de princípio de amplo espectro temático. Em outras palavras, a dignidade humana – como a solidariedade social – não se exaure, obviamente, no direito civil, mas tem aplicação por todo o sistema jurídico instaurado pela Constituição de 1988. A propósito da solidariedade, um primeiro ponto que pede menção é que, até a Constituição de 1988, a única acepção jurídica do vocábulo solidariedade era aquela que dizia respeito à multiplicidade de sujeitos em um dos polos da relação jurídica (aptos, por exemplo, a ser demandados pela integralidade da dívida)[205]. O curioso é que muitos, ainda hoje, confundem os significados, ou os tratam como se fossem um só fenômeno. Em relação à acepção originária e tradicional, lembremos que a solidariedade é a regra na reparação civil no Brasil há cerca de um século. Desde o Código

204. SARLET, Ingo Wolfgang; FENSTERSEIFER, Tiago. Algumas notas sobre a dimensão ecológica da dignidade da pessoa humana e sobre a dignidade da vida em geral. *Direito ambiental atual.* TRENNEPOHL, Curt; TRENNEPOHL, Terence (Coords). São Paulo: Elsevier, 2014, pp. 83-100, p. 86.

205. Cf. MORAES, Maria Celina Bodin de. O princípio da solidariedade. In: PEIXINHO, Manoel Messias; GUERRA, Isabela Franco; NASCIMENTO FILHO, Firly (coord). *Os princípios da Constituição de 1988.* Rio de Janeiro: Lumen Juris, 2001, pp. 167-206.

Civil de 1916, sempre que a ofensa tiver mais de um causador, todos respondem solidariamente.

No direito ambiental, essa solidariedade ganha notas particularmente severas – e talvez aí esteja a nota singular – ampliando-se, significativamente, em certos casos, a importância da participação indireta, como na conhecida hipótese de responsabilizar o novo proprietário pela degradação promovida pelo antigo dono[206]. Isso, de fato, é algo forte (à luz do nexo causal), digamos assim. Em se tratando de dano ambiental, a "continuidade delitiva é motivo bastante para a condenação atual da indústria poluente, não obstante tenha o dano sido provocado também por algum antecessor no tempo. É nisso que reside a indenização por responsabilidade objetiva solidária dos danos causados ao meio ambiente"[207]. Embora seja importante frisar – como fizemos anteriormente – os dois significados possíveis da solidariedade (um digamos, mais tradicional, e outro de cores contemporâneas, traduzido pela solidariedade social), isso não quer dizer que eles sejam incompatíveis ou não dialoguem. Em muitos casos, a solidariedade clássica se põe como prestante mecanismo para otimizar e para concretizar a solidariedade social e a própria dignidade humana. Decidiu-se, por exemplo, em julgado recente, que a Igreja responde civil e objetivamente, perante a vítima, pelo ato do padre que pratica pedofilia (STJ, 1.393.699, Rel. Min. Nancy Andrighi, 3ª T, DJ 24/02/2014)[208]. Responsabilidade solidária, portanto.

206. O STJ tem posição firme neste sentido: "Em se tratando de reserva florestal, com limitação imposta por lei, o novo proprietário, ao adquirir a área, assume o ônus de manter a preservação, tornando-se responsável pela reposição, mesmo que não tenha contribuído para devastá-la" (STJ, REsp 327.254, Rel. Min. Eliana Calmon, 2ª T, DJ 19/02/2002. Antes, no mesmo sentido, confira-se o REsp 222.349, Rel. Min. José Delgado, 1ª T, DJ 23/03/2000).

207. NERY JR, Nelson; NERY, Rosa Maria B. de Andrade. Responsabilidade civil, meio ambiente e ação coletiva ambiental. BENJAMIN, Herman (Org.). *Dano ambiental: prevenção, reparação e repressão.* São Paulo: RT, 1993, p. 284. Elucidativo, nesse sentido, são os verbos usados em julgado que busca caracterizar quem são os responsáveis pelo dano ambiental: "quem faz, que não faz quando deveria fazer, quem deixa de fazer, quem não se importa que façam, quem financia para que façam, e que se beneficia quando outros fazem" (STJ, 650.728, Rel. Min. Herman Benjamin). Temos, portanto, de modo amplo, a responsabilidade civil não só de poluidores diretos, mas também indiretos.

208. A ementa do referido julgado, entre outros pontos, consignou: "A gravidade dos fatos reconhecidos em juízo, sobre crimes sexuais praticados por religiosos contra menores,

Os princípios – sobretudo a dignidade da pessoa humana – apenas socialmente podem ter sua carga significativa revelada. A solidariedade, por exemplo, hoje, como princípio jurídico, opõe-se vigorosamente ao individualismo que permeou as práticas jurídicas nos séculos passados. Paulo Lôbo percebe que o "*pathos* da sociedade de hoje, comprovado em geral por uma análise mais detida das tendências dominantes da legislação e da aplicação do direito, é o da solidariedade", ou seja, "da responsabilidade, não apenas dos poderes públicos, mas também da sociedade e de cada um dos seus membros individuais, pela existência social de cada um dos outros membros da sociedade"[209]. Entre nós, o marco normativo da consagração da solidariedade social foi a Constituição de 1988.

Argutamente notou-se que não estamos diante da dimensão espiritual ou caritativa da solidariedade, mas estamos numa dimensão essencialmente jurídica[210]. Assim como a tese da aplicação direta dos direitos fundamentais nas relações privadas preceitua, de modo até mais amplo, o princípio da solidariedade não é oponível apenas ao Estado, mas também aos particulares[211]. Uma cosmovisão individualista da sociedade reconhece apenas a lógica da competição.

Há, também, uma revalorização da equidade, no sentido aristotélico de justiça do caso concreto. Uma consequência até certo ponto óbvia dessas mudanças é a seguinte: quanto mais a ordem

---

acarreta responsabilidade civil da entidade religiosa, dado o agir aproveitando-se da condição religiosa, traindo a confiança que nela depositam os fiéis. Notadamente em circunstâncias como a dos autos, em que o preposto, como sacerdote, é, em geral, pessoa de poucas posses, às vezes por causa do voto de pobreza, e, portanto, sem possuir os meios necessários para garantir a justa indenização, assume o preponente nítida posição de garantidor da reparação devida à vítima do evento danoso, porque, em regra, possui melhores condições de fazê-lo".

209. LÔBO, Paulo. *Direito Civil. Parte Geral.* São Paulo: Saraiva, 2009, p. 81/85. Adiante, conclui: "Assim, podemos afirmar que o princípio da solidariedade é um dos grandes marcos paradigmáticos que caracterizam a transformação do Estado liberal e individualista em Estado democrático e social (por alguns, justamente denominado Estado solidário), com suas vicissitudes e desafios, que o conturbado século XX nos legou. É superação do individualismo jurídico pela função social dos direitos".

210. MORAES, Maria Celina Bodin de. *Danos à pessoa humana.* Rio de Janeiro: Renovar, 2003, p. 115-116.

211. PECES-BARBA MARTINEZ, Gregório. *Teoria dei diritti fondamentali.* Milano: Giuffrè, 1993, p. 256.

jurídica se vale de normas abertas, maior é o campo de atuação do intérprete. Porém, se sua liberdade de movimentação é maior ao lidar com princípios e cláusulas gerais, maiores também serão, proporcionalmente, seus deveres de argumentação, que se mostram mais rigorosos à medida em que a norma se evidencia mais aberta. Está havendo um contínuo deslocamento do eixo estrutural do sistema jurídico: de um sistema fechado, autorreferente, composto exclusivamente por regras, para um sistema que, sem desprezar as regras, enfoca, com particular preponderância, os princípios e os conceitos abertos. As fontes normativas – em especial aquelas situadas no vértice do sistema – passaram a operar com um valor não absoluto de constância, o que possibilita uma atividade jurídica mais permeável aos valores[212]. Ademais, gostemos ou não, trata-se de fenômeno dos nossos dias, com os quais devemos aprender a lidar e dele extrair as melhores potencialidades[213].

6. OS CICLOS EVOLUTIVOS DA RESPONSABILIDADE CIVIL: ENTRE VELHAS ESTRUTURAS E NOVAS FUNÇÕES

A responsabilidade civil traz consigo, em seus ciclos evolutivos, um potencial inovador considerável. No universo teórico do direito privado – historicamente tido como conservador e cioso das tradições e do passado –, a responsabilidade civil aparece como um parente agitado, exótico, dado a ideias eventualmente deses-

212. Teoriza-se a propósito: "Neste contexto, o Direito se torna um regulador de procedimentos cuja função é legitimar decisões de conteúdo indeterminado. Tal indeterminação não significa, no entanto, aleatoriedade. O sistema jurídico recolhe a núcleos de sentido como os valores, as pessoas, os papéis sociais e as ideologias para conferir conteúdo às normas" (RIBEIRO, Maurício Portugal. O direito contemporâneo e a metodologia de ensino do direito. *Direito Global*. SUNDFELD, Carlos Ari; VIEIRA, Oscar Vilhena (Coordenadores). São Paulo: Max Limonad, 1999, p. 96)

213. Percebe-se que "a utilização de princípios e cláusulas gerais sempre foi vista com muita reserva pelos juristas, ante sua inevitável indeterminação de conteúdo e, no que concerne ao hegemônico individualismo jurídico do Estado liberal, o receio da invenção do Estado nas relações privadas, por meio do juiz. Todavia, para a sociedade em mudanças, para a realização das finalidades da justiça social e para o trato adequado do fenômeno avassalador da massificação contratual e da parte contratante vulnerável, constituem ferramentas hermenêuticas indispensáveis e imprescindíveis" (LÔBO, Paulo Luiz Netto. Condições gerais dos contratos e o novo Código Civil brasileiro, *RTDC*, vol. 27, jul/set, 2006, p. 109).

tabilizadoras. Há, nesse sentido, um componente iconoclasta na responsabilidade civil. Não que esteja presente em todos os períodos históricos, mas, de tempos em tempos, ele se faz sentir, talvez bem mais aqui do que em outras categorias do direito civil.

A explicação possível talvez possa ser encontrada no fato de que a responsabilidade civil tem uma estrutura orgânica que facilita a absorção – possivelmente mais rápida – das mudanças sociais. Para que possamos decidir um caso relativo à responsabilidade civil, precisamos analisar se há dano (lembremos que a valoração humana acerca *do que é* dano varia enormemente. Fatos que há algumas décadas não consideraríamos dano hoje poderíamos considerá-los como tal. Há, portanto, uma historicidade inerente ao conceito de dano, que varia temporal e espacialmente)[214]. A responsabilidade civil lida, em boa medida, com conceitos abertos (princípios, cláusulas gerais, conceitos jurídicos indeterminados etc.). Isso, de certo modo, favorece a incorporação dos novos ventos que renovam as relações sociais, trazendo-as para o universo do direito dos danos. Não é exagero afirmar que a responsabilidade civil se redefine a partir das mudanças sociais[215].

Aliás, hoje se aceita, de modo crescente, a ideia do sistema jurídico como um sistema (pelo menos relativamente) aberto. Claus-Wilhelm Canaris define o sistema jurídico como "ordem teleológica de princípios gerais de direito"[216]. A atribuição de eficácia normativa

214. Percebe-se – como algo constatável, embora nem sempre desejável – que está havendo, nestas primeiras décadas do século XXI, um alargamento do conceito de dano indenizável. Isso "não quer dizer que estes danos sejam novos no sentido de não terem sua existência revelada em outras épocas, mas de que nestes momentos anteriores a sociedade – e o Judiciário, como consequência – teria algum grau de dificuldade em tutelar positivamente esta hipótese por se tratar de situações que requerem uma investigação mais apurada da função atribuída à responsabilidade civil, qual seja, a de possibilitar a proteção da pessoa humana contra violações geradas à sua dignidade (MULHOLLAND, Caitlin Sampaio. *A responsabilidade civil por presunção de causalidade.* Rio de Janeiro: GZ, 2010, p. 28).

215. Cf. CASTRONOVO, Carlo. *La nuova responsabilità civile.* Milano: Giuffrè, 2006, p.101. Aliás, não por acaso, afirma-se que "a responsabilidade civil tem representado nos países ocidentais um papel verdadeiramente revolucionário" (MORAES, Maria Celina Bodin de. *Danos à pessoa humana.* Rio de Janeiro: Renovar, 2003, p. 22).

216. O ordenamento jurídico, nessa perspectiva, apresentaria caráter dinâmico, não estático, e dialogaria com as mudanças sociais, incorporando-as às suas dimensões normativas

dos princípios está associada à abertura do sistema jurídico, no sentido de aceitar mudanças de fora para dentro, isto é, aceitar que fontes não propriamente legislativas possam modificar o sentido e as possibilidades das normas jurídicas.

Inegavelmente, o direito civil se aproxima das normas abertas da Constituição e dialoga crescentemente com a teoria dos direitos fundamentais. As polêmicas restringem-se, em geral, à forma como deve se dar essa aplicação[217]. A aplicação direta desses direitos, aliás, virou palavra de ordem entre os civilistas, entendendo-se, de modo largamente dominante, que no Brasil a eficácia dos direitos fundamentais se processaria de modo direto[218], e não de forma indireta como ocorre na Alemanha, berço teórico da concepção. Não só a aplicação direta dos direitos fundamentais às relações privadas ganha força, mas também – como dissemos antes – a percepção do sistema jurídico como um sistema aberto de princípios normativos. Por isso – mas não só por isso – a sulcada divisão entre direito público e direito privado perde relevância (lembremos que o princípio da dignidade da pessoa humana não conhece setores imunes às suas luzes).

Voltando, de modo específico, ao item que direciona o presente tópico, podemos afirmar que a responsabilidade civil se encontra em processo de abertura e refuncionalização, aceitando o pluralismo e assumindo certo tom menos dogmático. Não mais o sujeito de direito impessoal e abstrato, mas a pessoa humana, com

---

através da interpretação dos conceitos jurídicos (CANARIS, Claus-Wilhelm. *Pensamento sistemático e conceito de sistema na ciência do direito.* Introdução e trad. A. Menezes Cordeiro. Lisboa: Calouste Gulbenkian, 1996, p. 30). Canaris argumenta ainda "que a unidade interna de sentido do Direito, que opera para o erguer em sistema, não corresponde a uma derivação da ideia de justiça do tipo *lógico*, mas antes de tipo *valorativo* ou *axiológico*".

217. CAPITANT, David. *Lês effets juridiques des droits fondamentaux en Allemagne.* Paris: L.G.D.J., 2001.

218. Maria Celina Bodin de Moraes, a propósito, esclarece: "As profundas transformações ocorridas na responsabilidade civil, ramo do direito civil que apresenta atualmente grandes desafios aos juristas, devem ser enfrentadas a partir da perspectiva da aplicação direta e imediata das normas constitucionais" (MORAES, Maria Celina Bodin de. A Constitucionalização do Direito Civil e seus efeitos sobre a Responsabilidade Civil. *A Constitucionalização do Direito: fundamentos teóricos e aplicações específicas.* Cláudio Pereira de Souza e Daniel Sarmento (Orgs). Rio de Janeiro: Lumen Juris, 2007, p. 444).

seus projetos e suas dores bastante reais. O direito dos nossos dias reconhece as diferenças socioculturais. Não só as reconhece como as têm como relevantes para as soluções dos conflitos. Outro ponto é a funcionalidade. Aceita-se, atualmente, que a função social defina, internamente, os institutos, não se pondo apenas como limite externo. Em outras palavras: a funcionalidade define o que eles são e não só até aonde podem ir.

Conforme dissemos, a responsabilidade civil passa por um processo de refuncionalização. O instituto renova-se, de modo significativo, a partir das mudanças (não só normativas, mas sobretudo sociais). Houve, nas últimas décadas, intensa produção jurisprudencial a respeito do tema – o que permitiu renovar, criativamente, boa parte dos postulados teóricos aplicáveis à disciplina[219]. Neste nosso século, a responsabilidade civil é refuncionalizada, ou seja, é chamada a desempenhar novas funções[220]. O instituto, além disso, ao lado de sua índole individualística, tem uma forte dimensão coletiva. Caitlin Sampaio Mulholland percebe que a "responsabilidade civil passa a cumprir uma renovada função, qual seja, a de reparar os danos sofridos pela vítima, muito mais do que o de obrigar o agente a indenizar por conta de sua conduta culposa". Diagnosticou ainda que "isso se deve à tomada de consciência e ao sentimento coletivo a respeito da injustiça de deixar a vítima em uma posição desfavorável em relação ao dano que lhe foi ocasionado, mesmo consciente de que o autor do dano pode não ter agido de forma a causá-lo culposamente"[221].

219. MARTINS-COSTA, Judith. Os danos à pessoa no direito brasileiro e a natureza de sua reparação. *A Reconstrução do Direito Privado,* Judith Martins-Costa (org.). São Paulo: RT, 2002, pp. 408/446, p. 427. Maria Celina Bodin chega a dizer que é inegável que o Direito da Responsabilidade Civil, em nossos dias, está sendo criado pela jurisprudência (MORAES, Maria Celina Bodin de. *Danos à pessoa humana.* Rio de Janeiro: Renovar, 2003, p. 49). Assim, "ainda que na origem o direito da responsabilidade civil seja individualista e patrimonialista (pois seu objetivo é a reparação pecuniária e individual de um dano), sua interpretação e aplicação hoje levam em consideração outros fundamentos, de cunho solidarista, instrumentalizando uma ótica personalista do direito civil, especialmente no que se refere ao Direito de Danos". (MULHOLLAND, Caitlin Sampaio. *A responsabilidade civil por presunção de causalidade.* Rio de Janeiro: GZ, 2010, p. 13).

220. Cf. ROSENVALD, Nelson. *As funções da responsabilidade civil.* São Paulo: Atlas, 2013.

221. MULHOLLAND, Caitlin Sampaio. *A responsabilidade civil por presunção de causalidade.* Rio de Janeiro: GZ, 2010, p. 16. Conclui, no mesmo estudo, adiante que as "bases

A maior proteção à vítima vem conjugada com um processo histórico-normativo que torna a responsabilidade civil cada vez mais objetiva. Isto é, os suportes fáticos das normas que determinam a indenizabilidade dos danos exigem, cada vez menos, a presença da culpa. Indeniza-se, mesmo sem culpa. É assim, por exemplo, em regra, na responsabilidade civil do Estado e na responsabilidade civil no direito do consumidor. Também no direito ambiental. Ampliam-se, fortemente, os espaços do dano injusto indenizável. Há danos individuais e danos coletivos, danos atuais e danos futuros. Indeniza-se, até, hoje, a perda da chance. Lida-se não mais com a certeza do dano clássico, mas com a probabilidade[222]. Lembremos que a dimensão preventiva – eventualmente dialogando com os princípios da prevenção e da precaução – é fator relevante e essencial na responsabilidade civil atual[223].

---

valorativas do Direito de Danos podem encontrar-se justamente na consagração de dois princípios em nosso ordenamento jurídico: o princípio da reparação integral e o princípio da solidariedade social" (MULHOLLAND, Caitlin Sampaio. *A responsabilidade civil por presunção de causalidade.* Rio de Janeiro: GZ, 2010, p. 338).

222. Gisela Sampaio da Cruz aponta: "Todavia, apesar de ser aleatória a possibilidade de obter o benefício em expectativa, nestes casos existe um dano real, que é constituído pela própria chance perdida, isto é, pela oportunidade, que se dissipou, de se obter no futuro a vantagem, ou de evitar o prejuízo que veio a acontecer" (CRUZ, Gisela Sampaio da. *O problema do nexo causal na responsabilidade civil.* Gisela Sampaio da Cruz. Rio de Janeiro: Renovar, 2005, p. 7). De modo mais amplo, pensando acerca das probabilidades, Georges Wiederkehr, à luz da realidade europeia, alude ao "convite feito ao juiz de não ser muito exigente acerca da prova da causalidade e de não querer mais do que a probabilidade" (citado por MACHADO, Paulo Affonso Leme. *Direito Ambiental Brasileiro*, p. 357). Na esfera do direito ambiental já se mostram aceitáveis e difundidas as presunções de causalidade (MULHOLLAND, Caitlin Sampaio. *A responsabilidade civil por presunção de causalidade.* Rio de Janeiro: GZ, 2010, p. 21, nota 31). Aliás, os danos ambientais revestem-se de particularidades. Os danos ambientais raramente seguem uma lógica linear. A quantificação é dificílima. Como quantificar e ressarcir – por exemplo – a extinção de certa espécie da fauna? Ou mesmo a contaminação de lençóis freáticos? Trabalha-se, ademais, neste campo, com muita frequência, com o conceito de dano futuro. Pensemos na chamada poluição histórica, que resulta da acumulação, sucessiva e progressiva, de dejetos. Sem falar que há danos que nem sempre se situam no domínio das causas visíveis. Há, frequentemente, um largo espectro de causas e uma distância espacial (e também temporal) entre a ação e o resultado danoso. Não por acaso, Herman Benjamim aludiu, a propósito, ao "império da dispersão do nexo causal". Por isso, como dissemos, há de certo modo um convite ao juiz a não ser muito exigente com o nexo de causalidade e não exigir mais do que a probabilidade.

223. PERLINGIERE, Pietro. La responsabilità civile tra indennizzo e risarcimento. *Rassegna di diritto civile*, nº 4, 2004, pp. 1061-1087.

O direito dos nossos dias – talvez melhor fosse escrever: o direito dos danos dos nossos dias – olha menos para a culpa e mais para o risco (não por acaso, título da clássica obra de Alvino Lima)[224]. Trata-se de linha de tendência que se esboça em nosso país sobretudo a partir de meados do século passado. Outro aspecto relevante é o seguinte: há uma filtragem ética – ou pelo menos há uma crescente preocupação doutrinária nesse sentido, ainda que eventualmente desconsiderada na solução de certos casos – que busca distinguir, para conferir respostas normativamente diferenciadas, entre bens patrimoniais e bens não patrimoniais (existenciais).

Aliás, a bipartição tradicional – que categoriza os ilícitos em absolutos e relativos, conforme o sujeito passivo, se determinado ou não – é neutra em relação aos valores. Incapaz, portanto, sob o prisma teórico, de oferecer uma consideração diferenciada para os bens jurídicos não patrimoniais. Poderíamos, atualmente, nesse contexto, dar um passo adiante em relação à classificação tradicional dos ilícitos em absolutos e relativos e – sem esquecer o dualismo clássico – enxergar os ilícitos civis *também* à luz das lentes atuais da repersonalização e da despatrimonialização. Nesse sentido, talvez nos ajude, hermeneuticamente, enxergar os ilícitos civis a partir de duas categorias contemporâneas: a) ilícitos patrimoniais; b) ilícitos extrapatrimoniais[225]. Voltaremos ao tema adiante, no terceiro capítulo do livro.

Talvez seja interessante sublinhar que – segundo cremos – ilícito civil não se confunde com responsabilidade civil. A doutrina

224. Alvino Lima, escrevendo na década de 30 do século passado – lembremos que sua obra, cujo título original era "Da culpa ao risco", tem origem na tese de cátedra que o jurista defendeu na Faculdade de Direito do Largo de São Francisco, em 1938 – já apontava que "a teoria do risco tem conquistado terreno sobre a responsabilidade fundada na culpa, quer na elaboração dos próprios preceitos do direito comum, como em sua interpretação pelos tribunais, quer na legislação especial, resolvendo hipóteses que não o poderiam ser, com justiça e equidade, no âmbito estreito da culpa" (LIMA, Alvino. *Culpa e risco*. São Paulo: RT, 2ª edição, 1999).

225. Se a distinção entre ilícitos absolutos e relativos é neutra em relação aos valores, aqui ocorre o inverso. As categorias se opõem em função dos valores que os bens jurídicos traduzem. O tratamento conferido aos direitos patrimoniais, sejam reais ou obrigacionais, pode ser, em grandes linhas, semelhante. Porém os extrapatrimoniais exigem uma tutela qualitativamente diversa. A diferenciação é, sob certo sentido, ética, e não poderia deixar de ser. A carga valorativa que o conceito de pessoa atualmente

nacional, em geral, os identifica. Imagina que ilícitos civis são aqueles previstos no Código Civil (arts. 186 e 187), cujo efeito é, sempre e apenas, o dever de indenizar (art. 927). Tal visão, segundo cremos, é parcial e não dá conta da realidade do mundo jurídico no que toca aos ilícitos civis (cuja eficácia poderá ser não apenas indenizante, mas também perfazer perdas de direitos ou outras categorias de eficácia; neutralização dos efeitos pretendidos pelo negócio jurídico; autorizações para o ofendido praticar determinados atos etc.). Na verdade, bem vistas as coisas, os ilícitos civis perfazem um rico gênero, variado e multiforme, cujos contornos não aceitam a tradução dogmática oferecida pela doutrina clássica, ainda hoje repetida nas novas edições de antigos livros.

6.1. Os degraus da responsabilidade civil: um olhar através dos ciclos históricos

Talvez possamos, historicamente falando, vislumbrar uma escada teórica da responsabilidade civil. Uma escada em que cada degrau não exclui o degrau anterior, mas o pressupõe. Os degraus convivem, não cabendo pleitear a existência exclusiva de determinados pisos, cada qual com funções específicas e relevâncias diferenciadas. No primeiro degrau teríamos a responsabilidade subjetiva, descansando na sombra da culpa. Esse foi, por muito tempo, o único degrau conhecido, a única condição de possibilidade da existência da responsabilidade civil[226].

No segundo degrau teríamos a culpa presumida – largamente usada em boa parte do século XX. Perceba-se que ainda estamos diante de uma hipótese de responsabilidade subjetiva. A culpa persiste importante, só que o ônus probatório não mais está com

carrega é tão forte que impõe considerações próprias. O denso conteúdo axiológico dos direitos extrapatrimoniais exige formas de proteção específicas. Não se pode pretender proteger, igualmente, a propriedade e a pessoa. O direito contemporâneo repudia semelhante neutralidade.

226. Talvez o exemplo mais claro e paradigmático de defesa da culpa esteja na obra dos irmãos MAZEAUD. Ver MAZEAUD, Henri; MAZEAUD, Léon. *Traité théorique et pratique de la responsabilité civile délictuelle et contractuelle.* Paris: Recueil Sirey, 1947, t. I, p. 723 e passim.

a vítima, e sim com o suposto ofensor. Na responsabilidade civil clássica, subjetiva, a vítima é que deverá provar a culpa do ofensor. O ônus da prova é dela. Já na culpa presumida, o ordenamento altera o ônus probatório, cabendo ao (suposto) ofensor provar que não agiu culposamente. Nos dois casos, entretanto, como se percebe, a discussão gira em torno da culpa. Passamos, portanto, da responsabilidade subjetiva, de índole clássica, descansando na sombra da culpa, para técnicas que, aos poucos, passaram a presumir o elemento subjetivo. Fomos, assim, da culpa clássica para a culpa presumida em muitos casos (foi o que aconteceu, legislativa e jurisprudencialmente, no século passado, em relação às estradas de ferro). A responsabilidade dos pais pelos filhos menores, no Brasil, foi uma hipótese de responsabilidade por culpa presumida até 2002, quando passou a ser objetiva (Código Civil, art. 932, I; art. 933).

No terceiro degrau teríamos a responsabilidade civil objetiva. A objetivação da responsabilidade civil é uma tendência observável a partir sobretudo de meados do século passado, sendo possível registrar movimentações nesse sentido ainda mais recuadas no tempo. Hoje, a legislação brasileira é farta em hipóteses de responsabilidade objetiva, como ocorre, por exemplo, na legislação ambiental, no transporte de pessoas (aéreo ou terrestre), nas relações entre bancos e clientes, nas relações entre construtoras e adquirentes de unidades residenciais, nas relações entre usuários e planos de saúde, entre muitas outras situações possíveis[227]. A responsabilidade objetiva –

227. A responsabilidade objetiva, em nossos dias, ganha crescentemente força. Há poucos anos, mais uma hipótese foi incorporada à nossa ordem jurídica pela Lei nº 12.846/2013, que dispõe sobre a responsabilização objetiva administrativa e civil de pessoas jurídicas pela prática de atos contra a administração pública, nacional ou estrangeira (art. 1º). O art. 2º estatui: "As pessoas jurídicas serão responsabilizadas objetivamente, nos âmbitos administrativo e civil, pelos atos lesivos previstos nesta Lei praticados em seu interesse ou benefício, exclusivo ou não". Temos, aí, mais uma hipótese, na ordem jurídica brasileira, de responsabilidade objetiva: a responsabilidade das pessoas jurídicas diante de atos danosos à administração pública. Em regra, como se sabe, é o Estado que responde sem culpa pelos danos que cause, seja a pessoas físicas, seja a pessoas jurídicas. Já se uma pessoa física causar um dano ao Estado (digamos que alguém, aluno de uma universidade federal, estragou um computador do laboratório de pesquisa), é preciso, para que haja responsabilidade civil, que lhe seja provada a culpa (negligência, imperícia ou imprudência). O mesmo acontecia, em regra, relativamente às pessoas jurídicas de direito privado, nas relações com o Estado (perceba-se que não estamos falando das pessoas jurídicas de direito privado, prestadoras de serviço público, nas

ao contrário da responsabilidade civil por culpa presumida – não admite a prova de ausência de culpa. As discussões, aqui, devem orbitar em torno do nexo causal.

Talvez pudéssemos falar, no quarto degrau, em responsabilidade objetiva agravada[228] (ou outra denominação equivalente, as denominações são, em parte, secundárias). Seriam situações em que se dispensa o nexo de causalidade adequada entre o fato e o dano. Exige-se, porém, que haja *estreita conexão* entre o dano e a atividade do ofensor. Os danos, nesse sentido, precisam guardar conexão com a atividade desenvolvida, conforme veremos, analiticamente, no terceiro capítulo (podemos lembrar, desde já, que os bancos, por exemplo, respondem objetivamente perante os clientes por fraudes praticadas por terceiros – fortuitos internos, consoante reconhece a Súmula 479 do STJ). Voltaremos ao tema no terceiro capítulo, com implicações diretas no objeto de nosso estudo.

---

relações com os cidadãos). Se uma pessoa jurídica causasse um dano ao Estado, em princípio a culpa se faria necessária para a responsabilização, a menos que interviesse uma legislação específica que impusesse a responsabilidade objetiva (por exemplo, uma empresa de transporte de cargas cujo caminhão destrói determinada balança de pesagem de cargas, responderá se tiver havido culpa; a menos que suponhamos uma situação em que possamos aplicar a teoria do risco, prevista no art. 927, parágrafo único, do Código Civil, de feição objetiva). Com o advento Lei nº 12.846/2013 temos uma nova hipótese de responsabilidade objetiva no direito brasileiro. As pessoas jurídicas - ou mesmo entidades não personificadas, já que o art. 1º, parágrafo único, é claro nesse sentido, além de mencionar que a lei se aplica àquelas entidades "constituídas de fato ou de direito, ainda que temporariamente" - respondem pelas ações que lesionem "o patrimônio público nacional ou estrangeiro, contra princípios da administração pública ou contra os compromissos internacionais assumidos pelo Brasil". A lei em questão parece ter sido uma resposta a denúncias feitas pela imprensa em relação a fraudes nas licitações de hospitais públicos, sobretudo no Rio de Janeiro. Seja qual for sua origem, a intenção é louvável. Prevê que, em relação aos atos lesivos à administração nacional ou estrangeira (as organizações públicas internacionais são equiparadas à administração pública estrangeira, art. 5, § 2º), a responsabilidade civil (e administrativa) será objetiva (art. 2º). A lei, porém, parece ter optado por restringir os atos danosos - em relação aos quais a responsabilidade civil das pessoas jurídicas é objetiva - àqueles vinculados de algum modo a práticas corruptas. Imaginemos uma situação concreta: fornecimento de refeições para hospitais ou presídios. Um funcionário de determinada empresa oferece propina para ganhar licitação. Nos termos da lei citada, a empresa *não poderá* alegar que desconhecia a conduta do funcionário. Desde que haja nexo causal, a empresa responderá. O benefício nem precisa ser exclusivo da empresa. Lembremos, a propósito, que à luz do Código Civil o empregador já responde sem culpa por ato do empregado (Código Civil, art. 932, II; art. 933).

228. NORONHA, Fernando. *Direito das obrigações, v. I*. São Paulo: Saraiva, 2003, p. 638. Voltaremos ao tema adiante, no Capítulo III desta tese.

Ou talvez pudéssemos inserir, no quarto degrau, as presunções de causalidade, como propõe Caitlin Sampaio[229]. Ou ainda com a aplicação de teorias acerca do nexo de causalidade com feição mais flexível, a exemplo da causalidade alternativa, recebida com entusiasmo no direito ambiental. E o quinto degrau ficaria para a responsabilidade objetiva agravada (aquela em que a presunção de causalidade *não é* necessária, porque se prescinde do próprio nexo causal). Qualquer das opções seria, cremos, uma escolha teórica legítima, que tenta descrever, esquematicamente, modelos historicamente utilizados pelo direito dos danos.

6.2. A teoria do risco (CC, art. 927, parágrafo único) e suas vastas possibilidades hermenêuticas

Por muito tempo – em especial durante boa parte do século passado – os civilistas disputaram teoricamente qual seria a teoria mais adequada à responsabilidade civil: a teoria subjetiva ou objetiva? A teoria subjetiva contava com séculos de estrada e tinha, em geral, o apoio confortador dos códigos civis então vigentes. A teoria objetiva, embora nova, ou por isso mesmo, ganhava cada vez mais adeptos (no Brasil, convém registrar os nomes de Alvino Lima, Wilson Melo da Silva, Caio Mário, Aguiar Dias, entre outros).

Hoje não faz sentido postular a adoção de uma teoria (objetiva ou subjetiva) em caráter de exclusividade. O direito brasileiro dos nossos dias convive sabiamente com ambas as formas de responsabilidades civis: objetiva e subjetiva. Gustavo Tepedino, a propósito, teve a oportunidade de frisar – escrevendo sobre a convivência entre as responsabilidades objetiva e subjetiva – que o sistema dualista de responsabilidade atende a um incindível dever de solidariedade social determinado pelo constituinte, que não se restringe à relação

229. Assim, "admitindo-se a possibilidade de presunção de causalidade quando presentes os critérios já expostos neste Capítulo, inúmeras situações de dano que em épocas passadas seriam consideradas como um fortuito ou um acidente infeliz, hoje seriam indenizáveis, realizando a função plena da reparação da vítima e efetivando o ideal da solidariedade social" (MULHOLLAND, Caitlin Sampaio. *A responsabilidade civil por presunção de causalidade.* Rio de Janeiro: GZ, 2010, p. 340).

entre o cidadão e o Estado[230]. Há, aliás, quem argumente que há mais um contínuo, entre elas, do que um dualismo[231]. Seja como for, não seria correto dizer, hoje, que a responsabilidade subjetiva é dominante, como era no passado. Talvez a responsabilidade objetiva tenha passado à frente (só um exemplo: a grande maioria dos contratos que firmamos, hoje, são contratos de consumo. Neles, a responsabilidade civil é, em quase todos os casos, objetiva).

A teoria do risco, no Brasil, perfaz hipótese de responsabilidade civil objetiva por ato lícito. Trata-se de cláusula geral da responsabilidade civil objetiva no Código Civil (art. 927, parágrafo único) – ao lado do conhecido art. 186, que traduz a cláusula geral da responsabilidade civil subjetiva, com séculos de estrada. No Brasil, como dissemos, a responsabilidade civil fundada na teoria do risco se consagrou na modalidade objetiva. Em outros países, como na Itália, trata-se de culpa presumida[232]. Na culpa presumida o ofensor pode provar a ausência de culpa, prova essa inadmitida na responsabilidade objetiva.

Conforme temos pontuado, podemos conectar historicamente a teoria do risco às obras de Saleilles e Josserand – ambas publicadas em 1897 – que reagiam contra o estado de coisas então prevalente, que exigia, invariavelmente, a prova de culpa do empregador nos danos sofridos pelos empregados, estes quase sempre trabalhando em máquinas toscas e tecnicamente incipientes. Essa prova, de produção extremamente difícil, não por acaso ganhou o epíteto de "prova diabólica". Em linhas muito gerais, foi contra esse estado de coisas que a teoria do risco foi esboçada, como uma hipótese de

230. TEPEDINO, Gustavo. Temas de Direito Civil. Rio de Janeiro: Renovar, 1999, p. 177.

231. Ana Frazão argumenta que "são corretas as conclusões do European Group on Tort Law de que a responsabilidade subjetiva e a objetiva são muito mais um contínuo do que propriamente duas categorias. Tal afirmação é especialmente relevante nas atividades que envolvem um alto grau de cuidado, situação em que os dois tipos tendem a convergir em termos de resultado. Tais considerações são importantes por mostrarem a necessidade da análise do dever de cuidado mesmo na responsabilidade pelo risco, a fim de se perquirir sobre a adequação das medidas que foram tomadas pelo empresário diante do que seria razoavelmente previsível" (FRAZÃO, Ana. Risco da empresa e caso fortuito externo. Civilística. a 5, nº 1, 2016, p. 17).

232. GONÇALVES, Carlos Roberto. *Responsabilidade Civil*. São Paulo: Saraiva, 2003, p. 253.

responsabilidade objetiva em um contexto normativo fundamentalmente subjetivista.

Marcel Sousse notou que no fim do século XIX, certos autores, especialmente atentos à evolução econômica e social, lançam a ideia de uma incompatibilidade da culpa a essa evolução. A culpa, até ali incontestável, teria se tornado incapaz de propiciar a indenização das vítimas de acidentes de trabalho, cada vez mais numerosas. As vítimas geralmente não têm a possibildade de provar a culpa do patrão e o nexo de causalidade entre a culpa e o dano. O Parlamento francês foi chamado a cuidar desse problema, e as discussões, que se prolongaram por dezoito anos, colocaram na ordem do dia as ideias de risco industrial e de risco profissional[233].

Convém lembrar que a responsabilidade civil, historicamente, em não raras situações, funcionalizou-se como o instituto que evitou que os custos do progresso fossem suportados pelos agentes socialmente mais vulneráveis. Essa é uma linha histórica que precisa ser constantemente relembrada. Na passagem do século XIX para o século XX foram as obras de Josserand e de Saleilles que chamaram a atenção para a existência de danos injustos que *não eram indenizáveis*, à luz dos padrões mentais e normativos então prevalentes[234]. A interpretação que conferimos aos conceitos, categorias e institutos é que, em boa medida, define *o que são* os conceitos, categorias e institutos. Essa percepção, embora óbvia, é fundamental para as construções de sentido na responsabilidade civil do Estado pelos danos relacionados à violência urbana.

---

233. SOUSSE, Marcel. *La notion de réparation de dommages en droit administratif français*. Paris: LGDJ, 1994, p. 110. Pontes de Miranda enfatiza, no mesmo sentido, que a ideia de risco profissional surgiu na França, com a proclamação, nos livros jurídicos (e não só neles, mas também de economia e sociologia), da injustiça das regras então vigentes para a responsabilidade civil nos processos de acidentes no trabalho (PONTES DE MIRANDA. *Tratado de Direito Privado*. T. 53. Rio de Janeiro: Borsoi, 1966, p. 157).

234. É sempre instrutiva, a respeito, a leitura de SILVA, Wilson Melo da. *Responsabilidade sem culpa e socialização do risco*. Belo Horizonte: Bernardo Álvares, 1962, p. 97. Convém frisar que não propomos, necessariamente, a ampliação dos danos indenizáveis, mas a apenas a percepção de que certos danos, cuja gravidade existencial é inquestionável, não podem ficar sem indenização, sob pena de esvaziar de sentido normativo o princípio da solidariedade social e a própria dignidade da pessoa humana, além de desconsiderar o princípio da proteção prioritária da vítima.

Trata-se, aliás, de autêntico truísmo: há muitos exemplos históricos em que a norma, em sua literalidade, não sofreu alteração, embora tenha havido profundas alterações na forma como era lida. Um bom exemplo talvez seja o art. 1.384, I, do Código de Napoleão. Ficou esquecido por cerca de um século, até que Josserand fundamentou a teoria do risco nele e, desde então, suas potencialidades normativas ganharam corpo. Não só a teoria do risco, mas também a teoria do abuso de direito e a responsabilidade civil do Estado são exemplos de situações em que a doutrina e a jurisprudência se adiantaram à lei, traçando novos rumos hermenêuticos. Talvez possamos dizer que a responsabilidade civil, através dos séculos, caminha não só acumulando conhecimentos, mas sobretudo ganhando novos *modos de percepção*.

Não há dúvida que a teoria do risco significou uma virada conceitual na responsabilidade civil. "Essa virada conceitual, por seu turno, deveu-se principalmente à consolidação de um novo fator de imputação de responsabilidade concretizado por meio da teoria do risco na responsabilidade civil contemporânea"[235]. Entre nós, não deixa de ser interessante lembrar que mesmo antes da consagração legal no Código Civil de 2002, a jurisprudência brasileira, aqui e ali, já reconhecia – muitas vezes de modo explícito – a teoria do risco, muitas vezes usando-a como base argumentativa para suas decisões. Um bom exemplo – ainda que possamos eventualmente discordar do resultado final do acórdão – é a Súmula 492 do STF ("A empresa locadora de veículos responde, civil e solidariamente com o locatário, pelos danos por este causados a terceiro, no uso do carro locado"). Vê-se, a partir dos julgados que deram origem à súmula, que a teoria do risco foi o lastro teórico da decisão.

235. MULHOLLAND, Caitlin Sampaio. *A responsabilidade civil por presunção de causalidade*. Rio de Janeiro: GZ, 2010, p. 16. De modo semelhante argumenta Paulo Lôbo: "Dos preceitos constitucionais denota-se a preferência pela responsabilidade objetiva, em razão do risco criado ou do risco da atividade, ainda que lícita. As hipóteses tratadas pela Constituição são voltadas essencialmente à afirmação de três valores, que marcam a transformação contemporânea da responsabilidade civil: a primazia do interesse da vítima, a máxima reparação do dano e a solidariedade social" (LÔBO, Paulo. Direito Civil. Obrigações. São Paulo: Saraiva, 2009, p. 23).

De igual modo, as empresas de estacionamento respondem pelos danos sofridos pelos veículos estacionados (STJ, Súmula 130: "A empresa responde, perante o cliente, pela reparação de dano ou furto de veículo ocorridos em seu estacionamento")[236]. Tem-se, de igual modo, responsabilizado os hipermercados ou shoppings pelos assaltos à mão armada acontecidos dentro dos respectivos estacionamentos. Responsabiliza-se, inclusive, esses estabelecimentos pelos atos mais graves – estupros, mortes – que ocorrem em seguida à abordagem, se esta foi feita dentro do estacionamento. Entendeu-se, em determinado caso, que a prestação de segurança aos bens e à integridade física do consumidor é atividade inerente ao negócio, não se aceitando a configuração da excludente (STJ, AgRg no REsp 1.487.443, 3ª T, Rel. Min. Moura Ribeiro, DJ 31/08/2016). São muitos os exemplos possíveis. Por exemplo, são nulas, em relação aos bancos ou empresas de cartões de crédito, as cláusulas que determinam que o cliente responde integralmente pelo roubo ou furto do cartão, até a comunicação do furto (STJ, 348.343, 3ª T, DJ 26/06/2006). A linha de tendência, na matéria, manifesta-se no sentido de negar validade às disposições contratuais que transferem o risco do negócio ao consumidor (lembrando que, nas relações de consumo, a vítima do evento é tida como consumidora por equiparação, Código de Defesa do Consumidor, art. 17).

Poderíamos seguir a linha argumentativa com os planos de saúde. Trata-se de negócios jurídicos que estão fortemente influen-

---

236. Embora a súmula só mencione o furto, ampliou-se, hermeneuticamente, seu espectro de aplicação, de modo a abranger outros casos, como os roubos. Também se ampliou o entendimento da súmula não apenas para empresas de estacionamento *stricto sensu*, mas hotéis, farmácias, restaurantes, shoppings etc. Convém lembrar que é irrelevante perquirir se o estacionamento é gratuito ou pago. Em ambos os casos o fornecedor do serviço responde objetivamente. Do todo modo irrelevante é indagar se o consumidor adquiriu, ou não, algo no estabelecimento. Lembremos que, à luz das relações de consumo, as vítimas do evento também são consideradas consumidores por equiparação (*bystanders*), e por isso podem se valer das normas próprias da sistemática de consumo (inversão do ônus da prova, prazo prescricional mais dilatado, possibilidade da propositura da ação no domicílio do consumidor, invalidade das cláusulas de irresponsabilidade ou de não indenizar etc.). Desse modo, a queda de placa de publicidade sobre pedestre, a explosão de um shopping que também atinge pedestres, a queda de um avião comercial sobre residências fazem surgir a figura conceitual do consumidor por equiparação.

ciados pelo princípio da função social dos contratos. Sabemos que a liberdade de contratar, na dicção legal, será exercida em razão e nos limites da função social dos contratos (Código Civil, art. 421). Cabe frisar, embora deslizando no óbvio, que os contratos em questão não têm por objeto um bem jurídico *qualquer*, mas bem jurídico existencial da mais alta relevância: a saúde humana. Não podemos realizar nenhum dos nossos projetos de vida sem saúde. É uma espécie de primeiro degrau da escada, inclusive para o livre desenvolvimento da personalidade humana. Bem por isso, estamos distantes do tempo em que aceitávamos, em religiosa reverência ao *pacta sunt servanda*, quaisquer conteúdos contratuais, apenas porque firmados entre iguais (formalmente iguais, bem entendido).

Em relação aos contratos que envolvem planos de saúde – entre tantos exemplos possíveis – lembremos que são inválidas as cláusulas contratuais que limitam o tempo de internação hospitalar (STJ, Súmula 302). De igual modo – e novamente o diálogo com a teoria do risco – se a empresa de plano de saúde não realiza, em seus clientes, os exames admissionais prévios, não pode, em absoluto, negar atendimento posterior sob esse argumento, ou mesmo esgrimir a existência de doença preexistente (STJ, 1.230.233, Rel. Min. Nancy Andrighi, 3ª T, DJ 11/05/2011). Trata-se de risco assumido pela empresa, não pelo consumidor. Lembremos que a boa-fé objetiva traz deveres anexos que independem, conceitualmente, de previsão contratual e traduz hipótese de responsabilidade objetiva. Há, nesse sentido, Enunciado das Jornadas de Direito Civil que prevê que "em virtude do princípio da boa-fé, positivado no art. 422 do Código Civil, a violação dos deveres anexos constitui espécie de inadimplemento, independentemente de culpa". Aliás, a chamada violação positiva dos contratos consiste, basicamente, no desrespeito aos deveres anexos – e, portanto, à boa-fé[237]. Os planos de saúde, por exemplo, devem comunicar individualmente os clientes acerca

237. LEAL, Adisson. Violação positiva dos contratos. In: ANDRIGHI, Nancy. *Responsabilidade civil e inadimplemento no direito brasileiro.* São Paulo: Atlas, 2014, pp. 1-14, p. 6. Conferir ainda: PINHEIRO, Rosalice Figaldo Pinheiro; GLITZ, Frederico Eduardo Zenedin. A tutela externa do crédito e a função social do contrato: possibilidades do caso "Zeca Pagodinho". In: TEPEDINO, Gustavo; FACHIN, Luiz Edson. *Diálogos sobre Direito Civil.* Volume II. Rio de Janeiro: Renovar, 2008, pp. 323-344, p. 327.

de eventuais descredenciamentos de médicos ou hospitais, sob pena de violar os deveres anexos de informação – que são particularmente severos nas relações de consumo.

Aspecto teoricamente conexo é o progressivo estreitamento das hipóteses de caso fortuito ou força maior, sobretudo na responsabilidade civil objetiva[238]. Isto é, fatos que anteriormente poderiam ser aceitos como aptos a romper o nexo causal entre o dano e a ação ou omissão (apontada como lesiva), hoje dificilmente são aceitos como tais. A tendência, nessa trilha, é analisar com especial rigor as excludentes de responsabilidade civil. A teoria do risco, também aqui, tem excepcional relevância[239]. O percurso argumentativo das decisões se vale, quase que invariavelmente, da teoria do risco ao abordar as excludentes.

Outro ponto relevante é que pouco importa que o dano seja praticado por terceiro. Se houver uma vinculação estreita entre o dano e a atividade desenvolvida, haverá dever de indenizar. Pensemos na hipótese da responsabilidade civil das empresas de transporte pelos danos sofridos pelos passageiros. Ainda que inequivocamente a ação danosa tenha se originado de terceiro, essa circunstância não exclui, em absoluto, o dever da empresa de transporte em indenizar o passageiro, ainda que haja direito de regresso (STF, Súmula 187; posteriormente, o Código Civil consagrou legislativamente a referida Súmula, em seu art. 735). Para isso, contudo, é essencial – segundo a jurisprudência brasileira – que o ato de terceiro esteja vinculado à atividade de transporte, isto é, seja conexo a ela (acidentes, por exemplo, causados por terceiros, não afastam o dever da empresa

---

238. GONÇALVES, Tiago Moraes. O caso fortuito e a força maior frente à responsabilização objetiva pelo risco da atividade na sociedade contemporânea. *Revista de Direito Privado*, v. 47, jul. 2011, p. 63. O autor, tomando como exemplo a atividade do transportador rodoviário de carga, argumenta "que o roubo da mercadora transportada – que já foi considerado fortuito – hoje deixou de sê-lo, seja em razão do progresso da ciência, que permitiu aos transportadores conhecer de forma precisa e segura a probabilidade de ocorrências dos riscos e acidentes inerentes à sua atividade, seja em razão da maior previdência humana, eis que hoje podem os mesmos garantir-se securitariamente contra os efeitos patrimoniais desse roubo". Também: GODOY, Claudio Luiz Bueno de. *Responsabilidade civil pelo risco da atividade*. São Paulo: Saraiva, 2009.

239. Para uma análise entre a teoria do risco e a força maior, ver TRIMARCHI, Pietro. *Rischio e responsabilità oggettva*. Milano: Giuffrè, 1961, p. 194 e seguintes.

de transporte indenizar o passageiro. Os exemplos com o transporte terrestre são diários e contam-se aos milhares. Eloquente exemplo com o transporte aéreo tivemos na colisão entre os aviões da GOL e o jato *Legacy*. Embora a culpa, pela colisão, tenha sido deste último – inclusive com os respectivos pilotos condenados criminalmente – isso não afastou o dever da empresa GOL em indenizar os familiares dos passageiros mortos – em valores, aliás, vultosos).

Outro exemplo possível e atual – que merece ser sempre citado – diz respeito a fraudes praticadas por terceiros em relação a cartões de crédito, ou mesmo fraudes pela internet. É irrelevante que se trate de fato de terceiro. Trata-se de fortuito interno (STJ, Súmula 479: "As instituições financeiras respondem objetivamente pelos danos gerados por fortuito interno relativo a fraudes e delitos praticados por terceiros no âmbito de operações bancárias"). Já se decidiu, da mesma forma, que não configura caso fortuito ou força maior – ao contrário do alegado pelas empresas de transporte aéreo – a sucção, pelas turbinas dos aviões, de grandes pássaros, como urubus. Mais uma vez, a teoria do risco é invocada como estofo teórico para fundamentar a decisão.

Interessante observar que mesmo em hipóteses normativas em que a lei é explícita ao considerar determinada hipótese como excludente de responsabilidade civil, ainda assim a tendência tem sido enxergar essa situação de modo excepcional e com raro rigor. Lembremos, a propósito, as excludentes legislativamente previstas no Código de Defesa do Consumidor: "O fabricante, o construtor, o produtor ou importador só não será responsabilizado quando provar: I – que não colocou o produto no mercado; II – que, embora haja colocado o produto no mercado, o defeito inexiste; III – a culpa exclusiva do consumidor ou de terceiro" (CDC, art. 12, § 3º). No célebre caso das pílulas de farinha (placebos), o laboratório Microvilar foi condenado a indenizar as consumidoras que engravidaram, embora tomando o anticoncepcional. O curioso é que, no caso, não se sabe como as cartelas chegaram ao mercado, havendo suspeita de furto por parte dos funcionários da empresa. Isso, porém, para a jurisprudência, mostrou-se irrelevante. Qualquer que tenha sido a origem, o fornecedor de produtos (no caso, o laboratório) responde perante as vítimas. Esse é o sentido da evolução da matéria. À luz da teoria do risco, haverá, como houve, responsabilidade do fabricante. Pianovski, a propósito, destaca que "pode-se afirmar que o fato da presença das pílulas de placebo no mercado seria apto a gerar risco específico às consumidoras, permitindo o recurso a presunções que, a rigor, implicam, em termos concretos, numa flexibilização do nexo causal"[240].

Se, durante séculos, a doutrina tentou construir – sem sucesso, reconheça-se, tantos e tão díspares foram os critérios propostos, sem que se chegasse a um consenso argumentativo razoável – um critério distintivo entre o caso fortuito e a força maior. Como dissemos, sem sucesso. O Código Civil os equiparou, em relação aos efeitos (Código Civil, art. 393, parágrafo único), de modo correto[241]. A distinção hoje relevante, em relação às excludentes, não é entre caso fortuito e força maior, mas entre fortuito interno e fortuito externo – distinção esboçada por Agostinho Alvim e que ganhou corpo na doutrina e na jurisprudência atuais. Busca-se, aqui, essencialmente indagar se o fato guarda ou não conexão com a atividade desenvol-

---

240. RUZYK, Carlos Eduardo Pianovski. O "caso das pílulas de farinha" como exemplo da construção jurisprudencial de um "direito de danos" e da violação da liberdade positiva como "dano à pessoa". *O Superior Tribunal de Justiça e a reconstrução do direito privado*. FRAZÃO, Ana; TEPEDINO, Gustavo (Coords). São Paulo: RT, 2011, pp. 288-302, p. 295. Houve, porém, na matéria, divergência entre a Terceira e a Quarta Turmas do STJ. Continua o autor: "No acórdão objeto específico do presente trabalho, a autora não apresentou em juízo a cartela do medicamento que teria consumido e que não conteria o princípio ativo. Todavia, enquanto no acórdão da Terceira Turma do STJ entendeu-se que essa prova não seria exigível, deslocando-se, pois, a análise do liame de causalidade para a seara da presunção derivada de fatos certos (a fabricação de comprimidos sem princípio ativo em período no qual a consumidora fazia uso do anticoncepcional), assim, flexibilizando o nexo causal, a Quarta Turma afirma que a produção dessa prova pela parte autoria seria indispensável".

241. Cremos que não há, atualmente, relevância na distinção entre caso fortuito e força maior. Já nesse sentido se colocava Aguiar Dias, ao ponderar "a inutilidade da distinção entre caso fortuito e força maior" (DIAS, José de Aguiar. *Da responsabilidade civil*. Rio de Janeiro: Forense, 1954, p. 673). Havia, no século passado, autores que iam além, postulando não apenas a irrelevância da distinção, mas a completa inadequação do dualismo com nosso sistema jurídico (FONSECA, Arnoldo Medeiros da. *Caso fortuito e teoria da imprevisão*. 3ª edição. São Paulo: Forense, 1958, p. 122). Pontes de Miranda, em sentido semelhante, esclarecera que qualquer tentativa de distinção entre tais excludentes seria atribuir conceitos sem base histórica ou segurança na doutrina (PONTES DE MIRANDA. *Tratado de Direito Privado*. Tomo XXIII. Rio de Janeiro: Borsoi, 1971, p. 77).

vida. Caso essa conexão se mostre presente, haverá responsabilidade civil (não importa se o fato é previsível ou evitável, são conceitos, na espécie, irrelevantes). Haverá responsabilidade civil ainda que o dano seja oriundo de ação causal de terceiro, porém no âmbito da atividade em questão.

Pensemos no transporte de pessoas. Se o motorista do ônibus sofre um ataque cardíaco, de nada vale a empresa alegar e provar que todos seus motoristas eram submetidos a exames preventivos e periódicos. Trata-se de fortuito interno, de algo conexo à atividade de transporte. Do mesmo modo, se um dos pneus, numa curva, estoura, e o ônibus se desgoverna e cai numa ribanceira. Também de nada valeria a prova de que todos os pneus eram novos e submetidos a revisões preventivas constantes. Trata-se de fortuito interno, vinculado à atividade desenvolvida. Aguiar Dias chega a afirmar que a doutrina do risco tem feição "nitidamente democrática", e que ela se opõe às feições autocráticas, segundo as quais "o titular de um pode prejudicar o outro, pode ultrapassar as raias da normalidade e fazer do seu titular um pequeno monarca absoluto"[242].

7. CONTEXTUALIZANDO AS EXCLUDENTES: O QUE REALMENTE AFASTA O DEVER DE INDENIZAR?

Parece-nos singularmente relevante diferenciar as excludentes de ilicitude das excludentes de responsabilidade civil. As primeiras, as excludentes de responsabilidade civil (caso fortuito ou força maior, culpa exclusiva da vítima, por exemplo) afastam a responsabilidade civil, por romperem o nexo causal. Já as segundas, as excludentes de ilicitude, nem sempre provocam esse resultado. As excludentes de ilicitude (legítima defesa, estado de necessidade, exercício regular de direito e estrito cumprimento de dever legal) excluem a contrariedade ao direito da conduta, a ilicitude do ato. Excluir a ilicitude, porém, não quer dizer que esteja excluído o dever de indenizar.

A ilicitude do ato, sozinha, nada diz acerca da exclusão do dever de indenizar. Tanto os lícitos, como os ilícitos, na ordem ju-

242. DIAS, José de Aguiar. *Da responsabilidade civil*. Rio de Janeiro: Forense, 1954, p. 75.

rídica brasileira, podem dar ensejo à indenização. O mais comum, decerto, é que a responsabilidade civil surja como resultado de atos ilícitos, porém nada impede, em certos casos, que o legislador impute o dever de reparar como consequência de um ato lícito, à luz de certas especificidades, ou mesmo que isso resulte de opções jurisprudenciais (pensemos na teoria do risco antes da consagração pelo Código Civil de 2002).

Quem pratica um ato em estado de necessidade pratica um ato lícito (Código Civil, art. 188, II). Estamos diante de uma excludente de ilicitude. Embora seja um ato lícito, dele decorre o dever de indenizar (Código Civil, arts. 929 e 930). Se, alguém, dirigindo seu carro, diante de uma criança que atravessa a rua correndo, faz manobra brusca para evitar atingir a criança e atropela outra pessoa, ou colide com outro veículo, o ato será lícito, mas provocará dever de indenizar por parte do Estado. Trata-se de ato em estado de necessidade (STJ, REsp 124.527, Rel. Min. Aldir Passarinho, 4ª T, DJ 04/05/00). Há, no entanto, direito de regresso contra quem deu causa à situação perigosa. O estado de necessidade é um exemplo de um ato lícito que, segundo o Código Civil, provoca o dever de indenizar.

A situação da legítima defesa é parecida, mas não igual. Quem pratica um ato em legítima defesa pratica um ato lícito (Código Civil, art. 188, I). O Código Civil, de modo explícito, afastou a ilicitude do ato. Haverá dever de indenizar? A resposta, nesse caso, dependerá de quem sofreu o dano. Se o dano foi sofrido pelo próprio agressor, não haverá dever de indenizar. Se, porém, a vítima, ao exercer a legítima defesa, atinge outra pessoa que não o agressor (*aberratio ictus*), haverá dever de reparar o dano (Código Civil, art. 930, parágrafo único). O STJ teve oportunidade de frisar que "eventual causa de justificação (legítima defesa) reconhecida em âmbito penal não é capaz de excluir responsabilidade civil do Estado pelos danos provocados" (STJ, REsp 1.266.517, Rel. Min. Campbell Marques, 2ª T., DJ 10/12/12). De modo semelhante, José de Aguiar Dias esclarece: "Não pode ser objeto de discussão a isenção do agente que pratica o fato danoso em legítima defesa. Mas essa isenção só vale, para ele, em relação à vítima que provocou a repulsa. O terceiro, não participante da provocação, tem pleno direito à reparação"[243].

Podemos sintetizar o que dissemos da seguinte forma: o estado de necessidade é um ato lícito que pode, em determinados casos, ensejar o dever de indenizar (Código Civil, art. 188, II; art. 929; art. 930). A legitima defesa é um ato lícito que pode, em certos casos, ensejar o dever de indenizar (Código Civil, art. 188, I; art. 930, parágrafo único), desde que o atingido pelo ato em legítima defesa tenha sido um terceiro (não o agressor). Temos, portanto, nos dois casos, excludentes de ilicitude (não necessariamente excludentes de responsabilidade civil).

Poderíamos seguir indagando: e qual a situação jurídica – sob o ângulo da responsabilidade civil do Estado – das figuras do exercício regular de direito e estrito cumprimento de dever legal? São excludentes excludentes de ilicitude (não de responsabilidade civil). Isto é, mesmo que haja exercício regular de direito e estrito cumprimento do dever legal, tais atos, conquanto lícitos, podem ensejar o dever de indenizar (dever de indenizar, esclareça-se, do Estado, não do agente público, sendo certo que esse só responde por culpa).

Se o abuso de direito é ilícito (Código Civil, art. 187), o exercício regular é lícito (Código Civil, art. 188, I). Trata-se de excludente de ilicitude. A jurisprudência anotou que "não há conduta ilícita quando o agente age no exercício regular de um direito" (STJ, REsp 303.396, Rel. Min. Barros Monteiro, 4ª T, 05/11/02). O que não

243. DIAS, José de Aguiar. *Da Responsabilidade Civil.* Rio de Janeiro: Forense, 1954, t. II, p. 662. O STF, analisando o tema, consignou: "Ocorrendo ofensa à integridade física e morte do detento, é dever do Estado arcar com a indenização correspondente. Tal dever somente restaria afastado se a ação causadora do evento danoso tivesse ocorrido em legítima defesa própria (entenda-se: do agente policial) ou de terceiro (de outro preso) que, no momento, estaria sendo agredido ou na iminência de o ser, frise-se, pelo detento morto". Continua: "Mas mesmo encontrando-se nessa situação lícita (legítima defesa), se tivesse produzido, com sua ação, a morte de outrem não envolvido no fato (*aberratio ictus*), sua seria também a obrigação de indenizar, pois a ação, apesar de necessária, foi agressiva, atingindo quem não estava em posição de ataque". Diz, adiante, o STF, que para afastar a obrigação de reparar o Estado deveria demonstrar que o detento falecido estava, quando de sua morte, agredindo os policiais ou outro preso, e que esta prova não foi produzida, sendo o ônus probatório do Estado. (STF, AI 299.125/SP, Rel. Min. Celso de Mello).

significa, em absoluto, que estejamos diante de uma excludente de responsabilidade civil. Ainda se nota, aqui e ali, confusões a respeito do tema, seja na doutrina, seja na jurisprudência (entre excludentes de ilicitude e excludentes de responsabilidade civil)[244].

Quando o abuso é evidente, não estaremos diante, por certo, de exercício regular de direito. Podemos ir além: o abuso deve ser levado em conta pelo julgador na quantificação dos danos. Magistrada, por exemplo, que declara, levianamente, que determinada testemunha é culpada de crime bárbaro, destruindo-lhe a carreira e a vida pessoal, deve responder pessoalmente pelos danos.O STJ, a propósito, frisou que "o ato danoso realizou-se sem que a magistrada observasse uma cautela mínima, porquanto acusou um cidadão sem qualquer respaldo para tal, agindo com culpa indiscutível" (STJ, REsp 299.833, Rel. Min. Castro Meira, 2ª T, DJ 15/12/06). No tristemente célebre caso da Escola Base, um delegado, irresponsavelmente, arruinou a vida de pessoas inocentes de modo irrersível. O STJ contextualizou o caso nos seguintes termos: "Responsabilidade civil do Estado. Dano moral. Ato praticado por delegado de polícia. Divulgação temerária da prática de abuso sexual contra alunos da escola de base. Notícia posteriormente desmentida". (STJ, REsp 351.779, Rel. Min. Eliana Calmon, 2ª T, DJ 09/02/04). A Ministra Eliana Calmon, ao julgar o caso, consignou que "o que levou as vítimas ao absurdo de serem repudiadas e quase linchadas pela população, perdendo não só a honra, mas o estabelecimento de ensino e o sossego de viver honesta e tranquilamente, não foi a

244. É possível encontrar na jurisprudência menções – equivocadas, em nossa visão – ao exercício regular de direito como excludente de responsabilidade civil (STJ, REsp 863.370, DJ 23/10/08). Mesmo ações lícitas podem fazer surgir dever de reparar. Dizendo de outro modo: o exercício regular de direito não exclui necessariamente a responsabilidade civil. Um policial, em troca de tiros com assaltantes, pode eventualmente atingir um pedestre. Supondo que a ação do policial foi, no caso, razoável e proporcional (sabemos que muitas não são), o caso perfaz exercício regular de direito, ato lícito, embora ninguém ouse defender, ao que nos consta, que não se trata de dano indenizável (o Código Civil não menciona o chamado "estrito cumprimento de dever legal", mas a solução jurídica seria a mesma). O cidadão atingido – ou sua família, em caso de morte – fará jus à indenização pelos danos morais e materiais pertinentes. Sintetizando o que dissemos: o exercício regular de direito *não é* excludente da responsabilidade civil do Estado.

veiculação jornalística provocada pela imprensa", e sim a irresponsável conduta do agente estatal.

Convém registrar que em relação a determinados agentes públicos, a responsabilidade civil, à luz do Código de Processo Civil de 2015, será sempre regressiva, por dicção expressa. O novo CPC prevê no art. 143: "O juiz responderá, civil e regressivamente, por perdas e danos quando: I – no exercício de suas funções, proceder com dolo ou fraude". Em relação ao Ministério Público, o novo CPC, art. 181, consignou: "O membro do Ministério Público será civil e regressivamente responsável quando agir com dolo ou fraude no exercício de suas funções". Percebe-se, em ambos os casos, que a responsabilização do agente público só se dará regressivamente, em virtude de dicção expressa de lei. O mesmo ocorrerá em relação aos membros da Advocacia Pública (novo CPC, art. 184) e também em relação aos membros da Defensoria Pública (novo CPC, art. 187).

Já no que diz respeito ao exercício regular de direito, talvez ele possa se confundir, eventualmente, com o estrito cumprimento do dever legal (o primeiro é conceitualmente mais largo, não se limitando aos agentes públicos). Acreditamos que, também aqui, estamos diante de uma excludente de ilicitude, não de uma excludente de responsabilidade civil. O ato do agente público, mesmo que lícito, pode dar causa à reparação civil. Helena Elias Dias esclarece que "há, sim, responsabilidade civil do Estado por comportamento lícito, porque a ilicitude não é requisito para a configuração do dever de indenizar"[245]. A doutrina, aliás, é unânime no sentido de que a responsabilidade civil do Estado poder advir de atos lícitos.

Convém, para encerrar a distinção proposta, um registro mais amplo. O estrito cumprimento de dever legal é uma excludente de ilicitude que se prestou, historicamente, para encobrir abusos – seja das forças armadas durante o período de exceção, seja da polícia de hoje. É, nesse sentido, uma excludente pouco simpática. Seja como for, mesmo nos casos em que haja, realmente, estrito cumprimento

245. PINTO, Helena Elias. *Responsabilidade civil do Estado por omissão*. Rio de Janeiro: Lumen Juris, 2008, p. 31.

do dever legal, o que importa que saibamos é que mesmo assim pode existir o dever de indenizar por parte do Estado. Não haverá direito de regresso contra o agente público, a menos que ele tenha agido com culpa). O estrito cumprimento do dever legal, portanto, quando existente (e não forjado), é uma excludente de ilicitude, não necessariamente exclui a responsabilidade civil.

7.1. As conexões com a atividade desenvolvida

Analisaremos, aqui, as excludentes de responsabilidade civil, de modo contextualizado e tendo como ponto de referência a atividade desenvolvida pelo responsável. Para melhor contextualizar o problema deste tópico, cremos ser adequado tomar o exemplo do transporte de pessoas no Brasil. É inegável a importância dos contratos e serviços de transporte de pessoas, sobretudo nos centros urbanos. Talvez uma prova clara dessa importância possa ser extraída do argumento contrário: da paralisação desses serviços. Pensemos em poucos dias de greve dos ônibus ou metrôs, por exemplo. Temos o caos instalado nas cidades. Sob o ângulo jurídico, o transportador assume, perante o passageiro, uma obrigação de resultado. Tem o dever de conduzi-lo ao destino, de modo seguro e adequado. É tradicional e sempre reafirmada a orientação – doutrinária e jurisprudencial – nesse sentido[246]. Podemos falar em uma cláusula – implícita – de incolumidade do passageiro. Se o ônibus sofre um acidente, causando danos ao passageiro, este não precisará, para ser indenizado, provar a culpa da empresa ou de seus prepostos. O transportador, a princípio, só se livrará do dever de indenizar caso prove alguma das excludentes – culpa exclusiva da vítima ou força maior.

246. Assim, "é dever da transportadora preservar a integridade física do passageiro e transportá-lo com segurança até o seu destino" (STJ, REsp. 217.528, Rel. Min. Waldemar Zveiter, 3ª T, DJ 15/02/2001). Trata-se de responsabilidade objetiva. Do mesmo modo, conforme ponderamos, "o contrato de transporte constitui obrigação de resultado" (STJ, REsp. 151.401, Rel. Min. Humberto Gomes de Barros, 3ª T, DJ 01/07/2004). Aguiar Dias, amparado em Josserand, defendia que o fundamento da responsabilidade do transportador é o risco criado pela atividade, de modo que, rigorosamente, o fundamento da responsabilidade não seria nem contratual, nem extracontratual, mas legal (DIAS, José de Aguiar. *Da Responsabilidade Civil*. 10 edição. Rio de Janeiro: Forense, 1995, v. I, p. 185). Um pouco depois, no entanto, o jurista afirma que a referida responsabilidade é contratual perante o passageiro e extracontratual perante terceiros.

Incide, a propósito, em diálogo das fontes, o Código Civil e o Código de Defesa do Consumidor[247] – além, por certo, da norma constitucional que prevê a responsabilidade civil objetiva do Estado ou das pessoas jurídicas de direito privado prestadoras de serviço público (CF, art. 37, § 6º). O diálogo das fontes pressupõe normas convergentes, ou, pelo menos, uma busca hermenêutica do resultado protetivo potencializado à luz da Constituição da República. Lembremos que o Código de Defesa do Consumidor responsabiliza o fornecedor de serviços sem culpa (CDC, art. 14), não admite as cláusulas de irresponsabilidade ou de não indenizar nem aceita limites legais para a indenização (arts. 25 e 51, I), prestigia o princípio da reparação integral (art. 6º, VI), não aceita a denunciação da lide (CDC, art. 88), aceita a inversão do ônus da prova (CDC, art. art. 6º, VIII), possibilita que o consumidor proponha a ação em seu domicílio (CDC, art. 101, I), traz prazos prescricionais mais dilatados (CDC, art. 27), entre outras normas protetivas.

O Código Civil traz normas específicas sobre o contrato de transporte. O art. 734 estatui: "O transportador responde pelos danos causados às pessoas transportadas e suas bagagens, salvo motivo de força maior, sendo nula qualquer cláusula excludente da responsabilidade". Cabe reafirmar a nulidade, no contrato de transporte de pessoas, das cláusulas excludentes de responsabilidade. Tais regras jurídicas foram inspiradas pela jurisprudência, cujos precedentes apontavam que "em contrato de transporte, é inoperante a cláusula de não indenizar" (Súmula 161, STF). O princípio da reparação integral, aliás, prevalece não só no Código de Defesa do Consumidor e em dispositivos esparsos do Código Civil, como é tendência firme na responsabilidade civil dos nossos dias[248].

---

247. AGUIAR JÚNIOR, Ruy Rosado de. O novo Código Civil e o Código de Defesa do Consumidor – pontos de convergência. *Revista de Direito do Consumidor*. São Paulo, nº 48, out./dez. 2003, p. 57.

248. Cf. MONTEIRO FILHO, Carlos Edison do Rêgo. Desafios à concretização do princípio da reparação integral no Superior Tribunal de Justiça. *O Superior Tribunal de Justiça e a Reconstrução do Direito Privado*. FRAZÃO, Ana; TEPEDINO, Gustavo (Orgs). São Paulo: RT, 2011, pp. 229-271; MULHOLLAND, Caitlin Sampaio. *A responsabilidade civil por presunção de causalidade*. Rio de Janeiro: GZ, 2010, p. 5.

Uma regra tradicional, em nosso direito de danos, relata que mesmo a culpa leve obriga a indenizar. A culpa, nesse sentido, não precisa ser grave. A indenização, ademais, mede-se, em princípio, pelo dano, não pelo grau de culpa (Código Civil, art. 944). No chamado transporte gratuito – desinteressado, ou de mera cortesia – jurisprudência, no entanto, excepcionou essa regra. Entendeu que, nesse caso, o transportador – isto é, quem oferece a carona – responde apenas por dolo ou culpa grave (que, hermeneuticamente, se equivalem, segundo vetusto adágio). É o que estabelece a Súmula 145 do STJ: "No transporte desinteressado, de simples cortesia, o transportador só será civilmente responsável por danos causados ao transportado quando incorrer em dolo ou culpa grave"[249].

O Código Civil, aliás, já menciona que "não se subordina às normas do contrato de transporte o feito gratuitamente, por amizade ou cortesia" (Código Civil, art. 736). Inadequado, argumenta-se, aplicar a teoria do risco nessas hipóteses. Nos contratos benéficos só responde por dolo aquele a quem o contrato não favoreça (Código Civil, art. 392). Isto é, não se pode enxergar com severo rigor a situação de quem pratica um ato em benefício alheio. Aliás, nem de negócio jurídico, a rigor, poderíamos falar. Pontes de Miranda, a propósito, lembra que quem se presta a conduzir por amizade, sem se vincular, não contrata[250]. Necessário, porém, contextualizar as situações. O Código Civil, no parágrafo único do art. 736, dispõe que não se considera gratuito o transporte quando, embora feito sem remuneração, o transportador auferir vantagens indiretas. A jurisprudência conhece muitas hipóteses de contratos de transporte apenas aparentemente gratuitos.

---

249. Trata-se de súmula editada em 1995. A própria jurisprudência, posteriormente, vem se questionando se não seria o caso de rever esse entendimento. A Min. Nancy Andrighi, nesse sentido, ponderou: "Creio que o momento seja de reflexão quanto à aplicabilidade do entendimento contido na Súmula nº 145, que tem mais de dez anos, e, ao meu ver, não é mais adequado para regular a responsabilidade civil automobilística na atualidade, em que se busca, como dito, a socialização do direito e a deslocação do eixo de gravitação da responsabilidade civil, da culpa para o risco" (STJ, REsp 577.902, Rel. Min. Nancy Andrighi, 3ª T., j. 13/06/2006).

250. PONTES DE MIRANDA. *Tratado de Direito Privado,* Tomo. 45. Rio de Janeiro: Borsoi, p. 52.

Fizemos as observações acima para contextualizar, muito sumariamente, o contrato de transporte em nossa legislação. Porém, o que realmente nos interessa são as excludentes de responsabilidade civil. São elas que definirão até que ponto os danos serão, ou não, civilmente indenizáveis.

Em relação às excludentes de responsabilidade civil no contrato de transporte, são aceitas, em geral, as excludentes clássicas: culpa exclusiva da vítima, caso fortuito e força maior (com as particularidades que adiante mencionaremos) e fato de terceiro (que se confunde, em muitos casos, com o fortuito externo, conforme também veremos). A culpa concorrente – ou fato concorrente – tem sido aceita como fator, não de exclusão, mas de redução do valor indenizatório, proporcionalmente às circunstâncias, mesmo nas relações de consumo.

Em relação à culpa exclusiva da vítima – ou fato da vítima – não há maiores polêmicas[251]. Fundamental é frisar, apenas, que cabe ao transportador – responsável por levar o passageiro, com segurança, ao destino, à luz da cláusula de incolumidade – provar que houve culpa da vítima. Assim, "não tendo a empresa ferroviária provado a culpa da vítima, nem assim elidido sua responsabilidade, comprovando caso fortuito ou força maior, não se exonera da obrigação de indenizar pela morte do menor" (STJ, REsp. 217.528, Rel. Min. Waldemar Zveiter, 3ª T, DJ 15/02/2001). Um exemplo frequentemente aceito pela jurisprudência é o chamado "surf ferroviário", isto é, o passageiro que viaja em cima dos vagões dos trens, buscando, muitas vezes, perigosa aventura ou mero exibicionismo[252].

251. Nesse sentido, "no Brasil, o fato da vítima, especialmente quando se traduz na assunção voluntária do risco (*assumption of risk*), vem sendo considerado como excludente de responsabilidade. Nesse sentido, destaca-se a famosa decisão do Superior Tribunal de Justiça que afastou a responsabilidade da companhia ferroviária pelos danos sofridos pelo 'surfista ferroviário'. Os argumentos utlizados foram o de que a vítima assumiu totalmente o risco e o de que seria inexigível e até mesmo impraticável a fiscalização pela empresa". (FRAZÃO, Ana. Risco da empresa e caso fortuito externo. *Civilística*. a 5, nº 1, 2016, p. 22).

252. A própria jurisprudência brasileira – em relação, por exemplo, à excludente da culpa exclusiva da vítima – estabelece diferenciações ao sabor dos casos concretos, e não poderia ser diferente. Estabeleceu, por exemplo, que o chamado "pingente" não perfaz culpa exclusiva da vítima, ao contrário do chamado "surf ferroviário". O STJ, a

Conforme sinalizamos acima, em certos casos ocorre não a culpa exclusiva da vítima, mas a classicamente chamada culpa concorrente (também chamada, no passado, de concorrência de culpas). Aqui, como a denominação sugere, houve graus compartilhados de responsabilidade no evento danoso. Um exemplo possível seria – na matéria que estamos tratando – o passageiro que opta por viajar sem cinto de segurança, durante viagem interestadual de ônibus, havendo recomendação expressa da empresa para que assim fosse feito, além da adequada disponibilização, por parte desta, dos referidos acessórios de segurança. O que deve ser sublinhado é que isto, por si só, não excluirá o dever da empresa de indenizar o passageiro, havendo acidente. Poderá, contudo, em tese, ser minorada a indenização, presente a circunstância mencionada[253].

---

respeito do tema, definiu: "Cumpre distinguir a hipótese aqui versada, do passageiro assim chamado 'pingente', daqueles jovens que, mesmo tendo comprado a passagem, teimam em se divertir no teto dos trens, praticando o que se tem chamado vulgarmente de 'surfismo ferroviário'. No caso concreto, a empresa ferroviária, ao não oferecer condições de transporte adequadas, obrigando ou permitindo que o usuário se conduzisse 'pendurado' no trem, infringiu o contrato de transporte, não havendo cogitar-se, na hipótese, de culpa exclusiva da vítima" (STJ, REsp 259.261, Rel. Min. Sálvio de Figueiredo Teixeira, 4ª T, DJ 16/10/2000). Trata-se de orientação do Superior Tribunal de Justiça existente desde o início da década de 90 do século passado. Assim, "o STJ firmou entendimento no sentido de que há culpa concorrente entre a concessionária do transporte ferroviário e a vítima, seja pelo atropelamento desta por composição ferroviária, hipótese em que a primeira tem o dever de cercar e fiscalizar os limites da linha férrea, mormente em locais de adensamento populacional, seja pela queda da vítima que, adotando um comportamento de elevado risco, viaja como "pingente". Em ambas as circunstâncias, concomitantemente à conduta imprudente da vítima, está presente a negligência da concessionária de transporte ferroviário, que não se cerca das práticas de cuidado necessário para evitar a ocorrência de sinistros" (STJ, REsp 1.139.997, Rel. Min. Nancy Andrighi, 3ª T., DJ 23/02/2011).

253. O Código Civil possui norma expressa sobre o assunto: "Art. 738. A pessoa transportada deve sujeitar-se às normas estabelecidas pelo transportador, constantes no bilhete ou afixadas à vista dos usuários, abstendo-se de quaisquer atos que causem incômodo ou prejuízo aos passageiros, danifiquem o veículo, ou dificultem ou impeçam a execução normal do serviço. Parágrafo único: Se o prejuízo sofrido pela pessoa transportada for atribuível à transgressão de normas e instruções regulamentares, o juiz reduzirá equitativamente a indenização, na medida em que a vítima houver concorrido para a ocorrência do dano". Embora a culpa concorrente não tenha sido prevista expressamente pelo Código de Defesa do Consumidor como excludente – nem mesmo como fator autorizador da redução do valor da indenização –, ela tem sido aceita como tal, neste último sentido, pela jurisprudência. Há julgado clássico, relatado pelo Ministro Ruy Rosado de Aguiar, em que se decidiu: "A culpa concorrente da vítima permite a redução da condenação imposta ao fornecedor" (STJ, REsp 287.849). E outro, mais recente, que confirmou a anterior orientação: "A responsabilidade concorrente é ad-

Fizemos as ponderações acima apenas para melhor contextualizar a matéria. O que realmente nos interessa são as excludentes de caso fortuito ou força maior. Mais especificamente, o chamado fortuito externo. Mais especificamente ainda, um deles, os assaltos. Vejamos, porém, antes disso, como se categorizam o caso fortuito interno e o caso fortuito externo. É preciso, em linha de princípio, verificar se o dano guarda ou não relação com o transporte. Em caso negativo – dano desconexo ao transporte – não haverá responsabilidade civil da empresa de transporte. Em caso afirmativo – dano conexo ao transporte – haverá, ao contrário, responsabilidade civil da empresa de transporte, ainda que o dano tenha sido causado por terceiro (pensemos em acidente de trânsito que causa o falecimento do passageiro, provocado por terceiro). Convém notar que tanto a Súmula 187 quanto o art. 735 do Código Civil aludem a "acidente". Aliás, a conhecida Súmula 187 do STF ("A responsabilidade contratual do transportador, pelo acidente com o passageiro, não é elidida por culpa de terceiro contra o qual tem ação regressiva") foi literalmente reproduzida no Código Civil, art. 735: "A responsabilidade contratual do transportador por acidente com o passageiro não é elidida por culpa de terceiro, contra o qual tem ação regressiva"[254].

---

missível, ainda que no caso de responsabilidade objetiva do fornecedor ou prestador, quando há responsabilidade subjetiva patente e irrecusável também do consumidor, não se exigindo, no caso, a exclusividade da culpa" (STJ, REsp. 1.349.849, Rel. Min. Sidnei Beneti, 3ª T., DJ 11/04/2013).

254. O autor de alentado estudo sobre o transporte público de pessoas no Brasil aponta que "o Supremo Tribunal Federal construiu, a partir das decisões que produziram a Súmula 187, uma orientação calcada na ideia de que o contrato de transporte de pessoas traz em si, e por força do art. 17 do Decreto legislativo 2.681 de 1912, uma obrigação de segurança que permite ao passageiro alegar, partindo da prova de que sofreu um dano, a responsabilidade do transportador. Não necessita demonstrar que tal dano tem como causa o fato do transporte, pois o acidente ocorrido durante o transporte se presume derive da infração da cláusula de incolumidade. Ocorre, porém, que essa presunção deixa de atuar quando o transportador demonstra a intervenção de um evento que demonstre a inexistência de nexo causal entre o dano sofrido pelo passageiro e o fato do transporte, esse evento o Supremo Tribunal Federal chamou, em certas oportunidades, de caso fortuito e em outras, força maior, não deixando claro, porém, se o que o caracteriza era exclusivamente a imprevisiblidade, a inevitabilidade ou a presença de ambas". Continua a descrição da caminhada jurisprudencial: "Esse esclarecimento somente veio a ocorrer em decisões posteriores à Súmula 187, em que se discutiu qual era, diante das regras de responsabilidade civil, o efeito de atos criminosos de terceiros, tais como pedradas lançadas do exterior em direçaõ ao veículo de transporte coletivo e os assaltos a passageiros ocorridos no interior daqueles. A partir

É interessante lembrar que o dano pode ser causado a terceiro, não passageiro (um ciclista ou um pedestre, por exemplo). Não há, nesse caso, relação contratual entre a empresa de transporte e a vítima (que é terceira, não usuária do serviço público). Poderíamos, sob determinado prisma hermenêutico, enxergar a vítima como consumidora por equiparação (*bystander*). O art. 17 do Código de Defesa do Consumidor estatui: "Para os efeitos desta Seção, equiparam-se aos consumidores todas as vítimas do evento". A responsabilidade civil, portanto, seria objetiva, à luz do art. 14 e 17 do Código de Defesa do Consumidor. De igual modo incidiria, no caso, a responsabilidade objetiva do art. 37, § 6º, da CF[255].

7.2. Uma situação infelizmente comum e a resposta dada pelos tribunais

Poucos fenômenos são tão frequentes, em nossa sociedade de massa, como os danos sofridos pelos passageiros durante o trans-

dessas decisões posteriores à Súmula 187 é que começará a se firmar o entendimento segundo o qual o ato criminoso realizado por terceiro deveria ser qualificado como força maior e, portanto, não poderia gerar responsabilidade do transportador pelos danos que, porventura, aquele ato viesse a causar em seus passageiros" (CORRÊA, André Rodrigues. *Solidariedade e responsabilidade*. São Paulo: Saraiva, 2009, p. 384).

255. O STF, contudo, tinha posição oposta – e fortemente criticada: "A responsabilidade civil das pessoas jurídicas de direito privado prestadoras de serviço público é objetiva relativamente aos usuários do serviço, não se estendendo a pessoas outras que não ostentem a condição de usuário. Exegese do art. 37, § 6º, da C.F" (STF, RE 262.651, Rel. Min. Carlos Velloso, 2ª T., DJ 06/05/05). A prevalecer essa hermenêutica, seria necessário que a vítima provasse a culpa da empresa de transporte. Tal solução não encontra amparo normativo nem na Constituição nem no Código de Defesa do Consumidor. Felizmente, não é mais a que prevalece. O STF, em julgamento com repercussão geral, modificou o entendimento anterior (STF, RE 591.874, Rel. Min. Ricardo Lewandowski, Plenário, DJ 18/12/09). Analisando caso em que uma empresa de transporte coletivo fora condenada a indenizar a morte de um ciclista, o STF enfatizou a mudança da jurisprudência relativa ao tema. Manteve, assim, no caso, a decisão da instância inferior que condenou a empresa de transporte coletivo (prestadora de serviço público) a indenizar a morte do ciclista (terceiro não usuário do serviço). Argumentou-se, basicamente, invocando o princípio da isonomia, que não se pode interpretar restritivamente o art. 37, § 6º, da CF, distinguindo, de modo inapropriado, os usuários dos não usuários do serviço público. Todos eles podem sofrer danos resultantes da ação administrativa do Estado. Ponderou-se ainda que o entendimento de que apenas os terceiros usuários do serviço gozariam de proteção constitucional decorrente da responsabilidade objetiva do Estado (por terem direito subjetivo a receber um serviço adequado), se chocaria com a própria natureza do serviço público, que por definição tem caráter geral. A proteção, portanto, nesse contexto, se estenderia a todos os cidadãos, beneficiários diretos ou indiretos da ação estatal.

porte público. Muitos deles provêm não da empresa de transporte de modo direto, ou de seus prepostos. Esse é o primeiro ponto: mesmo atos de terceiros responsabilizam a empresa de transporte, sob certas circunstâncias. Já vimos que as empresas de transporte respondem objetivamente pelos atos ou omissões que causem danos aos passageiros, desde que vinculados à atividade desenvolvida. Ana Frazão anota que "fica claro que as excludentes de responsabilidade apenas poderão ser consideradas como tal, para o fim de afastar a imputação, quando forem consideradas estranhas ao risco"[256].

A jurisprudência brasileira traçou, de modo empírico, ao embate dos casos concretos, a diferenciação entre caso fortuito interno e caso fortuito externo[257]. No caso fortuito interno temos um dano que faz parte da atividade desenvolvida – talvez pudéssemos dizer: é interior, de certo modo, à estrutura organizacional da empresa. Talvez melhor e mais sucinto seja dizer apenas: um dano que faz parte dos riscos da atividade. Já citamos exemplos possíveis: motorista que passa mal; defeitos nos freios ou estouro de pneus nos ônibus etc. Nesses casos, não se exclui o dever de indenizar. Já no caso fortuito externo, o dano não faria parte dos riscos da atividade e, por essa razão, romperia o nexo causal, isentando a empresa do dever de reparar (aí estão incluídos, segundo tranquila jurisprudência, os assaltos, entre nós). Podemos apontar, desse modo, que a "compreensão restritiva do que seriam os riscos inerentes ao transporte se consolidou nas decisões relativas aos assaltos perpetrados dentro dos veículos de transporte coletivo"[258]. Isso, de fato, hoje parece consolidado. A novidade teórica parece ser o passo seguinte, isto é, a

256. FRAZÃO, Ana. Risco da empresa e caso fortuito externo. *Civilística*. a 5, nº 1, 2016, p. 23.

257. A doutrina percebe com clareza que "o caso fortuito interno não exclui o nexo de causalidade, ao contrário do caso fortuito externo. O caso fortuito interno ocorre quando o dano é consequência da própria atividade desenvolvida, encontrando-se inserida dentro dos ricos esperados pelo seu desenvolvimento. Sobre o conceito de caso fortuito interno, ver, por todos, ALVIM, Agostinho *Da inexecução das obrigações*" (MULHOLLAND, Caitlin Sampaio. *A responsabilidade civil por presunção de causalidade*. Rio de Janeiro: GZ, 2010, p. 134, nota 101).

258. CORRÊA, André Rodrigues. *Solidariedade e responsabilidade*. São Paulo: Saraiva, 2009, p. 421.

responsabilização civil do Estado por esses danos, havendo, cremos, razões normativas e conceituais para tanto.

O enquadramento dos assaltos como fortuitos externos, contudo, não deixa de causar certo mal-estar, sobretudo diante do mais absoluto desamparo em que fica a vítima. Lembremos, inicialmente, que os assaltos só são considerados fortuitos externos nos danos vinculados ao transporte de pessoas. Em outras hipóteses, também frequentes na jurisprudência, os assaltos são considerados fortuito internos (bancos, shoppings, hipermercados, estacionamentos etc.).

Difícil, praticamente impossível, seria o dia em que pudéssemos abrir o jornal e não encontrássemos um dano ligado à violência urbana. Tomemos os exemplos, também diários, de danos causados a passageiros no transporte terrestre de pessoas através de ônibus. Trata-se de concessionárias de serviços públicos, às quais se aplica, em linha de princípio, a responsabilidade objetiva do Estado (CF, art. 37, § 6º).

Um fato é incontestável: brasileiros, em geral economicamente humildes, têm sofrido danos severos, e não têm direito a indenização alguma. Boa parte dos processos de responsabilidade civil envolvendo as empresas de transporte dizem respeito aos danos sofridos em relação a assaltos (danos materiais, morais e estéticos). A jurisprudência atual, contudo, é firme no sentido de considerar configurada, no caso dos assaltos, a excludente do caso fortuito externo[259]. Costuma-se argumentar que o dever de prestar segurança

259. Os julgados são inúmeros. Citaremos apenas alguns a título exemplificativo: "A violência no transporte urbano, traduzida no assalto a ônibus, exonera a empresa de reparar os danos sofridos pelo passageiro. Morrendo passageiro, em virtude de assalto, a empresa não responde" (STJ, REsp. 325.575, Rel. Min. Ruy Rosado de Aguiar, 4 T., DJ 17/02/03). "A concessionária de serviço público não responde pelo roubo à mão armada ocorrido no interior do ônibus" (STJ, REsp. 331.801, Rel. Min. Fernando Gonçalves, 4ª T., j. 05/10/04). Constitui, assim, "causa excludente da responsabilidade da empresa transportadora o fato inteiramente estranho ao transporte em si, como é o assalto ocorrido no interior do coletivo" (STJ, REsp. 435.865, Rel. Min. Barros Monteiro, Segunda Seção, DJ 12/05/03). Havendo assalto com arma de fogo, durante o transporte, a responsabilidade do transportador fica afastada. Se evidenciada tal situação está "presente o fortuito", pelo que os precedentes do STJ afastam a responsabilidade do transportador (STJ, REsp. 286.110, Rel. Min. Carlos Alberto Menezes Direito, 3ª T., DJ 01/10/01). "A empresa prestadora de serviço é responsável pelos danos causados ao usuário em decorrência do serviço ou de sua falta. Foge do nexo de causalidade os eventos ocorridos em decorrência de

não é das empresas de transporte, e sim do Estado – argumento, sem dúvida, correto. Contudo, o passo argumentativo seguinte não é dado: se o dever de prestar segurança é do Estado, e se houve dano grave resultante da omissão desse dever, não caberia responsabilizar o Estado pelos danos?

Houve, há anos, trágico caso em que uma modelo, bela e jovem (adjetivos talvez pleonásticos para um substantivo que de certo modo os pressupõe, pelo menos em nossa sociedade atual, tão ligada à imagem), teve seu rosto parcialmente desfigurado por queimaduras em consequência da ação de assaltantes que, depois de roubar os passageiros do ônibus que fazia o percurso entre Espírito Santo e Belo Horizonte, obrigaram todos os passageiros a permanecer dentro do veículo e, ao final do assalto, colocaram fogo no ônibus.

O percurso argumentativo trilhado pelos acórdãos – isso nos casos em que se dispõem a fundamentar o voto, e não apenas seguir a tranquila jurisprudência sobre o tema – argumentam que o dever de prestar segurança pública é, não das empresas de transporte, mas do Estado. Trata-se, sem dúvida, de argumento ponderável, que merece acolhida, pelo menos inicial. Não se dá, porém, segundo cremos, o passo argumentativo seguinte – que seria consectário lógico do primeiro argumento.

7.2.1. Preocupação prioritária com a vítima do dano: princípio esquecido?

Algo nos parece claro, muito claro: na situação que delineamos nos parágrafos anteriores – vítimas de assaltos que sofrem danos morais, materiais e estéticos ao usar o transporte público no Brasil – não há, atualmente, partindo do direito dos danos, amparo jurídico

caso fortuito ou força maior. Assalto ocorrido nas escadas de acesso ao metrô não pode ser considerado como falta do serviço, equiparando-se a assalto ocorrido em transporte coletivo" (STJ, REsp. 402.708, Rel. Min. Eliana Calmon, 2ª T., DJ 28/02/05). Importante dizer que perfaz fortuito interno, e não externo, quando há, de algum modo, a participação de preposto da empresa de transporte no evento que originou o dano (digamos, parou fora do ponto; deu carona a alguém que realizou o assalto etc.). Haverá, nesse caso, segundo a jurisprudência, responsabilidade civil da empresa de transporte.

algum. Falamos dessa situação apenas porque ela, em contraste com outras, soa mais gritante, mas podemos ampliar a análise para as vítimas da violência urbana como um todo, sem a restrição setorial ao transporte público.

Chamamos atenção, no início deste capítulo, para certas situações pouco isonômicas – tendo como ângulo de análise a vítima, que é o eixo fundamental do atual direito de danos – que ou não são sequer percebidas ou, se são, não parecem incomodar. Falamos muito em risco, atualmente, mas a verdade é que apenas certos riscos são enxergados e tiveram sua proteção incorporada pelo direito – outros, não. Lembramos que o STJ tem decidido, de modo reiterado, que os usuários de transporte público não têm direito à segurança, ao passo que os usuários dos shoppings (e de seus estacionamentos) têm. No primeiro caso, o assalto não gera consequência jurídica alguma (sob o ângulo da responsabilidade civil – nem das empresas de transporte, nem do Estado). Já no segundo caso, o shopping responderá pelos danos havidos. Não é necessário argumentar para evidenciar o hiato na proteção proporcionada pelo direito dos danos em relação às vítimas de violência.

André Corrêa Rodrigues nota que essa realidade "apenas ratifica uma representação bastante difundida no imaginário brasileiro: a de que a condição de usuário habitual do transporte coletivo no Brasil experimenta uma desconsideração tão grande para com seus direitos" que autoriza que afirmemos "ser essa condição um índice da sub-integração desses sujeitos a nossa sociedade. A esses sujeitos que vivenciam constantemente privações fundamentais no espaço público em razão de estarem desprovidos de qualquer proteção impulsionada pelas regras de direito", restando apenas o recurso aos sentimentos alheios de caridade[260].

Convém reafirmar que essa orientação se distancia do estágio atual das normas e das reflexões teóricas do direito de danos. A linha de tendência nos estudos de responsabilidade civil – intensi-

260. CORRÊA, André Rodrigues. *Solidariedade e responsabilidade*. São Paulo: Saraiva, 2009, p. 559.

ficados, sobretudo, a partir de meados do século passado – indica uma proteção qualitativamente diferenciada em prol da vítima do dano. Legislativa, jurisprudencial e doutrinariamente é possível perceber sinais dessa tendência. O fenômeno se harmoniza com a crescente aproximação do direito dos danos da justiça concreta e substantiva, fugindo do conceitualismo abstrato que timbrou boa parte dos séculos passados. É importante, porém, deixar claro, que ao mencionar o princípio da primazia do interesse da vítima, estamos pressupondo que há, no caso concreto, a presença do nexo causal – ou que haja razões substanciais para, na hipótese, flexibilizá-lo ou eventualmente desconsiderá-lo. Isso, porém, é exceção e não regra. A regra é a exigência do nexo causal. Se é certo, por um lado, "o nexo causal constitui, tal qual o dano, um dos elementos da responsabilidade civil que não pode ser desconsiderado; por outro, exige-se, com fundamento na nova ordem constitucional, uma maior proteção da vítima do dano injusto", embora esta – argumenta a autora – também não deva ser protegida a todo custo[261].

Enfim, passamos, ao longo dos séculos, de um sistema fundamentalmente subjetivista, para um sistema que busca – no diálogo entre as teorias objetiva e subjetiva – fundamentalmente proteger a vítima, de forma a não deixá-la desamparada. Há, porém, um *locus* onde o princípio da proteção prioritária da vítima encontra posição teórica de maior adequação e pertinência: a responsabilidade civil do Estado. Explicamos. Quando ofensor e ofendido são particulares, muitas vezes mostra-se delicado o equilíbrio entre assegurar o princípio da proteção prioritária da vítima (e o princípio da reparação integral do dano) e não ofender, por exemplo, o princípio do mínimo existencial do ofensor. É preciso trabalhar com a equidade, para evitar levar o ofensor à penúria (por exemplo, um homem pobre que, por negligência, põe fogo na casa do vizinho). A reparação integral, no caso, poderia ser catastrófica para o ofensor (a propósito, o parágrafo único do art. 944, Código Civil, autoriza a redução do valor da indenização, em hipóteses semelhantes).

261. SAMPAIO DA CRUZ, Gisela. *O problema do nexo causal na responsabilidade civil.* Rio de Janeiro: Renovar, 2005, p. 10-11.

Em relação ao Estado – cuja solvência se presume – o problema não se põe, pelo menos não nesses termos. O Estado poderá fazer frente ao dano. Além do mais, o Estado age, conceitualmente, em benefícios de *todos* os cidadãos[262]. Se um deles sofre um dano, não deve, em princípio, ser deixado à própria sorte, sem que haja ofensa ao princípio da solidariedade social. Compartilhando semelhante ordem de ideias, Odete Medauar percebe que "há um nítido caminho na responsabilidade civil do Estado, sempre em prol da vítima". Completa lembrando que a questão da responsabilidade civil do Estado "precisa caminhar ainda mais, sempre colocando no centro dos estudos a vítima, que é na verdade a tônica dos estudos que vêm sendo feitos sobre a responsabilidade civil do Estado"[263].

Seja como for, sem embargo da tendência da responsabilidade civil – tendência que se acentuou neste século – para a proteção prioritária da vítima do dano, nos danos que apontamos há uma clara desconsideração dessa tendência. A vítima não será protegida, e é inegável que estamos falando de danos potencialmente gravíssimos (mortes, estupros, lesões estéticas, entre outros). Não deixa de causar mal-estar ao intérprete perceber que danos patrimoniais prosaicos são indenizados em nosso sistema jurídico, mas danos existenciais particularmente severos ficam, conceitualmente, sem indenização. Aliás, essa é uma situação tão fora da curva dos rumos da responsabilidade civil atual – seja no Brasil, seja em países que têm sistemas jurídicos semelhantes ao nosso – que a maioria das pessoas se espanta ao saber que essa é a solução dada ao tema[264].

---

262. Cf. MONTEIRO FILHO, Carlos Edison do Rêgo. Problemas de responsabilidade civil do Estado. *RTDC*, v. 11, jul/set 2002, pp. 35-65, p. 44. Em sentido semelhante, argumenta-se que "tal como ocorre na responsabilidade do Estado, os riscos (nas relações de consumo) devem ser socializados, repartidos entre todos, já que os benefícios são também para todos" (CAVALIERI FILHO, Sérgio. *Programa de Responsabilidade Civil*. São Paulo: Malheiros, 2003, p. 340).

263. MEDAUAR, Odete. Jornada sobre Gestores Públicos e Responsabilidade Civil na Administração Pública, *Boletim de Direito Administrativo*, 1/1, NDJ, jan. 2004, p. 13.

264. Trata-se de afirmação feita com base na experiência de magistério – durante cerca de 15 anos – do próprio autor desta tese. Os alunos, em anos distintos e em cidades e instituições diversas, invariavelmente se espantam ao saber que tais danos não são indenizáveis no Brasil.

Maria Celina Bodin lembra que a ética da liberdade foi substituída pela ética da solidariedade[265]. Já se percebeu, ademais, que à luz do princípio da solidariedade devem ser lidas não apenas as normas constitucionais, mas todo o ordenamento jurídico[266]. Para as situações anteriormente descritas nossa ordem jurídica não oferece proteção alguma através do direito dos danos, isto é, as vítimas não serão indenizadas por empresas ou por pessoas naturais, restando indagar por que ainda não construímos modelos mínimos que permitam a responsabilização civil estatal nessas hipóteses. Veremos, no próximo capítulo, dentre outros pontos, a posição do Estado como garantidor de determinado bem jurídico fundamental.

8. UMA PROVISÓRIA CONCLUSÃO – A RESPONSABILIDADE CIVIL TINGIDA PELA SOLIDARIEDADE SOCIAL: AS CORES ÉTICAS DO ATUAL DIREITO DOS DANOS

Tentamos frisar, no início deste capitulo, que o potencial – podemos até usar uma palavra gasta e possivelmente exagerada – revolucionário que a interpretação carrega no direito de danos não é desprezível. Podemos encontrar, na caminhada histórica do direito de danos (e do direito em geral), várias situações em que a mudança de olhar resultou, não de novas leis, mas de novas posturas hermenêuticas. Mencionamos, a propósito, o exemplo mais paradigmático: a teoria do risco. Os juristas franceses, na passagem do século XIX para o século XX, valeram-se de novos olhares, novas interpretações para antigas normas, e com isso criaram – e possibilitaram as condições para a progressiva criação coletiva – da teoria do risco. Nesse sentido, sobretudo Josserand se valeu do esquecido – por quase um século – art. 1.384, I, do Código de Napoleão, que tratava do que se costuma chamar de fato da coisa (ou teoria da guarda, melhor dizendo, para explicar a responsabilidade civil pelo fato da coisa), para construir, através de modelos interpretativos, os

265. MORAES, Maria Celina Bodin de. Constituição e direito civil: tendências. *Revista Direito, Estado e Sociedade*. Rio de Janeiro, nº 15, pp. 95-113, ago./dez., 1999, p. 106.

266. PERLINGIERE, Pietro. *La personalità umana nell'ordinamento giuridico*. Camerino: Jovene, 1972, p. 161.

primeiros passos acerca da teoria do risco, algo que posteriormente (e progressivamente) mostra-se singularmente relevante, com fortes reflexos atuais[267].

Hoje, aliás, a teoria do risco continua a ser estudada e teoricamente desenvolvida, buscando-se novas perspectivas teóricas (como, por exemplo, para responsabilizar o responsável pela atividade mesmo diante de um fato de terceiro, se o dano estiver na esfera de risco da atividade, como veremos no próximo capítulo). Atualmente, porém, o debate entre culpa, de um lado, e teoria do risco, de outro – tão vibrante no século passado –, esse se acalmou[268].

---

267. Maria Celina Bodin de Moraes analisa a hipótese de queda de objetos de edifícios verticais, causando danos a terceiros, sem que se saiba de qual unidade habitacional proveio o objeto danoso (a chamada "queda anônima"), e mostra que a jurisprudência brasileira optou por consagrar a solução que não deixa a vítima irressarcida. Assim, "a 'responsabilidade social' do condomínio, referida pela decisão do STJ, tem escopo mais amplo, somente encontrando fundamento, conforme já aludido, no dever de solidariedade social consagrado na Constituição Federal". No parágrafo seguinte, a jurista completa: "O que se quis demonstrar com este exemplo – proveniente, aliás, de um tipo de responsabilidade objetiva cuja matriz desponta no Direito romano (a actio effusis et dejectis) – é que *o problema da responsabilidade civil não consiste na investigação ou descoberta do 'verdadeiro' autor do fato danoso*. Ele diz respeito, apenas, 'à fixação do critério graças ao qual se pode substituir a atribuição automática do dano por um critério jurídico', isto é, *trata-se de estabelecer quem, em que condições e no âmbito de que limites deve suportar o dano*" (MORAES, Maria Celina Bodin. *Danos à pessoa humana*. Rio de Janeiro: Renovar, 2003, p. 154, grifos nossos).

268. Em perspectiva crítica, argumenta-se: "No Brasil, a primeira obra de fôlego a tentar justificar o abandono da culpa (ao menos em certos casos) como pressuposto da responsabilidade civil foi *Da culpa ao risco*, livro de Alvino Lima publicado pela primeira vez em 1938. Quase setenta anos se passaram desde então e, apesar disso, os argumentos dos autores brasileiros em favor da responsabilidade objetiva continuam sendo, de um modo geral, os que já se encontravam na primeira edição do referido livro" (ZANITELLI, Leandro Martins. Responsabilidade civil objetiva no Brasil: uma crítica às explicações habituais. *RTDC*, v. 20, p. 213, out/dez. 2004). A crítica é interessante. A questão é que a responsabilidade objetiva, hoje, talvez já não precise de justificativa. Não é exceção, talvez seja a regra. Talvez a razão, no ponto, esteja com Aguiar Dias, quando ponderou: "Ao contrário do que, iludidos, supõem seus adversários, a doutrina do risco não se retraiu porque sofresse uma derrota, mas exatamente em virtude do bom êxito registrado na legislação" (DIAS, José de Aguiar. *Da Responsabilidade Civil*. Rio de Janeiro: Forense, 1954, p. 641). Viney, a propósito, lembra – acerca do debate sobre o lugar da conduta culposa no direito da responsabilidade civil – que hoje a discussão é menos intensa: "Todo mundo concorda que há casos de responsabilidade sem culpa, e não é mais um debate central. É um debate que se acalmou, na França, pelo menos, já foi mais acalorado" (VINEY, Geneviève. *RTDC*, v. 29, jan./mar. 2007, *Diálogos com a Doutrina*, p. 285).

A teoria do risco – concretizada, entre nós, por meio de uma cláusula geral de responsabilidade objetiva (Código Civil, art. 927, parágrafo único) – possibilita que sigamos caminhando em direção a modelos conceituais que ofereçam melhor proteção e mais garantia aos lesados[269]. Isso incorporando, nas soluções concretas e nos debates, o modelo solidarista imposto pela Constituição, racionalizando os critérios de imputação. Sobretudo buscando não deixar as vítimas desamparadas, como – lamentavelmente – tem ocorrido nas situações descritas neste capítulo.

Se o direito de danos deve evitar soluções apriorísticas, descontextualizadas, deve, de igual modo, fugir de soluções excessivamente simplificadoras, do tipo "ou isso ou aquilo". A proporcionalidade deve iluminar – como temos frisado – a teoria do risco de nossos dias. Espera-se, igualmente, do intérprete, especial cuidado para evitar soluções anti-isonômicas, soluções que agridam a igualdade substancial.

Risco e solidariedade social, nesse sentido, dialogam fecundamente para propiciar modelos hermenêuticos que realizem, concretamente, as opções valorativas básicas da Constituição da República. O direito de danos, nesse contexto, é um *locus* privilegiado para esse encontro, em virtude de seu caráter aberto, dúctil, fértil na construção de horizontes de sentido inovadores e generosos. A proteção prioritária da vítima do dano, no modelo solidarista, deve ser conectada com o olhar que privilegia a dimensão existencial das relações jurídicas.

Há, no tema desta obra, uma singularidade que torna a jurisprudência ainda mais importante. É que não temos, na matéria, um texto legal disciplinador. Temos o Projeto de Lei do Senado nº 718, de 2011 – elaborado por uma comissão de juristas presidida

269. Maria Celina Bodin de Moraes, nesse sentido, pontua: "Uma cláusula geral de responsabilidade objetiva era, de há muito, aventada pela doutrina germânica, liderando tendência, presente em alguns países desenvolvidos, de incrementar as hipóteses reguladas pela responsabilidade sem culpa como meio de oferecer melhor proteção e mais garantias aos direitos dos lesados. O Brasil parece ter sido o primeiro país a concretizar tal anseio" (MORAES, Maria Celina Bodin de. Risco, solidariedade e responsabilidade objetiva. *Revista dos Tribunais*, v. 854, dez/2006, pp. 11-37, p. 12).

por Caio Tácito – que disciplina, com maestria e minúcia, a questão da responsabilidade civil do Estado no Brasil. Trata-se, porém, pelo menos por enquanto, de mero projeto, sem obviamente força normativa alguma. O que temos, portanto, é a cláusula constitucional que participa de nossa tradição normativa desde 1946 e que foi reproduzida, com algumas (boas) mudanças na Constituição de 1988 (art. 37, § 6º).

Queremos dizer, com isso, mais uma vez, que as potencialidades (e as responsabilidades) hermenêuticas são grandes, consideráveis. Já tivemos oportunidade de mencionar que décadas depois da Constituição Federal de 1946 prever a responsabilidade objetiva do Estado, ainda havia certa hesitação na jurisprudência, que insistia em afirmar que a responsabilidade do Estado era subjetiva – talvez por receio da novidade, talvez pelo apego cômodo às velhas lições. Não importa qual tenha sido a razão, o fato é que a mudança realizada em 1946 ainda não havia sido plenamente incorporada nas décadas seguintes[270].

E nem haveria salto conceitual ao determinar que o Estado responda pelos danos sofridos pelos cidadãos relacionados à violência urbana, tendo presente seu dever constitucional de prestar, com eficiência, a segurança pública. Em certas áreas nossa jurisprudência já responsabiliza fortemente o responsável indireto, fazendo uma leitura bastante ampla de quem são os causadores de certos danos[271]. Nesse sentido podemos dizer – com os olhos no direito

---

270. Cf. CALDEIRA, César. Responsabilidade civil do Estado por omissão na área de segurança pública: o problema dos danos causados por multidões no Tribunal de Justiça do Estado do Rio de Janeiro. Rio de Janeiro. *EMARF – TRF 2ª Região*, v. 8. nº 1, pp. 09-47, p. 20.

271. No direito ambiental potencializa-se fortemente a importância do responsável indireto. Decidiu-se, por exemplo, que "para o fim de apuração do nexo de causalidade no dano urbanístico-ambiental e de eventual solidariedade passiva, equiparam-se quem faz, quem não faz quando deveria fazer, quem não se importa que façam, quem cala quando lhe cabe denunciar, quem financia para que façam e quem se beneficia quando outros fazem" (STJ, REsp 1.071741, Rel. Min. Herman Benjamin, 2ª T, DJ 16/12/2010). Em outra oportunidade decidiu-se que "quem se beneficia da degradação ambiental alheia, a agrava ou lhe dá continuidade não é menos degradador. Por isso, o legislador se encarrega de responsabilizar o novo proprietário pela cura do malfeito do seu antecessor. Isso vale para o desmatamento, para a poluição das águas e a erosão do solo" (STJ, REsp 948.921, Rel. Min. Herman Benjamin, 2ª T, DJ 11/11/2009). Reconheceu-se que o conceito de poluidor, no direito ambiental brasileiro, é amplíssimo (STJ, REsp 1.071741,

ambiental, por exemplo – que o conceito de poluidor, no direito brasileiro, é bastante amplo. Desse modo e nesse contexto, os deveres-poderes estatais, se exercidos fora ou aquém dos postulados constitucionalmente impostos – sobretudo à luz da eficiência, da proporcionalidade, da adequação – podem fazer o Estado solidariamente responsável pelos danos ambientais. Argumenta-se nessa trilha: "Daí sustentarmos, desde sempre, que o Estado também pode ser solidariamente responsabilizado pelos danos ambientais provocados por terceiros, já que é seu dever controlar e impedir que aconteçam"[272]. Essa é a linha de tendência que se observa na matéria. O resultado, aliás, será idêntico se o Estado não adimplir seus deveres mínimos em relação à proteção substancial de determinado bem jurídico fundamental.

Rel. Min. Herman Benjamin, 2ª T, DJ 16/12/2010). Pode-se falar, entre nós, de concepção maximalista do poluidor indireto (com um espectro de abrangência bastante amplo). Não só isso. Tem-de defendido que a responsabilidade civil ambiental caracteriza-se por incidir sobre aquele que é mais capaz de suportar os ônus decorrentes da ação prejudicial ao meio ambiente. Trata-se da doutrina do *deep pocket doctrine* (doutrina do bolso profundo). Veja-se, por exemplo, "a chamada responsabilidade pós-consumo. Em tal modalidade de responsabilidade, por exemplo, os fabricantes de pilhas e baterias são os responsáveis pelo seu destino final; igualmente, os fabricantes de PET, ou de latas de alumínio, começam a ser responsabilizados pela destinação final de tais produtos. O raciocínio subjacente é o de que as empresas em questão são as maiores beneficiárias econômicas da comercialização dos produtos. Existe, ainda, a óbvia questão de que é impossível a responsabilização de milhares e milhares de pessoas que descartam PET e pilhas em qualquer lugar" (ANTUNES, Paulo de Bessa. *Direito Ambiental.* Rio de Janeiro: Lumen Juris, 2007, p. 208). A jurisprudência brasileira, aliás, já tem se posicionado nesse sentido, admitindo a chamada responsabilidade pós-consumo em relação a produtos com alto poder poluente, fazendo com que os beneficiários econômicos da atividade respondam pela degradação ambiental resultante (STJ, REsp 684.753, Rel. Min. Carlos Ferreira, DJ 18/08/2014). Decidiu-se ainda que "existe a responsabilidade solidária entre o agente financeiro, o construtor de imóvel e o incorporador, por empreendimentos construídos sobre terrenos contaminados ou em áreas que, por força de lei ou outro ato normativo, sejam considerados como *non aedificandi*" (ANTUNES, Paulo de Bessa. *Direito Ambiental.* Rio de Janeiro: Lumen Juris, 2007, p. 211/212).

272. MILARÉ, Édis. *Direito do Ambiente.* São Paulo: RT, 2014, p. 450. Juarez Freitas, raciocinando sobre a responsabilidade civil no direito ambiental, enfatiza: "Observe-se que, nessa seara, a responsabilidade do Estado não será meramente subsidiária, mas solidária – poluidor indireto –, conquanto não se deva adotar a teoria do risco integral, sequer nessa província: o Estado tem o dever de tomar as medidas cabíveis de prevenção e de precaução, sob pena de responder objetivamente pelos danos injustos, porém nada o impedirá de esgrimir as excludentes" (FREITAS, Juarez, Responsabilidade Civil do Estado e o princípio da proporcionalidade: vedação de excesso e de inoperância. *Responsabilidade Civil do Estado.* Juarez Freitas (org.). São Paulo: Malheiros, 2006, pp. 170-197, p. 183).

Desse modo, a importância do chamado responsável indireto é forte, em certos setores da responsabilidade civil. O nexo de causalidade não é enxergado de modo estreito e lido à maneira clássica, naturalística, mas incorpora outras ordens de consideração. Nesse contexto, a lei pode "ampliar este nexo, atribuindo a responsabilidade a quem não causou diretamente o dano, mas é tido, por um nexo de imputação, como responsável pela segurança, ou pela garantia, ou elo risco (imputação objetiva)"[273]. Os estudos mais atuais percebem, nessa ordem de ideias, que a construção do nexo causal não se dá de modo tão estrito como se pensou em boa parte dos séculos passados. Sobretudo nas hipóteses em que a responsabilidade civil objetiva se fundamenta no risco da atividade, a construção do nexo causal se dá levando em consideração outros fatores, e sobretudo levando em consideração se o fato ocorreu na esfera de risco do responsável[274].

O ponto que deve ser destacado é que os deveres de proteção, a cargo do Estado, ampliam-se consideravelmente em nossos dias. Do Estado se exige – e progressivamente se exigirá – uma postura menos omissa e menos absenteísta, sobretudo em certos serviços públicos essenciais, como saúde e segurança. Cada vez mais resultados concretos, aferíveis – atuação eficiente em relação a esses serviços na vida diária dos cidadãos – serão buscados, e o Estado será chamado a responder pelas omissões desproporcionais e danosas. Não só. Como temos destacado, em mais de uma ocasião, hoje sabemos que muitos atentados a direitos fundamentais – em certos casos, até, gravíssimos – resultam, não do Estado, mas de

273. MARTINS-COSTA, Judith. Do inadimplemento das obrigações. In: FIGUEIREDO TEIXEIRA, Sálvio de (Coord.). *Comentários ao novo Código Civil*, v. 5, tomo II. Rio de Janeiro, Forense, 2003, p. 133.

274. Nesse sentido, "não são todas as formas de responsabilidade jurídica que exigem uma construção tão estreita de nexo causal em que o dano é resultado da conduta do responsável, como ocorre nas situações envolvendo responsabilidade por ato ilícito, sendo que, nos casos em que a responsabilidade se dá em razão do risco, tal não é necessário, pois nessas hipóteses 'se tratará de um fato compreendido na esfera de risco objetivamente endereçada ao responsável'" (CORRÊA, André Rodrigues. *Solidariedade e responsabilidade*. São Paulo: Saraiva, 2009, p. 488). O autor, depois de citar Pietro Trimarchi (*Causalità e danno*. Milano: Giuffrè, 1967, p. 14), conclui afirmando que "que a definição de determinado ato/fato como hipótese contida na esfera de risco atribuída ao sujeito constitui o eixo da discussão acerca da responsabilidade objetiva" (CORRÊA, André Rodrigues. *Solidariedade e responsabilidade*. São Paulo: Saraiva, 2009, p. 488).

outros particulares. Já se notou que "subestima-se com facilidade a gravidade dos atentados que certos particulares podem cometer contra a liberdade alheia"[275].

A proporcionalidade, igualmente, é um dado que serve de relevante referencial para as decisões concretas, sobretudo se tivermos em conta o tema deste estudo. Juarez Freitas aponta que "o princípio da proporcionalidade determina que o Estado não deve agir com demasia, tampouco de modo insuficiente, na consecução dos seus objetivos. Desproporções – para mais ou para menos – caracterizam violações ao princípio e, portanto, antijuridicidade". Continua afirmando que o Estado, entre nós, tem sua atuação marcada "ora pelo cometimento de excessos, ora pela perpetração – não menos nociva – de omissões"[276].

Na responsabilidade civil do Estado por danos relacionados à violência urbana lidamos com danos (muitas vezes) complexos. Ao lidarmos – o que ocorre, por exemplo, com frequência, no direito ambiental – com causas concorrentes, simultâneas e sucessivas, é certo que teremos dificuldades enormes em delinear o nexo causal. Convém repetir que o direito constrói seus nexos de imputação – nem sempre equivalentes à causalidade naturalística[277]. Na construção dos nexos de imputação há valorações relevantes, há a análise do bem jurídico tutelado, há a orientação principiológica de não se deixar a vítima desamparada. Trata-se, como já frisamos antes, de, em determinadas situações danosas, "de considerar a configuração de um dever reparatório independentemente da prova estrita da existência de um nexo de causalidade ligando o dano à conduta ou atividade desenvolvida". Haveria, desse modo, a "consideração aos

275. RIVERO, Jean; MOUTOUH, Huges. *Liberdades públicas*. Trad. Maria Ermantina de Almeida Prado Galvão. São Paulo: Martins Fontes, 2006, p. 204.

276. FREITAS, Juarez. A responsabilidade extracontratual do Estado e o princípio da proporcionalidade: vedação de excesso e de omissão. *Revista de Direito Administrativo*. Rio de Janeiro, nº 241, 2005, pp. 21/37, p. 24-25.

277. Guido Alpa enfatiza que quando entendemos que o nexo causal é uma questão de direito, torna-se mais fácil entender como sua percepção pode ser modificada em razão de novos entendimentos, sejam judiciais, sejam legislativos (ALPA, Guido. Struttura dell'illecito: dolo, colpa, imputabilità, causalità. In: *Responsabilità civile e danno*: lineamenti e questioni. Bologna: Il Mulino, 1991, p. 295).

princípios informadores do direito de danos atual, decorrentes de princípios constitucionais e objetivando a plena reparação do dano injusto"[278].

Caminhamos, cremos, em direção a novos passos argumentativos na responsabilidade civil do Estado por omissão – sobretudo no que diz respeito ao diálogo com os danos oriundos da violência urbana. De uma perplexidade inicial que conduzia a um encerramento (um tanto sumário) da discussão, sob a alegação de ausência de nexo causal ou da impossibilidade de transformar o Estado em um segurador universal, passamos a argumentos mais refinados, a reflexões mais contextualizadas. Não só isso. Dispomos, hoje, teoricamente, de uma rede de conexões conceituais mais atuais e harmônicas com os princípios normativos de nossa jovem democracia constitucional[279].

278. MULHOLLAND, Caitlin Sampaio. *A responsabilidade civil por presunção de causalidade.* Rio de Janeiro: GZ, 2010, p. 283.

279. Convém lembrar – em conexão com o afirmado no texto e também no começo deste capítulo – que "se até então a jurisprudência vinha recebendo um tratamento pouco científico, traduzindo-se em adoção indiscriminada da mesma e de sua pouca visibilidade acadêmica, hoje essa situação não mais se admite, no paradigma do Estado Democrático de Direito. Dela emergem, sem dúvida, outras consequências pouco familiares ao sistema do *civil law,* como por exemplo a expulsão do ordenamento jurídico, em caráter genérico, da norma declarada inconstitucional pelo Supremo Tribunal Federal – fato este que acirra a problemática da tensão entre democracia e Constituição. Logo, a jurisprudência/súmula não pode ser aplicada indiscriminadamente sem critérios lógicos capazes de demonstrar sua coerência com o direito a ser sustentado. Também não se pode mais desconhecer os mecanismos de construção da decisão judicial, bem como os fatores internos e externos à sua produção, sob pena de abrigarmos a arbitrariedade judicial" (DUARTE, Fernanda; VIEIRA, José Ribas; CAMARGO, Margarida Maria Lacombe; GOMES, Maria Paulina. *Os direitos à honra e à imagem pelo Supremo Tribunal Federal.* Rio de Janeiro: Renovar, 2006, p. 7).

3

CONSTRUINDO UM MODELO TEÓRICO PARA A RESPONSABILIZAÇÃO ESTATAL POR OMISSÃO NOS CASOS DE VIOLÊNCIA URBANA

1. ALGUNS PASSOS DA JURISPRUDÊNCIA BRASILEIRA SOBRE VIOLÊNCIA URBANA E DIREITO DOS DANOS

Não temos, no Brasil, uma vasta e antiga tradição de abordagem jurisprudencial da violência urbana sob a ótica da responsabilidade civil. Apenas a partir dos anos 70 do século passado (com aumento no final dos anos 80) é que o Supremo Tribunal Federal – então competente para a matéria, competência que foi transferida ao Superior Tribunal de Justiça com a Constituição Federal de 1988 – foi chamado a julgar as consequências civis de atos de violência ocorridos dentro de transporte público (ônibus, trens etc). Esse foi quase que exclusivamente, nas últimas décadas, o ponto que liga, em nossa jurisprudência, a violência urbana à responsabilidade civil. Há, aqui e ali, bastante isolados, julgados que aludem às consequências patrimoniais de atos de violência (como roubos e furtos de veículos, por exemplo, quando os particulares reclamam do Estado indenização em virtude da perda patrimonial havida, quase sempre sem sucesso).

Há, também, mais recentemente, julgados que analisam essas consequências civis em face de outros fornecedores de serviços (instituições financeiras, hipermercados, shoppings etc.), e nesses casos a linha de tendência jurisprudencial brasileira costuma responsabilizar o estabelecimento pelos danos sofridos pelas vítimas de violência nesses locais, ao contrário do que ocorre com as vítimas de violência durante o transporte público.

Talvez caiba, aqui, uma observação – com o perdão do truísmo. Sabe-se que a jurisprudência precisa ser analisada a partir de uma perspectiva crítica e contextualizada, e sobretudo convém que seja submetida a constantes filtros teóricos para verificar a consistência constitucional de seus argumentos e eventuais contradições e falhas de isonomia em suas conclusões. Ademais, nossas decisões não são tão colegiadas como pensamos ou como gostaríamos que elas fossem[280]. Na verdade, é preciso cuidado e parcimônia ao fazer afirmações peremptórias sobre a jurisprudência dos tribunais brasileiros – afirmando, por exemplo, que eles têm esse ou aquele entendimento. É que a lógica decisória, embora aparentemente colegiada, na verdade é profundamente personalista. As decisões refletem, não uma construção deliberativa amadurecida, mas a individualidade do ministro (ou desembargador) que conduziu o voto vencedor. Há, nesse sentido, uma desvalorização do sentido coletivo da jurisprudência. Registramos, neste parágrafo, que temos consciência do fenômeno – mas precisamos, ao mesmo tempo, trabalhar com o que temos, ainda que adotando uma perspectiva crítica.

280. Não podemos saber, à luz do modelo atual, diante de determinado acórdão, se os demais ministros que concordam com o resultado dado pelo voto condutor o fazem com base nos mesmos fundamentos. A unanimidade ou a maioria se faz mais pelo resultado proposto pelo voto vencedor, do que propriamente por seus argumentos. Em análise arguta, percebeu-se que não há nos acórdãos do STF "uma preocupação de proferir resultado acompanhado de razões colegiadas que o embasem. Antes, o que há são peças argumentativas individuais, com frequentes variações na fundamentação, que não costumam tratar dos mesmos pontos, especialmente quando divergem. É comum que a leitura dos acórdãos revele arrazoados argumentativos construídos a partir de premissas diferentes e independentes, com trajetos apartados e baixo grau de interação entre os votos" (Três desafios para melhorar a jurisdição constitucional brasileira. SUNDFELD, Carlos Ari; PINTO, Henrique Motta. *Jurisdição Constitucional Brasileira*. VOLVODIC, Adriana; PINTO, Henrique Mota; GORZONI, Paula; SOUZA; Rodrigo Pagani de. (Orgs). São Paulo: Malheiros: 2012, p. 24). Em sentido semelhante, aludindo a um "tribunal de solistas", e clamando pelo aperfeiçoamento das capacidades deliberativas do STF, confira-se MENDES, Conrado Hubner. O projeto de uma corte deliberativa *Jurisdição Constitucional Brasileira*. VOLVODIC, Adriana; PINTO, Henrique Mota; GORZONI, Paula; SOUZA; Rodrigo Pagani de. (Orgs). São Paulo: Malheiros: 2012, p. 53/73).

Em relação às consequências civis dos atos de violência urbana em face dos passageiros de transporte público, a jurisprudência brasileira – num primeiro momento – oscilou fortemente. O Supremo Tribunal Federal, inicialmente, manifestou-se pela responsabilidade do transportador (o *leading case*, na matéria, foi o Recurso Extraordinário nº 80.412, cuja situação fática era a seguinte: a vítima, em dezembro de 1969, viajando em trem da Rede Ferroviária Federal, foi abordada por um ladrão que tentou arrancar-lhe um cordão de metal que estava em seu pescoço, o que culminou com a queda da vítima entre a plataforma de uma estação e os trilhos e a amputação da mão direita). Embora a pretensão tenha sido negada tanto na primeira quanto na segunda instância, o STF a acolheu, responsabilizando civilmente o transportador pelos danos.

O mesmo STF, porém, mais adiante, fez uma inflexão. Em agosto de 1980, ao julgar o Recurso Extraordinário nº 88.407 (STF, RE 88.407, Rel. Min. Thompson Flores, Rel p/ acórdão Min. Décio Miranda, Pleno, DJ 06/03/1981), decidiu que o transportador não seria responsável pela morte de passageiro ocorrida durante assalto (orientação reafirmada no RE 109.233, Rel. Min. Djaci Falcão, 2ª T, DJ 22/08/1986). Posteriormente, o Superior Tribunal de Justiça opta por seguir este último caminho, julgando, no início da década de 90 do século passado, que o transportador (no caso, a Companhia Brasileira de Trens Urbanos) não responde pelos danos experimentados por passageiros em virtude de assaltos durante a viagem (STJ, REsp 35.436, Rel. Min. Eduardo Ribeiro, 3ª T, DJ 04/10/1993). Argumentou-se, basicamente, que o assalto é um fato inteiramente estranho ao transporte, e não guarda conexão com os riscos próprios do deslocamento.

Conforme temos frisado, em mais de uma oportunidade, neste estudo, a grande pergunta consiste em indagar em que medida, ou sob que circunstâncias, o fato de terceiro participa dos riscos da atividade (o que vale não só para os fornecedores privados de serviços, mas também para o Estado). Voltaremos à questão no final deste terceiro capítulo.

Cabe dizer – voltando à sumária reconstrução da caminhada jurisprudencial – que mesmo no STJ, entretanto, a questão não se mostrou pacífica, pelo menos na década de 90 do século passado. Havia, embora minoritários, julgados que defendiam que as empresas de transporte deveriam indenizar a família no caso de morte do passageiro por assalto a mão armada dentro de trem urbano (STJ, REsp 50.129, Rel. Min. Torreão Braz, 4ª T, DJ 17/10/1994). O relator, Min. Torreão Braz, argumentou que "em sã consciência, não se pode pôr em dúvida que no Brasil dos dias correntes o assalto nos meios de transporte de carga e de pessoas é fato previsível e até corriqueiro". O julgador, adiante, manifesta sua contrariedade com o fato de que "famílias inteiras, geralmente de parcos ou nenhum recurso (o usuário de tais serviços de ordinário pertence às classes mais humildes) fiquem desamparadas, relegadas à miséria, por decorrência de uma exegese fossilizada da lei que remonta ao começo do século". Posteriormente, o STJ, no REsp 48.967, relatado pelo Min. Ruy Rosado de Aguiar, seguiu orientação semelhante (STJ Rel. Min. Ruy Rosado de Aguiar, 4ª T, DJ 17/10/1994).

Porém não foi essa a orientação jurisprudencial que prevaleceu. Nos anos seguintes, entre 1995 e 1999, tanto a terceira como a quarta turmas do STJ decidiram que os roubos, os assaltos à mão armada, não participam dos riscos do transporte, e por eles as empresas de transporte não responderão civilmente (por exemplo, STJ, REsp 17.233, Rel. Min. Cesar Asfor Rocha, 1ª T, DJ 20/09/1993; REsp. 74.534, Rel. Min. Nilson Naves, 3ª T, DJ 14/04/1997; REsp 119.202, Rel. Min. Eduardo Ribeiro, 3ª T, DJ 23/08/1999). Posteriormente, a Segunda Seção do STJ decidiu a polêmica afirmando que o assalto é um fato inteiramente alheio ao transporte em si (STJ, REsp 435.865, Rel. Min. Barros Monteiro, Segunda Seção, DJ 12/05/2003).

Uma ressalva, porém, deve ser feita, relativamente à jurisprudência do STJ sobre o tema – sobretudo àquela elaborada no final do século passado. Mesmo quando se negava a responsabilidade civil das empresas de transporte em razão dos danos sofridos pelos passageiros nos assaltos, abria-se (ou pelo menos certos julgados assim o faziam) uma brecha conceitual que permitia responsabilizar a empresa se, de alguma forma, ainda que tênue, fosse possível afirmar que o empregado da empresa contribuiu, de modo causal, para o dano.

Essa orientação se percebe em alguns julgados, como se o motorista deixou a porta aberta e com isso o passageiro cai do ônibus, depois da ação do assaltante (STJ, REsp 234.263, Rel. Min. Ruy Rosado de Aguiar, 4ª T, DJ14/02/2000), ou se o motorista realiza parada em ponto irregular, do que decorre assalto com danos graves (STJ, REsp 200.808, Rel. Min. Ari Pargendler, 3ª T, DJ 12/02/2001).

Em certos casos alude-se também à frequência dos danos (STJ, REsp 232.649, Rel. Min. Cesar Asfor Rocha, 4ª T, DJ 15/08/2002). O acórdão citado frisou a questão da frequência dos danos: "Tendo se tornado fato comum e corriqueiro, sobretudo em determinadas cidades e zonas tidas como perigosas, o assalto no interior do ônibus já não pode mais ser genericamente qualificado como fato extraordinário e imprevisível na execução do contrato de transporte, ensejando maior precaução por parte das empresas responsáveis por esse tipo de serviço, a fim de dar maior garantia e incolumidade aos passageiros". Essa linha de argumentação, porém, aos poucos, foi desaparecendo dos acórdãos (se, há cerca de vinte anos, tais danos eram frequentes, hoje o fenômeno se agravou sensivelmente).

De todo modo, e de uma perspectiva mais ampla, hoje podemos dizer que a matéria se pacificou no sentido da ausência do dever de indenizar, por parte das empresas de transporte, nos danos sofridos pelos passageiros relacionados a assaltos[281]. Além do mais, as discussões doutrinariamente mais atuais acerca do tema não orbitam

281. Cremos que a passagem a seguir – com uma construção argumentativa, concordemos ou não, mais desenvolvida do que se costuma encontrar na jurisprudência – sintetiza bem o entendimento que atualmente prevalece nos tribunais: "Percebe-se, desde logo,que o raciocínio empregado no acórdão recorrido importaria, na prática, em atribuir ao transportador a total responsabilidade de reparar, sempre, os danos causados por criminosos quando praticados contra o patrimônio ou contra as pessoas no interior dos coletivos. Ora a segurança pública é um dos deveres básicos do Estado. Sua omissão não pode impor à concessionária de transporte público o dever de indenizar os passageiros afetados por eventos danosos fortuitos, como o dos autos, causados por terceiros estranhos à relação de transporte, sem que a transportadora pudesse evitá-los. Assim, especificamente em casos como o ora em análise, a Segunda Seção desta Corte Superior firmou, há tempos, entendimento no sentido de que, não obstante a habitualidade da ocorrência de assaltos em determinadas linhas, é de ser afastada a responsabilidade da empresa transportadora por tratar-se de fato inteiramente estranho à atividade de transporte (fortuito externo), acobertado pelo caráter da inevitabilidade" (STJ, Rcl 4.518, Rel. Min. Ricardo Villas Bôas Cueva, Segunda Seção, DJ 07/03/2012).

tanto em torno dos conceitos de previsibilidade e inevitabilidade, como no passado (se o dano era imprevisível e inevitável). Melhor e mais adequado é indagar se o dano participa da esfera de risco do responsável[282].

André Rodrigues Corrêa, estudioso do tema, conclui que a orientação dos tribunais brasileiros a respeito da questão acaba por conferir nenhuma eficácia concreta ao discurso solidarista. Nesse contexto, ao definir que os danos resultantes da criminalidade violenta (durante o transporte público) são problemas apenas dos passageiros, os tribunais – infelizmente – deixam claro que o discurso teórico-dogmático relativo ao direito social à segurança não repercute na concretização das práticas judiciárias[283]. Talvez seja o momento de indagarmos se não chegou o momento de transformar as vítimas em verdadeiros cidadãos[284].

1.1. Continuando a linha argumentativa: por que não concluir o raciocínio?

O dever de prestar segurança, dever que cabe ao Estado diante de seus cidadãos, é uma espécie de constante teórica nas reflexões de

---

282. Nesse sentido, "não é correto associar, na perspectiva da responsabilidade objetiva, o risco atípico com eventos inevitáveis, pois essa responsabilidade abrange todo risco associado à atividade – seja ele evitável ou não – por intermédio da adoção de medidas específicas que podem ir da precaução que visa evitar e/ou reduzir a frequência da ocorrência dos riscos até a administração econômica de seus efeitos" (CORRÊA, André Rodrigues. *Solidariedade e responsabilidade*. São Paulo: Saraiva, 2009, p. 534). De modo semelhante argumentou-se que "a controlabilidade do risco não diz respeito apenas à possibilidade de evitar o dano, mas também à possibilidade de gerenciá-lo adequadamente. Daí por que são questionáveis as decisões jurisprudenciais de que assaltos à mão armada em coletivos, apesar de previsíveis e habituais, seriam fortuitos externos à atividade da transportadora, por serem inevitáveis. Afinal, o critério isolado da inevitabilidade do dano pode funcionar bem como excludente de responsabilidade subjetiva, mas não necessariamente como excludente de responsabilidade pelo risco" (FRAZÃO, Ana. Risco da empresa e caso fortuito externo. *Civilística*. a 5, nº 1, 2016, p. 18).

283. CORRÊA, André Rodrigues. *Solidariedade e responsabilidade*. São Paulo: Saraiva, 2009, p. 537.

284. É o que conclui, em outro contexto, Heloísa Barbosa, nesses termos: "Não há, nem deve haver, em resumo, outra perspectiva para o Direito Civil, senão a de se tornar – de fato, o direito que permita – a todos, indistintamente, verdadeiros cidadãos. Esta a meta a ser alcançada" (BARBOZA, Heloísa Helena. Perspectivas do direito civil brasileiro para o próximo século. *Revista da Faculdade de Direito da UERJ*, nº 6-7, Rio de Janeiro: Renovar, 1999, p. 38).

variados autores ao longo da história. Esse ponto, repita-se, parece imutável: o reconhecimento do dever do Estado de proteção do cidadão contra agressões, seja diante de agressões externas, provindas de outros países, seja diante de agressões oriundas de outros cidadãos. Von Humboldt argumenta que não devemos revidar uma ofensa com outra ofensa, pois isso ensejaria um ciclo ininterrupto de vingança. Afirma ainda que "a garantia de segurança, tanto frente ao inimigo exterior, como frente às tensões interiores, deve constituir o fim do Estado e o objecto de sua atividade"[285]. Percebe-se, claramente, como determinadas reflexões teóricas – e isso pode ser encontrado com frequência nos autores que se debruçam sobre o tema – vinculam a própria finalidade do Estado (ou uma delas) ao dever de prestar segurança aos cidadãos.

Neste tópico, contudo, mais do que buscar novas conexões teóricas sobre o dever estatal de prestar segurança pública, iremos indagar até que ponto os tribunais brasileiros costumam ir ao analisar a matéria, sob o ângulo da responsabilidade civil.

Os tribunais – inclusive o Supremo Tribunal Federal – para dizer que as empresas de transporte não respondem pelos atos de violência urbana sofridos pelos passageiros costumam argumentar que se trata de dever do Estado, não das empresas de transporte. Assim, o STF já se valeu do fundamento de que "dentre as obrigações inseridas no contrato de transporte não se acha a de colocar policiamento para evitar crimes", argumentando que "o Poder Público ao conceder os serviços de transporte não cogita de semelhante tarefa, porque à criação de milícias particulares se opõe a Constituição, ao atribuir exclusivamente ao Estado a missão de manter polícia para a proteção de seus cidadãos". O STF, no mesmo julgamento, sublinha

285. VON HUMBOLDT, Wilhelm. *Os limites da acção do Estado*. Porto: Colecção Resjurídica, 1990, p. 48. Mais adiante, o autor destaca: "A segurança vê-se perturbada por aqueles actos que, como tais, lesam os direitos alheios ou aqueles de cujas consequências se pode temer este resultado. O Estado deve, contudo, proibir e esforçar-se por impedir ambas as classes destes actos". Adiante, conclui: "Quando se tenham produzido, terá que esforçar-se em compensar juridicamente os danos causados por eles, na medida que seja possível e terá que procurar, mediante o castigo, que sejam menos frequentes no futuro" (VON HUMBOLDT, Wilhelm. *Os limites da acção do Estado*. Porto: Colecção Resjurídica, 1990, p. 98).

o despropósito de exigir que a empresa de transporte garanta nível específico de segurança, uma vez que "a missão de policiar as ruas está reservada ao Estado" (STF, RE 113.194, Rel. Min. Moreira Alves, 1ª T, DJ 07/08/1987).

Em outra oportunidade, o STF afirmou – embora de forma um tanto óbvia – que segurança pública é um problema que compete exclusivamente ao Estado (STF, RE 88.407, Rel. Min. Thompson Flores, Rel p/ acórdão Min. Décio Miranda, Pleno, DJ 06/03/1981). O STJ, de modo semelhante, sublinhou – não poderia ser diferente –, que "as medidas concernentes à segurança pública se acham afetas ao Estado exclusivamente" (STJ, REsp 218.852, Rel. Min. Barros Monteiro, 4ª T, DJ 03/09/2001) e, em outra oportunidade, destacou que "a segurança pública é um dos deveres básicos do Estado. Sua omissão não pode impor à concessionária de transporte público o dever de indenizar os passageiros afetados por eventos danosos fortuitos" (STJ, Rcl 4.518, Rel. Min. Ricardo Villas Bôas Cueva, Segunda Seção, DJ 07/03/2012). A citação é apenas exemplificativa, para evidenciar o uso do argumento. Muitos outros julgados poderiam ser invocados.

A jurisprudência brasileira, no entanto, nunca extraiu de afirmações como essas citadas acima as conclusões hermenêuticas que seria de se esperar[286]. Se a missão, se o dever, se as medidas de segurança pública se acham afetas exclusivamente ao Estado –

286. Não é só a jurisprudência que se sustenta nas bases argumentativas apontadas. Há, na doutrina, posições semelhantes, em muitos casos invocadas pelos tribunais para fundamentar suas decisões. Sérgio Cavalieri Filho, por exemplo, conclui: "Não cabe ao transportador transformar seu veiculo em carro blindado, nem colocar uma escolta de policiais em cada ônibus para evitar os assaltos. A prevenção de atos dessa natureza cabe ao Estado, inexistindo fundamento jurídico para transferi-la ao transportador" (CAVALIERI, Sérgio. *Programa de Responsabilidade Civil*. São Paulo, Atlas, 2014, p. 367). Um pouco depois, o autor destaca: "No Rio de Janeiro, onde os assaltos a ônibus tornaram-se frequentes, após o trágico final do caso conhecido como "174", no qual uma jovem passageira foi morta pelo assaltante em frente às câmeras de televisão, por lamentável erro da Polícia, a Secretaria de Segurança Pública montou um esquema especial de prevenção baseado em *blitze* e patrulhamento nas linhas mais perigosas, o que fez reduzir o índice mensal de roubos. Isso está a evidenciar que o problema é de segurança pública, maior atuação e eficiência da polícia, ônus do Estado, que não pode ser transferido para o transportador, sem qualquer base econômica" (CAVALIERI, Sérgio. *Programa de Responsabilidade Civil*. São Paulo, Atlas, 2014, p. 371).

como dever constitucional –, por que não chamá-lo a responder civilmente, quando houver danos relacionados à absoluta ausência do adimplemento, em níveis mínimos, desse dever?[287]

Em determinados casos, os tribunais se valem de argumentos de notável harmonia conceitual, mas escandalosamente contrários a todas expectativas – e realidades – atuais. Quando, por exemplo, o STF afirma que não é possível "o ordenamento jurídico aceitar o crime como um ato de rotina, porque estaria penetrando em área de inegável imoralidade, incompatível com o sentimento ético que deve ornamentar a atividade estatal" (STF, RE 113.194, Rel. Min. Moreira Alves, 1ª T, DJ 07/08/1987). Talvez fosse o caso de perguntar, apenas retoricamente: então vamos fazer de conta que a violência não existe? Assim resolveríamos o problema? É essa a função social e normativa do direito?

Interessante anotar que o STF, nos anos 70 e 80 do século passado – julgando casos que discutiam a responsabilidade das empresas de transporte público perante os passageiros ou seus familiares – utilizava, com frequência, o argumento de que a situação danosa era comum e frequente, e por isso a responsabilidade civil das empresas deveria se impor[288]. Se isso foi usado, argumentativamente, para

287. Certas realidades – que já eram percebidas no início do século passado – hoje são vistas com menos clareza, ou pelo menos com nenhuma eficácia jurídica concreta. Filadelfo Azevedo, que foi perspicaz ministro do STF, citado por Aguiar Dias, vai ao ponto fundamental: "O indivíduo que é vítima de um assalto bem poderia ter continuado incólume, quando funcionasse com a necessária eficiência o serviço policial, que é um dos primeiros deveres do Estado" (AGUIAR DIAS, José de. *Da Responsabilidade Civil*. Rio de Janeiro: Forense, 1954, p. 582). Lembremos que isso, surpreendentemente, foi escrito nas primeiras décadas do século passado.

288. No caso, por exemplo, de pedras atiradas contra ônibus e trens, causando danos graves (invalidez, cegueira, lesões na face etc). São danos, espantosamente, muito mais comuns do que poderíamos supor (o que mostra, também, a gratuidade das agressões, a banalidade da maldade humana em certos casos). Nesse sentido, exemplificativamente: "Já decidi, como Relator, nesta Turma, e fui acompanhado pelos demais integrantes da assentada, em caso de passageiro de ferrovia vitimado por uma pedrada contra o trem, que, realmente, a responsabilidade da estrada de ferro se configurava, de vez que era comum, no trecho em que se deu o atentado, haver ataques com pedras a trens. Então, a responsabilidade da ferrovia se caracterizava, de vez que já deveria ter tomado providências para evitar que tal tipo de atentado continuasse ou, pelo menos, dotar o veículo de proteção tal que impedisse que as pedras atingissem os passageiros" (STF, RE 113.555, Rel. Min. Carlos Madeira, 2ª T, DJ 04/09/1987). De modo semelhante, em outra oportunidade: "Responsabilidade civil da ferrovia. Passageiro atingido por pedrada.

responsabilizar as empresas de transporte público por certos danos causados por terceiros aos passageiros, com muito maior razão há de ser aplicado, argumentativamente, ao Estado, diante dos danos sofridos pelos cidadãos relacionados à violência urbana. Danos diários, incorporados, socialmente, ao nosso dia a dia, mas nem por isso menos brutais, menos inaceitáveis. Danos que participam da esfera de risco estatal, não podendo ser transferidos aos cidadãos. Nesse contexto, a frequência da violência, a regularidade de certos danos, é argumento discutível para responsabilizar as empresas de transporte (embora, aqui e ali, usado pelos tribunais), mas é argumento, poderoso e forte, em relação ao Estado. Parece claro, aqui, que estamos diante do real responsável pelos riscos em questão[289].

Além do mais, tem-se percebido, atualmente, que o ato de terceiro não é excludente de responsabilidade civil, quando, pela sua frequência, ele se apresenta como risco inerente à atividade do apontado como responsável. Nesse contexto, "o *European Group*

Frequência em tal tipo de ocorrência. Aplicação da Súmula 187. A obrigação da ferrovia é transportar incólume o passageiro, e não há de excluir-se sua responsabilidade se é frequente, principalmente nos subúrbios das grandes cidades, desocupados atirarem pedras nos trens, com riscos de serem os passageiros atingidos. Aplicação, em consequência, da Súmula 187" (STF, RE 109.068, Rel. Min. Aldir Passarinho, 2ª T, DJ 06/06/1986). A matéria, contudo, nunca foi pacífica, e a jurisprudência do STJ, posteriormente, veio a se consolidar no sentido oposto. A partir da Constituição Federal de 1988, o Superior Tribunal de Justiça passa a ser o tribunal competente para a análise da matéria. O primeiro julgamento da questão pelo STJ ocorreu em 18 de dezembro de 1991, e dizia respeito a uma mulher que perdeu a visão de um dos olhos ao ser atingida por uma pedra enquanto viajava de trem urbano (STJ, REsp 13.351, Rel. Min. Eduardo Ribeiro, 3ª, DJ 24/02/1992). O relator, embora admita a frequência da situação danosa descrita, não conclui pela responsabilização da empresa de transporte, argumentando: "Salienta-se que o lançamento de pedras, contra os comboios, ocorre com frequência, criando-se o risco para os passageiros. Daí não se conclui deva responsabilizar-se a empresa. Os assaltos a ônibus também se tornaram relativamente comuns, nem por isso me parece seja exigível dos transportadores a manutenção de guarda permanente nos veículos de molde a evitá-los. A prevenção de atos dessa natureza cabe à autoridade pública, inexistindo fundamento jurídico para transferi-los a terceiros". Diante da conclusão apresentada, cabe indagar: e há fundamento jurídico para deixar de responsabilizar o Estado, havendo dano?

289. Além do mais, as "providências eficazes" que os julgados costumam mencionar como amparo argumentativo para eventualmente responsabilizar as empresas de transporte pelos danos – "já que previsíveis assaltos violentos a ônibus de passageiros, só explicados pela completa ausência de providências eficazes da transportadora" (STJ, REsp 175.794, Rel. Min. Ruy Rosado de Aguiar, 4ª T, DJ 21/02/2000) –, *talvez* não devam ser exigidas das empresas, mas certamente do Estado.

on Tort Law ressalta que apenas pode ensejar a responsabilidade o dano característico do risco apresentado pela atividade e dela resultante, propondo que a avaliação do risco seja feita não apenas pela gravidade do dano, mas também pela sua frequência, o que pode ser determinado pela teoria das probabilidades"[290].

Voltando à pergunta que usamos para abrir este tópico. Se todos parecem concordar relativamente ao dever do Estado de prestar segurança pública aos cidadãos, talvez seja o caso de perguntar: que dever fraquíssimo é esse? Que fraco dever estatal é esse, cuja escandalosa e diária inobservância não gera nenhuma eficácia, nenhuma sanção, nenhum real resguardo às legítimas expectativas dos cidadãos? A conclusão – talvez digamos: lamentavelmente – é clara: ou estamos diante de um dever (apenas) retórico, um *não dever*[291], ou chegamos à etapa civilizatória que exige que encaremos seriamente o problema, construindo meios e modos de não deixar as vítimas dos danos da violência urbana tão terrivelmente desamparadas. Não há, acima do Estado, juridicamente, um degrau a mais. Ou o Estado responde civilmente, ou a vítima amargará sozinha o dano, sendo tida como uma "vítima do destino", algo pouco compatível com as democracias constitucionais dos nossos dias.

Aliás, os argumentos dos tribunais brasileiros mal-disfarçam, muitas vezes, o patrimonialismo, ou uma mal-compreendida ideia de espaço público. Julgando, por exemplo, caso de furto de veículo na via pública, e afirmando que o poder público não pode ter o ônus de todos os males da sociedade, argumenta-se que os locais abertos à utilização pública "adquirem caráter de comunidade, de fruição genérica, sujeitando-se à jurisdição administrativa das Municipalidades, sendo injurídica qualquer privacidade". Em análise

290. FRAZÃO, Ana. Risco da empresa e caso fortuito externo. *Civilística*. a 5, nº 1, 2016, p. 13. Em sentido semelhante: CORRÊA, André Rodrigues. *Solidariedade e responsabilidade*. São Paulo: Saraiva, 2009, p. 533.

291. Argumentando de modo semelhante, Andreas Krell enfatiza que "a negação de qualquer tipo de obrigação a ser cumprida na base dos Direitos Fundamentais Sociais tem como consequência a renúncia de reconhecê-los como *verdadeiros direitos*" (KRELL, Andreas. *Direitos sociais e controle judicial no Brasil e na Alemanha*: os (des)caminhos de um direito constitucional comparado. Porto Alegre: Sergio Antônio Fabris Editor, 2002, p. 23).

crítica do acórdão, André Rodrigues Corrêa destaca: "Ora, o que temos aqui é manifestação da ideia de que a efetiva proteção só existe no âmbito reservado à privacidade, à comunhão com aqueles que se encontram em comunidades restritas, 'comunidades cercadas', pesadamente guardadas e eletronicamente controladas que eles compram no momento em que têm dinheiro ou crédito suficiente para manter distância da 'confusa intimidade' da vida comum da cidade"[292]. Em sentido semelhante, Teresa Caldeira denomina esses espaços de "enclaves fortificados", em que a sensação de segurança guarda relação com o grau de privacidade[293].

Veremos, a partir do próximo tópico, modelos conceituais – de resto já esboçados nos dois primeiros capítulos – para dar o passo argumentativo que falta, para que evitar que persistamos no nível (apenas) retórico apontado neste tópico, que nega, concretamente, qualquer relação possível entre o dever constitucional do Estado de prestar segurança pública e o direito de danos dos nossos dias, rotineiramente aplicado, por vezes, sem atenção alguma aos direitos fundamentais dos cidadãos.

2. CONSTRUINDO UM MODELO TEÓRICO PARA A RESPONSABILIZAÇÃO ESTATAL POR OMISSÃO NOS CASOS DE VIOLÊNCIA URBANA

Temos consciência de que a responsabilização do Estado por danos relacionados à violência urbana é um tema delicadíssimo, social e juridicamente. Aceitá-lo é impor ao Estado um ônus tão severo que os níveis de eficiência na prestação do serviço público de segurança pública precisariam ser profundamente modificados. As perplexidades, não só jurídicas, mas operacionais, que a matéria suscita, parecem sugerir o caminho mais fácil, o caminho de jogar a questão para debaixo do tapete, deixando o problema, quem sabe, para a próxima geração. Estamos diante, sem dúvida, de autêntico *hard case*.

292. CORRÊA, André Rodrigues. *Solidariedade e responsabilidade*. São Paulo: Saraiva, 2009, p. 408.
293. CALDEIRA, Teresa. *Cidade de muros*: crime, segregação e cidadania em São Paulo. São Paulo: Editora 34, EDUSP, 2003, p. 257.

O direito de danos, no século XXI, passa por uma mudança de olhar. Talvez por isso seja uma das categorias jurídicas com maior maleabilidade, maior capacidade instrumental para lidar com o novo (é nova, para o direito brasileiro, a questão de responsabilizar civilmente o Estado pela violência urbana, não exageramos ao afirmar isso). Aliás, chega a ser truísmo repetir que a responsabilidade civil, em nossos dias, não está construída, mas em construção. Ela passa por uma filtragem ética e dialoga com os direitos fundamentais. É instrumento de equidade e busca (progressivamente) proteger as dimensões existenciais do ser humano. Funcionaliza-se na proteção dos cidadãos mais vulneráveis.

Convém retomar algumas das indagações que formulamos anteriormente. Por exemplo: seria razoável e proporcional que o Estado impedisse o dano? Não se trata, sabemos, de pergunta de resposta única ou fácil. Os argumentos variarão na linha do tempo, e não só nela. A falta de cumprimentos dos deveres estatais deverá ser conectada com uma investigação, no caso concreto, acerca da proporcionalidade, investigação iluminada pela teoria do risco (inclusive indagando em que medida os riscos são atribuíveis aos Estado ou às vítimas dos danos). Convém lembrar que a virada conceitual experimentada pela responsabilidade civil está ligada, em boa medida, à consolidação da teoria do risco como novo fator de imputação no direito de danos. A vulnerabilidade da vítima também poderá contribuir para a discussão e orientar a pertinência das respostas[294]. Já frisamos, no capítulo anterior, que na responsabilidade civil dos nossos dias as respostas apriorísticas não satisfazem. Precisamos, em geral, da riqueza de tons do caso concreto para dar soluções que não se afastem da equidade.

Podemos ainda indagar – supondo que a responsabilidade civil do Estado por danos relacionados à violência urbana seja aceita,

294. Cf. GASTAL, Alexandre Fernandes. Verdade e verossimilhança: a facilitação da prova como instrumento de tutela dos direitos materiais. *Direitos Fundamentais e Vulnerabilidade Social*. BERTOLDI, Marcia Rodrigues; GASTAL, Alexandre Fernandes; CARDOSO, Simone Tassinari (Orgs). Porto Alegre: Livraria do Advogado Editora, 2016, pp. 273. O autor sugere "que se cogite do emprego da noção de verossimilhança como um critério também suficiente, em determinados casos, para a fixação dos fatos controvertidos".

pelo menos em certos casos: a responsabilidade civil do Estado, na hipótese, seria subjetiva ou objetiva? Sendo objetiva, poderíamos pensar na categoria da responsabilidade objetiva agravada? Teríamos, no caso, uma responsabilidade por ato lícito ou ilícito? A vulnerabilidade da vítima teria relevância na discussão? Poderíamos pensar no conceito de "esfera de risco"? Ou seja, há certos danos que se colocam em conexão com a atividade estatal, de modo que se dilui, de certo modo, a distinção entre atos próprios e atos de terceiros? Há paralelos possíveis entre a responsabilidade objetiva das instituições financeiras, por atos de terceiros – desde que conexos às suas atividades –, e a atividade do Estado, por atos de terceiros, desde que conexos às suas atividades (como, por exemplo, a segurança pública)? São algumas das questões que enfrentaremos neste capítulo.

Há, em relação ao tema, um estranho silêncio doutrinário. A matéria parece incomodar, como se o assunto não fosse bem-vindo, como se temêssemos enfrentar as consequências jurídicas do problema. E, a respeito do tema, podemos dizer tudo, menos que não é um problema atual. Ou relevante.

Nesse contexto, a questão da violência urbana, sob a ótica da responsabilidade civil, só muito raramente é abordada nas reflexões teóricas da literatura jurídica. O Estado, em geral, é estranhamente afastado da discussão. Quer dizer, até se alude, de modo genérico e retórico, aos deveres estatais, mas quase nunca se extrai consequências jurídicas vinculantes oriundas da não observância desse dever. Há, também, ruídos na matéria, questões mal-compreendidas e mal-divulgadas. Por exemplo, a insistência que o Superior Tribunal de Justiça manifesta em inserir, nas ementas dos seus acórdãos, a tese do caráter subjetivo da responsabilidade civil estatal (na omissão) dá ensejo a abordagens equivocadas relativamente à matéria, em nossa visão. Aliás, não só nesse tema específico, existem, em nossa cultura jurisprudencial, certas falhas de coerência que precisam ser submetidas a um olhar crítico e sistemático. Isso sem falar que um equívoco, repetido muitas vezes, ganha, com frequência, ares de verdade. Enfrentaremos a questão neste capítulo.

Podemos adiantar que a responsabilidade estatal por omissão, no contexto descrito nesta obra, é objetiva. A culpa não entra em linha de consideração. A discussão acerca da necessidade, ou não, do nexo causal na questão da responsabilidade civil do Estado por danos relacionados à violência urbana é uma discussão séria e pertinente[295]. Traz questões realmente difíceis, que exigem profundo amparo argumentativo. O mesmo, porém, não pode ser dito – acreditamos – em relação à tese da exigência da culpa nas omissões estatais. Trata-se, mais, de repetir conclusões (minoritárias) alheias, sem verticalizar a análise. Na literatura civilística, por exemplo, poucos defendem esse caráter subjetivo da responsabilidade civil estatal nas omissões. Talvez possamos dizer o mesmo em relação à seara do direito administrativo, embora aqui a questão seja mais dividida. Seja como for, há, na matéria, certo uso de argumentos de autoridade (é nossa percepção) e algum abuso na utilização, cômoda, de conclusões alheias, como se fossem verdades sólidas e inquestionáveis. Não são. Voltaremos ao tema. Cuidaremos, ainda, neste capítulo, do caráter lícito ou ilícito da responsabilidade civil por omissão do Estado nos casos relacionados à violência urbana, analisando as especificidades que o tema impõe.

2.1. O modelo conceitual da responsabilidade objetiva agravada

Cremos ser possível identificar, na caminhada histórica da responsabilidade civil, alguns conceitos que – venham da lei, da doutrina ou da jurisprudência – se impuseram, em determinados períodos históricos, com resultado de certas discussões e, afinal de contas, das necessidades sociais em constantes mudanças. A caminhada do direito dos danos, através dos séculos, se dá no sentido de uma crescente objetivação. Já esboçamos, anteriormente, de modo

---

295. Aceitemos ou não novos modelos conceituais, a regra persistirá sendo, sem dúvida, a exigência do nexo causal para que o dever de indenizar se imponha. Nesse sentido, embora sem se debruçar sobre a questão (específica) da responsabilidade civil do Estado pela violência urbana, sublinhou-se que, "em suma, ocorrendo um ato lesivo imputável ao Estado, com base no princípio da solidariedade social, da divisão igualitária dos ônus e encargos por toda população, a vítima terá de demonstrar tão somente o dano e o nexo causal, o que lhe poupará tempo e esforços na busca de sua indenização – esse o modelo de responsabilidade previsto no Texto Maior" (MONTEIRO FILHO, Carlos Edison do Rêgo. Problemas de Responsabilidade Civil do Estado. *Responsabilidade Civil do Estado*. Juarez Freitas (org.). São Paulo: Malheiros, 2006, pp. 37-69, p. 64).

sumário – com algum grau de imprecisão e mesmo de voluntarismo que essas classificações carregam – uma espécie de escada histórica da responsabilidade civil. É chegada a hora, neste capítulo, de desenvolver o tema e conectá-lo com o problema que orienta este estudo

Desse modo, e com as ressalvas antes feitas, na evolução histórica da responsabilidade civil através dos séculos é possível perceber a passagem por certas etapas, por assim dizer, certos degraus. Já sublinhamos anteriormente a dimensão fortemente jurisprudencial da responsabilidade civil, o que possibilita que muitas de suas mudanças – até de suas revoluções, como talvez possamos dizer – sejam feitas no silêncio da lei (e até, às vezes, contra a lei, ou pelo menos contra o literalismo dela). Convém reavivar, com extrema brevidade, o que chamamos de escada histórica da responsabilidade civil: a) responsabilidade subjetiva clássica; b) culpa presumida (que, sabemos, é uma espécie de responsabilidade objetiva, cuja especificidade consiste em que o ônus da prova passa para o suposto ofensor, que poderá provar que não agiu culposamente); c) responsabilidade objetiva (essa, por certo, não admite a prova de ausência de culpa); d) responsabilidade objetiva agravada. Neste capítulo interessa-nos especialmente esse último degrau.

Vejamos muito brevemente cada uma delas. A responsabilidade subjetiva clássica é, digamos assim, uma senhora com séculos de existência. Por muito tempo, foi a única forma de responsabilidade civil que tínhamos[296]. Ou a vítima provava a culpa do ofensor, ou não haveria dever de indenizar. Ainda hoje é relevante, embora com um campo de atuação substancialmente menor do que dispunha no

296. Cabe frisar que "não é de hoje que a culpa perdeu o *status* de centro do sistema da responsabilidade civil, dado o avanço da objetivação das regras reparatórias, e cambiou o próprio papel que lhe incumbe desempenhar nas hipóteses residuais (subjetivas), a partir da justificativa finalística de sua releitura, a impor uma feição mais objetiva, normativa, e menos psicológica" (MONTEIRO FILHO, Carlos Edison do Rêgo. Desafios à concretização do princípio da reparação integral no Superior Tribunal de Justiça. *O Superior Tribunal de Justiça e a Reconstrução do Direito Privado*. FRAZÃO, Ana; TEPEDINO, Gustavo (Orgs). São Paulo: RT, 2011, pp. 229-271, p. 261-262. No mesmo sentido: MONTEIRO FILHO, Carlos Edison do Rêgo. Artigo 944 do Código Civil: o problema da mitigação do princípio da reparação integral. *O direito e o tempo: embates jurídicos e utopias contemporâneas – Estados em homenagem ao Professor Ricardo Pereira Lira*. Rio de Janeiro: Renovar, 2008, pp. 757-796).

passado. Está prevista, atualmente, no Código Civil, art. 186 (Código Civil, art. 186: "Aquele que, por ação ou omissão voluntária, negligência ou imprudência, violar direito e causar dano a outrem, ainda que exclusivamente moral, comete ato ilícito"). Assim, se alguém, dirigindo seu carro, colide com outro veículo, a vítima do dano deverá provar a culpa do ofensor, para que haja o dever de indenizar. A responsabilidade subjetiva abrange a culpa *stricto sensu* (negligência, imperícia e imprudência) e o dolo. Em regra, a indenização se mede pelo dano, não pelo grau de culpa (Código Civil, art. 944).

No degrau seguinte – responsabilidade civil por culpa presumida – *ainda estamos falando de responsabilidade subjetiva*. Aqui, a culpa continua como fator relevante. A diferença é que, neste degrau, ocorre uma inversão do ônus da prova. Trata-se de técnica muito usada, aqui e ali, na caminhada histórica da responsabilidade civil, principalmente diante do descompasso entre certas necessidades sociais e o lento conservadorismo da lei civil[297]. Nem sempre o legislador entende ou acolhe as novas demandas sociais. Seja como for, aqui a vítima não mais precisará provar a culpa do ofensor. A culpa é presumida. Porém o ofensor poderá, se desejar, *provar que não agiu culposamente*. Essa a diferença relevante. O ônus da prova transfere-se da vítima para o ofensor. Mas a culpa continua importante, pois se o ofensor provar a ausência de culpa (ausência de negligência, imperícia ou imprudência, por exemplo), não haverá indenização. Gustavo Tepedino, a propósito, enfatiza que "muitas vezes se confunde, tanto nos manuais quanto na experiência pretoriana, a teoria da presunção da culpa, intensamente aplicada, mediante a qual, em termos práticos, se inverte o ônus da prova em

297. Já se notou, argutamente, nesse sentido, que "se na virada do século XIX para o XX o problema dos acidentes de transporte era transformado pelo sistema jurídico em uma questão de prova que podia ser resolvido atrás de uma abordagem que recorria às normas de direito processual e à teoria da argumentação consagrada na técnica da presunção, na virada do século XX para o XXI o problema da violência no transporte exige uma abordagem que tome a sério as normas constitucionais e aceite o desafio de atualizar o sentido dado a conceitos do direito privado, buscando compreender os desdobramentos macro-sociais e econômicos decorrentes das opções dogmáticas construídas ao longo da história" (CORRÊA, André Rodrigues. *Solidariedade e responsabilidade*. São Paulo: Saraiva, 2009, p. 386).

favor da vítima de dano injusto", com as teorias não subjetivistas, "próprias da responsabilidade objetiva, em que não se deve cogitar da culpa para a fixação da responsabilidade"[298]. Um exemplo seria a responsabilidade dos pais pelos atos dos filhos menores, à luz do Código Civil de 1916. Doutrina e jurisprudência brasileiras entendiam que se tratava de uma presunção de culpa, isto é, os pais ficariam livres de indenização caso provassem que não foram negligentes, imperitos ou imprudentes.

Podemos, atualmente, apontar como exemplo possível de aplicação da responsabilidade civil por culpa presumida as cirurgias plásticas com fins estéticos. Segundo jurisprudência dominante, trata-se, não de responsabilidade objetiva, mas por culpa presumida. Desse modo, "nas obrigações de resultado, a responsabilidade do profissional da medicina permanece subjetiva". Cabe ao médico, "contudo, demonstrar que os eventos danosos decorreram de fatores externos e alheios à sua atuação durante a cirurgia" (STJ, REsp 1.180.815, Rel. Min. Nancy Andrighi, 3ª T, DJ 26/08/2010). No mesmo julgado se destacou que "em procedimento cirúrgico para fins estéticos, conquanto a obrigação seja de resultado, não se vislumbra responsabilidade objetiva pelo insucesso da cirurgia, mas mera presunção de culpa médica", o que, segundo o julgado, "importa a inversão do ônus da prova, cabendo ao profissional elidi-la de modo a exonerar-se da responsabilidade contratual pelos danos causados ao paciente, em razão do ato cirúrgico".

O degrau a seguir – talvez o mais frequente na sociedade atual – diz respeito à responsabilidade civil objetiva. Nesse caso a culpa não entra como fator de consideração. Em outras palavras: a responsabilidade objetiva *não admite a prova de ausência de culpa*. Mesmo que o ofensor realize essa prova, ela será irrelevante, pois a culpa, aqui, não entra como elemento que possa ter importância jurídica. Basta o dano e o nexo causal, ligado à ação ou omissão de alguém (pessoa física ou jurídica ou mesmo ente despersonalizado,

298. TEPEDINO, Gustavo. A Evolução da Responsabilidade Civil no Direito Brasileiro e suas Controvérisas na Atividade Estatal. *Temas de Direito Civil*. Rio de Janeiro: Renovar, 2001, pp. 173-215, p. 179.

como o condomínio). Se alguém se hospeda em hotel e sofre um dano na piscina ou no elevador do estabelecimento, o hóspede não precisará provar a culpa do hotel ou de seus funcionários para ser indenizado. A responsabilidade civil será objetiva à luz do Código de Defesa do Consumidor (aliás, nesse caso, o hospede poderá: a) solicitar a inversão do ônus da prova (CDC, art. 6º, VIII); b) poderá retornar à sua cidade (se o hotel estava situado em outra) e propor a ação em seu domicílio (CDC, art. 101, I); c) poderá se valer de um prazo prescricional mais dilatado do que aquele do Código Civil (3 anos no Código Civil, art. 206, § 3º, V; e prazo de 5 anos no CDC, art. 27); d) o fornecedor de produtos e serviços não poderá se valer da denunciação da lide (CDC, art. 88, ampliado pela jurisprudência para qualquer caso de relação de consumo), dentre outras vantagens que a legislação de consumo confere às vítimas de danos.

Por fim, como último degrau – o menos conhecido e mais atual – talvez possamos mencionar a responsabilidade objetiva agravada. Trata-se de modelo teórico ainda não consolidado, não exatamente definido em todos os seus contornos. Até mesmo sua terminologia pode ser substituída ou criticada. Temos, aqui, em linhas gerais, a responsabilidade civil sem nexo causal – uma heresia para os padrões clássicos –, desde que haja uma conexão próxima, estreita, entre o dano e a atividade desenvolvida pelo ofensor. Fernando Noronha argumenta: "Similarmente ao que acontece com a responsabilidade objetiva comum, a agravada também tem como fundamento um risco de atividade, mas agora o risco considerado é bem mais específico". Se na responsabilidade agravada "se prescinde de nexo de causalidade adequada entre o fato do responsável e o dano, em contrapartida exige-se que este guarde estreita conexão com a atividade do responsável: não são todos os danos ocorridos que serão indenizáveis", serão apenas "aqueles que possam ser considerados *riscos inerentes, característicos* ou *típicos* da atividade em questão"[299].

Fernando Noronha, em outra oportunidade, esclarece: "A responsabilidade objetiva agravada não é objeto de expressa previsão legal, ou pelo menos não existe nenhum dispositivo que a ela se

299. NORONHA, Fernando. *Direito das obrigações*, v. I. São Paulo: Saraiva, 2003, p. 638.

refira, em termos gerais. À semelhança do que no final do século XIX e no começo do século XX aconteceu com a responsabilidade objetiva em geral (enquanto realidade contraposta à responsabilidade subjetiva), período em que a responsabilidade objetiva era imposta pela jurisprudência, que para o efeito recorria a presunções de culpa, mas sem permitir prova em contrário, atualmente a responsabilidade objetiva agravada é essencialmente construção jurisprudencial: afirma-se a necessidade de responder por determinados danos que na realidade a pessoa não causou, mas argumenta-se que são situações em que não é possível invocar a escusa do fato de terceiro ou do caso fortuito ou de força maior, ou simplesmente nega-se que estes tenham ocorrido"[300].

É possível, portanto, atualmente – dentro do campo conceitual da responsabilidade civil objetiva – distinguir a responsabilidade objetiva comum e a responsabilidade objetiva agravada. Na responsabilidade objetiva agravada, o dano não é alheio ao risco criado pela atividade do responsável (há conexão entre o dano e a atividade desenvolvida). Podemos até falar, nestes casos, em desconsiderar o nexo causal[301]. Mas para isso é fundamental que haja uma estreita relação entre o dano e a atividade desenvolvida pelo ofensor (*responsabilidade objetiva agravada*). Só assim seria justo e jurídico

---

300. NORONHA, Fernando. O nexo causal na responsabilidade civil. *Revista dos Tribunais*, v. 816, out/2003, pp. 733-752, p. 751.

301. Podemos – mais cautelosamente – falar, não na desconsideração do nexo causal, mas em sua presunção, o que significa dizer que ele continuará sendo relevante no caso discutido, apenas não precisará ser provado pela vítima, e sim afastado pelo ofensor. Convém repetir, no contexto desta tese: aludir, desse modo, à presunção do nexo causal significa que ele continuará a ser discutido, que ele não é desconsiderado como algo irrelevante. Porém, não caberá à vítima do dano provar sua existência. Ao Estado é que competirá demonstrar que ele não se formou. Embora essa posição não seja, em absoluto, corriqueira, algumas vozes – teoricamente consistentes – insinuam-se nesse sentido. Há a obra de referência no Brasil – tantas vezes citada nesta tese – de Caitlin Sampaio Mulholland (MULHOLLAND, Caitlin Sampaio. A responsabilidade civil por presunção de causalidade. Rio de Janeiro: GZ, 2010) e há, também, outros estudos, mais próximos da responsabilidade civil do Estado que caminham em sentido semelhante. Juarez de Freitas, por exemplo, que tem conduzido relevantes estudos acerca da responsabilidade civil do Estado, defende: "Dito de modo frontal, deve-se admitir a inversão do ônus da prova, em benefício da suposta vítima, tanto por ações como por omissões". E continua argumentando que "ao Estado incumbe a prova da exclusão do nexo de causalidade, independentemente da indagação de culpa ou dolo, individual ou 'anonimamente', sem que se converta em 'segurador universal', porque não se acolhe,

imputar algo tão grave – dever de indenizar sem nexo causal – a alguém. Trata-se de hipótese de responsabilidade objetiva que tem como fundamento o risco da atividade. Sua aplicação, porém, é restrita e excepcional: exige-se que o dano guarde estreita conexão com a atividade – ou estatal, ou empresarialmente organizada. O dano, desse modo, é indenizável, não cabendo alegar fato de terceiro ou fortuito externo. Porém, para isso, é fundamental que o dano perfaça um risco típico da atividade desenvolvida. Nesse contexto, "fica claro que as excludentes de responsabilidade apenas poderão ser consideradas como tal, para o fim de afastar a imputação, quando forem consideradas estranhas ao risco"[302].

Trata-se de solução mais harmônica com o século XXI, seus valores e suas relações sociais. Prestigia a proteção da vítima e a reparação integral sem esquecer que quanto maior for a desigualdade substancial, maior deve ser a proteção da parte vulnerável. A responsabilidade objetiva agravada – ou do risco agravado –, ademais, dialoga com o princípio da solidariedade social, prestigiando-o.

Essa teoria é – ou pode ser – o modelo conceitual dos danos relacionados à violência urbana. Trata-se de um passo além da responsabilidade civil objetiva, já que na agravada, além da culpa ser desnecessária, também o nexo causal não é exigível. Trata-se, sem dúvida, de distância considerável em relação à responsabilidade civil subjetiva clássica, mas é esse o sentido da caminhada dos nossos dias.

Fernando Noronha contextualiza a questão do seguinte modo: "A responsabilidade objetiva agravada diz respeito unicamente a riscos específicos, característicos de certas e determinadas atividades

---

nem de longe, a teoria do risco integral" (FREITAS, Juarez. Responsabilidade civil do Estado e o princípio da proporcionalidade: vedação do excesso e da omissão. *Revista de Direito Administrativo*. Rio de Janeiro, v. 241, 2005, pp. 21/37, p. 32). Estamos diante, portanto, de uma presunção relativa, não absoluta, à luz da visão exposta.

302. FRAZÃO, Ana. Risco da empresa e caso fortuito externo. *Civilística*. a 5, nº 1, 2016, p. 23. A autora conclui, um pouco adiante, que "o presente artigo procurou demonstrar que, para efeitos da diferenciação entre o caso fortuito interno e o externo, há de se buscar parâmetros mais adequados do que o nexo de causalidade. Há de se ampliar a reflexão para entender adequadamente o que é risco, qual é sua importância no cenário econômico e social e quais os fundamentos e propósitos da responsabilidade objetiva em razão dele".

(que geralmente são atividades empresariais ou *de administração pública*) e a determinados danos (em princípio danos a pessoas, não a coisas); ela só ocorre quando se trate de danos que estejam de tal modo ligados a uma atividade empresarial ou de administração pública, que possam ser considerados riscos *inerentes*, *característicos* ou *típicos* dela. Portanto, aqui estamos perante riscos de atividade (de empresa ou administrativos) que são bem específicos"[303].

O autor destaca, exemplificando: "Um exemplo particularmente esclarecedor de responsabilidade objetiva agravada é o da empresa de transporte de pessoas, que é responsável até por danos resultantes de acidentes de trânsito causados por motoristas de outros veículos e por culpa destes. Atualmente esta hipótese está expressamente prevista no art. 735 do CC, que reproduziu uma anterior Súmula do STF, de nº 187". Um pouco adiante, comenta: "O que agora interessa constatar é que o fato de terceiro, isto é, a circunstância de o dano ter sido causado por terceiro, não impede que o transportador seja responsabilizado"[304].

Já mencionamos que na responsabilidade civil objetiva agravada – que é o modelo conceitual que explica a responsabilização civil do Estado pelas omissões nos danos sofridos pelos cidadãos relacionados à violência urbana – é fundamental que haja íntima

303. NORONHA, Fernando. O nexo causal na responsabilidade civil. *Revista dos Tribunais*, v. 816, out/2003, pp. 733-752, p. 751, grifos nossos. Juarez Freitas, argumentando especificamente a propósito da responsabilidade civil do Estado, clama pela "eficácia direta e imediata dos direitos fundamentais, já em suas obrigações negativas, já em suas dimensões prestacionais. Será, nessa perspectiva, proporcionalmente responsabilizável, tanto por ações como por omissões, *admitida a inversão do ônus da prova da inexistência do nexo causal a favor da suposta vítima*" (FREITAS, Juarez. A Constituição, a responsabilidade do Estado e a eficácia direta e imediata dos direitos fundamentais. SAMPAIO, José Adércio Leite (Coord.). *Constituição e crise política*. Belo Horizonte: Del Rey, 2006, pp. 381-401, p. 382, grifo nosso).

304. NORONHA, Fernando. O nexo causal na responsabilidade civil. *Revista dos Tribunais*, v. 816, out/2003, pp. 733-752, p. 751. Em outra oportunidade ponderou de modo semelhante que "na agravada, que diz respeito unicamente a certas e determinadas atividades, vai-se mais longe e a pessoa fica obrigada a reparar danos não causados pelo responsável, nem por pessoa ou coisa a ele ligadas; trata-se de danos simplesmente acontecidos durante a atividade que a pessoa responsável desenvolve, embora se exija que se trate de danos que estejam de tal modo ligados a essa atividade que possam ser considerados riscos próprios, típicos dela" (NORONHA, Fernando. Desenvolvimentos contemporâneos da responsabilidade civil. *Revista dos Tribunais*, v. 761, São Paulo, 1999).

conexão entre o dano desenvolvido e a atividade do responsável. Cremos não haver maior polêmica argumentativa quanto ao dever, fundamental e forte, do Estado prestar segurança pública aos cidadãos – dever, sabemos, tão óbvio quanto inobservado (sem que dessa inobservância advenha consequência jurídica, em regra).

Mas não é só isso. À luz de nossa caminhada argumentativa ao longo deste livro, à luz do princípio da solidariedade social, da dimensão existencial das relações jurídicas, dos modelos conceituais e normativos que expusemos nos dois capítulos iniciais, acreditamos que os danos indenizáveis à luz da responsabilidade civil agravada, no quadro fático de omissões do Estado ligadas à violência urbana, devem ser danos à pessoa, não danos a coisas. Danos a coisas, nessa perspectiva, não seriam indenizáveis, pelo menos não à luz desse modelo teórico proposto. Não se poderia, portanto, falar-se em desconsiderar o nexo causal.

Não se exclui, por certo, a indenização relativa a coisas resultantes de violência urbana (furtos e roubos de carros, relógios, carteiras, tênis etc.). Apenas nesses danos (danos a coisas), a vítima seguiria a trilha reparatória convencional. As vítimas, portanto, nesses casos, têm um ônus probatório maior, embora possam se valer das categorias contemporâneas que lhes facilitam a prova das alegações[305].

305. Lembremos, por exemplo, que o Código de Processo Civil de 2015 trouxe uma disciplina mais contemporânea e arejada em relação ao ônus da prova – que ganha dinamismo e indica novos caminhos. *O ônus da prova, nesse contexto, nem sempre será da vítima do dano.* O juiz poderá entender, com o devido ônus argumentativo, que o suposto causador do dano tem melhores condições de produzir essa prova (porque, digamos, é ele quem controla toda a atividade ligada ao dano), e determinar que o faça. Trata-se, em suma, da teoria da distribuição dinâmica do ônus da prova (novo CPC, art. 373: "O ônus da prova incumbe: I – ao autor, quanto ao fato constitutivo de seu direito; II – ao réu, quanto à existência de fato impeditivo, modificativo ou extintivo do direito do autor. § 1º. Nos casos previstos em lei ou diante de peculiaridades da causa relacionadas à impossibilidade ou à excessiva dificuldade de cumprir o encargo nos termos do caput ou à maior facilidade de obtenção da prova do fato contrário, poderá o juiz atribuir o ônus da prova de modo diverso, desde que o faça por decisão fundamentada, caso em que deverá dar à parte a oportunidade de se desincumbir do ônus que lhe foi atribuído. § 2º. A decisão prevista no § 1º deste artigo não pode gerar situação em que a desincumbência do encargo pela parte seja impossível ou excessivamente difícil"). É possível encontrar na jurisprudência brasileira, ainda antes da vigência do atual Código de Processo Civil, julgados que contemplam essas novas

Trata-se de concretizar a diferenciação valorativa das respostas normativas. Não adianta, retoricamente, repetir a todo instante que a pessoa humana deverá ter uma tutela privilegiada, se não construirmos, através da interpretação, categorias que permitam esses avanços reais. Aliás, sejamos claros, em poucos casos – como as vítimas de danos relacionados à violência urbana, no Brasil – é tão patente o menoscabo, a *nenhuma* resposta jurídica que as vítimas recebem. A proteção da pessoa, nessa hipótese, é nula, inexistente. Seria risível falar, na prática, com essas vítimas, de dignidade humana ou de solidariedade social. Não foi isso que elas receberam, não foi essa a resposta estatal que lhes foi dirigida.

Portanto, à luz do modelo conceitual da responsabilidade objetiva agravada – adiante voltaremos a esse ponto – acreditamos que os danos devem ser a pessoas, não a coisas. Nesse contexto, postulamos que a lesão deverá ser, fundamentalmente, a bens existenciais (não a bens patrimoniais) e a proporcionalidade deverá permear fortemente a análise, além da vulnerabilidade da vítima. De todo modo, ao impor, judicialmente, a responsabilidade objetiva agravada, são severos os ônus argumentativos para o juiz. A solidariedade social, convém repetir, deverá sempre iluminar os debates sobre a matéria[306].

2.2. O modelo conceitual do fortuito interno

O ponto essencial da distinção entre o fortuito interno e o fortuito externo diz respeito ao risco. No interno, o risco é conside-

---

visões. Assim, "no processo civil, a técnica do ônus dinâmico da prova concretiza e aglutiza os cânones da solidariedade, da facilitação do acesso à Justiça, da efetividade da prestação jurisdicional e do combate às desigualdades, bem como expressa um renovado *due process*, tudo a exigir uma genuína e sincera cooperação entre os sujeitos na demanda". Continua argumentando: "No direito ambiental, a inversão do ônus da prova é de ordem substantiva e *ope legis*, direta ou indireta (esta última se manifesta, p. ex., na derivação inevitável do princípio da precaução), como também de cunho estritamente processual e *ope judicis* (assim no caso de hipossuficiência da vítima, verossimilhança da alegação ou outras hipóteses inseridas nos poderes genéricos do juiz)" (STJ, REsp 883.656, Rel. Min. Hermen Bejamin, 2ª T, DJ 28/02/2012).

306. PERLINGIERI, Pietro. La dottrina del diritto civile nella legalità costituzionale. *RTDC*, v. 31, jul/set. 2007, pp. 75-86, p. 79, oportunidade em que o jurista destaca a solidariedade como função primária de um Estado moderno.

rado integrante de determinada atividade (empresarial ou estatal); no externo, o risco não é considerado algo que participa da atividade. Os autores percebem, no entanto, que "para se chegar à conclusão no sentido de que qualquer dessas hipóteses é exterior do dano, infelizmente não há soluções fáceis ou apriorísticas"[307]. Em suma, as excludentes de responsabilidade civil, hoje – aí incluído o fato de terceiro, por certo –, só são consideradas tais, só excluem o dever de indenizar, se não participam dos riscos da atividade. Se, ao contrário, participam daquilo que socialmente convencionamos chamar dos riscos da atividade, esses fatos não serão tidos como excludentes, ainda que oriundos de condutas praticadas por terceiros.

A questão, aqui, no contexto descrito, diz respeito à investigação acerca das constantes mutações funcionais do conceito de fortuito interno no direito de danos atual. Trata-se de movimento que caminha, sabemos, no sentido da proteção progressiva das vítimas de danos. Há que se investigar, no entanto, em que medida o dano está vinculado à atividade do responsável, isto é, até que ponto o dano participa da esfera de risco do ofensor.

Se vivemos numa sociedade marcada pela instantaneidade na transmissão das informações, vivemos também numa sociedade de risco. Marcada por perigos variados e constantes. A própria percepção dos riscos – e nossos temores – é bastante diversa daquela dos nossos antepassados. Sem falar que o direito dos nossos dias, de índole difusa, não opera na lógica mais – pelo menos não exclusivamente – na esfera do *um-contra-um*. Aliás, não são apenas os indivíduos que merecem proteção jurídica, mas as coletividades, a comunidade humana[308].

Seja como for, há pouco (de original) a dizer sobre a violência. Qualquer criança, diante de poucas horas em frente à televisão, será apresentada à triste realidade que vivemos. Vivemos num mundo

307. FRAZÃO, Ana. Risco da empresa e caso fortuito externo. *Civilística*. a 5, nº 1, 2016, p. 18. Pode-se argumentar que, "em resumo, o ato de terceiro se apresenta, pela sua frequência, como risco inerente à atividade do réu" (CORRÊA, André Rodrigues. *Solidariedade e responsabilidade*. São Paulo: Saraiva, 2009, p. 533).

308. EDELMAN, Bernard. *La personne en danger*. Paris: PUF, 1999, p. 528.

violento, essa é a dura verdade. Violência de múltiplas formas, não raro gratuita, progressivamente banal. Há algum tempo os jornais noticiaram um inusitado caso que ilustra essa banalização: uma universitária, estagiária de determinada empresa, contratou bandidos para matar colegas de trabalho e assim "abrir espaços" na corporação, para que ela pudesse trabalhar mais próxima do chefe...

A respeito do tema as perguntas são muitas – e a cada uma delas, outras surgem, ou podem surgir.

Hoje a situação pode ser resumida da seguinte forma: o dever de prestar segurança pública é do Estado. Mas, Estado, não se preocupe – poderíamos dizer. Trata-se de um dever puramente retórico, um dever fraco. Talvez nem chegue a ser fraco, um dever inexistente, um dever que, se descumprido, não traz consequência alguma, não muda nada para ninguém. Exagero? Não. Pelo menos não em termos de responsabilidade civil do Estado, no que diz respeito à violência urbana. Há, é verdade, aqui e ali, exceções na jurisprudência, mas são ainda apenas isso: exceções. O lugar comum teórico não aceita que o Estado responda por esses danos, e não parece disposto *sequer* a discutir a questão com seriedade.

Por aí vemos que, meio sem perceber, transferimos certos deveres – ou certos ônus – de uns para outros. O ônus da segurança pública foi transferido aos cidadãos. Isso já faz parte do nosso dia a dia através de seguros, quase sempre relativos a bens patrimoniais (sobretudo veículos). Mas esse talvez seja um ônus razoável, próprio da vida social. O que não nos parece razoável nem proporcional, no entanto, é passar aos cidadãos *o ônus da segurança pública que falhou*, quando essa falha foi traduzida em danos gravíssimos para certos cidadãos – mortes ou sequelas físicas permanentes, por exemplo.

O Estado – argumenta-se – não pode ser o segurador universal, não pode responder por tudo. De fato, não pode. É preciso que criemos, socialmente, filtros. Precisamos estabelecer meios e formas para que apenas casos graves, com vítimas vulneráveis, e singularmente desproporcionais tenham espaço num ambiente de recursos escassos (pelo menos num primeiro momento). Juridicamente, acreditamos, já dispomos de elementos normativo-conceituais para impor a responsabilidade estatal até de modo mais amplo. Mas a funcionalidade dos conceitos – e até, para quem preferir, a análise econômica do direito (que absolutamente não será tratada nesta obra) – sugerem que tenhamos um olhar mais amplo. E esse olhar mais amplo recomenda que partamos, na matéria, para dar um passo além, mas esse passo deve ser dado com prudência e responsabilidade social.

Lembremos que, nas relações de consumo, os riscos da atividade correm por conta do fornecedor de serviços. São nulas, nesse sentido, as cláusulas contratuais que transferem ao consumidor esse risco. Embora em campo obviamente distinto, convém indagar se a postura hermenêutica que empurra para o cidadão – *e apenas para ele* – os riscos dos danos sofridos em razão da violência urbana, e claramente conectados com uma segurança pública reconhecidamente deficiente (para dizer o mínimo), é algo que está de acordo com nossa democracia constitucional, e com a leitura atual que se faz dos direitos fundamentais[309].

Frisamos, anteriormente, que "se o lesante praticou um fato suscetível de causar o dano, ou se esse fato aconteceu dentro da sua esfera de risco, sobre ele deve recair o ônus de provar que, apesar da condicionalidade, não houve adequação entre tal fato e o dano"[310]. Nesse contexto, se o dano ocorre dentro da "esfera de risco" do responsável, ele pode ser chamado a responder pelo dano, independentemente de culpa e até, em certos casos, de nexo causal (conforme vimos em relação à responsabilidade objetiva agravada). Não se trata, propriamente, de novidade. O que talvez seja novo é a *refuncionalização* que as últimas décadas têm realizado em relação ao conceito de fortuito interno. O que antes poderia ser visto como excludente de responsabilidade civil, hoje já não pode.

309. Rodotà já houvera percebido que o dano, considerado em si mesmo, não é ressarcível ou irressarcível. Será a posterior ligação a um sujeito determinado que irá torná-lo ressarcível (RODOTÀ, Stefano. *Il problema della responsabilità civile*. Milano: Giuffrè, 1967, p. 74).

310. NORONHA, Fernando. *O nexo causal na responsabilidade civil. Revista da EMESC*, v. 15, Florianópolis, jun. 2003.

Podemos dizer, nesse contexto, que os danos sofridos pelos cidadãos relacionados à violência urbana perfazem fortuitos internos relativamente ao Estado.

Não se trata – convém sempre repetir – de dizer que *todos* os danos relacionados a esse assunto serão, ou deveriam ser, indenizáveis. Isso seria postura equivocadíssima, acreditamos, além de pouco responsável e tecnicamente errada. Não se trata de postular a ampliação, desmedida e irresponsável, do dever de indenizar estatal. Trata-se, isso sim, de lembrar, à luz da Constituição da República e da teoria da responsabilidade civil dos nossos dias, que já dispomos de elementos normativo-conceituais que acenam para essa possibilidade. Ou seja, não se pode, hoje, simplesmente dizer que tais danos não são indenizáveis, sem que as particularidades do caso sejam vastamente estudadas, com a contextualização devida.

A segurança pública, com o perdão da obviedade, *é atividade que está na esfera de risco estatal*, não dos cidadãos. Se isso, por si só, não faz o Estado responsável por todo e qualquer dano, ligado à violência urbana, que o cidadão vier a sofrer, por outro lado não fecha as portas para que determinados danos – injustos e desproporcionais – sejam indenizáveis. Esse, afinal de contas, é o campo próprio da responsabilidade civil. O direito dos danos nunca operou com respostas absolutas e apriorísticas. Essa, aliás, talvez seja uma de suas maiores virtudes, uma das causas de sua perene dinamicidade. O direito dos danos, conceitualmente, opera *ex post*, ainda que hoje tanto falemos (e devamos mesmo falar) na dimensão preventiva dos direitos[311]. Mas o que queremos dizer, aqui, é que no tema da violência urbana ou em qualquer outro, não se poderá dizer, antecipadamente, qual dano será indenizável. Isso será algo

311. Já mencionamos anteriormente que se o século XX foi devotado à reparação de danos, o século atual será consagrado à prevenção (SEGUÍ, Adela M. Aspectos relevantes de la responsabilidad civil moderna. *Revista de Direito do Consumidor*. São Paulo: RT, nº 52, pp. 267-318, out./dez. 2004). Atualmente, a unidade hermenêutico-valorativa da ordem jurídica é buscada na Constituição da República. Esse processo dialoga de perto com a abertura do sistema jurídico por meio não só do reconhecimento da força normativa dos princípios constitucionais, mas também a partir da progressiva utilização, na experiência judicial contemporânea, de normas abertas, flexíveis, cláusulas gerais e conceitos de conteúdo semântico flexível, relativamente indeterminado.

ontologicamente pertencente ao caso concreto, e o intérprete, com o devido ônus argumentativo, construirá as respostas adequadas[312]. Precisamos, porém, deixar o caminho aberto para isso.

Também não poderíamos falar na violência urbana, relativamente à responsabilidade civil, como um "espaço de não-direito". Isso destoaria, profundamente, da unidade valorativa do sistema instaurada pela ordem constitucional[313]. Não há espaços vazios de normatividade constitucional, não há um abismo entre a violência urbana, de um lado, e as categorias normativo-conceituais do direito dos danos, de outro. É preciso reconhecer, concretamente, essa

312. Talvez, já agora, no século XXI, a experiência jurídica aprenda a não querer sempre respostas absolutas. Talvez tenhamos que aceitar o fato de que no direito – e em certos temas – não é possível nem útil delimitar com rigorosa nitidez áreas limítrofes. Em certos temas há uma constante – e benfazeja – interpenetração e interdisciplinariedade. A propósito, já se escreveu belamente: "A poesia é um emprego não linear da linguagem, quando o significado é mais do que apenas a soma das partes. E a ciência requer que a linguagem seja apenas a soma das partes. E só o fato de haver no mundo muita coisa que é mais do que a soma das partes significa que a abordagem tradicional, isto é, caracterizar apenas as partes e as relações, não será adequada para entender a essência de muitos sistemas que gostaríamos de explicar. Isso não quer dizer que não se possa explicar o mundo numa linguagem mais científica do que a poesia, mas tenho o pressentimento de que no futuro haverá uma linguagem mais próxima da poesia na ciência" (LANGTON, Christopher. *O Fim da Ciência*. São Paulo: Companhia das Letras, 1998, p. 250). Borges, citado por Foucault, magistralmente ironiza nosso afã classificatório, ao escrever que encontrou numa velha enciclopédia a seguinte classificação: "Os animais se dividem em: pertencentes ao imperador, b) embalsamados, c) domesticados, d) leitões, e) sereias, f) fabulosos, g) cães em liberdade, h) incluídos na presente classificação, i) que se agitam como loucos, j) inumeráveis, k) desenhados com um pincel muito fino de pelo de camelo, l) et cetera, m) que acabem de quebrar a bilha, n) que de longe parecem moscas" (BORGES, Jorge Luis. Foucault, no prefácio do livro *As palavras e as coisas*. São Paulo: Martins Fontes, 2002, p. IX). É próprio do olhar acadêmico – e isso é particularmente forte na tradição jurídica – classificar, tipificar, ordenar o mundo em caixas conceituais as quais, depois, aplicará regras jurídicas distintas, pelo menos ordenará o discurso nesses termos. Esse afã (tão humano) de classificar o mundo não escapa do olhar irônico da arte. A propósito, Barbara Tuchman, respeitada historiadora, resumiu essa fascinante relação: "O maior recurso, e a realização mais duradoura da humanidade, é a arte" (TUCHMAN, Barbara. *A Prática da História*. Rio de Janeiro: José Olympio Editora, 1991, p. 179).

313. A questão foi precisamente abordadada nos seguintes termos: "Não há *espaços de não-direito*, em que a liberdade privada não seja alcançada pelo ordenamento e por seus valores unitariamente compreendidos. O ordenamento asssegura a liberdade na solidariedade e na igualdade substancial, como princípios promotores da dignidade da pessoa humana. A defesa dos chamados *espaços de não-direito* supõe a dualidade acima mencionada entre norma e fato social" (*RTDC*, Editorial, v. 30, abr/jun.2007).

unidade, e isso só se faz através da interpretação e, também, como está claro, da análise acadêmica.

Nesse contexto, sumariando o que foi dito: os riscos relacionados à atividade de segurança pública estão na esfera de risco dos cidadãos? Serão eles que arcarão com os danos ligados à atividade em questão? A pergunta, aqui, é retórica, e essa resposta – pelo menos essa – não é difícil.

Trata-se de risco sob responsabilidade estatal. Se os riscos são do Estado, por que é que se exige dos cidadãos a prova do nexo causal entre o dano – comprovadamente sofrido – e a omissão estatal? Qual a razão para imputar aos cidadãos esse ônus? Afinal de contas, nos riscos que estão a cargo das instituições financeiras, por exemplo – os danos ligados à esfera de risco da atividade que desempenham –, são suportados por elas, e não pelos clientes (o mesmo poderia ser dito em relação aos danos ambientais). É certo que há distinções substanciais entre o agir estatal e o agir das referidas empresas. Mas, sob a perspectiva da vítima – que é o norte conceitual do direito dos danos dos nossos dias – as diferenças não são tão grandes assim[314].

Em outras palavras e de modo conciso: o não-agir estatal, sua omissão (sem razões constitucionais consistentes), enseja – ou pode ensejar – responsabilização, diante dos (fortes) deveres que lhe cabem relativos à segurança pública.

O que parece certo é sinalizar que não se pode, hoje, afastar como previamente impossível a discussão acerca da responsabilização do Estado por danos vinculados à violência urbana. Isso não significa, por certo, que todos os danos com essa alegação serão indenizáveis – absolutamente. Porém tampouco significará que esses danos devam ser liminarmente afastados como insuscetíveis

314. Maria Celina Bodin de Moraes acentua que "a responsabilidade civil tem hoje, reconhecidamente, um propósito novo: deslocou-se o seu eixo da obrigação do ofensor de responder por suas culpas para o direito da vítima de ter reparadas as suas perdas. Assim, o foco, antes posto na figura do ofensor, em especial na comprovação de sua falta, direcionou-se à pessoa da vítima, seus sentimentos, suas dores e seus percalços" (MORAES, Maria Celina Bodin. *Danos à pessoa humana*. Rio de Janeiro: Renovar, 2003, p. 12).

de indenização. O que se busca é a moderação contextualizada, que investigue, à luz das novas leituras das funções do Estado, em que medida os riscos sociais são riscos estatais, e *em que medida atos de terceiros são apenas atos de terceiros* (parecemos esquecer, em nossas conclusões acerca da responsabilidade civil do Estado, que a segurança pública dos cidadãos é um direito fundamental social).

Além do mais, conforme frisamos, não se trata de imputar *quaisquer* danos ligados à violência ao Estado. Trata-se de imputar danos particularmente graves, sofridos por vítimas vulneráveis. A proporcionalidade – espera-se – direcionará as soluções, com os respectivos ônus argumentativos. Não se trata, obviamente, de modelo matemático, fechado e estático. Nem o direito de danos suporia que assim o fosse. O sistema jurídico dos nossos dias é visto, por muitos autores, como um sistema aberto, e isso é particularmente forte na responsabilidade civil, em razão da flexibilidade orgânica do instituto[315]. As estruturas e funções da responsabilidade alteram-se visivelmente. Transitamos de um sistema mais engessado, marcadamente conceitual, para a progressiva aceitação do sistema jurídico como um sistema aberto de princípios normativos, que busca realizar valores e fins[316].

Talvez seja pertinente lembrar que o caráter aberto dos princípios dialoga com o pluralismo social. Bem por isso, conforme já anotamos, não há hierarquia entre princípios, um deles não prevalece abstratamente sobre outro (salvo a dignidade humana). A

315. Não só na responsabilidade civil essa postura ocorre. Podemos achar vários exemplos de abordagens teoricamente sérias e consistentes que não veiculam conclusões fechadas e apriorísticas. Veja-se, por exemplo, Ingo Sarlet, ao afirmar: "De todo o exposto, há como extrair, ainda, outra constatação de relevo também para os desenvolvimentos subsequentes, qual seja, a impossibilidade de se estabelecer, de forma apriorística e acima de tudo de modo taxativo, um elenco dos elementos nucleares do mínimo existencial, no sentido de um rol fechado de posições subjetivas negativas e positivas correspondentes ao mínimo existencial" (SARLET, Ingo Wolfgang. Mínimo existencial e Direito Privado: apontamentos sobre algumas dimensões da possível eficácia dos direitos fundamentais sociais no âmbito das relações jurídico-privadas. *RTDC*, v. 29, jan/mar 2007, pp. 53-93, p. 73).

316. Cf. CANARIS, Claus-Wilhelm. *Direitos Fundamentais e Direito Privado*. Trad. Paulo Motta Pinto e Ingo Wolfgang Sarlet. Coimbra: Coimbra editora, 2003.

prevalência abstrata de um princípio sobre outro ofenderia o próprio pluralismo social, argumentam alguns autores[317].

Ademais, não parece exagerado afirmar que a formação cultural do civilista – centrada, nos séculos passados, em aspectos fundamentalmente formais – adquire, atualmente, outros tons, outros marizes. Hoje lidamos menos com caixas conceituais rígidas e passamos, progressivamente, a trabalhar com categorias argumentativas que buscam realizar a unidade valorativa do sistema. A responsabilidade civil do Estado – e sua rica complexidade – é um dos temas mais aptos a se renovar fortemente, apto a receber releituras à luz das categorias conceituais que atualmente dispomos.

2.2.1. A questão da esfera de risco

Em nossos dias o conceito de risco permeia boa parte das reflexões jurídicas. Já abordamos a questão no capítulo passado, conferindo destaque ao tema. No direito de danos atual o conceito de risco é muito importante. Tivemos oportunidade de mencionar que nas sociedades contemporâneas há uma constante reavaliação dos riscos que são socialmente aceitáveis. É dinâmica, do mesmo modo, a avaliação – e reavaliação – de quem são os responsáveis por eles. A tarefa hermenêutica dos nossos dias busca estabelecer diferenciações de sentido entre variadas situações danosas, buscando concretizar a proteção prioritária da vítima. Nosso projeto constitucional exige que façamos, a cada momento, releituras críticas acerca de velhas interpretações e velhas escolhas. Não que, a cada momento, a alteração de olhar se imponha, mas a tradição, o antigo modo de pensar – só por ser tradicional – não é garantia de qualidade ou consistência constitucional.

Outro aspecto que deve preocupar o estudioso é a definição de critérios para a distribuição dos riscos[318]. Percebe-se, muitas vezes, que inexiste coerência – pensemos em nossa jurisprudência – acerca desses critérios. Muitas vezes, a própria ausência (ou incoerência) desses critérios sequer é percebida.

---

317. ZAGREBELSKY, Gustavo. *El derecho dúctil*. Madrid: Trotta, 2003, p. 124.

318. DOUGLAS, Mary. *Risk acceptability according to the social science*. New York: Sage, 1985, p. 83.

Seja como for, a teoria do risco lida com o conceito de *atividade*. Trata-se de conceito importante. Não basta saber se houve dano, é fundamental perquirir se ele está ligado à atividade do ofensor. Caso esteja, o ofensor responderá sem culpa, a menos que intervenha ma excludente de responsabilidade civil, rompendo o nexo causal. Que excludentes são aceitas? Aí é que está: cada vez mais o campo de alegabilidade das excludentes se retrai, sobretudo na responsabilidade objetiva baseada na teoria do risco. Essa redução é salutar e constitucionalmente conforme.

Determinados fatos que antes eram vistos – ou poderiam ser vistos – como fatores que excluiriam a responsabilidade civil, na responsabilidade objetiva agravada perdem essa condição de excludente. Passam a ser enxergados como *riscos da atividade desenvolvida*, riscos pelos quais o responsável pela atividade – o Estado, no caso da segurança pública –, e não a vítima, deve responder. Talvez o paralelo mais claro sejam os danos sofridos pelos clientes de bancos, atualmente. As instituições financeiras respondem objetivamente perante os clientes por fraudes praticadas por terceiros – fortuitos internos, consoante reconhece a Súmula 479 do STJ: "As instituições financeiras respondem objetivamente pelos danos gerados por fortuito interno relativo a fraudes e delitos praticados por terceiros no âmbito de operações bancárias". Desse modo, fraudes praticadas por terceiros em relação a cartões de crédito (danos resultantes de clonagem ou interceptação de cartões, por exemplo), ou mesmo fraudes pela internet (subtração de numerário em conta corrente). É irrelevante que se trate de fato de terceiro. Trata-se de fortuito interno, pelo qual o banco responde sem culpa.

Em outras palavras: com a maturação jurisprudencial e com o próprio desenvolvimento das reflexões contextualizadas a respeito do tema, determinados fortuitos externos passam, aos poucos, a ser encarados como fortuitos internos. Há uma mudança nas lentes de observação, uma mudança nos modelos de compreensão acerca do que seria fortuito em certas atividades. Vê-se, portanto, à luz da experiência jurídica brasileira, que a atividade é o ponto hermenêutico fundamental, a chave de compreensão. Há de haver conexão com a atividade[319]. Na hipótese que estamos tratando, os danos devem guardar relação com a atividade estatal. Só assim poderemos, conceitualmente, pensar em responsabilidade civil estatal por omissão. Hoje, porém, os espaços de omissão estatal reduzem-se forte e progressivamente. Há um dever de agir – com cautela, proporcionalidade e eficiência.

Já vimos que a causalidade, em nossos dias, é menos naturalística e mais imputacional. Frisamos também que a solidariedade

319. O passageiro de uma empresa de transporte será indenizado por quaisquer danos que sofrer? A resposta, sabemos, é negativa, pois o dano, para ser indenizável pela empresa de tranporte, exige conexão com a atividade desenvolvida. Se houver conexão entre o dano e a atividade desenvolvida, a empresa de transporte responderá civilmente, ainda que o dano seja oriundo de terceiros (*responsabilidade objetiva agravada*). Temos eloquente exemplo na colisão entre o jato Legacy e o avião da GOL, trágico episódio que aconteceu há alguns anos e que resultou na morte dos 154 passageiros e tripulantes do avião da GOL – amplamente noticiada pela imprensa. No caso, a GOL foi condenada pelo STJ a indenizar as famílias dos passageiros mortos, ainda que a culpa pelo acidente tenha sido dos pilotos do Legacy, que foram inclusive criminalmente condenados (STJ, REsp 1.291.702; Ag 1.316.179). Já se decidiu, da mesma forma, que não configura fortuito externo a sucção, pelas turbinas dos aviões, de grandes pássaros, como urubus. Trata-se de fortuito interno. A teoria do risco é invocada como estofo teórico para fundamentar a decisão. Assim, "se a aeronave é avariada pela sucção de grandes pássaros, impõe a cautela seja o maquinário revisto e os passageiros remanejados para voos alternativos em outras companhias. O atraso por si só decorrente desta operação impõe a responsabilização da empresa aérea, nos termos da atividade de risco que oferece" (STJ, REsp 401.397). Os planos de saúde respondem por quaisquer danos que o passageiro sofrer? Não, apenas por aqueles conexos às suas atividades, mesmo que oriundos de terceiros (*responsabilidade objetiva agravada*). Tanto é assim que não respondem nos casos dos chamados seguros-saúde, isto é, quando os médicos são escolhidos pelos próprios pacientes, sem qualquer credenciamento ou inteferência (portanto sem atividade) da empresa de saúde, que apenas reembolsa o cliente posteriormente. Respondem, no entanto, por quaisquer outros danos, desde que haja conexão com a atividade (aí incluídos, de modo particularmente forte, os danos oriundos de falhas ou omissões em relação aos deveres de cooperação, esclarecimento e informação. Por exemplo, se o plano de saúde deixa de comunicar, individualmente, o cliente acerca do descredenciamento de determinado médico ou hospital, ele viola o dever de informar de modo completo, claro e eficiente. Também, por certo, quando nega atendimento de urgência, justo em momento delicado da vida do paciente ou de sua família, quando normalmente se está fragilizado pelo acidente ou pela doença). As instituições financeiras respondem por quaisquer danos que o cliente sofrer? Não, apenas por aqueles conexos às suas atividades, mesmo que oriundos de terceiros (se houver, de modo claro e devidamente comprovado, a culpa exclusiva da vítima, o nexo causal estará rompido). Se houver vínculo com os riscos da atividade bancária, a instituição financeira responde objetivamente, mesmo se o ato resultar de ação de terceiro (se o cliente, ao usar o *internet banking*, tem sua senha descoberta por hackers e seu dinheiro desviado, o banco responde, por se tratar de risco do negócio, da atividade – *responsabilidade objetiva agravada*).

constitucional impõe uma análise contextualizada, caso a caso, para que os nexos de imputação se construam. A vulnerabilidade da vítima é fator relevante. É possível que estejamos diante de situações que mereçam o enfoque através da equidade.

Falando de modo mais amplo – não relativo apenas à responsabilidade civil do Estado – no direito dos danos, em geral, quanto maior for a desigualdade material, maior deve ser a proteção da parte vulnerável (e menor, por consequência, a proteção da autonomia da vontade, na perspectiva negocial). A teoria do risco agravado abre espaço hermenêutico para uma discussão contextualizada acerca da conexão entre o dano e a atividade, aceitando que se busque uma conexão acerca dos poderes privados existentes em nossa sociedade, como empresas de cartões de crédito, mineradoras, instituições financeiras, planos de saúde etc.).

Falamos, durante boa parte do livro, do caráter funcional que assumem os conceitos, as categorias e os institutos no direito contemporâneo. Isso é algo que participa, certamente, da experiência jurídica dos nossos dias. A análise da *funcionalidade* implica, também, por certo, a análise da *disfuncionalidade*. Só tem utilidade indagar pela função quando podemos, de igual modo, saber o que pode não estar indo bem nessa análise, o que apresenta resultados socialmente ruins ou insatisfatórios. Não convém, aqui, retomar as discussões acerca do caráter funcional dos nossos institutos atuais, já fizemos isso. Talvez possamos nos dar por satisfeitos ao afirmar que a funcionalidade integra os nossos conceitos de hoje, definindo o que eles são (a função social da propriedade, por exemplo, define o que ela é, não é apenas um limite externo que define até onde o proprietário poderá ir).

Dissemos isso para argumentar o seguinte: parece óbvio, parece bastante evidente, a *disfuncionalidade concreta* que a segurança pública, exercida pelo Estado, apresenta, com danos diretos e claros na vida dos cidadãos[320]. Não se trata – o que seria ilusório e

320. Pesquisa recente constatou que "a violência no trajeto ou dentro da escola afasta estudantes das redes pública e particular. A informação está entre os dados da segunda edição da Pesquisa Nacional de Saúde do Escolar (Pense) realizada em 2012 por IBGE, e

irreal – de evitar todos os danos, de criar um mundo perfeito onde crimes e danos não acontecem. Trata-se, ao contrário, de atender expectativas mínimas – e legítimas – dos cidadãos do nosso século. Convém repetir: as expectativas da sociedade contemporânea em relação ao Estado são bem distintas daquelas que existiam no passado. Percebe-se uma tendência de progressivo aumento das formas de controle da administração pública pelos cidadãos (a internet tem desempenhado importante função nesse controle, além dos métodos já clássicos, processuais, como a ação popular).

Busca-se, igualmente, uma maior consensualidade nas decisões administrativas (orçamentos participativos, por exemplo). O fenômeno, na verdade, pode ser resumido através da chamada democratização do exercício da atividade administrativa, por meio de instrumentos que cada vez mais a legitimem[321]. Busca-se, atualmente, modelos teóricos – mas não só teóricos – que estimulem as recíprocas responsabilidades deliberativas entre os cidadãos e

---

ministérios da Saúde e da Educação e divulgada nesta quarta-feira. Em consulta a 109 mil alunos de 3 mil escolas, 8,8% disseram que deixaram de ir à aula ao menos uma vez nos últimos 30 dias por não se sentirem seguros". Conforme ponderamos no texto, pessoas de nível econômico mais baixo são, em regra, as mais atingidas pela violência. Assim, "porcentual é ainda maior quando observados apenas os alunos de escolas públicas (9,5%) e cai entre os de escolas privadas (5,0%)". www.todospelaeducacao.orb.br/educacao-na-midia/indice/27295/um-em-cada-11-estudantes-falta-a-escola-por-medo-de-violencia/ Acesso em 04/08/2016.

321. Está havendo, em certos domínios jurídicos, uma releitura dos velhos conceitos à luz dos paradigmas dos princípios e direitos fundamentais. O direito administrativo começa a perceber as mudanças que isso implica em sua disciplina: "Da condição de súdito, de mero sujeito subordinado à administração, o administrado foi elevado à condição de cidadão. Essa nova posição do indivíduo, amparada no desenvolvimento do discurso dos direitos fundamentais, demandou a alteração do papel tradicional da administração pública. Direcionada para o respeito à dignidade da pessoa humana, a administração, constitucionalizada, vê-se compelida a abandonar o modelo autoritário de gestão da coisa pública para se transformar em um centro de captação e ordenação dos múltiplos interesses existentes no substrato social" (BAPTISTA, Patrícia. *Transformações do direito* administrativo. Rio de Janeiro: Renovar, 2003, p.129/130). Binenbojm argumenta que "no mais das vezes, o discurso da autonomia científica do direito administrativo serviu de pretexto para liberar os administradores públicos da normatividade constitucional". E continua: "Como assinala Santamaria Pastor, as bases profundas do direito administrativo são de corte inequivocamente autoritário; até que fosse atraído para a *zona de irradiação do direito constitucional*, manteve-se ele alheio aos valores democráticos e humanistas que permeiam o direito público contemporâneo" (BINENBOJM, Gustavo. A constitucionalização do direito administrativo no Brasil: um inventário de avanços e retrocessos, 2007, p. 756).

as instâncias formais de governo e administração. Busca-se, nesse sentido, aprimorar os mecanismos democráticos. Com isso, cada vez mais – pelo menos é isso que se espera – refinam-se as razões públicas, à medida em que buscamos, através do diálogo (intrainstitucional e interinstitucional), os melhores argumentos. Conforme já tivemos oportunidade de frisar, a participação fiscalizatória direta configura direito fundamental, cuja concretização tende a melhor tutelar a ação do Estado, simultaneamente em termos éticos e de eficiência, qualificando o espaço público, dominado pela democracia meramente formal[322].

Trata-se de um quadro referencial que abrange interesses e direitos difusos, coletivos e individuais homogêneos (além, também, de interesses individuais de índole clássica). A clara, evidente e inegável *disfuncionalidade concreta* da segurança pública, a cargo do Estado, pede uma releitura à luz dos conceitos atuais do direito dos danos, amplamente expostos neste livro. Não só. A própria teoria dos direitos fundamentais, as lentes generosas do direito civil-constitucional, a funcionalidade das categorias, a dimensão existencial das relações jurídicas, tudo recomenda que revisitemos, com novo olhar, a concepção que torna o Estado irresponsável pelos danos que os cidadão sofrem, sem resposta jurídica alguma.

Um determinado fato social pode ser enxergado em sua estrutura, e pode ser visto de modo dinâmico, na visão funcional de sua aplicação concreta. Trata-se de um referencial de análise que abrange interesses transindividuais, interesses públicos (não estatais). Estruturalmente, o Estado não poderia ser responsabilizado pelos danos ligados a falhas na segurança pública, porque se trataria de omissão genérica, não específica. Trata-se, porém, de visão estrutural. Funcionalmente falando, é possível construir, sem muita dificuldade, um argumento constitucionalmente consistente que evidencia que os danos sofridos pelos cidadãos, nesses casos,

322. FREITAS, Juarez. A democracia como princípio jurídico. *Direito Público Moderno*. FERRAZ, Luciano; MOTTA, Fabrício (Orgs). Belo Horizonte: Del Rey, 2003, p. 171.

são quase sempre desproporcionais, injustos[323] e não são repartidos pelo corpo social – atingindo, de modo solitário, alguns cidadãos, geralmente já (socialmente) vulneráveis.

É hora de revisitar o tema, com olhos menos cômodos. Não se pode, diante de um dano sofrido por um cidadão relacionado à violência urbana, resolver a questão dizendo que se trata de algo não indenizável *a priori*. Perfilhar semelhante caminho seria equivalente a negar os deveres fundamentais do Estado de proteção dos cidadãos. Gustavo Tepedino, nessa ordem de ideias, lembra que "a solução dos conflitos e matéria de responsabilidade civil deve atender aos princípios constitucionais da solidariedade social e da justiça distributiva, que informam todo o sistema, impedindo que se reproduza, de maneira acrítica, a técnica individualista para os novos modelos de reparação"[324]. A teoria do risco, iluminada pelos princípios da solidariedade social e pelo princípio da proporcionalidade[325], fornece

---

323. Tem-se entendido que "o dano injusto é figura central no estudo da responsabilidade civil do Estado na atualidade: corresponde à junção da noção de dano com a de antijuridicidade objetiva, sob a ótica da equidade e da função social da responsabilidade civil. Trata-se do dano que não deve ser suportado pelo lesado ou, em outras palavras, é o dano a uma situação juridicamente protegida. Note-se que não há maior novidade no seu reconhecimento no contexto da responsabilidade civil do Estado. O que há de novo é a relevância que lhe é atribuída. E mais: o reconhecimento da imprescindibilidade da noção de *injusto* para a elaboração de uma teoria geral da responsabilidade civil do Estado (por ação e por omissão" (PINTO, Helena Elias. *Responsabilidade civil do Estado por omissão*. Rio de Janeiro: Lumen Juris, 2008, pp. 120/121).

324. TEPEDINO, Gustavo. A Evolução da Responsabilidade Civil no Direito Brasileiro e suas Controvérsias na Atividade Estatal. *Temas de Direito Civil*. Rio de Janeiro: Renovar, 2001, pp. 173-215, p. 184-185.

325. O princípio da proporcionalidade foi incorporado às nossas reflexões, no Brasil, há relativamente pouco tempo, mas já adquiriu importância singular – seja na dimensão teórica, seja na dimensão jurisprudencial, sobretudo do STF. Nesse trilha, "da mesma forma como em sede de teoria do direito os doutrinadores pátrios apenas começam a se tornar cientes da distinção entre regras e princípios, antes referida, também aos poucos é que estudiosos do direito constitucional e demais ramos do direito vão se dando conta da necessidade, intrínseca ao bom funcionamento de um Estado Democrático de Direito, de se reconhecer e empregar o princípio da proporcionalidade, a *Grundsatz der Verhältnismäbigkeit* dos alemães, também chamda de 'mandamento de proibição de excesso' (*Übermabverbot*), ao qual se encontra referência já em doutrinadores prussianos do século XVIII, como Svarez" (GUERRA FILHO, Willis Santiago. Hermenêutica constitucional, deveres fundamentais e princípio da proporcionalidade. BOUCALT, Carlos E. de Abreu; RODRIGUEZ, José Rodrigo (Orgs). *Hermenêutica plural*: possibilidades jusfilosóficas em contextos imperfeitos. São Paulo: Martins Fontes, 2005, p. 397). Convém registrar que se trata de artigo que foi publicado, em primeira edição, há cerca de 15 anos. Hoje os estudos relativos ao princípio da

respostas mais compatíveis com os nossos dias, imputando o dever de indenizar ao Estado, não deixando a vítima desamparada.

Em suma: não parece haver dúvida razoável no sentido de que a violência urbana está na "esfera de risco" estatal. Em outras palavras, podemos, sem desvio conceitual, *categorizar o risco ligado à violência urbana como fortuito interno em relação ao Estado*. Costuma-se, ao contrário, relegar a matéria a constrangedor silêncio (eloquente). Já vimos que o padrão mental tradicional entende que os riscos são da vítima, e só dela. Voltaremos ao tema no final deste capítulo.

2.3. A segurança como tarefa fundamental do Estado: os deveres de proteção

A tarefa de proteção dos cidadãos – antes súditos – é possivelmente a primeira tarefa associada aos deveres do Estado, é sua tarefa, digamos assim, menos contestada. Isso vale tanto para uma perspectiva atual, contemporânea, como também para uma perspectiva tradicional, clássica. Assim, "a tarefa de proteção é certamente uma das primeiras e mais fundamentais tarefas da comunidade estatal. Os homens ou as tribos uniram-se a fim de se protegerem mutuamente dos ataques dos inimigos comuns, das forças da natureza, mas também das desordens e das desavenças. *A tarefa de proteção constitui a tarefa do Estado menos contestada*. O grande cético Arthur Schopenhauer (1788-1860) escreve, por exemplo, a esse respeito: 'Eu demonstrei que o Estado é fundamentalmente uma simples instituição de proteção contra os ataques externos no todo e os ataques internos dos indivíduos entre si. Disto resulta que, em última instância, a necessidade do Estado repousa na reconhecida injustiça do ser humano: sem esta não se pode pensar um Estado... (A Shopenhauer, pp. 123 s)"[326].

---

proporcionalidade – e também aos deveres de proteção – não mencionam apenas o "mandamento de proibição de excesso" mas também o mandamento que veda medidas insuficientes na proteção de determinado bem jurídico fundamental por parte do Estado.

326. FLEINER-GERSTER, Thomas. *Teoria Geral do Estado*. Trad. Marlene Holzhausen. Revisão técnica Flávia Portella Puschel. São Paulo: Martins Fontes, 2006, p. 587, grifo nosso.

Atualmente, essa dimensão clássica, esse olhar tradicional, não deixou de existir. Apenas a eles se somaram outros fatores, outras dimensões de análise – e, sobretudo, de proteção. Outros deveres, mais fortes, surgiram, e se impuseram ao Estado (como contrapartida dos direitos fundamentais titularizados pelos cidadãos). Em nossos dias, sob a perspectiva de uma constituição normativa que consagra e protege os direitos fundamentais, a polícia é encarada como uma técnica de proteção dos cidadãos – embora haja, nesse caso, sabemos bem, um abismo entre a dimensão normativa e a dimensão social, a realidade efetivamente vivida[327].

Nesse contexto, começa a delinear-se, de modo progressivamente nítido, à luz da teoria dos direitos fundamentais, a existência deveres de proteção, por parte do Estado, relativamente a seus cidadãos. Já vimos que as abstenções estatais não nos satisfazem atualmente, como sociedade. É preciso ir além: e esse ir além envolve uma proteção adequada, eficiente, razoável e tempestiva dos cidadãos. Se houver insuficiência, inadequação, desproporcionalidade, por exemplo, poderá se configurar, no caso concreto, devidamente contextualizado, o dano injusto relacionado aos deveres de proteção estatais, que não foram observados em determinada situação específica. Dieter Grimm – professor de Direito Público da *Humboldt Universitat* de Berlim – nota: "A função geral de garantir segurança, atribuída ao Estado, foi convertida em obrigação constitucional específica quando se tornou visível que as condições para a manutenção da liberdade individual estavam mudando"[328].

327. Constata-se que "em praticamente todos os países, a polícia é infelizmente é concebida mais como um prolongamento do governo do que como uma proteção da população" (FLEINER-GERSTER, Thomas. *Teoria Geral do Estado*. Trad. Marlene Holzhausen. Revisão técnica Flávia Portella Puschel. São Paulo: Martins Fontes, 2006, p. 592). O autor excepciona, de sua observação, a polícia britânica, que "ao longo dos séculos conquistou uma tal autoridade no seio da população que pode atuar contra a violência sem recorrer a ela".

328. O jurista, um pouco depois, também destaca que "o Estado está obrigado não apenas a se abster de certas ações que violariam os direitos fundamentais. Ele também está obrigado a agir quando os bens protegidos pelos direitos fundamentais estejam ameaçados por agentes privados" (GRIMM, Dieter. A função protetiva do Estado. Trad. Eduardo Mendonça. *A Constitucionalização do Direito: fundamentos teóricos e aplicações específicas*. Cláudio Pereira de Souza e Daniel Sarmento (Orgs). Rio de Janeiro: Lumen Juris, 2007, p. 157-160).

Temos mencionado, ao longo do livro, a teoria dos deveres de proteção. Assim, "o reconhecimento dos deveres de proteção constitui premissa implícita em toda a discussão concernente à responsabilidade civil do Estado por atos omissivos. Com efeito, do ponto de vista lógico, só é possível responsabilizar por omissão a quem estava previamente adstrito a um dever de ação"[329]. Completa: "Esse dever de ação nem sempre vai se fundamentar em lei específica, decorrendo, no mais das vezes, da Constituição e da própria *natureza das coisas*, como acontece, por exemplo, em relação aos direitos à vida, à segurança e à propriedade, que o Poder Público tem de salvaguardar". Sabemos, hoje, que há esse dever de ação por parte do Estado. O Estado, atualmente, tem que agir com proporcionalidade e eficácia, para proteger seus cidadãos de agressões provindas de terceiros, inclusive nos atos relacionados à segurança pública.

Assim, "a alusão à segurança, como direito fundamental social (art. 6º da CF), induz a ideia de que o Estado tem não apenas a missão política, mas também o dever jurídico de agir no plano social para proteger os indivíduos da violação dos seus direitos fundamentais por atos de terceiros. E o princípio do Estado de Direito, que confere ao Estado o monopólio do uso legítimo da força, negando aos particulares, em princípio, a capacidade de autotutela dos seus direitos, também pode ser invocado para amparar o reconhecimento dos deveres estatais de proteção dos direitos fundamentais"[330]. Convém lembrar, mais uma vez, que atualmente os direitos fundamentais não são enxergados apenas como direitos de defesa *em face* do Estado. Exige-se, hoje, ao contrário, uma postura ativa do Estado na proteção desses direitos. Percebe-se, com progressiva

329. SARMENTO, Daniel. *Direitos Fundamentais e Relações Privadas*. Rio de Janeiro: Lumen Juris, 2004, p. 169.

330. SARMENTO, Daniel. *Direitos Fundamentais e Relações Privadas*. Rio de Janeiro: Lumen Juris, 2004, p. 168. Conforme já destacamos, há quem argumente que poderíamos cogitar de um dever geral de proteção, cuja base normativa seria o art. 5º, *caput*, da Constituição da República (que menciona, com explicitude, o direito à segurança) (SARLET, Ingo Wolfgang, Direitos Fundamentais e direito penal: breves notas a respeito dos limites e possibilidades da aplicação das categorias da proibição do excesso e de insuficiência em matéria criminal: a necessária e permanente busca da superação dos "fundamentalismos" hermenêuticos. *Revista da ESMEC*, v. 15, nº 21, 2008, p. 49).

clareza, na doutrina, que os deveres jurídicos de segurança – como direitos fundamentais sociais –, devidamente implementados, são um dos requisitos para que tenhamos, entre nós, a caracterização de um Estado Social[331].

A existência dos deveres de proteção dialoga, certamente, com algo anterior, que é a constatação da segurança pública como tarefa fundamental do Estado. José Carlos Loureiro, professor da Faculdade de Direito da Universidade de Coimbra, destaca: "Tradicionalmente, a segurança é uma tarefa fundamental do Estado, pelo que o chamado *protective state* é uma figura com fundadas raízes. Na Modernidade, Thomas Hobbes, no *Leviatã* ou *Leviatão*, assume como função principal do Estado a tutela da segurança, partindo de uma antropologia pessimista e de uma ideia de estado de natureza como fonte de todos os perigos. A segurança aparece, pois, como uma tarefa essencial do Estado. Na verdade, neste filão de pensamento e no quadro do referido estado de natureza, poderíamos recuperar a formulação sartriana segundo a qual *l'enfer sont les autres*"[332].

Porém, o direito à segurança pública, em si mesmo, não é algo novo – já participa da construção do constitucionalismo liberal, ainda que nem sempre suas consequências hermenêuticas sejam desenvolvidas[333]. Cabe, pensamos, construir um modelo teórico que

---

331. Nesse contexto, "é da necessidade de intervenção ativa do Estado na implementação dos direitos sociais, entre eles o de segurança, que surgirá a organização dos serviços públicos que, entre outras coisas, caracterizará o Estado Social. E é a partir da concretização dos direitos sociais por meio do sistema de serviços públicos a cargo do Estado que restará superada a ideia de que existem obrigações sem direitos correspondentes, cujo exemplo máximo era, até aquele momento, o conjunto de obrigações de beneficência, entre as quais se encontrava a de proteção. As ideias relativas à responsabilidade objetiva, tendo nascido em momento histórico anterior ao da emergência do estado de bem-estar social, podem ser compreendidas dentro desse cenário em que se processa a transformação dos deveres morais de beneficiência em deveres jurídicos de segurança" (CORRÊA, André Rodrigues. *Solidariedade e responsabilidade*. São Paulo: Saraiva, 2009, p. 560).

332. LOUREIRO, José Carlos. Constituição, tecnologia e risco (s): entre medo (s) e esperança (s). *Direito, inovação e tecnologia*. MENDES, Gilmar Ferreira; SARLET, Ingo Wolfgang; COELHO, Alexandre Zavaglia P. (coords). São Paulo: Saraiva, 2015, pp. 33-84, p. 52.

333. O autor anota que "o que é recente é a jusfundamentação da questão em termos que vão além do tradicional direito à segurança previsto no constitucionalismo liberal português e brasileiro. Pense-se, por exemplo, na construção, por parte da doutrina alemã,

enfatize os deveres de proteção do Estado em relação aos cidadãos. Trilhar um percurso argumentativo que evidencie que a visão teórica tradicional, que postula que vivemos, em relação à responsabilidade civil do Estado, a chamada fase publicística, é teoricamente insuficiente (ou inexata, para sermos mais exatos) para descrever a natureza das relações jurídicas que ocorrem entre Estado e cidadãos nestas primeiras décadas do século XXI.

Nesse contexto, o Estado brasileiro tem o dever de zelar pela eficácia direta e imediata dos direitos fundamentais, punível a omissão despida de motivos plausíveis[334]. Essa é uma conexão de sentido bastante relevante. O intérprete não está autorizado a desconsiderá-la. Se o Estado tem o dever de zelar pela eficácia direta dos direitos fundamentais, como poderia não responder – aprioristicamente – pelos danos sofridos pelos cidadãos em razão de agressões praticadas por outros cidadãos?

Outro aspecto relevante é que os princípios, categorias e normas que o instituto da responsabilidade civil desenvolveu, sobretudo a partir de meados do século passado, apontam para uma preocupação prioritária com a vítima. Na busca da realização da justiça substantiva e concreta, busca-se dar primazia à restauração do equilíbrio social rompido, conferindo proteção qualitativamente diferenciada à vítima[335]. Não se trata, é verdade, de princípio exclusivo

---

do operador de deveres de proteção" (LOUREIRO, José Carlos. Constituição, tecnologia e risco (s): entre medo (s) e esperança (s). *Direito, inovação e tecnologia*. MENDES, Gilmar Ferreira; SARLET, Ingo Wolfgang; COELHO, Alexandre Zavaglia P. (coords). São Paulo: Saraiva, 2015, pp. 33-84, p. 56). O mesmo autor, mais adiante, postula "a inclusão dos deveres de proteção no quadro dos deveres fundamentais em sentido amplo", defendendo ainda "uma compreensão ampla dos deveres jusfundamentais, que integre, a par dos deveres fundamentais em sentido estrito, os deveres de prestação, mas, sobretudo, no que ora nos importa, os deveres de proteção".

334. FREITAS, Juarez, Responsabilidade Civil do Estado e o princípio da proporcionalidade: vedação de excesso e de inoperância. *Responsabilidade Civil do Estado*. Juarez Freitas (org.). São Paulo: Malheiros, 2006, pp. 170-197, p. 185)

335. Quando mencionamos o princípio da primazia do interesse da vítima, estamos pressupondo que há, no caso concreto, a presença do nexo causal. Isso porque, "por um lado, o nexo causal constitui, tal qual o dano, um dos elementos da responsabilidade civil que não pode ser desconsiderado; por outro, exige-se, com fundamento na nova ordem constitucional, uma maior proteção da vítima do dano injusto, embora esta também não deva ser protegida a todo custo" (SAMPAIO DA CRUZ, Gisela. *O problema do nexo causal na responsabilidade civil*. Rio de Janeiro: Renovar, 2005, p. 10/11).

da responsabilidade civil do Estado. Trata-se de tendência transnacional, relativamente à responsabilidade civil[336]. Se antes olhávamos para a culpa (sem culpa não há indenização, diziam convictamente os juristas antigos), atualmente olhamos para o dano sofrido e buscamos soluções técnicas que não deixem a vítima desamparada. Mas há um ponto relevante que pede menção: se o princípio da primazia do interesse da vítima aplica-se à toda responsabilidade civil contemporânea, é, todavia, na responsabilidade civil do Estado que o princípio se encontra mais confortável.

É que quando ofensor e vítima são particulares, nem sempre é possível, sem ofender a equidade, garantir a primazia do interesse da vítima. Pode ser o que o ofensor não suporte a reparação integral do dano sem ofensa ao princípio do mínimo existencial (pensemos num homem pobre que incendeia culposamente a casa do seu vizinho). A indenização deverá ocorrer, mas se formos reparar integralmente a vítima, levaremos o ofensor à penúria. Será preciso equilibrar, equitativamente, as posições jurídicas, sem excessos perigosos. Também não se pode deixar de indenizar adequadamente a vítima violada em seus direitos fundamentais, escalonando essas agressões à luz da conta bancária do ofendido. Em outras palavras, não se pode, nas lesões graves, reduzir o valor da indenização tendo como fundamento a condição econômica da vítima[337].

2.3.1. O interesse público sempre prevalece sobre o particular?

Há, na experiência jurídica, certos lugares comuns, certos dogmas que se impuseram através dos tempos. Este é um deles: "O interesse público prevalece sobre o interesse particular". Trata-se de

---

336. Conferir, a propósito, TUNC, André. The twentieth century development and function of the law of torts in France. *The International and Comparative Law Quarterly*, v. 14, 1965. London: BIICL, pp. 1089-1103.

337. Decidiu-se, em julgado paradigmático, que "a avaliação das condições socioeconômicas dos envolvidos deve ser feita em conjunto com a ponderação acerca da gravidade dos fatos. Não se permite a relativização das indenizações por ofensa a direitos fundamentais tendo como parâmetro a riqueza da vítima, de modo que o direito dos ricos valeria mais que o dos pobres, os quais estariam se 'enriquecendo' ao receberem indenizações em valor muito superior à sua renda" (STJ, AgRg no REsp 1.189.510, Rel. Min. Herman Benjamin, 2ª T, DJ 27/04/11).

dogma, antigo e tradicional, do nosso direito. Por muito tempo não se questionou essa verdade (tida como absoluta): o interesse público prevalece, sempre e indiscutivelmente, sobre o interesse particular. Hoje, porém, com o avanço dos estudos constitucionais, percebe-se que a questão tem – ou pode ter – outros matizes, não é tão simples como se pensou. É possível perceber que o conceito de interesse público sofreu – na verdade está sofrendo – mudanças. Ademais, interesse público obviamente não se confunde com interesse de eventuais governos – sendo, aliás, frequentemente colidentes tais interesses. Notou, argutamente, García de Enterría, que "atualmente o interesse público reside na promoção dos direitos fundamentais"[338].

Há espaço, portanto, em nossos dias, para problematizar o princípio da supremacia do interesse público. É certo que o tema – como grande parte das questões jurídicas atuais, marcadamente complexas – não tolera respostas simplistas. Os estudos mais atuais têm se mostrado atentos à questão, com densas argumentações a respeito. Daniel Sarmento pondera, a respeito do princípio da supremacia do interesse público: "Parece-nos que o princípio em discussão se baseia numa compreensão equivocada da relação entre pessoa humana e Estado, francamente incompatível com o leitmotiv do Estado Democrático de Direito, de que as pessoas não existem para servir aos poderes públicos ou à sociedade política, mas, ao contrário, estes é que se justificam como meios para a proteção e promoção dos direitos humanos"[339].

338. Citado por RODRÍGUEZ-ARANA, Jaime. Nuevas Orientaciones Doctrinales sobre la Responsabilidad Patrimonial de la Administración Pública, *Scientia Iuridica*, Universidade do Minho, Braga, nº 293, maio/agosto, 2002, p. 274.

339. SARMENTO, Daniel. Interesses públicos vs interesses privados na perspectiva da teoria e da filosofia constitucional. Constituição e crise política. SAMPAIO, José Adércio Leite (Coord). Belo Horizonte: Del Rey, 2006, pp. 311-379, p. 314; NEGREIROS, Teresa. Dicotomia Público/Privado frente ao Problema da Colisão de Princípios. Teoria dos Direitos Fundamentais. TORRES, Ricardo Lobo (Org.). Rio de Janeiro: Renovar, 1999, pp. 337-375; ÁVILA, Humberto Bergmann. Repensando o 'Princípio da supremacia do interesse público sobre o particular'. O Direito Público em tempos de crise. SARLET, Ingo Wolfgang (Org.). Porto Alegre: Livraria do Advogado, 1999, pp. 99-127. Sobre a crise do conceito de interesse público, veja-se, em especial, MARQUES NETO, Floriano Peixoto de Azevedo. *Regulação Estatal e Interesses Públicos*. São Paulo: Malheiros., 2004.

A verticalidade, que por tanto tempo caracterizou a relação entre o Estado e seus cidadãos (então súditos), perdeu muito da razão de ser, atualmente. Destaca-se que o "surgimento do direito administrativo, e de suas categorias jurídicas peculiares (supremacia do interesse público, prerrogativas da Administração, discricionariedade, insindicabilidade do mérito administrativo, dentre outras), representou antes uma forma de reprodução e sobrevivência das práticas administrativas do Antigo Regime que a sua superação. A juridicização embrionária da Administração Pública não logrou subordiná-la ao direito; ao revés, serviu-lhe apenas de revestimento e aparato retórico para sua perpetuação fora da esfera de controle dos cidadãos"[340].

É fácil conectar conceitualmente o tema deste tópico à indagação que permeia nosso estudo: será que a alegação, previsível e simplista, de que o interesse público (ou o interesse do governante de plantão) não aceita que as vítimas de violência urbana sejam compensadas ou ressarcidas ("as finanças estatais não aguentariam") é suficientemente sólido diante dos pressupostos, teóricos e normativos, do atual direito de danos? Isso sem falar na dimensão humana – que não deve ser desprezada, sequer em trabalho acadêmico (embora não possa, por certo, ser mensurada). Estamos diante de danos terríveis, danos verdadeiramente graves. Sofridos, diária e anonimamente, por cidadãos brasileiros. E o direito de danos nada tem a dizer sobre isso? Discute-se, às vezes, teses que chegam a ser risíveis, relativamente a danos de pouca ou nenhuma gravidade[341].

---

340. BINENBOJM, Gustavo. Da supremacia do interesse público ao dever de proporcionalidade: um novo paradigma para o direito administrativo. Interesses públicos vs Interesses privados. SARMENTO, Daniel (Org.). Rio de Janeiro: Lumen Juris, 2005. Mesmo autores que escreveram no início do século passado percebem que "todo prejuízo anormal, excepcional, exorbitante, pela sua natureza ou por sua importância, os incômodos e sacrifícios correntes exigidos pela vida em sociedade e pela manutenção pacífica dessa sociedade, devem ser considerados como violação da igualdade dos cidadãos perante os encargos públicos" (Duez, citado por DIAS, José de Aguiar. Da Responsabilidade Civil. Rio de Janeiro: Forense, 1954, p. 61).

341. Nesse sentido, com argúcia, notou-se que "o alargamento da noção de dano ressarcível, todavia, veio ocorrendo de maneira avassaladora. Com efeito, fala-se hoje em dano ao projeto de vida, dano por nascimento indesejado, dano hedonístico, dano de *mobbing,* dano de *mass media,* dano de férias arruinadas, dano de morte em agonia, dano de brincadeiras cruéis, dano de descumprimento dos deveres conjugais, danos por aban-

Não raro, algum autor menciona um "novo dano" de modo irônico, como ensejo de crítica à tendência crescente de ampliação dos danos indenizáveis.

Sobre os danos oriundos da violência urbana, porém, quase não se fala. É como se vivêssemos em outro país, como se a violência – sob a perspectiva da responsabilidade civil – não existisse.

Sem falar que muitas vezes se usa a expressão "interesse público" para se falar no interesse patrimonial do Estado (e às vezes o interesse público está justamente no campo oposto). O STJ já anotou, na linha do que mencionamos, que "interesse público não se confunde com interesse puramente patrimonial da União" (STJ, REsp 1.085.257, Rel. Min. Eliana Calmon). Há, além disso, em nossos dias, espaços na sociedade civis que são públicos, mas não estatais. Isso é algo perceptível na sociedade civil dos nossos dias (o público não estatal). Por exemplo, nas demandas ambientais, propostas por associações ou pelo Ministério Público, invoca-se (contra o Estado) o interesse público. O interesse patrimonial do Estado está de um lado; do outro, está o interesse público. É preciso, nesse contexto, atualizar a leitura do dualismo interesse público e interesse privado, na perspectiva das atuais democracias constitucionais. O Estado Democrático de Direito traz dimensões específicas em relação às formulações anteriores de Estado, e isso apresenta relevantes reflexos na interpretação jurídica[342].

---

dono afetivo e assim por diante. O aumento desordenado de novas espécies de dano fez surgir o temor, antecipado por Rodotà, de que 'a multiplicação de novas figuras de dano venha a ter como únicos limites a fantasia do intérprete e a flexibilidade da jurisprudência". (Maria Celina Bodin de Moraes. A Constitucionalização do Direito Civil e seus efeitos sobre a Responsabilidade Civil. *A Constitucionalização do Direito: fundamentos teóricos e aplicações específicas.* Cláudio Pereira de Souza e Daniel Sarmento (Orgs). Rio de Janeiro: Lumen Juris, 2007, p. 442).

342. Assim, "o Estado Democrático de Direito teria a característica de ultrapassar não só a formulação do Estado Liberal de Direito, como também a do Estado Social de Direito – vinculado ao Welfare state neocapitalista –, impondo à ordem jurídica e à atividade estatal um conteúdo utópico de transformação da realidade. Dito de outro modo, o Estado Democrático é plus normativo em relação às formulações anteriores (STRECK, Lenio Luiz; MORAIS, Jose Luis Bolzan de. Ciência Política e Teoria do Estado. Porto Alegre: Livraria do Advogado, 2014, p. 100).

2.3.1.1. Um olhar para as vítimas

Um ponto deve ser sempre enfatizado é o seguinte: parece não haver dúvida de que a violência física (e psicológica) sofrida pela vítima de violência urbana é um dano injusto. Existe inegável lesão à situação jurídica subjetiva protegida pelo ordenamento. A questão que se põe é a seguinte: dispomos, hoje, um aparato normativo-conceitual adequado para responsabilizar civilmente o Estado por esses danos? Isso é juridicamente possível? Temos um discurso constitucionalmente consistente para considerar que os danos – ou alguns deles – relacionados a falhas na segurança pública ensejem as condições de possibilidade para impor o dever de indenizar estatal?

Já registramos anteriormente que a violência urbana – na visão clássica do direito da responsabilidade civil – é costumeiramente abordada *contra* a vítima do dano. Os autores mais tradicionais, sobretudo aqueles que escreveram em meados do século passado, costumam argumentar que no caso de determinado bem roubado ou furtado (veículo, por exemplo), o dono do carro será civilmente responsável pelos danos que o ladrão, no uso do carro roubado ou furtado, vier a causar a terceiros. Argumenta-se que a "guarda jurídica" da coisa ainda estaria com o dono do carro. O argumento não se sustenta à luz da razoabilidade e da funcionalidade dos conceitos. Já argumentamos que a interpretação do direito não pode conduzir a soluções absurdas, nem a complexidade dos nossos dias autoriza tamanho grau de abstração e conceitualismo.

Mudemos, nesse passo, a direção do olhar.

Pensemos na vítima. Não é propriamente nova a percepção de que o direito dos danos centra suas preocupações prioritárias, hoje, na vítima. Para ela, as diferenças jurídico-conceituais não fazem muita diferença. Aliás, é bem provável que ela nem as conheça. O direito do século XXI caminha no sentido de buscar soluções razoáveis e proporcionais, sem se preocupar tanto com filigranas formais[343]. Vamos raciocinar com exemplos concretos. Pensemos em

343. Trata-se de tendência perceptível em múltiplas situações. A jurisprudência, por exemplo, tem entendido que se no contrato de seguro há referência há conceitos de direito penal (como furto e roubo), há de se considerar incluída, também, a figura da extorsão.

algo infelizmente comum em nossos dias. Um assalto, que termina com a morte da vítima. Não nos interessa, por certo, nesta obra, as dimensões jurídico-penais do problema. Interessa-nos, apenas, as reflexões relativas ao direito dos danos. Se a vítima estiver dentro de um banco, ou mesmo no estacionamento do banco, haverá responsabilidade civil (sua família, desse modo, será compensada, no caso de falecimento dela)[344]. O mesmo se diga se o dano ocorreu dentro de um estacionamento de um shopping, por exemplo (STJ, REsp. 419.059, Rel. Min. Nancy Andrighi, 3ª T., DJ 29/11/04). Em ambos os casos se entende que esses riscos participam dos riscos do negócio (e, por isso, a teoria do risco – Código Civil, art. 927, parágrafo único – faz surgir a responsabilidade civil, nesses casos, independentemente de culpa).

Essas distinções conceituais rígidas escapam à compreensão do segurado, tido como homem médio (STJ, REsp 1.106.827, Rel. Min. Marco Buzzi, 4ª T, DJ 23/10/12). Em sentido semelhante, decidiu-se que a cláusula contratual que remete ao furto qualificado, no Código Penal, não pode ser usada como pretexto pela seguradora para negar cobertura em hipótese de furto simples (STJ, REsp 814.060, Rel. Min. Luis Felipe Salomão, 4ª T, j. 04/06/10). Ademais, conforme vimos, as cláusulas devem ser interpretadas de modo favorável ao consumidor (CDC, art. 47). São nulas as cláusulas que atenuem a responsabilidade do fornecedor (CDC, art. 51, I) ou desvirtuem direitos fundamentais inerentes à natureza do contrato (art. 51, § 1º, II). As cláusulas limitadoras de direitos do consumidor devem redigidas com destaque, permitindo sua imediata e fácil compreensão (CDC, art. 54, § 4º). A hipossuficiência pode ser caracterizar em decorrência de informações imprecisas e pouco acessíveis, cuja delimitação exata depende de informações técnicas que são controvertidas (no caso da interpretação do furto qualificado) até na doutrina e na jurisprudência.A orientação que prescreve uma interpretação mais favorável ao consumidor perpassa toda a sistemática de consumo. Dispõe, a propósito, o CDC, art. 47: "As cláusulas contratuais serão interpretadas de maneira mais favorável ao consumidor". O intérprete, diante de um contrato de consumo, deverá atribuir às suas cláusulas conexões de sentido que atendam, de modo equilibrado e efetivo, aos interesses do consumidor, parte vulnerável da relação. Trata-se do mesmo princípio (visto por outro ângulo) que proclama a interpretação contra a parte mais forte, contra quem redigiu o pacto contratual, como ocorre nos contratos de adesão (CDC, art. 54). Aliás, o próprio Código Civil prevê a propósito dos contratos de adesão: "Art. 423. Quando houver no contrato de adesão cláusulas ambíguas ou contraditórias, dever-se-á adotar a interpretação mais favorável ao aderente".

344. A jurisprudência, no ponto, é pacífica, cabendo citar apenas a título exemplificativo. Nessa toada, os bancos respondem pelos assaltos ocorridos em suas agências (STJ, AgRg no REsp 1.273.445, Rel. Min. Massami Uyeda, 3ª T., DJ 02/03/2012). A instituição financeira responde pela segurança em seus estabelecimentos. Precedentes (STJ, AgRg no AREsp 11.326, Rel. Min. Sidnei Beneti, 3ª T., DJ 09/09/2011). Há dever de indenizar das instituições financeiras pela ocorrência de roubos e furtos no interior do estabelecimento bancário ou nas dependências de estacionamento fornecido aos clientes e usuários dos serviços (STJ, AgRg no AREsp 327.434, Rel. Min. Sidnei Beneti, 3ª T., DJ 29/08/2013).

Porém, se a vítima estiver dentro de um ônibus – não importa se interestadual, ou se apenas circula dentro das cidades, ou mesmo nas regiões metropolitanas, a solução tem sido a mesma em todos esses casos –, não haverá indenização alguma. Pouco importa que os danos tenham sido gravíssimos – sejam eles morais, estéticos ou até patrimoniais. Nosso direito dos danos responde à situação com um sonoro "não" (talvez, pensando bem, o adjetivo "sonoro" nem seja apropriado. Talvez fosse melhor escrever: com um "envergonhado" não). Se a vítima faleceu em razão do disparo de tiros (ou balas perdidas), se foi estuprada, se teve seus bens roubados ou furtados, qualquer que tenha sido o perfil dos danos experimentados, a responsabilidade civil – segundo o padrão mental da segunda década do século XXI, no Brasil – é impedida de se aproximar desses terríveis e graves danos.

Não esqueçamos: *desresponsabilizar o Estado é responsabilizar a vítima*. Não há, nesse dilema, terceira via. Podemos, é verdade, na quantificação, estabelecer matizes. Podemos, conforme acenamos, modular a indenização, fazendo-a equitativa. Não é o ideal, mas já é um passo em relação à situação atual, em que prevalece a irressarcibilidade. Numa análise funcional, não nos damos por satisfeitos apenas com a bela coerência abstrata dos conceitos, queremos mais: queremos que, na vida social da aplicação concreta, eles realizem, fecundamente, o projeto constitucional.

2.3.2. O Estado tinha o dever de evitar o dano?

Essa é, sob muitos aspectos, uma pergunta (muito) relevante. O Estado tinha o dever de evitar o dano? Observe-se que não se trata, em absoluto, de pergunta que possa ser respondida sem que tenhamos, no caso concreto, uma devida contextualização de circunstâncias. Nesse contexto, trata-se de dever dinâmico e sujeito às impurezas, por assim dizer, da vida social, sem que possamos pretender resolver a questão de modo apriorístico e distante.

Dissemos anteriormente que a pergunta se o dano contraria alguma expectativa, legítima e razoável, de segurança era uma espécie de ponto de partida para a discussão, contextualizada e séria, dos casos de responsabilidade civil do Estado ligados à violência urbana. Não é possível ao Estado estar, através de seus agentes, em todos os lugares a todo tempo. Isso seria irreal. Nem seria sensato desconhecer as severas restrições orçamentárias que a prestação de serviços públicos (eficientes) envolve. Porém não basta invocar essas dificuldades como se fossem um passaporte que imunizaria o Estado contra as indenizações. Em síntese: nem se pode cair na afirmação irresponsável que o Estado responderá por todos os danos ligados à violência, de modo amplíssimo, nem tampouco nos satisfará, como sociedade, uma negativa genérica à indenizabilidade desses danos.

Seria inadequado postular respostas fechadas, seria contrário à própria ontologia da responsabilidade civil. O instituto é fundamentalmente aberto, flexível, arejado. Renova-se, em boa medida, a partir do contato com os fatos sociais, e só encontra sua exata feição a partir das circunstâncias do caso concreto (talvez não exageremos ao afirmar que a responsabilidade civil, de certo modo, é o caso concreto, permeado por seus princípios, regras, conceitos e cláusulas gerais). Parece óbvio, nesse sentido, que a responsabilidade civil não trabalha com respostas prontas. Isso, se é verdadeiro para o direito de danos amplamente considerado, mais ainda o é para as questões ligadas à violência urbana e omissões estatais, matéria reconhecidamente difícil e problemática.

Nessa ordem de ideias, convém frisar que a proporcionalidade é conceito singularmente relevante para os problemas ligados à violência urbana e o direito de danos. Aliás, a proporcionalidade, hoje, domina boa parte de nossas reflexões jurídicas. Se procurarmos bem, encontraremos, de uma forma ou de outra, a proporcionalidade permeando as soluções dos problemas difíceis que enfrentamos, a proporcionalidade participando da construção (e da reconstrução) das categorias jurídicas que nosso século está se habituando a lidar. Até em setores em que, inicialmente, poderíamos supor que não a encontraríamos. A própria noção de culpa que temos hoje é uma noção informada pela proporcionalidade. Desse modo, a noção de culpa normativa – ao contrário da noção anterior, de culpa subjetiva ou psicológica – é uma "noção que não só permite como impõe que se verifique em que medida, no caso concreto, se conduziu mal o agente ofensor, dando ocasião, assim, à elaboração de um juízo de proporcionalidade entre a conduta e o dano, portanto, à individualização da sanção"[345].

A teoria do risco, em nossos dias, dialoga com a proporcionalidade, e o modelo conceitual da responsabilidade civil do Estado atual exige esse diálogo, essa visão conjunta. Desse modo, a teoria do risco, hoje, não é a de 1946 – quando o Estado passou a responder sem culpa, entre nós –, atualmente a teoria do risco é iluminada fortemente pela proporcionalidade, conforme pontuamos. As novas funções estatais ampliam seus deveres, e não podemos esquecer, conceitualmente, da eficácia direta e imediata dos direitos fundamentais. Essa eficácia direta e imediata, decerto, não se limita às obrigações negativas, pelo contrário. Ela se conecta fortemente com as dimensões ativas, prestacionais, a cargo (crescentemente) do Estado[346].

Já observamos que superamos, atualmente, a visão absenteísta que enxergava no Estado um dever fundamentalmente de omissão. Um dever de não agir. Os direitos fundamentais, nesse jeito de olhar, eram vistos como direitos de defesa em face do Estado. O modo, portanto, do Estado adimplir a prestação jurídica era se omitindo. O que se esperava, então, do Estado, era que não agisse, que não invadisse, de modo abusivo e arbitrário, a esfera jurídica do cidadão (talvez nem de cidadão pudéssemos razoavelmente falar).

Cremos já ter lembrado que o Estado *não é* titular de direitos fundamentais, os cidadãos é que são[347]. Em matéria de responsabi-

345. MORAES, Maria Celina Bodin. *Danos à pessoa humana*. Rio de Janeiro: Renovar, 2003, p. 211-212.

346. FREITAS, Juarez. Responsabilidade civil do Estado e o princípio da proporcionalidade: vedação do excesso e da omissão. *Revista de Direito Administrativo*. Rio de Janeiro, v. 241, 2005, pp. 21/37, p. 24. Mais adiante o autor destaca que, para fins de responsabilização estatal, é mister evoluir para a apuração das condutas públicas (comissivas ou omissivas) sob o crivo do critério da proporcionalidade.

347. ALEXY, Robert. *Teoria de los Derechos Fundamentales*. Trad. Ernesto Garzón Valdés. Madrid: Centro de Estudios Constitucionales, 1993, p. 510. Aliás, talvez seja importante resumir, de modo breve e objetivo, alguns pontos que nos parecem relevantes em relação aos direitos fundamentais: a) a aplicação direta dos direitos fundamentais às relações privadas é doutrina amplamente majoritária no Brasil. A aplicação direta também é conhecida como eficácia horizontal dos direitos fundamentais (aplicação

lidade civil do Estado ainda há, nem sempre explícitos, traços de regalismo e de individualismo jurídico. É preciso trazer – não de modo retórico, mas concreto, nas conclusões a que chegamos – a solidariedade social para o debate[348]. Para permear, aqui e ali, as novas

---

direta dos direitos fundamentais nas relações privadas ou eficácia privada). Costuma-se, também, citar os termos originários, em alemão (Drittwirkung ou horizontalwirkung); b) o Estado deve não só se abster de lesar direitos fundamentais, deve agir para que terceiros não lesem (os direitos fundamentais, portanto, não são apenas direitos de defesa em face do Estado); c) vivemos uma fase que pode ser definida como o Estado dos direitos fundamentais (ou mais exatamente: o Estado como garantidor de direitos fundamentais); d) na atividade interpretativa-aplicativa deve-se buscar a máxima eficácia dos direitos fundamentais; e) conforme mencionamos no texto, os cidadãos são titulares de direitos fundamentais, mas o Estado não é.

348. Já mencionamos que "ocorrendo um ato lesivo imputável ao Estado, com base no princípio da solidariedade social, da divisão igualitária dos ônus e encargos por toda população, a vítima terá de demonstrar tão somente o dano e o nexo causal, o que lhe poupará tempo e esforços na busca de sua indenização – esse o modelo de responsabilidade previsto no Texto Maior" (MONTEIRO FILHO, Carlos Edison do Rêgo. Problemas de Responsabilidade Civil do Estado. *Responsabilidade Civil do Estado.* Juarez Freitas (org.). São Paulo: Malheiros, 2006, pp. 37-69, p. 64). Há quem critique tal entendimento, argumentando que "a ideia da igualdade na repartição dos encargos sociais como o seu único fundamento (da responsabilidade civil do Estado) leva a uma expansão inadvertida dos permissivos da responsabilização estatal, quando as diversas circunstâncias aptas a fazer esta eclodir demandam maiores cautelas e sutilezas, fazendo com o que o que poderia representar um avanço da cidadania, cada vez mais garantida em face do Estado, constitua na verdade uma demonstração cultural do pouco zelo da sociedade brasileira com o espaço público" (ARAGÃO, Alexandre Santos de. Os fundamentos da responsabilidade civil do Estado. *Revista dos Tribunais.* v.824, pp. 72-81, jun/2004, p. 73). O autor, entretanto, não apresenta outro fundamento para a responsabilidade civil do Estado. Há, é verdade, ninguém desconhece, resquícios culturais óbvios (e insistentes) de patrimonialismo na sociedade brasileira, mas o avanço civilizatório não está, acreditamos, em isentar progressivamente o Estado diante de danos, graves e injustos, sofridos pelos cidadãos. O sentido da evolução passa, ao contrário, por uma responsabilização crescente, porém não indiscriminada. O autor mencionado cita, a seguir, Jaime Rodrígues-Arana, que afirma "lhe parecer que o Estado Social e Democrático de Direito não se compadece com esta superblindagem, superdefesa que os funcionários públicos possuem frente aos cidadãos em decorrência do princípio da responsabilidade objetiva e universal da Administração pública". A questão, no entanto, também aqui, nos parece ser outra. Trata-se, isso sim, de promover as ações de regresso contra os agentes públicos (ações de regresso que, inexplicavelmente, não são propostas, em regra, no Brasil). Isso sim perfaz claro traço cultural de pouco apreço à coisa pública. Aliás, sempre entendemos que na maioria dos casos a vítima pode, caso prefira, manejar a ação indenizatória não só contra o Estado, mas também contra o agente público (o Código de Processo Civil brasileiro de 2015, no entanto, limitou essa possibilidades em relação a determinados agentes públicos, que só podem responder regressivamente – artigos 143, 181, 184 e 187). Sempre entendemos que a melhor solução seria deixar à vítima a escolha de contra quem propor a ação (se apenas contra o Estado, ou se contra o Estado e o agente público, em solidaridade passiva – obviamente, nesse último caso, a vítima deveria provar a culpa do agente público).

teses relativas à responsabilidade civil do Estado por omissão. Não deixa de espantar que danos injustos, de gravidade inquestionável, não sejam sequer colocados na ordem do dia, do debate relativo ao direito dos danos que cotidianamente é feito no Brasil. Sem exagero retórico, podemos dizer que dimensões existenciais relevantíssimas do ser humano são brutalmente atingidas pelos danos de que tratamos. E a resposta padrão, em geral, é um dar de ombros, um dizer que infelizmente, as coisas são assim, sempre foram (aliás, o dever de eficiência estatal, de índole constitucional, *sequer* costuma ser lembrado nas discussões a respeito da responsabilidade civil estatal por omissão nos danos relacionados à violência urbana).

É fundamental, nesses termos, funcionalizar a atuação estatal nesse campo – e também, e sobretudo, a nossa visão sobre essa atuação. Os poderes estatais são cada vez enxergados *menos* como poderes, e mais como deveres, à luz das opções valorativas da Constituição da República. Se, em matérias como o direito ambiental – um direito biodifuso, um macrobem, direito fundamental de terceira geração – a proteção que temos conferido tem sido tão (corretamente) rigorosa, por que em outros campos há um claro déficit de responsabilização? Estamos, em ambos os casos, diante de bens jurídicos fundamentais, bens jurídicos cuja relevância ninguém razoavelmente pode pôr em dúvida.

Concretizando o argumento: os deveres estatais, relativos à segurança pública, exercidos – numa análise tópica, concreta, devidamente contextualizada – aquém ou além de *standards* projetados pela razoabilidade, pela proporcionalidade e eficiência, podem ensejar dever de indenizar estatal, presente – do outro lado – um dano injusto. Os deveres de atuação estatal, no campo, são vistos de modo progressivamente severo. Se, antes, aceitava-se uma maior omissão, hoje se aceita menos. Essa omissão pode, sob novo olhar, responsabilizar civilmente o Estado, e os intérpretes precisam se dar conta, crescentemente, que os paradigmas normativos e conceituais mudaram, estão mudando.

Hoje, aliás, é lugar comum a afirmação de que o Estado não pode – ninguém, na verdade – agir abusivamente. O abuso de direito, entre nós, é ato ilícito (Código Civil, art. 187). Talvez seja desnecessário lembrar, aqui, que nem do conceito de ilícito precisamos, para responsabilizar civilmente o Estado por atos relacionados à violência urbana (o Estado responde civilmente por atos lícitos e ilícitos). Seja como for, passamos, na matéria, de uma visão estrutural para uma visão funcional. Não basta ter direito, é preciso exercê-lo de modo funcionalmente adequado. Isso vale para qualquer posição jurídica, para qualquer setor do ordenamento. É preciso, hoje, enxergar o destino social do direito e a proporcionalidade. Não só isso: passamos de uma visão estática para uma visão dinâmica, numa visão funcional de sua aplicação concreta.

Tudo recomenda, na matéria, que potencializemos o olhar sob o ângulo da proporcionalidade, evitando que danos injustos sejam suportados, sozinhos, pelo cidadão, sob a alegação de o Estado não responde por esses danos. O aparato normativo-conceitual dos nossos dias já permite que avancemos. Que avancemos sobretudo para realizar, concretamente, na dimensão interpretativa, a vedação de insuficiência estatal, ou sua omissão[349]. Se o Estado não age, ou age de modo insuficiente, na proteção de determinado bem jurídico fundamental, está configurado o quadro fático para que apliquemos respostas adequadas e progressivamente severas.

Devemos, portanto, desse modo, indagar: o Estado tinha o dever de evitar o dano? A ação do Estado foi proporcional e adequada (a pergunta, por certo, aplica-se também às omissões)? O Estado, concretamente, desempenhou, com proporcionalidade, seu papel de garantidor dos direitos fundamentais no caso concreto? Essas, acreditamos, são *algumas* das perguntas que o intérprete poderá fazer, diante de um dano relacionado à violência urbana, em nossos dias.

349. Dieter Grimm, desenvolvendo a questão, pontua: "Enquanto os direitos fundamentais como direitos negativos protegem a liberdade individual contra o Estado, o dever de proteção derivado desses direitos destina-se a proteger indivíduos contra ameaças e riscos provenientes não do Estado, mas sim de atores privados, forças sociais ou mesmo desenvolvimentos sociais controláveis pela ação estatal". O autor citado, a seguir, proclama: "Na Alemanha, a Corte Constitucional pode declarar uma lei nula não apenas quando o legislador tenha ido longe demais na limitação a um direito fundamental, mas também quando tenha feito muito pouco no sentido de protegê-lo contra ofensas provocadas por agentes privados" (GRIMM, Dieter. A função protetiva do Estado. Trad. Eduardo Mendonça. *A Constitucionalização do Direito: fundamentos teóricos e aplicações específicas*. Cláudio Pereira de Souza e Daniel Sarmento (Orgs). Rio de Janeiro: Lumen Juris, 2007, p. 160).

3. CATEGORIZANDO O NOVO MODELO: OBJETIVO OU SUBJETIVO, LÍCITO OU ILÍCITO?

Supondo, como o fazemos, que temos um novo modelo jurídico que possibilita a responsabilização civil do Estado por omissão – em determinados e excepcionais casos –, nos danos sofridos pelos cidadãos relacionados à violência urbana, caberá agora enquadrar a hipótese nas categorias conceituais que dispomos, para que tenhamos alguma clareza acerca dos pressupostos e dos efeitos aos quais estamos nos referindo.

É o que faremos a seguir.

3.1. O caráter objetivo ou subjetivo da responsabilidade

O primeiro ponto a ser abordado diz respeito à natureza da responsabilidade civil, na espécie. Estamos diante de responsabilidade civil objetiva ou subjetiva? A responsabilidade civil do Estado é sempre a mesma, ou será diferenciada se estivermos diante de ações ou omissões estatais? Esses são os pontos que discutiremos a partir do próximo item.

3.1.1. Omissão estatal: há uma dualidade constitucional de regimes?

Há, na experiência jurídica, certos pontos que teimam em não se pacificar, com visões distintas e variadas em acesa oposição. Isso, a rigor, nem é algo propriamente ruim, se tivermos em conta que a experiência jurídica lida muito mais com persuasão do que com demonstração. No que diz respeito ao objeto deste estudo, há muitos aspectos que se enquadram nessa zona cinza, incerta, discutível. Há, por exemplo, uma pergunta de especial relevância em nosso tema: a natureza da responsabilidade civil do Estado nas omissões. Seria objetiva, como é a regra geral para as ações? Ou seria subjetiva, em regime próprio e singular para as omissões? Boa parte da jurisprudência (sobretudo do STJ), em casos de omissões estatais, tem exigido a prova da culpa. Tem trilhado, portanto, o caminho da responsabilidade subjetiva. A prevalecer esse entendimento, a responsabilidade objetiva do Estado ficaria restrita às ações estatais, enquanto as omissões seguiriam o caminho da responsabilidade subjetiva.

A verdade é que doutrina e jurisprudência brasileiras ainda não se pacificaram em relação à natureza da responsabilidade civil do Estado por omissão.

Acreditamos que boa parte da confusão, na matéria, se originou do fato das ementas dos acórdãos do STJ, nos últimos anos, terem optado por repetir que a responsabilidade do Estado, nas omissões, seria subjetiva – repetindo isso com ares de conclusão absoluta, incontestável, como se fosse algo pacífico na experiência jurídica brasileira (não é). Nesse contexto, as ementas do STJ, na matéria, ganharam ampla repercussão, e viraram uma espécie de bordão frequentemente bradado. Como nem todos verticalizam o estudo do tema, a afirmação recorrente ganhou ares de verdade firme.

Convém reafirmar nosso entendimento: a visão do STJ não traduz o melhor olhar sobre a matéria; não é essa, sequer, a posição atual do Supremo Tribunal Federal a respeito do tema. Aliás, há cerca de uma década, prevalecia, na jurisprudência, visão oposta àquela que se diz predominante atualmente. Em artigo publicado em 2006, os autores, após pesquisar doutrina e jurisprudência brasileira acerca do tema, concluem: "A jurisprudência pátria é majoritária no sentido de que a responsabilidade do Estado por conduta omissiva é objetiva"[350].

Feitas essas contextualizações, vejamos, mais de perto, a polêmica.

Os partidários da visão subjetivista costumam argumentar que o verbo "causarem", usado pela Constituição em seu art. 37, § 6º, só pode dizer respeito às ações do Estado, não poderia dizer respeito

350. GANDINI, João Agnaldo Donizete; SALOMÃO, Diana Paola. A responsabilidade civil do Estado por conduta omissiva. *Revista Forense*, v. 386, julho/agosto de 2006, Rio de Janeiro: Forense, pp. 129-151, p. 141.

às omissões. Pondera-se, nessa ordem de argumentos, que causa é apenas o fato que positivamente gera um resultado[351].

A visão subjetivista parte, parece, de uma leitura puramente literal da expressão "causarem", como se, ao usar essa expressão, a Constituição tivesse optado por excluir as omissões, limitando-se a tratar, no dispositivo, das ações do Estado[352]. Trata-se, em nossa visão, de leitura restrita e filosoficamente equivocada do dispositivo constitucional. Sem falar que destoa, claramente, dos passos históricos da matéria entre nós. Não só da responsabilidade civil do Estado – que caminha no sentido da crescente responsabilização estatal, não de modo irresponsável ou leviano, mas como resultado de graves danos sofridos pelos cidadãos em decorrência dos riscos próprios da atividade estatal[353] –, mas também da responsabilidade

351. É o que defende, por exemplo, Celso Antônio Bandeira de Mello, seguindo, na matéria, as lições teóricas de seu pai, Oswaldo Aranha Bandeira de Mello. Trata-se de postura teórica conhecida, repetida por vários autores: "Celso Antônio Bandeira de Mello argumenta sua posição subjetiva da responsabilização civil do Estado com a análise da palavra 'causarem' do art. 37, § 6º, da Constituição Federal, dispondo que referido dispositivo somente abrange os atos comissivos, e não os omissivos, afirmando que esses últimos somente 'condicionam' o evento danoso" (LOPES, Luciane Cristine. A responsabilidade civil do Estado em face da omissão inconstitucional. Revista IOB de Direito Administrativo. v. 31, ano III, jul. 2008, pp. 64-87, p. 80). Na seara propriamente civilística, a corrente subjetivista é defendida, por exemplo, por Maria Helana Diniz. Trata-se de posição tradicional e antiga (DINIZ, Maria Helena. *Curso de Direito Civil Brasileiro*. São Paulo: Saraiva, 1994, p. 435).

352. Convém lembrar, nesse contexto – simplificando ao máximo – que a doutrina da responsabilidade civil costuma distinguir, em relação ao nexo causal: a) causas, que são os fatores determinantes do dano; b) condições, que são todos os demais. Manuel de Andrade, porém, de modo arguto, destaca que "entre causa e condição não há uma diferença objetiva, independentemente do escopo do observador, do ponto de vista em que ele se coloca para considerar essa dualidade". Não é possível, argumenta Manuel de Andrade, traçar "uma distinção fundamental e objetiva entre a causa e a simples condição" (ANDRADE, Manoel de. *Teoria Geral das Obrigações*. Coimbra: Coimbra Editora, 1997, p. 350).

353. Afirmamos que o sentido da evolução é no sentido da progressiva responsabilização estatal. É possível confirmar essa afirmativa em variados aspectos. Pensemos, por exemplo, num acidente envolvendo um ônibus, uma empresa de transporte coletivo (concessionária de serviço público). Digamos que, nesse acidente, tanto passageiros como terceiros (não passageiros, como pedestres ou ciclistas) fiquem feridos. A matéria tanto pode ser analisada sob o ângulo do Código de Defesa do Consumidor (estaríamos diante de um fato do serviço, CDC, art. 14, também chamado acidente de consumo), como também à luz da Constituição Federal (a responsabilidade objetiva prevista no art. 37, § 6º, com a qual tanto temos trabalhado nesta tese). Vejamos a questão sob esse último ângulo. O STF, há alguns anos, em lamentável decisão, consignou: "A responsabilidade civil das pessoas jurídicas de direito privado prestadoras de serviço público é

civil enxergada numa perspectiva mais ampla. Passamos, isso é notório, no tema, da culpa ao risco, e é o risco que informa, em boa medida, a responsabilidade civil dos nossos dias (pensemos até mesmo em casos prosaicos, tradicionais: a responsabilidade por fato de outrem, também conhecida como responsabilidade indireta, tem seu fundamento na teoria do risco, segundo a maioria dos autores que se debruçaram sobre a questão – os pais, nesse contexto, respondem civilmente, sem culpa, pelos atos dos filhos menores à luz da teoria do risco, assim como empregadores respondem por atos de empregados. Já passamos da fase teórica em que enxergávamos culpa *in vigilando* em casos assim – conceito que seria, hoje, equivocado e anacrônico).

Registre-se, ainda, para finalizar este tópico, que chega a ser espantoso que uma filigrana redacional sirva – em descompasso com as opções valorativas da Constituição – para tornar a situação jurídico-material do cidadão mais gravosa, frente ao Estado (convém sempre lembrar que o Estado *não é* titular de direitos fundamentais, os cidadãos é que o são). O fundamento ético-jurídico da responsabilidade civil do Estado, informado por uma filosofia fundamentalmente solidarista, repudia a interpretação subjetivista, em aberto descompasso com as conquistas normativas da matéria, e com a visão teórica atual dos danos injustos.

3.1.2. Equívocos recorrentes e afirmações mal baseadas

Seja como for, o problema maior, na responsabilidade civil do Estado por omissão, não é a existência de duas (ou mais) correntes de pensamento. Isso é algo normal, salutar, bem-vindo numa democracia constitucional – sem falar que faz parte do modo de ser da experiência jurídica, fundamentalmente argumentativa. O

objetiva relativamente aos usuários do serviço, não se estendendo a pessoas outras que não ostentem a condição de usuário. Exegese do art. 37, § 6º, da C.F." (STF, RE 262.651, Rel. Min. Carlos Velloso, 2ª T., DJ 06/05/05). Posteriormente, tal orientação foi corretamente revista pela Suprema Corte (STF, RE 591.874, Rel. Min. Ricardo Lewandowski, Plenário, DJ 18/12/2009, com repercussão geral), ampliando o espectro subjetivo dos cidadãos que seriam beneficiados, por assim dizer, com a responsabilidade objetiva. Já mencionamos, embora brevemente, o tema no segundo capítulo desta tese.

problema, aqui, é outro: é que a tese subjetivista se impôs não pelo debate e pelos fundamentos que sustenta, mas pela repetição, um tanto equivocada, de que a matéria seria pacífica (ou quase isso), no sentido da tese que eles sustentam – e absolutamente não é.

Busquemos uma ementa do Superior Tribunal de Justiça que exemplifique bem o abuso retórico de que falamos: "A jurisprudência, tanto a do STF como a do STJ, é firme no sentido de que se aplica a teoria da responsabilidade subjetiva nos casos de ato omissivo estatal" (STJ, AgRg no AREsp 243.494, Rel. Min. Humberto Martins, 2ª T, DJ 19/02/2013). Sejamos claros (apesar das ementas do STJ, que tanto mal fazem à compreensão, clara e fiel, de certas matérias no Brasil): não é verdade o afirmado na ementa do acórdão. Nem na doutrina, nem na jurisprudência do STF (pode ser que um dia venha a ser verdade no STF, *atualmente não é*).

São muitos os julgados do STF que consagram tese oposta àquela apontada como pacífica. Desde mais antigos, até julgados recentes. Há algumas décadas o STF julgou: "Responsabilidade civil do Estado. Dano decorrente de assalto por quadrilha de que fazia parte preso foragido vários meses antes. A responsabilidade do Estado, embora objetiva por força do disposto no artigo 107 da Emenda Constitucional nº 1/69 (e, atualmente, no parágrafo do artigo 37 da Carta Magna), não dispensa, obviamente, o requisito, também objetivo, do nexo de causalidade entre a ação ou a omissão atribuída a seus agentes e o dano causado a terceiros" (STF, RE 130.764, Rel. Min. Moreira Alves, 1ª T, DJ 07/08/92). O STF reputou ser "curial que a estrutura da responsabilidade objetiva do Estado (...) supõe que haja dano, o nexo de causalidade entre o *eventus damni* e o comportamento omissivo ou negativo da administração e, por fim, que a atividade lesiva seja imputável a agente público" (STF, RE 188.093, Rel. Min. Maurício Corrêa, DJ 08/10/99).

Há, no STF, muitíssimos julgados em que se adota, de modo explícito, a responsabilidade objetiva do Estado por omissão: "Caracteriza-se a responsabilidade civil objetiva do Poder Público em decorrência de danos causados, por invasores, em propriedade particular, quando o Estado se omite no cumprimento de ordem judicial para envio de força policial ao imóvel invadido". (STF, RE 283.989, Rel. Min. Ilmar Galvão, 1ª T, DJ 13/09/2002). De modo semelhante, embora em caso em tudo diverso do anterior: "Morte de detento por colegas de carceragem. Indenização por danos morais e materiais. Detento sob a custódia do Estado. Responsabilidade objetiva. Teoria do risco administrativo. Configuração do nexo de causalidade em função do dever constitucional de guarda. Responsabilidade de reparar o dano que prevalece ainda que demonstrada a ausência de culpa dos agentes públicos" (STF, RE 272.839, Rel. Min. Gilmar Mendes, 2ª T, DJ 08/04/05).

Embora muito conhecido, convém citar importante julgado – que talvez possa, até, ser apontado como um paradigma da matéria: "A teoria do risco administrativo, consagrada em sucessivos documentos constitucionais brasileiros desde a Carta Política de 1946, confere fundamento doutrinário à responsabilidade civil objetiva do Poder Público pelos danos a que os agentes públicos houverem dado causa, por ação ou por omissão" (STF, RE 109.615, Rel. Min. Celso de Mello, DJ 02/08/96). Posteriormente o STF decidiu: "Professora. Tiro de arma de fogo desferido por aluno. Ofensa à integridade física em local de trabalho. Responsabilidade objetiva. Abrangência de atos omissivos" (STF, ARE 663.647, Rel. Min. Carmen Lúcia, 1ª T., DJ 06/03/2012).

Na doutrina, semelhante panorama se repete. Além daqueles que defendem a tese de que a responsabilidade civil do Estado seria subjetiva nas omissões, há, também, na doutrina, quem entenda de modo diverso, perfilhando posição teórica no sentido da responsabilidade civil do Estado ser objetiva – assim nas ações, como nas omissões[354]. Afirmaríamos até que essa posição, a de tons objetivistas, nos parece ser francamente majoritária.

354. Podemos citar, dentre outros, José de Aguiar Dias, Helly Lopes Meirelles, Gustavo Tepedino, Juarez Freitas, Odete Medauar, Carlos Roberto Gonçalves, José dos Santos Carvalho Filho. Podemos ainda citar no mesmo sentido as posições de Yussef Said Cahali, Álvaro Lazzarini, Carvalho Filho e Celso Ribeiro Bastos, Helena Elias Pinto. Para Marçal Justen Filho, o tratamento jurídico dos atos omissivos e comissivos é único e equivalente (*Curso de Direito Administrativo*. São Paulo: Saraiva, 2005, p. 802). Juarez Freitas, em sentido semelhante, argumenta:"Sem diferença de fundo, assertiva idêntica pode ser efetuada em relação às condutas omissivas. A omissão causa o dano injusto

Não convém trazer aqui a repetição cansativa e enfadonha de citações em um mesmo sentido, em argumento de autoridade, sem maior reflexão crítica. Aqui, porém, excepcionalmente, cabem algumas citações, para melhor contextualizar o que estamos dizendo (estamos frisando que a matéria *não é* pacífica, como eventualmente se insiste em dizer).

Assim, "apesar das respeitáveis vozes dissonantes no sentido de admitir-se, em casos de omissão, a responsabilização subjetiva e não objetiva do Estado, pensamos que mesmo na hipótese omissiva, a responsabilidade será sempre objetiva, seja porque a Constituição da República não faz qualquer distinção no art. 37, § 6º, na categoria dano, seja porque a interpretação mais adequada é a que prestigie a máxima efetividade da Constituição e o respeito ao princípio da dignidade humana"[355]. Em sentido semelhante: "A omissão causa o dano injusto que se consuma pelo não-cumprimento do dever estatal incontornável. Não há, com a devida vênia, nada substancial que justifique tratamento radicalmente distinto entre ações e omissões, no modelo constitucional brasileiro: *a responsabilidade é proporcional*, seja por ações, seja por omissões danosas por agentes das pessoas jurídicas de direito público e de direito privado prestadoras dos serviços de titularidade do Poder Público"[356]. Cármen

---

que se consuma pelo não-cumprimento do dever estatal incontornável. Não há, com a devida vênia, nada substancial que justifique o tratamento radicalmente distinto entre ações e omissões no modelo constitucional brasileiro: a responsabilidade é proporcional, seja por ações, seja por omissões danosas causadas por agentes das pessoas jurídicas de direito público e de direito privado prestadoras dos serviços de titularidade do Poder Público" (FREITAS, Juarez. Responsabilidade Civil do Estado e o princípio da proporcionalidade: vedação de excesso e de inoperância. *Responsabilidade Civil do Estado.* FREITAS, Juarez (org.). São Paulo: Malheiros, 2006, pp. 170-197, p. 172). Mesmo entre os autores mais tradicionais, essa posição encontra forte defesa. Helly Lopes Meirelles, do mesmo modo, postula que a responsabilidade do Estado é objetiva nas omissões.

355. VALGAS, Rodrigo. Nexo causal e excludentes da responsabilidade extracontratual do Estado. *Interesse Público*, v. 59, ano 12, jan./fev 2010, Belo Horizonte.

356. FREITAS, Juarez. A Constituição, a responsabilidade do Estado e a eficácia direta e imediata dos direitos fundamentais. SAMPAIO, José Adércio Leite (Coord.). *Constituição e crise política.* Belo Horizonte: Del Rey, 2006, pp. 381-401, p. 382-383. O mesmo autor, em outro artigo, destacou que "o princípio da responsabilidade extracontratual objetiva do Estado pelas condutas omissivas ou comissivas causadoras de lesão antijurídica apresenta-se como um dos pilares do Estado Democrático, sobremodo pelos riscos inerentes à atuação estatal. Trata-se de proteção que se impõe independentemente

Lúcia Rocha conclui do seguinte modo: “Pode-se assim afirmar que a jurisprudência tem entendido que a atividade administrativa a que alude o art. 37, § 6º, da Constituição Federal, abrange tanto a conduta comissiva como a omissiva. No último caso, desde que a omissão seja a causa direta e imediata do dano”[357].

Gustavo Tepedino assim se manifesta sobre a questão: “O primeiro ponto altamente controvertido diz com a distinção, engendrada pela doutrina, entre os atos da administração pública omissivos e comissivos, de modo que só em relação a estes últimos incidiria a responsabilidade objetiva, restando os danos decorrentes de atos omissivos sancionados pela fórmula do art. 15 do Código Civil. Argumenta-se, nesta direção, que ‘a omissão pode ser uma condição para que outro evento cause o dano, mas ela mesma (omissão) não pode produzir o efeito danoso. A omissão poderá ter condicionado sua ocorrência, mas não o causou’. Daqui decorreria que, ‘no caso de comportamento omissivo, a responsabilidade do Estado é *subjetiva*, atraindo a teoria da culpa anônima ou falta do serviço’”.

Continua, agora em reflexão argumentativa: “O argumento impressiona por sua argúcia, mas não colhe. Não é dado ao intérprete restringir onde o legislador não restringiu, sobretudo em se tratando do legislador constituinte – *ubi lex non distinguit nec nos distinguere debemus*. A Constituição Federal, ao introduzir a responsabilidade objetiva para os atos da administração pública, altera

de culpa ou dolo do agente causador do dano. Nasce da superação da ideia do Estado como etérea encarnação da vontade geral infalível. A par disso, a consagração, entre nós, da aplicabilidade direta e imediata dos direitos fundamentais (CF, art. 5º, § 1º) é um dos argumentos mais robustos contra a teoria segundo a qual não poderia o Estado ser objetivamente responsabilizado por omissões. Com efeito, os requisitos da responsabilidade estatal objetiva compõem, em grandes traços, uma tríade: a existência de dano material ou imaterial, juridicamente injusto e desproporcional; o nexo causal direto e, finalmente, a conduta omissiva ou comissiva do agente da pessoa jurídica de direito público ou de direito privado prestadora de serviço público, nessa qualidade” (FREITAS, Juarez. A responsabilidade extracontratual do Estado e o princípio da proporcionalidade: vedação de excesso e de omissão. *Revista de Direito Administrativo.* Rio de Janeiro, nº 241, 2005, pp. 21/37, p. 28).

357. A administrativista, hoje no STF, é citada por Carlos Roberto Gonçalves. O próprio autor, civilista com obra respeitável, manifesta-se claramente a favor da responsabilidade objetiva nas omissões estatais (GONÇALVES, Carlos Roberto. *Responsabilidade Civil.* São Paulo, Saraiva, 2003, p. 182).

inteiramente a dogmática da responsabilidade neste campo, com base em outros princípios axiológicos e normativos (dentre os quais se destacam o da isonomia e o da justiça distributiva), perdendo imediatamente base de validade o art. 15 do Código Civil, que se torna, assim, revogado ou, mais tecnicamente, não recepcionado pelo sistema constitucional"[358]. O jurista, como se percebe, escreveu antes do Código Civil de 2002, e argumenta à luz do Código Civil de 1916, que ainda conferia à questão luzes subjetivistas, o que foi afastado pelo Código Civil vigente, no art. 43.

O autor, mais adiante, refuta argumentativamente certas possíveis objeções: "Nem se objete que tal entendimento levaria ao absurdo, configurando-se uma espécie de *panresponsabilização* do Estado diante de todos os danos sofridos pelos cidadãos, o que oneraria excessivamente o erário e suscitaria uma ruptura no sistema de responsabilidade civil. A rigor, a teoria da responsabilidade civil objetiva do Estado comporta causas excludentes, que atuam, como acima já aludido, sobre o nexo causal entre o fato danoso (a ação administrativa) e o dano, de tal sorte a mitigar a responsabilização, sem que, para isso, seja preciso violar o texto constitucional e recorrer à responsabilidade aquiliana. Aliás, conforme já asseverou o Supremo Tribunal Federal, 'a responsabilidade objetiva do Estado não importa reconhecimento da teoria do risco integral, admitin-

358. TEPEDINO, Gustavo. A Evolução da Responsabilidade Civil no Direito Brasileiro e suas Controvérsias na Atividade Estatal. *Temas de Direito Civil*. Rio de Janeiro: Renovar, 2001, pp. 173-215, p. 185-186, p. 190-191. Argumenta-se, em sentido semelhante, que "apesar das respeitáveis vozes dissonantes no sentido de admitir-se, em casos de omissão, a responsabilização subjetiva e não objetiva do Estado, pensamos que mesmo na hipótese omissiva, a responsabilidade será sempre objetiva, seja porque a Constituição da República não faz qualquer distinção no art. 37, § 6º, na categoria dano, seja porque a interpretação mais adequada é a que prestigie a máxima efetividade da Constituição e o respeito ao princípio da dignidade humana" (VALGAS, Rodrigo. Nexo causal e excludentes da responsabilidade extracontratual do Estado. *Interesse Público*, v. 59, ano 12, jan./fev 2010, Belo Horizonte). Juarez Freitas, conectado a questão à problemática do nexo causal, destaca: "Entendido o nexo causal em novas bases, não se vislumbra motivo plausível para a vítima ter de provar culpa ou dolo dos agentes públicos por omissão" (FREITAS, Juarez. Responsabilidade Civil do Estado e o princípio da proporcionalidade: vedação de excesso e de inoperância. *Responsabilidade Civil do Estado*. Juarez Freitas (org.). São Paulo: Malheiros, 2006, pp. 170-197, p. 171).

do-se, para excluí-la, a prova do comportamento doloso ou culposo da vítima"[359].

Carlos Edison do Rêgo Monteiro Filho, em perspectiva teórica semelhante, pondera, a propósito da responsabilidade objetiva estatal (também) nas omissões, que "esta parece ter sido a real intenção do legislador constituinte de 1946, no que se seguiram os de 1967, 1969 e 1988, vale dizer, eliminar, de vez, a teoria subjetiva da responsabilidade do Estado, simplificando sobremaneira a lide a ser enfrentada pela vítima, a qual já não mais precisa demonstrar a ocorrência de culpa, ainda que anônima, na atuação omissiva ou comissiva do Estado. O elemento culpa só irá interessar na relação Administração *versus* agente, para efeito de eventual ação regressiva"[360].

---

359. TEPEDINO, Gustavo. A Evolução da Responsabilidade Civil no Direito Brasileiro e suas Controvérsias na Atividade Estatal. *Temas de Direito Civil*. Rio de Janeiro: Renovar, 2001, pp. 173-215, p. 191-192.

360. MONTEIRO FILHO, Carlos Edison do Rêgo. Problemas de responsabilidade civil do Estado. *RTDC*, v. 11, jul/set 2002, pp. 35-65, p. 44. Ainda a respeito do conceito de "culpa anônima" – ainda eventualmente usado em reflexões teóricas e também em julgados – convém registrar que em artigo publicado em 2002, Carlos Edison do Rêgo Monteiro Filho diagnosticou: "A teoria da *culpa anônima*, que atualmente inspira a interpretação do mencionado dispositivo legal do Código Civil pátrio e que se pode dizer a terceira fase na evolução da responsabilidade do Estado no tempo, surgiu na França, quando, a partir do final do século XIX, se evoluiu no sentido de se suprimir aquela distinção entre atos de império e atos de gestão e, sobretudo, no de se prescindir da demonstração da culpa específica do agente; vale dizer, não mais seria preciso identificar o agente estatal causador do dano, para se obter a indenização devida. A culpa passou a ser anônima, o que quer dizer da generalidade da Administração, da generalidade do serviço – bastando, portanto, comprovar o mau funcionamento do serviço, ainda que fosse impossível indicar o agente causador do dano. E essa culpa do serviço ocorreria em três situações: 1) quando o serviço não funcionasse, ou seja, no caso da omissão do Estado; 2) quando o serviço funcionasse mal – funcionamento defeituoso, inadequado; 3) ou quando o serviço funcionasse extemporaneamente, atrasado, causando dano" (MONTEIRO FILHO, Carlos Edison do Rêgo. Problemas de responsabilidade civil do Estado. *RTDC*, v. 11, jul/set 2002, pp. 35-65, p. 43). Atualmente, o conceito de culpa anônima (não individualizável), invocado nos casos de responsabilidade estatal por omissão, deve ser abandonado. Trata-se de conceito problemático (FREITAS, Juarez. Responsabilidade Civil do Estado e o princípio da proporcionalidade: vedação de excesso e de inoperância. *Responsabilidade Civil do Estado*. Juarez Freitas (org.). São Paulo: Malheiros, 2006, pp. 170-197, p. 181). O melhor é perceber que o caráter objetivo da responsabilidade civil do Estado, assim nas ações como nas omissões, deixando espaço para que o Estado prove – a prova cabe ao Estado – as excludentes.

Enfim, poderíamos, certamente, continuar por muitas páginas com citações nesse sentido, apontando, na jurisprudência e na doutrina, que a responsabilidade civil do Estado, nas omissões, é objetiva, pelo menos para parcela considerável daqueles que se dedicam ao estudo (e ao julgamento) do tema no Brasil. Talvez seja pertinente apenas, para concluir, citar julgados recentes – de 2016, da composição plena do STF – no sentido de que a responsabilidade civil do Estado é objetiva, assim nas ações, como nas omissões. Nessa trilha, o STF, em julgamento plenário, decidiu que "a responsabilidade civil estatal, segundo a Constituição Federal de 1988, em seu artigo 37, § 6º, *subsume-se à teoria do risco administrativo, tanto para as condutas estatais comissivas quanto para as omissivas*, rejeitada a teoria do risco integral". O nexo causal, sabemos, é necessário tanto na responsabilidade objetiva como na subjetiva: "A omissão do Estado reclama nexo de causalidade em relação ao dano sofrido pela vítima nos casos em que o Poder Público ostenta o dever legal e a efetiva possibilidade de agir para impedir o resultado danoso" (STF, RE 841.526, Rel. Min. Luiz Fux, Pleno, DJ 01/08/2016). Desse modo, o STF destaque que "a jurisprudência da Corte firmou-se no sentido de que as pessoas jurídicas de direito público *respondem objetivamente* pelos danos que causarem a terceiros, com fundamento no art. 37, § 6º, da Constituição Federal, *tanto por atos comissivos quanto por atos omissivos*, desde que demonstrado o nexo causal entre o dano e a omissão do Poder Público" (STF, ARE 897.890, Rel. Min. Dias Toffoli, 2ª T, DJ 19/10/2015).

3.1.3. Mesmo os subjetivistas estão objetivando?

Criticamos, anteriormente, com alguma severidade, a postura do STJ consistente em inserir, nas ementas dos seus julgados, repetidas menções no sentido de que a responsabilidade civil do Estado, nas omissões, é subjetiva, e de que isso é pacífico entre nós (no STF e na doutrina). Pensamos ter mostrado que isso absolutamente *não é* pacífico. Pelo contrário, a maioria do STF, hoje, inclina-se em favor da tese oposta – o único defensor, explícito, da tese da responsabilidade subjetiva estatal nas omissões era o Ministro Carlos

Velloso, hoje aposentado (ver, por exemplo, STF RE 372.472 e RE 179.147). Na doutrina, a maioria dos autores, de igual modo, inclina-se pela tese objetivista.

Já mencionamos – no início deste capítulo – que a jurisprudência precisa ser analisada a partir de uma perspectiva crítica e contextualizada. Lembramos também que as decisões não são tão colegiadas como pensamos ou como gostaríamos que elas fossem (é que a lógica decisória, embora aparentemente colegiada, na verdade é profundamente personalista). De todo modo, convém retomar o fio condutor. Mesmo no STJ, cuja postura em relação à responsabilidade civil do Estado por omissão é diversa daquela que adotamos, ainda assim é possível, lá, vislumbrar matizes nas decisões – no sentido de certa objetivação. Vejamos, por exemplo, a seguinte ementa: "Ordinariamente, a responsabilidade civil do Estado, por omissão, é subjetiva ou por culpa; regime comum ou geral esse que, assentado no art. 37 da Constituição Federal, enfrenta duas exceções principais. Primeiro, quando a responsabilização objetiva do ente público decorre de expressa previsão legal, em microssistema especial. Segundo, quando as circunstâncias indicam a presença de *standard* ou dever de ação estatal mais rigoroso do que aquele que jorra, segundo a interpretação doutrinária e jurisprudencial, do texto constitucional, precisamente a hipótese da salvaguarda da saúde pública" (STJ, REsp 1.236.863, Rel. Min. Herman Benjamin, 2ª T, DJ 27/02/2012).

Percebe-se, dessa forma, que há, aqui e ali, certa tendência a superar o modelo subjetivista. Possivelmente, diante de certas situações concretas, percebe-se a injustiça ou, para empregar uma palavra menos inefável, a *disfuncionalidade* da responsabilidade civil subjetiva para fazer frente aos severos danos – inusitados e não lineares – da sociedade complexa dos nossos dias. O acórdão mencionou ainda que a responsabilidade estatal poderá ser objetiva, mesmo nas omissões, "quando as circunstâncias indicam a presença de *standard* ou dever de ação estatal mais rigoroso do que aquele que jorra, segundo a interpretação doutrinária e jurisprudencial, do texto constitucional, precisamente a hipótese da salvaguarda da saúde pública". É, exatamente, dizemos nós, o que ocorre em relação aos danos causados pela violência urbana. Exige-se, hermeneuticamente, um "dever de ação estatal mais rigoroso", uma leitura que supere o absenteísmo que deu o tom da matéria por tanto tempo.

O curioso – e triste, de certo modo – é que talvez a diferença pragmática entre a adoção de um ou outro modelo conceitual nem seja tão grande assim. A análise dos julgados evidencia que nem há tanta diferença prática como poderíamos a princípio imaginar entre os modelos subjetivista e objetivista, pois que a culpa estatal quase sempre está presente (seja nas ações, seja nas omissões). Em boa parte dos casos, por incrível que possa parecer, a culpa, o descaso, a negligência estatal são tão evidentes que a responsabilidade civil se impõe sem maiores questionamentos. Em apanhado realizado poucos anos após a promulgação da Constituição Federal de 1988, a *Revista de Jurisprudência brasileira,* ao abrir o número sobre a responsabilidade civil do Estado, pontuou de modo estarrecedor: "Vistos em seu conjunto, os acórdãos aqui publicados dão, nitidamente, a impressão de que a desorganização e ineficiência do Estado, em todos os níveis são tão grandes no Brasil, que sua responsabilidade nem precisaria ser objetiva, pois geralmente envolve certa dose de culpa"[361].

No que importa, mais diretamente, ao nosso estudo, convém esclarecer: mesmo que a responsabilidade civil do Estado se pacifique, na jurisprudência brasileira, como sendo subjetiva nas omissões, isso não impede, em absoluto, que o Estado responda por danos relacionados à violência urbana. Aliás, nos (poucos) casos em que a jurisprudência brasileira responsabilizou o Estado por esses danos, valeu-se de categorias próprias da culpa (negligência, por exemplo). Portanto, objetiva ou subjetiva nas omissões, a responsabilidade civil do Estado por danos conexos à violência urbana poderá, acreditamos, se impor, apenas com um ônus maior às vítimas de provar a culpa traduzida na omissão do Estado ou de seus agentes (que, como vimos no parágrafo anterior, muitas vezes é abertamente evidente, mesmo nas omissões, impondo-se por si).

361. CZAJKOWSKI, Rainer. Sobre a Responsabilidade Civil do Estado. *Jurisprudência brasileira: Responsabilidade civil do Estado.* Vol. 170. Curitiba: Juruá, 1993, p. 12.

Lembremos ainda, embora sem fugir da obviedade, que grande parte dos danos causados pelo Estado estão ligados a omissões, não a ações. A morte de um filho, por exemplo, em virtude de ausência de atendimento (ou mesmo ausência de médico) em hospital público ou posto de saúde não está ligada a um agir estatal, mas a uma omissão. Sem falar que certas vezes ações e omissões estão interligadas, intrincadas, nem sempre é fácil discernir onde começa uma e acaba outra, muitas vezes os danos são o resultado de ações e omissões que dialogam na cadeia causal.

Sob o prisma teórico, cada vez mais se percebe que os direitos fundamentais afetam todos os setores da experiência jurídica, horizontalmente. Nenhuma relevância apresenta o caráter público ou privado da norma, nem mesmo se o Estado está agindo ou se omitindo. Os direitos fundamentais – com o perdão da obviedade – podem ser violados por ações ou omissões estatais. Às vezes as lesões mais graves, hoje, decorrem de omissões, não de ações[362].

Aliás, a tese subjetivista parece desconsiderar o princípio da maior eficácia possível dos direitos fundamentais (não se opõem direitos fundamentais do Estado aos direitos fundamentais do cidadão, porque só um dos polos da relação é titular de direitos fundamentais). Nesse contexto, se quisermos levar a sério os direitos fundamentais, toda a atividade interpretativa-aplicativa (do legislador, do administrador e do juiz) deve ser orientada para a maior realização possível dos direitos fundamentais

Talvez seja o caso de retomar os argumentos inicialmente desenvolvidos no tópico anterior.

362. À base, pois, "dessa família de argumentos, emerge, límpida e consistente, a responsabilidade proporcional e objetiva por ação ou omissão do agente estatal, em sentido largo, de sorte que, mantida a atitude cautelosa e avessa a automatismos, a responsabilização do Estado, nos casos de omissão, não mais deve fugir da responsabilização objetiva. Tal não significa que a sociedade deva arcar com os danos oriundos de riscos exclusivamente atribuíveis às vítimas ou inerentes a seus negócios. Numa fórmula o Estado não deve ser segurador universal, tampouco omisso ou descumpridor dos deveres defensivos e prestacionais ou positivos" (FREITAS, Juarez. A responsabilidade extracontratual do Estado e o princípio da proporcionalidade: vedação de excesso e de omissão. *Revista de Direito Administrativo.* Rio de Janeiro, nº 241, 2005, pp. 21/37, p. 36).

Cremos que não há, na Constituição da República, um regime dicotômico relativamente à responsabilidade civil do Estado. Aqui e noutros campos, parece que uma repetição mal digerida de teses alheias, somada à ausência de verticalização do estudo da matéria, produz alguns mal-entendidos, que vão – infelizmente – se cristalizando. A Constituição Federal, porém, no artigo correspondente à matéria, não traçou linhas divisórias entre ações e omissões – e, argumente-se, seria fácil fazê-lo. Não é propriamente novidade, na teoria da responsabilidade civil, que causamos danos agindo ou deixando de agir. As omissões são, ou podem ser, tão danosas quanto as ações, presentes determinados pressupostos. Odete Medauar enfatiza que a responsabilidade objetiva do Estado, lastreada no risco administrativo, traz, por consequência, o sentido de igualdade de todos antes os ônus e encargos deste e o próprio sentido de justiça (equidade). Acrescenta que como nem sempre é possível identificar o agente causador do dano, nem demonstrar o dolo ou culpa, melhor se asseguram os direitos da vítima através da aplicação da responsabilidade objetiva ao Estado[363].

Juarez Freitas, de modo semelhante, aduz: "Em primeiro lugar, ao que tudo indica, não dimana do art. 37, § 6º da CF, nenhuma rigidez dicotômica, no atinente ao regime da responsabilidade do Estado no tocante às condutas omissivas ou comissivas dos agentes públicos latu sensu, mormente ao se acolher a noção de causalidade que não reduz a omissão à mera conditio para o dano, por assimilá-la como possível elemento integrante e juridicamente decisivo na série causal de eventos injustos"[364].

Voltando ao tema central: nada autoriza – segundo cremos – que se estabeleça um abismo teórico entre ações estatais e omissões estatais. Não há esse dualismo na Constituição, nem na legislação infraconstitucional[365]. O regime da responsabilidade civil do Estado,

---

363. MEDAUAR, Odete. *Direito Administrativo Moderno*. São Paulo: RT, 2011, p. 387.

364. FREITAS, Juarez. A Constituição, a responsabilidade do Estado e a eficácia direta e imediata dos direitos fundamentais. SAMPAIO, José Adércio Leite (Coord.). *Constituição e crise política*. Belo Horizonte: Del Rey, 2006, pp. 381-401, p. 395.

365. O Código de Trânsito, aliás, é explícito ao sublinhar a responsabilidade objetiva, seja em ações, seja em omissões. O Código de Trânsito responsabiliza objetivamente – por

no Brasil, desde meados do século passado, é uno, e se orienta pela objetivação da responsabilidade sob a égide da teoria do risco. Em relação à Constituição, a tese que postula essa visão dual – responsabilidade objetiva, nas ações estatais; responsabilidade subjetiva, nas omissões estatais – surgiu com Oswaldo Aranha Bandeira de Mello[366]. Celso Antônio adotou, na matéria, a opinião de seu pai, e os demais, por sua vez, seguiram Celso[367].

Não nos parece que existam argumentos, de ordem filosófica ou jurídica, suficientemente consistentes para – apenas nesse tema, de modo exótico e singular – diferenciar ações e omissões causadoras

ações ou omissões – o poder público pelos danos causados aos cidadãos. (Art. 1º, 3º §. "Os órgãos e entidades competentes do Sistema Nacional de Trânsito respondem, no âmbito das respectivas competências, objetivamente, por danos causados aos cidadãos em virtude de ação, omissão ou erro na execução e manutenção de programas, projetos e serviços que garantam o exercício do direito do trânsito seguro").

366. MELLO, Oswaldo Aranha Bandeira de. *Princípios Gerais de Direito Administrativo*. São Paulo: Forense, 1969, v. II, p. 486-487. Nesse sentido, partilhando uma visão generalizada sobre o tema: "Sobre o assunto há duas posições, uma seguindo os argumentos de Oswaldo Aranha Bandeira de Mello, continuada por Celso Antônio Bandeira de Mello, que defende que a responsabilidade do Estado por conduta omissiva tem natureza subjetiva, com base legal no art. 15 do antigo Código Civil, restando, portanto, como de natureza objetiva apenas a responsabilidade por condutas comissivas. Outra defende a teoria da responsabilidade objetiva tanto para a conduta comissiva como para a omissiva, aplicando-se, para ambos, a norma do art. 37 § 6º, da Constituição Federal" (GANDINI, João Agnaldo Donizete; SALOMÃO, Diana Paola. A responsabilidade civil do Estado por conduta omissiva. *Revista Forense*, v. 386, julho/agosto de 2006, Rio de Janeiro: Forense, pp. 129-151, p. 129). De modo semelhante, diagnosticou-se: "No entanto, no tocante à responsabilidade civil do Estado por conduta omissiva, a doutrina e a jurisprudência brasileiras ainda não se pacificaram acerca da natureza da responsabilidade civil do Estado, sendo a polêmica voltada sobre a revogação tácita ou derrogação do art. 15 do Código Civil de 1916 (art. 43 do novo Código Civil), diante do art. 37 § 6º, da Constituição Federal de 1988. Assim, tem-se que para a corrente subjetiva, defendida por Oswaldo Aranha Bandeira de Mello e Celso Antônio Bandeira de Mello, a responsabilidade civil do Estado por conduta omissiva tem como fundamento os arts. 15 e 159 do Código Civil de 1916 (arts. 43 e 952 do novo Código Civil), em que se faz necessária a demonstração da culpa do agente estatal para que haja a responsabilidade do Estado. Para outra corrente, amparada no disposto no art. 37 § 6º, da Constituição Federal, tanto para condutas comissivas como para condutas omissivas, a responsabilidade civil do Estado está amparada na teoria do risco administrativo, sendo desnecessária a prova da culpa por parte do Estado" (LOPES, Luciane Cristine. A responsabilidade civil do Estado em face da omissão inconstitucional. *Revista IOB de Direito Administrativo*. v. 31, ano III, jul. 2008, pp. 64-87, p. 65).

367. Podemos citar, por exemplo, na seara do direito administrativo, Lúcia Valle Figueiredo e Di Pietro. Na esfera propriamente civilística, Maria Helena Diniz defende posição semelhante, argumentando ser subjetiva a responsabilidade do Estado nas omissões (DINIZ, Maria Helena. *Curso de Direito Civil Brasileiro*. São Paulo: Saraiva, 1994, p. 435).

de danos. Ninguém argumentaria, por exemplo, que o fornecedor de produtos e serviços, numa relação de consumo, apenas responde sem culpa por suas ações, mas não por suas omissões. A omissão (o não informar adequadamente, por exemplo) é ontologicamente igual às ações, aos olhos da teoria da responsabilidade civil. Ações e omissões, muitas vezes, entrelaçam-se, na cadeia causal de fatos danosos, sem que seja sempre possível demarcar onde acaba uma e começa outra[368].

De igual modo, os pais respondem, sem culpa, pelos atos danosos dos filhos menores. A ninguém ocorreria dizer que os pais apenas respondem, sem culpa, por suas ações, e não por suas omissões. Os pais, por exemplo, podem ter se omitido ao não impedir que o filho menor pegasse o carro da família, e com isso causasse gravíssimo dano (omissão, portanto, dos pais – responsabilidade objetiva, à luz do Código Civil). Não é difícil imaginar, aliás, que certas omissões são até mais graves que determinadas ações. Imaginemos que uma mãe vê seu filho, de 7 anos, espancar um colega que foi convidado para dormir na casa deles, e nada faz para impedir o dano. Será, obviamente, responsável, e essa omissão colore-se com tal gravidade que isso poderá, inclusive, servir para quantificar os danos, elevando-os.

Não há, portanto, razão, histórica ou sistemática, que autorize – apenas na responsabilidade civil do Estado – abrir um fosso entre ações e omissões, sujeitando-as a regimes jurídicos diferenciados[369].

---

368. Fernando Noronha lembra que se alguém é negligente em relação ao dever de guardar uma arma, e com ela um menor causa um dano a outrem, ainda assim haverá causalidade adequada entre aquele fato e o dano sofrido por terceiro (NORONHA, Fernando. O nexo causal na responsabilidade civil. *Revista da EMESC*, v. 15, Florianópolis, jun. 2003).

369. Mesmo as correntes subjetivistas acabam admitindo matizes na matéria. Assim, "o próprio Celso Antônio, quando analisa os danos decorrentes de atividades perigosas do Estado, afirma categoricamente que mesmo as condutas que não estejam diretamente ligadas ao dano entram "decisivamente em sua linha de causação". Diz ele: 'há determinados casos em que ação danosa, propriamente dita, não é efetuada por agente do Estado, contudo, é o Estado quem produz a situação da qual o dano depende'. E dá como exemplo o assassinato de um presidiário por outro preso" (GANDINI, João Agnaldo Donizete; SALOMÃO, Diana Paola. A responsabilidade civil do Estado por conduta omissiva. *Revista Forense*, v. 386, julho/agosto de 2006, Rio de Janeiro: Forense, pp. 129-151, p. 139). A propósito, cabe a perguntar: haverá situação mais perigosa – e mais danosa – para o cidadão, do que aquelas relacionadas à violência?

Pelo contrário, o caminhar histórico da responsabilidade civil do Estado aponta, de modo claro, para uma objetivação da natureza da responsabilidade civil, dialogando fortemente com a teoria do risco. Há, ainda, um substancial relevo do princípio da solidariedade social. Em nossa tradição constitucional, a responsabilidade é objetiva desde 1946 e, a partir de 1988, o constituinte optou – segundo sugestão doutrinária de Seabra Fagundes – por substituir a expressão "funcionários", que constava nas cartas constitucionais anteriores, pela expressão "agentes", mais ampla, e, portanto, mais benéfica para as vítimas dos danos. Ampliou, de igual modo, a Constituição de 1988, a redação do art. 37 § 6º (em comparação com as constituições brasileiras anteriores), para inserir, também, as pessoas jurídicas de direito privado prestadoras de serviço público como entes sujeitos à responsabilidade objetiva estatal.

Destoaria, visceralmente, dessa tendência, a imposição da responsabilidade subjetiva para as omissões estatais[370]. Seria regressão de quase um século, algo que a Constituição de 1988 certamente não fez. Esvaziaria, em grande parte, o conteúdo normativo do princípio da solidariedade social (lembremos que a solidariedade é, também, um instrumento de compatibilização do convívio social). Outro aspecto: nas primeiras décadas após a Constituição de 1946 prever a responsabilidade objetiva do Estado também enfrentaram severas resistências, na doutrina e nos tribunais, que relutaram muito até aceitar que o Estado responderia sem culpa pelos danos que seus

370. Compartilhando semelhantes ideias: "Note-se que no que concerne ao agente estatal causador do dano o constituinte avançou substituindo a expressão 'funcionário' por 'agente', muito mais abrangente. Estendeu a responsabilidade também para os particulares prestadores de serviço público. Ora, por que, então, no que tante à conduta do agente, aquele teria recuado quase um século, para, a par da responsabilidade objetiva, fixada para a conduta comissiva, estatuir a responsabilidade subjetiva em caso de conduta omissiva?" (GANDINI, João Agnaldo Donizete; SALOMÃO, Diana Paola. A responsabilidade civil do Estado por conduta omissiva. *Revista Forense*, v. 386, julho/agosto de 2006, Rio de Janeiro: Forense, pp. 129-151, p. 143). Há quem, em constatação sociológica, aponte os inconvenientes de uma tal posição: "Inquestionável que, na vida real, a subjetivista perquirição da culpa, nos casos de omissão, pode infelizmente representar a persistência de dano injusto sem a devida e tempestiva reparação, à vista das crônicas omissões do Estado brasileiro, que ainda não respeita, de maneira satisfatória, a aplicabilidade direta e imediata, no núcleo essencial, dos direitos fundamentais" (FREITAS, Juarez. Responsabilidade civil do Estado e o princípio da proporcionalidade, *Revista de Doutrina da 4ª Região*, Porto Alegre, nº 10, jan. 2006, p. 10).

agentes causassem. Por aí se vê, com certa clareza, que o texto legal, por si só, não implica mudanças imediatas, até que os intérpretes construam as dimensões de sentido da norma.

3.2. O caráter lícito ou ilícito da responsabilidade

Não enunciaremos nenhuma novidade ao afirmar que todo sistema jurídico precisa lidar com a violação de suas normas. Ao traçar padrões jurídicos de conduta, é preciso criar respostas jurídicas para os modelos de comportamento que se afastem desses padrões. O ilícito, nesse sentido, é uma reação, juridicamente organizada, do sistema jurídico contra a conduta que viola seus valores, princípios e regras. Atualmente, o ilícito civil deve ser encarado não só como representante do dever de indenizar, mas também, fundamentalmente, como a categoria que possibilita uma atuação do sistema jurídico para evitar a continuação ou a repetição das agressões aos valores e princípios protegidos pelo direito.

3.2.1. Questionando velhas caixas conceituais

Existem, na matéria, por força da tradição, arraigados modelos de pensamento que, geração após geração, costumamos repetir. Convém questionar em que medida eles continuam úteis na solução dos dilemas, conflitos e problemas do nosso século.

3.2.2. Ilícitos absolutos e relativos

Há uma antiga e clássica distinção entre os direitos: absolutos e relativos. Sob essa perspectiva, trata-se de enxergar, de um modo um tanto quanto formal, a relação jurídica. O primeiro ponto que deve ser observado – embora óbvio – é que as expressões *absoluto* e *relativo* não significam, por certo, direitos socialmente incondicionados e direitos socialmente condicionados. Não existem, na sociedade contemporânea, direitos socialmente incondicionados, trata-se de ponto que dispensa maior análise (aliás, o abuso de direito é ato ilícito, à luz do art. 187 do Código Civil).

A distinção reside, essencialmente, no seguinte: seriam relativas aquelas relações jurídicas entre sujeitos identificados ou identificáveis, como na relação jurídica de crédito, e absoluta aquela relação jurídica em que não há um sujeito passivo identificado, como nos direitos da personalidade e propriedade, nos quais o sujeito passivo é o *alter*. O que importa, nesse critério, é indagar acerca da relação jurídica violada. Isto porque pode existir relação relativa entre A e B e ser praticado ilícito absoluto. Assim, se A é locatário de B, e este agride a honra daquele, o ilícito foi absoluto, violador do direito da personalidade, ainda que houvesse relação jurídica de locação entre ambos, que não foi no caso a atingida.

Assim, o ilícito pode ser absoluto ou relativo, a depender da relação jurídica violada. É uma classificação, nesse particular, dual, pois – aos olhos da doutrina clássica – "não existe nenhum direito que não seja absoluto ou relativo. Não há terceira classe de direitos"[371]. Essa é, inegavelmente, convém frisar, uma distinção de timbre formal, tradicional, cuja pertinência pode, atualmente, ser posta em discussão. Seja como for, a distinção entre ilícito relativo e ilícito absoluto diz respeito aos *limites subjetivos de eficácia*. Por seu intermédio, investiga-se se as relações se formam entre sujeitos determinados ou determináveis, ou se um dos polos é conceitualmente indeterminado[372].

Assim, e resumindo o que ficou dito, temos: *ilícitos absolutos* (seriam aqueles que violam relação jurídica absoluta. Assim, as violações dos direitos de personalidade ou de propriedade, porque absolutos, geram ilícitos absolutos) e *ilícitos relativos* (aqueles que violam relação jurídica relativa), podendo ser classificado em: a) *ilícito relativo negocial* (aqueles que surgem de violações de negócios jurídicos); b) *ilícito relativo extranegocial* (aqueles que surgem de relações jurídicas relativas não negociais, tais como as violações dos

371. CONTINENTINO, Múcio. *Direitos Reaes-Direitos Pessoaes/Direitos Absolutos-Direitos Relativos*. Rio de Janeiro: Irmãos Pongetti, 1935, p. 88.

372. PONTES DE MIRANDA. *Tratado de Direito Privado*. Rio de Janeiro: Borsoi, 1954, t. IV, p. 31/33 e 59/61.

deveres relativos ao poder familiar, a violação dos deveres relativos à gestão de negócios).

Conforme dissemos, trata-se de distinção de timbre clássico, cuja pertinência e adequação aos nossos dias pode ser questionada. Talvez não haja razões substanciais que recomendem a permanência do dualismo. A grande crítica que pode ser feita é a neutralidade em relação aos bens jurídicos. A bipartição dos direitos em absolutos e relativos não traduz a real relevância social que eles eventualmente tenham, fundamentando-se apenas em argumento técnico, pandectístico: os limites subjetivos de eficácia das relações jurídicas.

Assim, direitos fundamentalmente distintos (sob o olhar axiológico), como o direito da personalidade e o direito da propriedade, caem na mesma vala comum, desprezando valores éticos em homenagem a sutilezas teóricas. Isso, por si, já recomendaria uma releitura da bipartição.

Um outro aspecto que pode ser mencionado é a tendência à unificação das responsabilidades contratual e extracontratual. Desaparecendo tal distinção, desaparecem, por conseguinte, as razões que justificam a separação entre ilícitos absolutos e relativos. Os autores, em geral, costumam frisar a tendência à superação do dualismo, tido por impertinente e artificial (responsabilidade civil contratual e extracontratual). Pontes de Miranda, com a antevisão que o caracterizava, já diagnosticava em meados do século passado: "É possível, portanto, esperar-se que se apaguem as distinções entre a responsabilidade delitual e a responsabilidade negocial, de modo que se crie, por sobre elas, mais solidamente, outro sistema, unitário, de reparação fundada na culpa ou em equilíbrio material de posições jurídicas"[373]. É preciso esclarecer que quando ele fala em "responsabilidade delitual" está se referindo à extracontratual.

De lá para cá, tal tendência se intensificou, com os estudos sublinhando o despropósito da duplicação dos modelos de reparação. Os autores, conquanto reconheçam, em alguns pontos, caracteres

373. PONTES DE MIRANDA. *Tratado de Direito Privado*. Rio de Janeiro: Borsoi, 1966, t. LIII, p. 186.

específicos em cada um dos modelos, são veementes em apontar a ausência de razão jurídica para a manutenção da bipartição. Paulo Lobo anota a tendência à "superação atual da dicotomia responsabilidade contratual e responsabilidade extracontratual"[374]. Lorenzetti, por seu turno, também se junta àqueles que combatem o artificialismo da distinção[375]. Continuaremos a discussão no próximo tópico.

3.2.2.1. Contratual e extracontratual: tendência à unificação dos regimes

Trata-se de tendência perceptível em vários países, por vários autores[376]. Falamos da unificação das categorias da responsabilidade civil contratual e extracontratual. Tradicionalmente, foi de grande importância a distinção entre as duas formas de responsabilidade civil. Se alguém, dirigindo um carro, atinge (culposamente) o carro de outrem, causando danos, deverá indenizar os prejuízos (responsabilidade civil extracontratual, consagrada no art. 186 do Código Civil). É também denominada responsabilidade civil em sentido estrito. Nada impede que tenhamos responsabilidade civil extracontratual fundada em abuso de direito (Código Civil, art. 187).

---

374. LÔBO, Paulo Luiz Netto. *Responsabilidade por vício do produto ou do serviço*. Brasília: Brasília Jurídica, 1996, p. 14.

375. *Responsabilidad civil de los médicos*. Buenos Aires: Rubinzal-Culzoni, sem indicação do ano, t. I, p. 360. Mosset Iturraspe tem a bipartição por forçada, anti-natural e irrazoável, sublinhando a linha evolutiva no sentido da unificação (ITURRASPE, Mosset. *Responsabilidad por daños*. Buenos Aires: Rubinzal-Culzoni, sem indicação do ano, t. I, p. 490). Almeida Lopes aduz que a orientação da doutrina moderna e das leis mais recentes é pela unificação dos regimes, acrescentando que não existe, no direito português, uma distinção essencial de regimes entre as duas formas de responsabilidade. Ademais, pondera, a maior parte, pelo menos, das diferenças tradicionalmente admitidas não encontra qualquer justificação prática ou lógica (LOPES, Almeida. *Direito das Obrigações*. Coimbra: Coimbra Editora, 1984, p. 354). Por fim, Arnoldo Wald pondera: "a doutrina moderna tende a unificar as duas responsabilidades e a própria jurisprudência brasileira, em matéria de transporte e de responsabilidade profissional, tem recorrido ora aos princípios da responsabilidade contratual, ora às normas da responsabilidade delitual" (WALD, Arnoldo. *Curso de Direito Civil Brasileiro, Obrigações e Contratos*. São Paulo: RT, 1998, p. 139).

376. Os autores percebem a tendência ao abandono do dualismo – as categorias clássicas da responsabilidade extracontratual em oposição à responsabilidade contratual – em favor de uma nova figura, de maior abrangência, denominada, por Grant Gilmore, de *contort* (GILMORE, Grant. *The Death of Contract*. Columbus: Ohio State University Press, 1974).

Já se credor e devedor, em determinado negócio jurídico, causam-se mutuamente danos, o regime será o da responsabilidade contratual, disciplinado pelas regras próprias do Código Civil. Melhor, aliás, do que falar em responsabilidade civil contratual seria falar em responsabilidade civil negocial, pois há negócios jurídicos que não são contratos (como, por exemplo, a gestão de negócios ou a promessa de recompensa).

Observa-se, hoje, uma interpenetração entre os regimes da responsabilidade civil contratual e extracontratual. Não há mais, como no passado, uma clara e nítida distinção entre elas, nem seria útil insistir nisso. No direito do consumidor, por exemplo, em virtude da figura do consumidor por equiparação, as vítimas do evento são, também, consideradas consumidores (Código de Defesa do Consumidor, art. 17). Se, como ocorreu em São Paulo, há uma explosão dentro de um shopping, tanto serão considerados consumidores aqueles que estavam dentro do estabelecimento (fazendo compras ou não), como também serão considerados tais aqueles que estavam passando na rua (ou em casas próximas) e foram atingidos pela explosão, sofrendo danos morais, estéticos ou materiais. Todos eles poderão se valer das regras próprias do Código de Defesa do Consumidor (por exemplo: inversão do ônus da prova, prazo prescricional mais largo, possibilidade de propor a ação em seu domicílio, vedação da denunciação da lide etc.).

É possível, portanto, tratar, de modo teoricamente mais amplo, a responsabilidade sem os rígidos espartilhos divisórios. Além das categorizações lógicas terem perdido boa parte de sua força explicativa, a experiência jurídica se orienta, atualmente, pela razão prática e pelo sistema aberto, em detrimento de modelos cognitivos excessivamente racionais[377]. É proveitoso que as responsabilidades contratual e extracontratual interajam, enriquecendo-se mutuamente, em ordem a possibilitar a gradual construção de um sistema unitário de responsabilidade.

377. AMARAL, Francisco. Racionalidade e Sistema no Direito Civil Brasileiro. *Revista de Direito Civil.* Janeiro-Março/1993, ano 17, nº 63, pp. 45/56, p. 53.

Aliás, se analisarmos historicamente, iremos constatar que muitos dos dualismos clássicos perderam força na contemporaneidade. O Código Civil francês de 1804 – também conhecido como Código de Napoleão – foi, e continua sendo, um marco nos estudos de direito civil no modelo ocidental. O Código foi, em boa medida, influenciado pela doutrina de Pothier[378]. Há, contudo, muitos pontos que foram superados, que hoje existem apenas no museu das ideias. Um desses pontos é a distinção – muito comum no passado – entre delito e quase delito. Nos primeiros, nos delitos, havia o dolo, ao passo que nos segundos, nos quase delitos, não havia. Atualmente não há nenhum sentido na distinção, o direito civil brasileiro – fortemente influenciado pelo direito civil francês, em muitos institutos – não a acolhe. Em regra, qualquer grau de culpa, mesmo a leve, obriga a indenizar. O dolo pode, porém, em certos casos, influir no valor da indenização. Isso, contudo, não é a regra, é a exceção. Em regra, a indenização se mede pela extensão do dano[379].

Voltando ao ponto central deste tópico, cabe lembrar que no direito do consumidor, por exemplo, a distinção entre a responsabilidade civil contratual e extracontratual perde muito da importância que tradicionalmente, através dos séculos, ostentou. Nesses termos, é consumidor tanto quem firma contrato de consumo como quem é vítima do dano, mesmo sem ter contratado. Basta lembrar da responsabilidade civil dos médicos (aos quais se aplica o Código de Defesa do Consumidor, enquadrando-os como fornecedor de serviços), o que torna bem menos relevante a distinção entre a responsabilidade civil contratual e extracontratual[380]. O mesmo

378. Ver, a propósito, em tradução para o português, POTHIER, R. J. *Tratado das obrigações*. Campinas: Servanda, 2001. Sobre o Código Civil francês convém consultar VINEY, Geneviéve. *Introduction a la responsabilitè*. Traitè de droit civil. Jacques Ghestin (org.). Paris: LGDJ, 2008.

379. A gravidade da culpa pode, porém, em certos casos, funcionar como fator de quantificação da indenização. Isso ocorre, por exemplo, no dano moral. Para os outros casos conferir CAHALI, Yussef Said. Indenização segundo a gravidade da culpa. *Revista da Escola Paulista da Magistratura*. nº 1, 1996.

380. Como dissemos, a responsabilidade civil médica é tida, em geral, como uma responsabilidade civil contratual (AGUIAR DIAS, *Da Responsabilidade Civil*. Tomo I. Rio de Janeiro: Forense, 1954, p. 271-272). Há, inegavelmente, um contrato em boa parte dos casos

se diga, exemplificativamente, nos danos relacionados à atividade bancária. As vítimas serão tidas como *bystanders* – consumidores por equiparação – pouco importante a origem contratual ou não da responsabilidade originária.

No direito do consumidor, portanto, não nos parece que a distinção tenha relevância. O sistema de responsabilidade civil nas relações de consumo ignora o fundamento contratual ou extracontratual do dano, protegendo, de modo precípuo, a vítima. Nota-se que "a extinção da figura do terceiro, hoje incluído como consumidor *stricto sensu* ou equiparado no CDC, e a imposição da solidariedade na cadeia de produção ou organização dos serviços têm como reflexo mais destacável a superação da *suma divisio* entre a obrigação contratual e extracontratual. Esta é uma contribuição importante do CDC ao Direito Civil"[381].

3.2.3. A diferenciação valorativa das respostas normativas

Se o projeto constitucional valoriza, de modo especial, a dimensão existencial das relações jurídicas, é fundamental que projetemos, na prática, essa opção valorativa, através de modelos interpretativos que realcem essas escolhas. Tem-se frisado, nos

---

envolvendo as relações entre médicos e pacientes: seja com o plano de saúde, seja com o médico, pessoalmente. Escrevemos em outra ocasião, em coautoria: "Há alguns pontos que podem ser sistematizados: a) a relação entre médico e paciente – segundo o padrão conceitual tradicionalmente aceito – é uma relação contratual; b) dessa relação podem surgir danos morais, materiais e estéticos; c) o fato de estarmos diante de uma obrigação contratual não implica em presunção de culpa do médico; d) a culpa do médico deverá ser provada, embora possa ocorrer a inversão judicial do ônus da prova; e) a culpa do médico não precisa ser grave, embora exija certeza; f) a obrigação dos médicos é enxergada, em geral, como uma obrigação de meio (não se promete o resultado, a cura); g) haverá solidariedade sempre que se configurar, por ações ou omissões, a participação no resultado danoso (o cirurgião, por exemplo, responde pela equipe médica, mas não, em princípio, pelo ato do anestesista, que responde pessoalmente); h) a culpa pode resultar das circunstâncias, em casos particularmente graves (esquecimento de material cirúrgico no corpo do paciente); i) em caso de erro médico, o paciente não pode ser obrigado a se submeter a novo procedimento ou cirurgia com o *mesmo* profissional, em virtude da quebra de confiança" (FARIAS, Cristiano Chaves de; ROSENVALD, Nelson; BRAGA NETTO, Felipe Peixoto. *Curso de Direito Civil*, v. 3. São Paulo: Atlas, 2014, p. 741).

381. MARQUES, Cláudia Lima. *Contratos no Código de Defesa do Consumidor*. São Paulo: RT, 2002, p. 346.

estudos acadêmicos, a necessidade de se construir "parâmetros de diferenciação capazes de dar o relevo jurídico necessário aos interesses existenciais[382]". As dimensões existenciais do ser humano são de consideração relativamente recente, na caminhada histórica de nosso direito civil. Nosso Código Civil anterior, de 1916 – que chegou, não esqueçamos, até o século XXI –, foi elaborado pouquíssimo tempo depois do fim da escravatura entre nós. Pode-se dizer que são contemporâneos[383].

3.2.3.1. Uma filtragem ética em relação ao bem jurídico violado

Embora a responsabilidade civil do Estado não decorra *apenas* de atos ilícitos – sendo formada, também, por atos lícitos – cremos importante a distinção. Trata-se de um caminho apenas iniciado, um caminho que exigirá ainda muitas trilhas, mas o sentido é buscar sempre a diferenciação valorativa das respostas normativas. Isso dentro do direito dos danos, mas não só nele.

É tempo de buscar respostas jurídicas diferenciadas, buscar uma tutela qualitativamente diversa, sempre que evidenciada, em termos de preponderância, a lesão a bens não patrimoniais. A neutralidade, portanto, das respostas jurídicas – aí incluída a responsabilidade civil – deverá incomodar o intérprete do nosso século. Nesse sentido, a distinção entre ilícitos absolutos e relativos é absolutamente neutra em relação aos valores, incapaz de oferecer uma consideração diferenciada para bens jurídicos não patrimoniais.

Melhor se mostra distinguir as possibilidades reparatórias tendo em vista uma real e relevante diferença que sempre estará à base

382. NEGREIROS, Teresa. *Teoria do Contrato. Novos Paradigmas*. Rio de Janeiro: Renovar, 2002, p. 103.

383. No período "de elaboração do Código Civil, o divórcio entre a elite letrada e a massa inculta perdurava quase inalterado. A despeito de sua ilustração, a aristocracia de anel representava e racionalizava os interesses básicos de uma sociedade ainda patriarcal, que não perdera o seu teor privatista, nem se libertara da estreiteza do arcabouço econômico, apesar do seu sistema de produção ter sido golpeado fundamente em 1888. Natural que o Código refletisse as aspirações dessa elite (GOMES, Orlando. *Raízes históricas e sociológicas do Código Civil brasileiro*. São Paulo: Martins Fontes, 2006, p. 22).

da reparação: o caráter precípuo da violação – se patrimonial ou extrapatrimonial. Afinal de contas não é novidade que os danos à pessoa podem ter origem contratual ou não[384]. Tal enfoque, marcadamente axiológico, permite que se diferencie as ações ou omissões que ensejam reparações *a partir do bem jurídico violado*.

Nesse contexto, importa menos indagar se violado foi um direito absoluto (propriedade, direitos da personalidade), ou um direito relativo (como o são as relações jurídicas obrigacionais). Mais relevante e mais adequado é investigar se violado foi um bem jurídico cujo valor de proteção é preponderantemente patrimonial, ou se violado foi um bem jurídico cujo valor de proteção é predominantemente extrapatrimonial. Esse é um critério aberto, não formal, que se relaciona com um sistema jurídico cujas bases são essencialmente axiológicas, e não lógico-formais (CF, art. 1º e 3º). Tal sistema, ademais, procura realizar as prescrições constitucionais que impõem considerações normativas diferenciadas à pessoa humana. Aliás, a funcionalidade é um conceito pleno em potencialidades hermenêuticas. Serve, precisamente, como elemento auxiliar na construção e definição de *standards* de comportamento, apartando os possíveis e desejáveis dos vedados e intoleráveis.

Os estudos atuais frisam ser preciso evitar "decisões divergentes em casos essencialmente semelhantes e reduzido espectro de proteção em relação aos direitos fundamentais, com tendência de proteção mais efetiva para a propriedade (por serem os respectivos titulares em menor número e mais bem aparelhados para a disputa judicial) do que para a dignidade da pessoa humana"[385]. Parece chegado o momento, nesse sentido, de iluminar as respostas hermenêuticas às complexas questões que se põem – cabendo, nesse sentido, uma

384. MARTINS-COSTA, Judith. Os danos à pessoa no direito brasileiro e a natureza de sua reparação. *A Reconstrução do Direito Privado*. MARTINS-COSTA, Judith (Org.). São Paulo: RT, 2002, pp. 408/446, p. 417.

385. PINTO, Helena Elias. *Responsabilidade civil do Estado por omissão*. Rio de Janeiro: Lumen Juris, 2008, p. 1. A autora, mais adiante, de modo correto, anota: "Nessa linha de raciocínio, uma das consequências da constitucionalização do direito administrativo é a vinculação da administração ao interesse público mais elevado, que é a tutela da dignidade humana" (PINTO, Helena Elias. *Responsabilidade civil do Estado por omissão*. Rio de Janeiro: Lumen Juris, 2008, p. 43).

filtragem ética para distinguir bens patrimoniais de bens extrapatrimoniais, em termos de preponderância.

Nesse contexto, parece-nos oportuna a relativização da divisão dos ilícitos em absolutos e relativos e também a distinção entre a responsabilidade civil contratual e extracontratual. Melhor seria, em nossos dias, postular outra divisão, melhor seria distinguir os ilícitos em *ilícitos patrimoniais* e *ilícitos extrapatrimoniais*. Essa nova divisão vai ao encontro da tendência à unificação das obrigações. Ou seja: o critério não será a origem, se contratual ou não, da relação jurídica, mas o caráter precípuo da agressão: se patrimonial ou pessoal.

Outro aspecto importante – e *muito* importante, à luz das opções valorativas básicas da Constituição da República – é que a classificação proposta supera a primeira objeção antes feita, no sentido da neutralidade em relação aos valores. Aqui, ocorre o inverso. As categorias se opõem em função dos valores que os bens jurídicos traduzem. O tratamento conferido aos direitos patrimoniais, sejam reais ou obrigacionais, pode ser, em grandes linhas, semelhante. Porém os não patrimoniais exigem uma tutela qualitativamente diversa[386].

É importante, em princípio, ponderar que não se trata de um dualismo absoluto, no sentido de que um não pode ter resquícios ou elementos do outro. Aliás, bem difícil, nos dias complexos em que vivemos, definir, sob a perspectiva cultural, algo em termos absolutos. Não se trata, portanto, frise-se, de uma classificação asséptica e estanque. São categorias históricas e abertas, problematizadas, cuja compreensão não pode prescindir de uma permanente contextualização.

Ademais, e como de resto implícito na proposição, tais categorias oportunizam uma saudável permeabilidade do sistema jurídico com os demais sistemas sociais, ausente na perspectiva tradicional. Nos séculos passados – marcados por severo individualismo e refratários a construção de um conteúdo axiológico em torno do

386. ARENHART, Sérgio Cruz. *A tutela inibitória da vida privada*. São Paulo: RT, 2000, p. 60.

conceito de *pessoa*[387] – seria impertinente propor a categorização dos ilícitos civis extrapatrimoniais. Atualmente, no entanto, está ocorrendo admirável inversão de perspectivas. Sob o ângulo histórico-filosófico, passou-se do indivíduo à pessoa[388]. O individualismo excessivo, timbrado por uma neutralidade apriorística em relação aos bens jurídicos, foi – e está sendo – crescentemente contraditado por valores que traduzem uma mais viva solidariedade social.

O direito dos nossos dias tem uma perspectiva inteiramente diversa daquela dos séculos passados. Dialoga com a ética e tem forte acento humanista. Não despreza a pessoa humana, nem a vê de modo puramente formal. Reconhece, ainda, o pluralismo social, e que o direito deve proteger as escolhas existenciais de cada um. O livre desenvolvimento da personalidade é objetivo a ser tutelado em nossa experiência jurídica.

Nessa ordem de ideias, seria pouco apropriado que uma ordem jurídica – aberta, valorativa, não estritamente neutra – cujas linhas mestras se definem no sentido da superação do individualismo e do patrimonialismo não contemplasse, nos ilícitos, uma projeção dessa tendência. Também aqui devemos diferenciar as respostas normativas. Se o eixo do sistema civil-material passou a ser a pessoa, em suas múltiplas dimensões, os ilícitos, como resposta normativa, hão de contar com um estatuto teórico que contemple as especificidades de tal escolha constitucional. Tais especificidades podem ser traduzidas por meio de expedientes normativos e hermenêuticos

387. FACHIN, Luiz Edson. O 'aggiornamento' do direito civil brasileiro e a confiança negocial. *Repensando os Fundamentos do Direito Civil Brasileiro Contemporâneo.* Rio de Janeiro: Renovar, 1998, p. 145.

388. O ordenamento reconhece em cada ser humano não apenas um indivíduo, um sujeito de direito, mas uma pessoa dotada de específica dignidade. Essa orientação, mais do que arroubo retórico, é vetor normativo forte e denso, que repercute nas mais diversas soluções concretas. A personalidade é um conceito qualitativo, que não admite graus (FERNANDES, Luís Carvalho. *Teoria geral do direito civil.* v. 1. Lisboa: Universidade Católica, 2007, 128). A experiência jurídica atual busca, em suas soluções, enxergar a pessoa como um ser humano concreto, no aqui e no agora, com seus projetos de vida, suas dores e dificuldades (e suas escolhas existenciais mais importantes). A experiência jurídica do século XXI, nesse contexto, é fundamentalmente ético-jurídica. Não faz sentido, hoje, falar em direito como um repositório de soluções neutras e formais. Não é isso que a sociedade legitimamente espera, nem é isso que a Constituição de 88 – de índole transformadora e humanista – no caso brasileiro, determina.

que prestigiem o resguardo, preferencialmente preventivo, do bem em questão, e não através de uma mal-entendida possibilidade de recompor o dano havido por caminhos argentários.

Conforme já acentuamos anteriormente, a distinção entre *ilícitos patrimoniais* e *ilícitos extrapatrimoniais* é uma bipartição que só pode ser aceita em termos de preponderância. Só assim fará sentido. Nesse contexto, será o caráter precípuo da lesão – se ao patrimônio ou à pessoa – que conferirá o *locus* na classificação. Não há, a rigor, agressão ao patrimônio que não atinja (reflexa e indiretamente) a pessoa. As agressões à pessoa, por seu turno, são quase sempre traduzíveis em padrões monetários, embora essa operação não seja, à luz dos dias atuais, a mais indicada, pelo menos em linha de princípio. Dito isso, e armando o espírito contra cautelas epistemológicas excessivamente formais, é possível e necessário operar com as categorias conceituais dos ilícitos *patrimoniais* e *extrapatrimoniais*. A diferenciação é, sob certo sentido, ética, e não poderia deixar de ser. A carga valorativa que o conceito de pessoa atualmente carrega é tão forte que impõe considerações próprias.

O denso conteúdo axiológico dos direitos não patrimoniais exige formas de proteção específicas. As chamadas tutelas diferenciadas são construídas exatamente para evitar o hiato entre a realidade normativa e a realidade social. Não se pode pretender proteger, igualmente, a propriedade e a pessoa. O direito contemporâneo repudia semelhante neutralidade. Sendo distintos os bens jurídicos, são naturalmente depositários de valores éticos variáveis. Por conseguinte, a proteção que o direito oferece não pode ser a mesma.

3.2.3.1.1. Danos a pessoas, não a coisas

É fundamental – e a toda hora repetido pelos autores contemporâneos – que não percamos de vista a realidade concreta das pessoas, as situações existenciais realmente vividas. Não o abstracionismo conceitualista, mas os conceitos funcionais, as experiências jurídicas naquilo que elas participam da vida das pessoas. Aliás, o ilícito, se encarado em termos contemporâneos, possui uma permeabilidade aos valores que é inédita aos olhos clássicos. Traz consigo uma mobilidade que lhe permite transitar pelo sistema jurídico incorporando referências axiológicas e as traduzindo em sanções, em ordem a assegurar, de forma aberta e plural, a preponderância dos valores fundamentais no sistema do direito civil[389].

Convém repetir, aqui, para fins de clareza na sistematização, alguns parágrafos que escrevemos anteriormente.

Na responsabilidade civil objetiva agravada – que é o modelo conceitual que explica a responsabilização civil do Estado pelas omissões nos danos sofridos pelos cidadãos relacionados à violência urbana – é fundamental que haja íntima conexão entre o dano desenvolvido e a atividade do responsável. Cremos não haver maior polêmica argumentativa quanto ao dever, fundamental e forte, do Estado prestar segurança pública aos cidadãos – dever, sabemos, tão óbvio quanto descumprido (sem consequência jurídica alguma, em regra).

Mas não é só isso. À luz de tudo que dissemos ao longo deste estudo, à luz do princípio da solidariedade social, da dimensão existencial das relações jurídicas, dos modelos conceituais e normativos que expusemos nos dois capítulos iniciais, acreditamos que os danos indenizáveis à luz da responsabilidade civil agravada, no quadro fático de omissões do Estado ligadas à violência urbana, devem ser danos à pessoa, não danos a coisas. Danos a coisas, nessa

389. O civilista alemão Claus-Wilhelm Canaris define o sistema jurídico como "ordem teleológica de princípios gerais de direito". Tem um caráter dinâmico, não estático, e dialoga com as mudanças sociais, incorporando-as às suas dimensões normativas através da interpretação dos conceitos juridicos (CANARIS, Claus-Wilhelm. *Pensamento sistemático e conceito de sistema na ciência do direito*. Introdução e trad. A. Menezes Cordeiro. Lisboa: Calouste Gulbenkian, 1989. Canaris argumenta ainda "que a unidade interna de sentido do Direito, que opera para o erguer em sistema, não corresponde a uma derivação da ideia de justiça do tipo *lógico*, mas antes de tipo *valorativo* ou *axiológico*". O jurista enfatiza que qualquer tentativa de conceber a ordem jurídica como sistema lógico-formal está fadada ao insucesso (p. 14 e seguintes). Gustavo Tepedino – criticando a visão reducionista do ordenamento jurídico (como sinônimo de direito positivo ou do conjunto de leis) – destaca: "Tal visão reducionista compromete a teoria da interpretação e se associa à percepção estática, que identifica no ordenamento uma reunião de unidades normativas abstratas. Ao contrário, a noção de ordenamento mostra-se: (i) abrangente, para comportar toda a pluralidade de matizes da normatividade social, muito além do direito positivo; (ii) completa, já que tal conjunto de normas advém de fontes e de níveis hierárquicos diversos; (iii) dinâmica, para permitir que se preserve a coercitividade, coerência e eficácia, a despeito da transitoriedade normativa, assegurando-se a abertura do sistema" (*RTDC*, Editorial, v. 30, abr/jun.2007).

perspectiva, não seriam indenizáveis, pelo menos não à luz desse modelo teórico proposto. Não se poderia, portanto, falar-se em desconsiderar o nexo causal.

Fernando Noronha, raciocinando acerca da responsabilidade civil agravada, diagnostica: "Esta é uma responsabilidade excepcionalíssima, que diz respeito unicamente a riscos específicos, característicos de certas e determinadas atividades (que geralmente são atividades empresariais ou de *administração pública*) e a determinados danos (*em princípio danos a pessoas, não a coisas*)"[390].

Não se exclui, por certo, a indenização relativa a coisas resultantes de violência urbana (furtos e roubos de carros, relógios, carteiras, tênis etc.). Apenas nesses danos (danos a coisas), a vítima seguiria a trilha reparatória convencional[391]. As vítimas, portanto, nesses casos, têm um ônus probatório maior, embora possam se valer das categorias contemporâneas que lhes facilitam a prova das alegações.

---

390. NORONHA, Fernando. O nexo causal na responsabilidade civil. *Revista dos Tribunais*, v. 816, out/2003, pp. 733-752, p. 751 (grifos nossos).

391. Seria o *contrário* do que certas propostas recentes aventaram. Em dezembro de 2016, o prefeito eleito do Rio de Janeiro, Marcelo Crivella, propôs cobrar taxa de turista para indenizar os assaltados. O jornal Valor Econômico registrou: "O prefeito do Rio, Marcelo Crivella (PRB), defendeu em almoço com empresários que a prefeitura indenize os turistas que forem assaltados na cidade. Ele afirmou que poderia ser criada uma taxa, embutida em preços de passagem, para arcar com as indenizações. O evento foi organizado pelo grupo Lide, do prefeito eleito de São Paulo João Dória (PSDB), a quem Crivella dedicou uma homenagem na abertura de seu discurso. 'Temos que garantir que se os turistas forem assaltados – e se declararem o celular no aeroporto – nós vamos indenizá-los', disse à plateia de cerca de 200 pessoas no hotel Copacabana Palace, que aplaudiu o anúncio. Durante o almoço, Crivella foi instado por empresários a dizer o que pretende fazer para melhorar o setor de turismo. 'É uma proposta ousada, é meu sonho, uma utopia, para uma quebra de imagem. Seria uma coisa transitória', disse. Ele concordou que o ideal é que todos os cidadãos pudessem ser ressarcidos, mas que o 'turismo é a maior riqueza da nossa terra'" (*Valor Econômico*, 05/10/2016, Política, www.valor.com.br/politca/4796395/crivella-propoe-cobra-taxa-de-turista-para-indenizar-assaltados. Acesso em 05/12/2016). Percebe-se, facilmente, o improviso e a falta de consistência – inclusive constitucional – da proposta. Apenas seriam indenizáveis os celulares? Qual a razão para a diferenciação? E por que apenas os turistas? Os cidadãos que moram na cidade não teriam direito algum – concreto – à segurança? Enfim, os problemas da (improvisada) proposta são muitos, nem parece ser o caso de aprofundar a crítica (mesmo porque, possivelmente, a proposta é mais retórica que séria). Serve, de todo modo, com clareza, para evidenciar os deveres estatais a propósito da segurança pública, inclusive no que diz respeito ao dever do Estado de indenizar os cidadãos atingidos pela violência urbana.

Trata-se de concretizar a diferenciação valorativa das respostas normativas. Não adianta, retoricamente, repetir a todo instante que a pessoa humana deverá ter uma tutela privilegiada, se não construirmos, através da interpretação, categorias que permitam esses avanços reais. Aliás, sejamos claros, em poucos casos – como as vítimas de danos relacionados à violência urbana, no Brasil – é tão patente o menoscabo, a nenhuma resposta jurídica que as vítimas recebem. A proteção da pessoa, nessa hipótese, é nula, inexistente. Seria risível falar, na prática, com essas vítimas, de dignidade humana ou de solidariedade social. Não foi isso que elas receberam, não foi essa a resposta estatal que lhes foi dirigida.

4. VIOLÊNCIA URBANA E DEVER DE INDENIZAR ESTATAL: ESPECIFICIDADES

Talvez seja importante contextualizar, brevemente, a questão dos ilícitos na ordem jurídica civil-material brasileira, antes de responder à pergunta a que nos propomos neste tópico. Os ilícitos civis, em regra, são fatos jurídicos dos quais decorre o dever de indenizar. Quem, culposamente, causa dano a outrem, comete ato ilícito, e deverá repará-los (Código Civil, art. 186). Quem excede manifestamente os limites impostos pelo fim econômico ou social do direito, pela boa-fé ou pelos bons costumes (Código Civil, art. 187) também pratica ato ilícito, e a consequência, em ambos os casos, é a obrigação de repará-los. A eficácia preponderante dos ilícitos, no direito privado, é o dever de reparar os danos causados. O Código Civil reconheceu essa realidade, e definiu, no art. 927, que: "Aquele que, por ato ilícito (arts. 186 e 187) causar dano a outrem, fica obrigado a repará-lo". Nesse contexto, os ilícitos civis, causando danos, obrigam quem os provocou a repará-los.

Essa eficácia indenizatória é a sanção mais comum associada aos ilícitos, mas não é a única. A identificação, portanto, do ilícito civil com a responsabilidade civil não é correta[392]. A responsabilidade

392. Tentamos, em publicação de 2003, demonstrar essa realidade (BRAGA NETTO, Felipe Peixoto. *Teoria dos ilícitos civis*. Belo Horizonte: Del Rey, 2003). Pontes de Miranda, escrevendo em meados do século passado, já consignava: "há mais atos ilícitos ou

civil – cabe sempre repetir – é efeito de certos ilícitos civis, não de todos. Existem, portanto, ilícitos civis que não produzem, como eficácia, o dever de indenizar. Porém a doutrina nacional, em ampla maioria, identifica ilícito civil com responsabilidade civil. Supõe, portanto, que ilícitos civis são aqueles previstos no Código Civil (arts. 186 e 187), cujo efeito é, sempre e apenas, o dever de indenizar (art. 927). Tal visão, segundo cremos, é parcial e não dá conta da realidade do mundo jurídico. Na verdade, bem vistas as coisas, os ilícitos civis perfazem um rico gênero, variado e multiforme, cujos contornos não aceitam a tradução dogmática que normalmente é oferecida (e repetida nas novas edições dos livros).

Não há, nessa perspectiva, fundamento teórico para tratar, de forma indistinta, ilícitos e responsabilidade civil. Seria o mesmo, mal comparando, que confundir uma fábrica, produtora de um largo espectro de produtos, com apenas uma de suas produções. A nosso sentir, tal postura empobrece, inexplicavelmente, o contexto dos ilícitos, *reduzindo o gênero ao estudo dos efeitos de uma de suas espécies.*

É interessante, sob o prisma teórico, mostrar que não existe uma relação necessária entre os ilícitos civis e o dever de indenizar.

---

contrários a direito que os atos ilícitos de que provém obrigação de indenizar" (PONTES DE MIRANDA. *Tratado de Direito Privado*. Rio de Janeiro: Borsoi, 1954, t. II, p. 201). Aliás, ainda antes, em 1928, no seu livro *Fontes e Evolução do Direito Civil brasileiro*, Pontes já intuía que os ilícitos não se esgotavam no dever de indenizar (PONTES DE MIRANDA. *Fontes e Evolução do Direito Civil Brasileiro*. Rio de Janeiro: Pimenta de Mello, 1928, p. 176). Na classificação que então propusemos, os ilícitos, no direito civil, podem ser classificados em: a) *ilícito indenizante*: é todo ilícito cujo efeito é o dever de indenizar. Não importa o ato que está como pressuposto normativo. Se o efeito é reparar, *in natura* ou *in pecunia*, o ato ilícito praticado, estaremos diante de um ilícito indenizante; b) *ilícito caducificante*: é todo ilícito cujo efeito é a perda de um direito. Também aqui não importa os dados de fatos aos quais o legislador imputou tal eficácia. Importa, para os termos presentes, que se tenha a perda de um direito como efeito de um ato ilícito. Sendo assim, teremos um ilícito caducificante; c) *ilícito invalidante*: é todo ilícito cujo efeito é a invalidade. Se o ordenamento dispôs que a reação pelo ato ilícito se daria através da negação dos efeitos que o ato normalmente produziria, em virtude da invalidade, o ato é invalidante, que engloba tanto a nulidade quanto a anulabilidade; d) *ilícito autorizante*: é todo ilícito cujo efeito é uma autorização. Assim, em razão do ato ilícito o sistema autoriza que a parte prejudicada pratique determinado ato, geralmente em detrimento do ofensor. Amplia-se, assim, o espectro dos ilícitos civis, com a possibilidade que eles defluam da violação a princípios, sem a tipologia fechada que caracteriza o direito penal. Sustenta-se que os ilícitos civis são abertos, no sentido de que princípios, e não apenas regras, podem servir de base material para sua configuração.

Apenas para exemplificar, a ingratidão do donatário é um ilícito civil cujo efeito consiste, exatamente, na possibilidade, que o ordenamento faculta ao doador, de revogar a doação, se assim lhe aprouver (Código Civil, art. 557). Trata-se, portanto, de uma autorização como efeito de um ilícito. Os ilícitos civis também podem dar ensejo a perda de direitos e demais categorias de eficácia. Por exemplo, o herdeiro que sonegar bens, não os levando à colação, perde o direito que sobre eles pudesse ter (Código Civil, art. 1.992). Quer dizer: a perda de um direito como efeito de um ato ilícito civil.

Enfim, é apenas uma demonstração, sumária e singela, de que os efeitos possíveis são múltiplos, não se resumem a uma eficácia única. Não convém vincular, de modo absoluto, os ilícitos civis a uma eficácia monolítica, ofuscando as ricas possibilidades que o sistema jurídico, adequadamente compreendido, oferece. Os civilistas, há alguns anos, tentavam negar o fenômeno. A maré parece estar mudando. Hoje a matéria tem sido progressivamente aceita, e cada vez menos se confunde, atualmente, ilícito civil com responsabilidade civil (uma confusão bem mais comum quando o Código Civil de 2002 surgiu, por exemplo). Mesmo porque a realidade não deixa de ser o que é porque a negamos, ou desconhecemos seus reais contornos.

Outra importante razão de distinção: a responsabilidade civil nem sempre resulta de ilícitos. Esse é outro motivo que recomenda fortemente que não confundamos ilícito civil com a responsabilidade civil. A responsabilidade civil pode resultar – e em muitos casos assim ocorre – de *atos lícitos*. Na responsabilidade civil do Estado, por exemplo, é pacífico – assim entre os autores como na jurisprudência do STF – que é irrelevante a licitude ou ilicitude da atividade estatal para a definição do dever de indenizar. Em outras palavras, mesmos *atos lícitos* do Estado podem ensejar a responsabilidade civil.

Convém retomar o que dissemos no parágrafo anterior, para abordar o tema central deste tópico: a licitude da atividade não protege o ofensor da reparação de danos (um truísmo). Trata-se de ponto pacífico na responsabilidade civil do Estado, na teoria do risco (Código Civil, art. 927, parágrafo único), nas excludentes de ilicitude do Código Civil (art. 188; art. 929 e 930) e na responsabilidade civil ambiental, apenas para ficarmos nos exemplos mais conhecidos. Aliás, o direito dos danos dos nossos dias preocupa-se – para imputar o dever de indenizar – cada vez menos com a ilicitude, e cada vez mais com violações à dignidade humana, à solidariedade social, à boa-fé objetiva, ao abuso de direito, ao princípio que proíbe a contradição com atos anteriores, aos deveres de informação etc.

A responsabilidade civil do Estado, nos danos causados por violência urbana, é uma modalidade de responsabilidade civil por ato lícito. Atente-se que estamos falando dos casos em que o agressor é um terceiro, não dos casos em que o agressor é um agente público (policial militar, por exemplo). Esses últimos casos, lamentavelmente frequentes, são, em princípio, atos ilícitos (digamos que um policial assassina, gratuitamente, um garoto, depois simula que teria havido resistência – como temos visto em inúmeros casos registrados pela imprensa, no Brasil, inclusive com gravação em vídeos dos ilícitos, não só civis, mas obviamente também criminais, no caso).

Já mencionamos anteriormente – no segundo capítulo do livro – que mesmo atos lícitos podem ensejar dever de indenizar. Frisamos também que as excludentes de ilicitude não se confundem com as excludentes de responsabilidade civil. O estado de necessidade, a legítima defesa (em certas situações), o estrito cumprimento do dever legal, o exercício regular do direito são excludentes de ilicitude, não (necessariamente) de responsabilidade civil.

Feita essa necessária – mas breve – digressão para mostrar que atos praticados por agentes públicos (atos comissivos) podem ser lícitos, não só ilícitos. Nos dois casos, entretanto, teremos, ou poderemos ter, dever de indenizar.

Já se o ato for praticado por terceiro (assaltantes, por exemplo), entendemos que a omissão estatal perfaz um ato lícito, pelo menos em princípio. Dissemos "pelo menos em princípio" – e no direito de danos as ressalvas sempre se fazem necessárias, nunca é demais repetir que cada caso encerra especificidades que exigem atenção única e autônoma – porque, omitindo-se, os agentes públicos podem, sem dúvida, cometer atos ilícitos, não só civis, mas também penais. Um policial, por exemplo, integrante de perigosa milícia, que vê um traficante torturar um morador da comunidade, e nada faz para impedir, pelo contrário, se diverte com a situação, por obvio comete ilícito, o que dispensa maior esforço argumentativo. A agressão imediata partiu de um terceiro, mas é uma omissão indenizável por parte do Estado. Não só isso: é um ato ilícito.

Porém, para grande parte dos casos, para os diários danos sofridos pelos cidadãos e ligados à violência urbana, cremos não ser correto postular a ilicitude da omissão estatal em relação a eles. A questão, cremos, fica melhor categorizada na teoria do risco, é na teoria do risco que haveremos de buscar o lastro teórico e conceitual para explicar a situação jurídica em questão. A teoria do risco traduz, convém lembrar, uma hipótese de responsabilidade civil por ato lícito[393]. Os empregadores, na Revolução Industrial, não cometiam ilícitos ao colocarem suas máquinas para produzir, mas essas causavam danos, e esses danos não eram indenizáveis – ou só muito dificilmente o seriam – à luz da responsabilidade civil clássica, de timbre culposo. Por isso é que, a partir de novas interpretações de antigas normas, os juristas franceses de então (alguns deles), corajosamente, propuseram um novo modelo interpretativo para a questão, que, não sem resistência, acabou vitorioso, e hoje a teoria do risco é largamente aceita.

Se, antes, os juristas franceses, como dissemos, valeram-se de novas interpretações de antigas normas – particularmente a relativa à teoria da guarda da coisa no Código de Napoleão –, também hoje, cremos, o desafio é reler o ordenamento jurídico, unitariamente considerado, para fazer prevalecer as dimensões existenciais da relação, à luz da solidariedade social, e não deixar as vítimas desamparadas,

---

393. Maria Celina Bodin de Moraes, nesse sentido, esclarece: "Aqui também os danos seriam, à primeira vista, lícitos; geram, no entanto, obrigação de indenizar. Neste caso enquadram-se, por exemplo, as inúmeras hipóteses de responsabilidade objetiva, hoje reguladas através de cláusula geral (CC, parágrafo único do art. 927), seja mediante dispositivos específicos (CC, arts. 931, 932, 937, 938, etc), consubstanciando-se, pois, em figuras de danos ressarcíveis, embora não resultantes da prática de qualquer ilícito". (BODIN, Maria Celina Bodin de. A Constitucionalização do Direito Civil e seus efeitos sobre a Responsabilidade Civil. *A Constitucionalização do Direito: fundamentos teóricos e aplicações específicas.* Cláudio Pereira de Souza e Daniel Sarmento (Orgs). Rio de Janeiro: Lumen Juris, 2007, p. 441).

sem resposta alguma do direito – tal como acontecia com os trabalhadores na passagem do século XIX para o século XX.

Nesse contexto, a omissão estatal não precisa ser ilícita. A ilicitude, no ponto, é conceito pragmaticamente irrelevante (embora conceitualmente a discussão se imponha, sem dúvida). O importante, à luz da leitura funcional da ordem jurídica, é mudar o gatilho interpretativo e não deixar as coisas como estão, não agir como se o direito dos danos não tivesse nada com isso. Ele – acreditamos – tem. Tem respostas a oferecer, tem categorias argumentativas razoavelmente sólidas para contribuir com a discussão. Não se trata de atribuir potenciais milagrosos à responsabilidade civil – algo que ela definitivamente não tem. Nem de supor que as soluções, no problema, são simples ou fáceis. Sabemos que não. Porém nada disso afasta o fato de que há, diariamente, vítimas de danos graves relacionados ao tema e, repetimos, o direito dos danos atuais tem modelos hermenêuticos que permitem – impõem, diríamos – uma nova leitura da questão.

Convém refazer alguns dos percursos argumentativos trilhados até aqui. Constatamos, inicialmente, uma progressiva ampliação dos atos e omissões que empenham a responsabilidade civil estatal e, também, uma redução dos espaços em relação quais o Estado poderia omitir-se legitimamente. Isto é, exige-se do Estado uma postura menos absenteísta, sobretudo em certos serviços públicos essenciais, como saúde e segurança pública. Outro aspecto relevante é que a teoria dos direitos fundamentais, hoje, proclama fortemente que não basta ao Estado de abster de lesar direitos fundamentais. Deverá também, e sobretudo, evitar que haja a lesão por parte de terceiros. A teoria dos deveres de proteção traz relevantes contribuições nesse sentido.

Para a construção, teórica, da responsabilidade civil do Estado por danos relacionados à violência urbana, dois conceitos são necessários: a) o de fortuito interno (já razoavelmente desenvolvido pela doutrina e jurisprudência atuais); e b) e o de responsabilidade objetiva agravada. Esses são os conceitos essenciais, que explicam a especificidade da nova resposta jurídica. Argumentamos, fundamentalmente, que o dano relacionado à violência urbana é fortuito interno em relação ao Estado (o dano está na esfera de risco estatal). O Estado, postulamos, responde sem culpa por ações e omissões, e a responsabilidade civil, no desenho conceitual mencionado, é modalidade de responsabilidade civil por ato lícito (teoria do risco).

Vejamos, agora, a questão da equidade, sua renovada importância em nossos dias.

Enfatizamos, por mais de uma vez, ao longo do livro, a revalorização que os nossos dias promovem em relação à equidade. Equidade, aí, no sentido aristotélico de justiça do caso concreto. Enxergamos na pessoa humana algo valioso por si mesmo[394]. Se lidamos, progressivamente, com normas abertas e conceitos jurídicos indeterminados, maiores serão, entretanto, nossos deveres argumentativos, deveres que exigem singular consistência quanto mais aberta se mostrar a norma a ser aplicada.

O Código de Processo Civil de 2015 – tal qual o anterior – estatui, no art. 140: "O juiz não se exime de decidir sob a alegação de lacuna ou obscuridade do ordenamento jurídico. Parágrafo único. O juiz só decidirá por equidade nos casos previstos em lei". A lei, aqui e ali, alude à equidade. O Código Civil, por exemplo, em conhecida previsão, estatui no art. 928: "O incapaz responde pelos prejuízos que causar, se as pessoas por ele responsáveis não tiverem obrigação de fazê-lo ou não dispuserem de meios suficientes. Parágrafo único. A indenização prevista neste artigo, que deverá ser equitativa, não terá lugar se privar do necessário o incapaz ou as pessoas que dele dependem". O juiz, ao decidir com base na equidade, tem um campo maior de movimentação argumentativa, embora cresçam, proporcionalmente, os deveres de fundamentação. Cabendo alertar que não se trata de liberdade de substituir os valores e normas do ordenamento por idiossincráticas opções subjetivas.

394. Não são propriamente recentes as considerações filosóficas sobre algo ser valioso em si mesmo: "O conceito de *ser valioso em si mesmo* é um conceito filosófico. Ele surgiu para distinguir uma determinada categoria do valor cuja existência é fundamentada pela própria natureza do valor, ou seja, se algo tem algum valor, então esse algo é valioso em si mesmo" (RAZ, Joseph. *Valor, respeito e apego*. Trad. Vadim Niktin. São Paulo: Martins Fontes, 2004, p. 162).

Embora persista, entre nós, a clássica restrição no sentido de que o juiz só decidirá por equidade nos casos previstos em lei, acreditamos que a equidade se insinua, aqui e ali, na prática judicial, ainda que não seja chamada assim. Talvez não se aplique de modo isolado, mas com fundamentação normativa em princípios e regras[395]. Aliás, uma das mais relevantes e mais utilizadas normas da Lei de Introdução às Norma do Direito Brasileiro é a dicção clássica do seu art. 5º: "Na aplicação da lei, o juiz atenderá aos fins sociais a que ela se dirige e às exigências do bem comum". Não é raro que os magistrados invoquem esse dispositivo em sentenças judiciais, o que não deixa de ser uma forma de dialogar com a equidade. O Código de Processo Civil de 2015, no art. 8º, aprimora e atualiza essa redação, trazendo a menção a princípios da mais alta envergadura: "Ao aplicar o ordenamento jurídico, o juiz atenderá aos fins

395. É tradicional, em nosso sistema jurídico, a expressão "princípios gerais do direito". (e consta, desde meados do século passado, em nossa Lei de Introdução). Os princípios, nessa visão, ocupam função modesta, apenas sendo chamados a participar do processo interpretativo em último caso. Só depois que houver omissão legislativa e, ainda por cima, se não couber analogia nem houver costumes aplicáveis ao caso (tratava-se, na visão clássica, de uma fonte subsidiária, de terceiro ou quarto grau). Vê-se bem, sem precisar de muito esforço argumentativo, que se trata de uma categorial conceitual em tudo oposta aos princípios fundamentais do direito atual – que ostentam clara força normativa, inclusive, com muita frequência, afastando leis que com eles se chocam. Nesse contexto, a expressão "princípios gerais do direito", prevista na Lei de Introdução às Normas do Direito Brasileiro, não se confunde com os princípios constitucionais fundamentais (dignidade da pessoa humana, como princípio constitucional explícito; ou mesmo princípio da razoabilidade ou proporcionalidade, como princípio constitucional implícito). Os "princípios gerais do direito" seriam, na verdade, as antigas fórmulas romanas, que se incorporaram, através dos tempos, às diversas legislações, inspirando vários modelos normativos. Por exemplo, o viver honestamente (*honeste vivere*), o dar a cada um o que é seu (*suum cuique tribuere*), e – importantíssimo na responsabilidade civil – o princípio de não lesar a outrem (*neminem laedere)* Paulo Lôbo aduz que "o conceito de princípio constitucional não se confunde com o de "princípio geral do direito, empregado pela Lei de Introdução ao Código Civil. Estes têm, consequentemente, função supletiva, ou seja, primeiro a lei, depois os costumes, e por fim os princípios, como normas de clausura ou de completude do sistema jurídico. Ao contrário, os princípios constitucionais explícitos ou implícitos não são supletivos" (LÔBO, Paulo. *Direito Civil. Parte Geral*. São Paulo: Saraiva, 2009, p. 50). No mesmo sentido, anteriormente: "As normas constitucionais, principalmente os artigos que estabelecem os valores e princípios fundamentais da Constituição de 1988, não se constituem em princípios gerais do direito, cujo papel de integração do ordenamento depende da inexistência de lei ou costume; antes, são direito positivo, no vértice do ordenamento e se aplicam diretamente a todas as relações havidas no seio da coletividade" (MONTEIRO FILHO, Carlos Edison do Rêgo. Problemas de responsabilidade civil do Estado. *RTDC*, v. 11, jul/set 2002, pp. 35-65, p. 37).

sociais e às exigências do bem comum, resguardando e promovendo a dignidade da pessoa humana e observando a proporcionalidade, a razoabilidade, a legalidade, a publicidade e a eficiência"[396].

A equidade, além disso, dialoga com a solidariedade social. Uma cosmovisão individualista da sociedade reconhece apenas a lógica da competição. O direito civil dos nossos dias – sem desconhecer que a sociedade é, também, o *locus* da competição – opera cada vez mais com a ideia de cooperação, de solidariedade. Já se percebeu, ademais, que à luz do princípio da solidariedade devem ser lidas não apenas as normas constitucionais, mas todo o ordenamento jurídico[397]. Solidariedade social e dignidade humana permeiam e fundamentam o projeto constitucional, e dever projetar efeitos concretos nas escolhas interpretativas em relação ao direito de danos. Aliás, falar em responsabilidade civil, hoje, é falar em ponderação, em percurso argumentativo. Por isso a equidade se mostra especialmente valiosa. Perdemos muito do conceitualismo abstrato dos séculos passados e valorizamos, progressivamente, as situações concretas, e suas ricas complexidades.

Talvez se possa pensar – em relação aos danos relacionados à violência urbana – na categoria conceitual das indenizações equitativas. Isto é, na atribuição de indenização que não seja norteada necessariamente pela extensão do dano. Não seria o ideal, por certo. Estaríamos, com isso, frustrando o princípio da reparação integral, mas de todo modo seria passo adiante em relação à situação atual, em que impera a espantosa irresponsabilidade, com indiferente abandono da vítima e de sua família. A indenização equitativa seria o reconhecimento, por um lado, da gravidade do dano sofrido

396. Aliás, certos julgados destacam que a mitigação do sofrimento humano deve ser o sustentáculo de decisões judiciais, no sentido de salvaguardar o bem supremo e o foco principal do direito: o ser humano em sua integridade física, psicológica, socioambiental e ético-espiritual (STJ, REsp 1.008.398, Rel. Min. Nancy Andrighi, 3ª T, DJ 18/11/2009). O acórdão destacou que "a falta de fôlego do Direito em acompanhar o fato social exige, pois, a invocação dos princípios que funcionam como fontes de oxigenação do ordenamento jurídico, marcadamente a dignidade da pessoa humana – cláusula geral que permite a tutela integral e unitária da pessoa, na solução das questões de interesse existencial humano".

397. PERLINGIERE, Pietro. *La personalità umana nell'ordinamento giuridico*. Camerino: Jovene, 1972, p. 161.

(dentro da esfera de risco estatal) e da imperiosa necessidade de sua indenização; mas por outro lado seria a constatação de que os recursos de que o Estado dispõe não são ilimitados, pelo contrário, mostram-se particularmente escassos em nossos dias, não podendo – na prática – fazer frente aos inúmeros campos de atuação onde é chamado a agir.

As indenizações equitativas, se por um lado não realizam o princípio da reparação integral, por outro lado confortam, ainda que parcialmente, o princípio da preocupação prioritária com a vítima do dano. Não podemos esquecer que, ano após ano, década após década, ocorrem *diariamente* danos terríveis em relação à matéria de que estamos tratando[398]. Essas pessoas carregam, pelo resto da vida, as consequências desses fatos (quando falecem, a família costuma carregar). Muitas vezes, ficam impossibilitadas para o trabalho, e nem sempre contam com renda de qualquer espécie com que possam se manter dignamente.

Talvez, no atual estado de coisas, só a responsabilidade civil possa agir – por assim dizer. Ela traz consigo essa vocação para o novo, essa feição iconoclasta que o direito, em geral, não tem. É o direito dos danos que mais aceita mudar seu olhar a partir das mudanças que observa lá fora, na vida social. Por isso é que talvez seja ele a categoria vocacionada para funcionar a ordem jurídica e dar um passo além, para realizar a igualdade substancial (que não tolera que certos cidadãos sofram, de modo desproporcional, um dano que poderia, à luz da solidariedade social, ser repartido por todos)[399].

---

398. São exemplos diários, realmente diários. Esta pesquisa não tem – já alertamos – um viés empírico. Poderíamos citar, a cada página, numerosos e dramáticos casos de violência urbana com severos reflexos individuais e sociais. Não é esse, porém, o propósito da pesquisa. Além do mais, trata-se de realidade que qualquer brasileiro, ainda que não a vivencie de perto, de um modo ou de outro a conhece – infelizmente conhece, poderíamos acrescentar.

399. A propósito, a redução das desigualdades – aliada à promoção da solidariedade social – está entre os objetivos fundamentais da Constituição da República. Cabe lembrar, a propósito, a *teoria do patrimônio mínimo*, postulando, sob o prisma jurídico, a necessidade de reconhecimento de uma espécie de piso mínimo de direitos patrimoniais, sem os quais não se poderia razoavelmente falar em dignidade (FACHIN, Luiz Edson. *Estatuto jurídico do patrimônio mínimo*. Rio de Janeiro: Renovar, 2001).

Nossa Constituição tem como objetivos fundamentais construir uma sociedade livre, justa e solidária (CF, art. 3º, I), garantir o desenvolvimento nacional (CF, art. 3º, II), erradicar a pobreza, a marginalização e reduzir as desigualdades sociais e regionais (CF, art. 3º, III), promover o bem de todos, sem preconceitos de origem, raça, sexo, cor, idade e quaisquer outras formas de discriminação (CF, art. 3º, IV). Pela descrição da norma constitucional percebe-se que a igualdade aí consagrada é substancial (e não formal). Convém não esquecer que a igualdade substancial, no Brasil, não é um dado de realidade, é um objetivo a ser buscado e construído. E a igualdade não se restringe à proibição de exclusão. Igualdade é também obrigação de inclusão.

O direito do século XXI precisa estar atento às reais diferenças entre as pessoas. Só assim poderá agir com alguma justiça. Joaquín Herrera Flores, a propósito, enfatiza que "se as leis constituem o lugar de representação do existente, o lugar de modificação e de transformação é a prática social"[400].

Cabe, ainda, um olhar comparativo para a gravidade dos danos. Se lançarmos, hoje, um olhar para o nosso repertório jurisprudencial vamos constatar que a *imensa maioria dos danos hoje indenizáveis não tem a gravidade desses de que estamos falando*. O direito civil-constitucional, valendo-se de suas ferramentas teóricas e da força normativa dos princípios constitucionais, não pode fechar os olhos para o problema. Aliás, isso é algo que estranha, talvez espante. O silêncio em torno do assunto é vasto. Indenizamos danos valorativamente pouco relevantes, mas guardamos o silêncio diante de danos que abalam fortemente as opções valorativas essenciais de nossa Constituição da República.

Apontemos ainda uma questão, além de jurídica, operacional. A jurisdição, sempre que provocada, precisa dar respostas concretas

400. FLORES, Joaquín Herrera. La construcción de las garantías. Hacia una concepción antipatriarcal de la liberdad y la igualdad. In: SARMENTO, Daniel; IKAWA, Daniela; PIOVESAN, Flávia (Coords). *Igualdade, diferença e direitos humanos*. Rio de Janeiro: Lumen Juris: 2010, pp. 111-145, p. 138. Acerca do pluralismo, consultar ainda CITTADINO, Gisele. *Pluralismo, Direito e Justiça Distributiva*. Rio de Janeiro: Lumen Juris, 2000.

à provocação[401]. O juiz não pode se escusar de julgar alegando que não há norma jurídica aplicável ao caso. Tampouco pode dizer que não conhece a solução, ou que a matéria é demasiadamente complexa. Essas não são soluções ou respostas aceitáveis. Há, entre nós, a vedação ao *non liquet* (CPC/2015, art. 140; CDC, art. 7º, CLT, art. 8º). Isto é, ao magistrado não é dado o direito de se eximir de proferir uma decisão. Cabe lembrar ainda o brocardo do *iura novit curia*, segundo o qual o magistrado conhece a lei, cabendo narrar os fatos e o juiz saberia qual seria o direito aplicável ao caso.

Já se pode intuir, a esta altura da obra, que não é simples a tarefa de traçar uma conexão conceitual entre a omissão do Estado e a violência urbana. O fato de não ser simples, aliás, parece algo próprio dos nossos dias, quando boa parte dos danos assume características iconoclastas, nada lineares, difíceis de serem resolvidos com os modelos conceituais clássicos da responsabilidade civil. Aliás, a doutrina da responsabilidade civil sempre retorna à discussão acerca de seus pressupostos, que obviamente se alteram com o caminhar dos séculos[402].

Há danos toleráveis e há danos não toleráveis. Trata-se de algo bastante óbvio no direito da responsabilidade civil. A questão é traçar, dinamicamente, as linhas demarcatórias entre esses planos. Essas linhas, sabemos, são dinâmicas e socialmente inseridas, nunca

---

401. Esse problema, aliás, não é novo. Lembremos das Ordenações Filipinas, que estiveram em vigor no Brasil por mais de três séculos. Havia, nela, muitas lacunas. Esse aparente defeito talvez tenha sido, no fundo, uma qualidade. Era preciso, nos casos concretos, suprimir essas lacunas, o que conferia flexibilidade ao conjunto de normas. O direito romano era frequentemente invocado. Conferir: PONTES DE MIRANDA, *Fontes e Evolução do Direito Civil brasileiro.* Rio de Janeiro: Pimenta de Mello, 1929; CRUZ, Guilherme Braga da. A formação histórica do moderno direito privado português e brasileiro. *Revista da Faculdade de Direito. Universidade de São Paulo.* São Paulo, v. 50; ROBERTO, Giordano Bruno Soares. *Introdução à história do direito privado e da codificação.* Belo Horizonte: Del Rey, 2003.

402. A doutrina sobre os pressupostos da responsabilidade civil é vasta e rica. Ver, exemplificativamente, PESSOA JORGE, Fernando. *Ensaio sobre os pressupostos da responsabilidade civil.* Coimbra: Almedina, 1999; SAVATIER, René. *Traité de la responsabilité civil en droit français. Conséquences et aspects divers de la responsabilité.* Paris: LGDJ, 1951, t. II; SILVA, Wilson Melo da. *Responsabilidade sem culpa.* São Paulo: Saraiva, 1974; TUNC, André. *La responsabilité civile.* Paris: Economica, 1989; ZANNONI, Eduardo. *El daño en la responsabilidad civil.* Buenos Aires: Astrea, 1987. De modo mais amplo, conferir VOIDEY, Nadège. *Le risque en droit civil.* Aix-Marseille: Presses Universitaires d'Aix-Marseille, 2005.

são abstratas, rígidas, apriorísticas. Os limites de tolerabilidade são analisados no caso concreto, de modo contextualizado. Muitos danos relacionados à violência urbana são anônimos, sem autoria claramente configurada. Aliás, as próprias vítimas são, muitas vezes, pouco visíveis, seja porque muitos desses danos não são registrados pelas estatísticas oficiais – sabidamente deficientes –, seja porque muitas delas, possivelmente a maior parte, provém de extrato econômico-social humilde, nem sempre dispondo de meios de realizar os respectivos registros (nem mesmo interesse, às vezes). Se atingem dimensões existenciais, a indenização é particularmente difícil, não só nesses, mas em todos os casos que tragam essa especificidade (atribuir expressão monetária àquilo que, conceitualmente, não a tem).

Aliás, na quantificação dos danos, a jurisprudência começa a perceber que certos critérios – alguns tradicionais, muito utilizados, como por exemplo a proibição do enriquecimento indevido – são constitucionalmente complexos, potencialmente problemáticos. Quase sempre é usado para reduzir os valores de indenização conferido a vítimas economicamente humildes[403].

A revitalização do sentido das normas civis se dá continuamente, de modo aberto e dinâmico. Realizar uma sociedade livre, justa e solidária *também* é tarefa do direito civil. O direito civil hoje não opera, como operou no passado, apenas com estruturas abstratas e (supostamente) neutras. Não experiência jurídica sem história, sem contextos sociais. É preciso sempre lembrar que as inevitáveis transformações da sociedade – pensemos, por exemplo, em como se transformou o conceito de família nas últimas décadas – repercutem fortemente nas funções e nas próprias soluções do direito civil.

403. O STJ, porém, pelo menos em certas ocasiões parece perceber essa realidade, e decide com um olhar mais cuidadoso para o tema: "A avaliação das condições socioeconômicas dos envolvidos deve ser feita em conjunto com a ponderação acerca da gravidade dos fatos. Não se permite a relativização das indenizações por ofensa a direitos fundamentais tendo como parâmetro a riqueza da vítima, de modo que o direito dos ricos valeria mais que o dos pobres, os quais estariam se 'enriquecendo' ao receberem indenizações em valor muito superior à sua renda" (STJ, AgRg no REsp 1.189.510, Rel. Min. Herman Benjamin, 2ª T, DJ 27/04/11).

É importante, nesse contexto, guardar cuidadosa postura para que os poderes privados não se vejam livres para exercer, de fato, uma perigosa heteronomia contratual[404]. A igualdade é vista, aos olhos do nosso século, em concreto, e não abstratamente. Fundamental, ainda, é atentar para os resultados funcionais e não apenas para as categorias estruturais. Não por acaso, percebe-se que a igualdade formal é uma revolução praticamente consolidada, ao passo que a igualdade substancial ainda é uma revolução prometida[405].

4.1. Repensando o fato de terceiro: novos dias, novas reflexões

Talvez seja pertinente – quando nos aproximamos dos passos argumentativos finais do livro – voltarmos nosso olhar para a categoria conceitual do fato de terceiro. Se há um tema que pede, atualmente, novas reflexões, novos olhares, novas abordagens, talvez esse tema seja o fato de terceiro. Já não nos satisfaz a fácil alegação de que, como o fato partiu de terceiro, o responsável pela atividade não responderá pelo dano. Já não é tão simples assim. Nossos dias trazem outras cores, mais complexas, para o problema. O nexo de causalidade já não é visto de modo ingênuo, como se fosse uma linha naturalística entre uma ação e omissão e o dano[406]. Outras camadas de análise são chamadas para resolver o problema, e um fato de terceiro pode não ser, apenas, um fato de terceiro, se outros fatores intervieram.

---

404. Cf. BILBAO UBILLOS, Juan Maria. *La Eficacia de los Derechos Fundamentales frente a Particulares.* Madrid: Centro de Estudios Constitucionales, 1997, p. 249.

405. Cf. PERLINGIERE, Pietro. *Perfis de Direito Civil.* Rio de Janeiro: Renovar, 1999, p. 44. Ver: SEN, Amartya. *Desarrollo y Libertad.* Planeta: Barcelona, 2000; SARMENTO, Daniel. A igualdade étnico-racial no direito constitucional brasileiro: discriminação "de facto", teoria do impacto desproporcional e ação afirmativa. In: *Livres e iguais: estudos de direito constitucional.* Rio de Janeiro: Renovar, 2010, p. 142 e 162.

406. Convém lembrar, nesse contexto, que "o Naturalismo, que era perspectiva dominante dos fins do séc. XIX, ignorava a dimensão valorativa da ciência jurídica e de sues conceitos. Para esta postura, modelos de ciência são a Física, a Biologia, a Psicologia. Se o Direito quiser ser digno deste título – Ciência – deve constituir seus conceitos com base no método empírico e avalorado destas ciências da natura (daí: naturalismo). Conceitos valorados são simplesmente acientíficos" (ROXIN, Claus. *Funcionalismo e imputação objetiva no direito penal.* Tradução e introdução de Luís Greco, 3 ed., Rio de Janeiro: Renovar, 2002, p. 11).

É complexa, nesse contexto, e cheia de detalhes sinuosos, a questão do fato de terceiro, na responsabilidade civil[407]. A própria jurisprudência brasileira, muitas vezes, sequer se dá conta da adoção de critérios diversos em situações que melhor seria guardar certa coerência conceitual. Aliás, a matéria costuma ser tão pouco clara que não é raro que adotemos nomes distintos para descrever realidades iguais ou semelhantes. Pensemos, por exemplo, nos danos civis sofridos nos assaltos a ônibus (danos morais, estéticos e materiais). Esses danos, segundo temos apontado, não são indenizáveis, de acordo com a jurisprudência brasileira atual (nós, pessoalmente, nunca concordamos com isso, em negar inteiramente à vitima qualquer pretensão indenizatória). Mas o fato é que se trata de um dano não indenizável. Em relação às excludentes, nós tanto poderíamos categorizar esses danos como fortuito externo (como geralmente são classificados), como também poderíamos considerá-los fatos de terceiro. Não há maior diferença, pensamos, em escolher qualquer das denominações. Voltaremos ao ponto adiante.

---

407. Há casos frequentemente difíceis e alguns marcadamente curiosos: "Recentemente, em decisão ainda não apreciada pelo Tribunal de Justiça de Santa Catarina, enfrentou-se situação que desafia a mais fértil imaginação. A esposa de um presidiário levou-lhe refeição, que, por sua vez, foi repartida com colega de cela. Ocorre que a comida estava envenenada, resultando na morte de ambos. A família de uma das vítimas ingressou com a respectiva ação indenizatória contra o Estado, e o juiz indeferiu a pretensão dos autores, acatando a excludente: o fato de terceiro. O problema enfrentado nos parece um *hard case*, especialmente se considerarmos: i) o costume generalizado de enviar alimento aos detentos e a inviabilidade fática de serem realizados testes preliminares para detecção do veneno e ii) a omissão do Estado em permitir a entrada de comida envenenada" (VALGAS, Rodrigo. Nexo causal e excludentes da responsabilidade extracontratual do Estado. *Interesse Público*, v. 59, ano 12, jan./fev 2010, Belo Horizonte). STF e STJ já decidiram, inúmeras vezes, que cabe ao Estado assegurar a incolumidade física do preso, inclusive contra si mesmo. Bem por isso, o Estado responde civilmente pelo suicídio de preso. A questão da comida envenenada, em princípio, deveria ser encarada sob esse prisma, e o fato é que o preso morreu enquanto se encontrava sob custódia estatal. Esse fato, por si só, em princípio, é bastante para responsabilizar civilmente o Estado. Outra forma de se encarar a questão – e que vale também para outros casos – é a seguinte, trata-se de formular a seguinte pergunta: o dano contrariou expectativa legítima de segurança? Seria razoável esperar que todas as comidas levadas aos presos fossem submetidas aos testes de detecção? Ou a própria permissão de entrada de comida já é, em si mesma, equivocada e perigosa? É bem possível que o marido, mesmo fora da cadeia, fosse envenenado pela mulher – o que seria, aliás, até mais fácil. Já o outro preso morto apenas muito dificilmente morreria nas mesmas circunstâncias. Isso só fortalece o dever do Estado indenizar a família deste último.

Em outro aspecto do tema, talvez seja importante lembrar o que já dissemos antes: atualmente não há maior relevância na distinção entre caso fortuito e força maior. A discussão – de cunho conceitualístico e abstrato – pouco contribuiu para a solução de problemas concretos do direito de danos nas últimas décadas. No século XXI, especialmente, a discussão acerca das excludentes de responsabilidade civil tende a se afastar do dualismo, e outras são as polêmicas que chamam a atenção dos estudiosos e da jurisprudência[408].

A dicotomia relevante – ou uma delas –, plena de projeções pragmáticas, é aquela que opõe o fortuito interno ao externo. A distinção, aqui, guarda relação com a atividade desenvolvida por aquele apontado como responsável pelo dano. A inclusão – ou não – do dano nos riscos da atividade é que dirá se haverá dever de indenizar. No transporte de pessoas, certos danos são tidos pelos nossos tribunais como fazendo parte da atividade (acidentes de trânsito, ainda que causados por terceiros, fazem surgir o dever de indenizar da empresa de transporte perante os passageiros ou seus familiares); já outros danos são considerados como estranhos, externos aos riscos do transporte (assaltos que causam danos aos passageiros, por exemplo).

408. Já mencionamos, anteriormente, nesta pesquisa, citações bibliográficas sobre o tema (sobre a escassa relevância da distinção conceitual entre caso fortuito e força maior). Aliás, como seria de se esperar, a disciplina das excludentes de responsabilidade civil é dinâmica, raramente se exaure nos tipos legais. Por exemplo, talvez seja relevante registrar que a chamada culpa concorrente não foi prevista como excludente no Código de Defesa do Consumidor (que tampouco previu o caso fortuito ou força maior). Não obstante esse silêncio normativo, elas têm sido eventualmente aceitas. Na doutrina, sempre houve quem as aceitasse na doutrina, reconhecendo que tais excludentes poderiam ser aceitas como fator de mitigação do valor da indenização, proporcionalmente às circunstâncias (TEPEDINO, Gustavo. A responsabilidade médica na experiência brasileira contemporânea. *Temas de Direito Civil*. Tomo II. Rio de Janeiro: Renovar, 2006, p. 110). Aliás, a tendência mais atual nem é falar-se mais em culpa concorrente, mas em fato concorrente, sublinhando-se que a questão tem relação, propriamente, com o nexo causal, não com a culpa. A propósito da culpa corrente, especificamente, a jurisprudência do STJ a tem aceito como fator de redução da indenização, proporcionalmente às circunstâncias, mesmo nas relações de consumo. Nesse sentido, "a responsabilidade concorrente é admissível, ainda que no caso de responsabilidade objetiva do fornecedor ou prestador, quando há responsabilidade subjetiva patente e irrecusável também do consumidor, não se exigindo, no caso, a exclusividade da culpa" (STJ, REsp 1.349.894, Rel. Min. Sidnei Beneti, 3ª T, DJ 11/04/2013).

O curioso é que não há muita coerência – ou pelo menos não conseguimos sempre enxergá-la – no acervo de decisões de nossos tribunais ao traçar as hipóteses de fortuito interno nas diferentes atividades. Conforme já pontuamos, os supermercados e shoppings respondem civilmente pelos danos que seus clientes sofrem durante os assaltos, bem assim os bancos, mas o mesmo não ocorre com os usuários do transporte público. O conceito de risco é visto de modo mais amplo em determinadas atividades, e mais restrito em outras (não que isso seja, em si mesmo, errado ou inadequado; os critérios é que precisam ser claros e constitucionalmente conformes). Convém sublinhar que não é o fato do ato danoso ter provindo de terceiro que afastará o dever de indenizar do responsável pela atividade (atividade das instituições financeiras, dos shoppings, das empresas de transporte etc.). O que definirá se haverá responsabilidade civil é a conexão – contextualizada e à luz das circunstâncias concretas – entre o risco compreendido na atividade e o dano.

É nesse painel, nesse contexto teórico, que deve ser enxergada a questão das excludentes de responsabilidade civil em nossos dias, inclusive – e sobretudo – a questão da responsabilidade civil do Estado pelos danos relacionados à violência urbana[409].

409. Ainda em relação ao fato de terceiro há outro aspecto que pede menção. O dano foi causado exclusivamente pelo terceiro ou ele apenas participou? Em outras palavras, é possível que o dano tenha sido causado exclusivamente por terceiro. Ou pode acontecer também que o terceiro apenas tenha participado do dano, ao lado de outros ofensores – ligados, de alguma forma, àquele que é considerado o responsável civil pelo dano. A solução é intuitiva: apenas no primeiro caso, de atuação exclusiva de terceiro, é que haverá a incidência da excludente, e por conseguinte a exclusão do dever de indenizar daquele que seria responsável pelo dano (não fosse a atuação do terceiro). Nesse sentido: "A participação de terceiro na causação do dano pode ocorrer de maneira total ou parcial. Na primeira hipótese, o dano é causado exclusivamente por terceiro; na segunda, o terceiro é apenas co-partícipe, ou elemento concorrente no desfecho prejudicial. Apenas no primeiro caso é que se verifica a eliminação do nexo causal, com a consequente exclusão da responsabilidade do agente. Quando a participação do terceiro é parcial e o agente concorre com ele na produção do evento danoso, o agente tambem concorrerá na composição das perdas e danos" (CRUZ, Gisela Sampaio da. *O problema do nexo causal na responsabilidade civil*. Rio de Janeiro: Renovar, 2005). Lembremos, nesse contexto, dos assaltos a ônibus, com danos aos passageiros. Se o dano foi praticado exclusivamente pelos assaltantes, a empresa de transporte não responde pelos danos, segundo jurisprudência brasileira atual. Já se houve, de algum modo, participação de empregados da empresa de ônibus no assalto (mesmo que só culposamente, como o motorista que parou fora do ponto e possibilitou que o assaltante embarcasse), a empresa passará a responder civilmente (STJ, REsp 200.808, Rel. Min. Ari Pargendler, 3ª T, DJ 12/02/2001).

4.2. Outras dimensões argumentativas: lidando com cores mais complexas

O modo clássico de encarar a responsabilidade civil sempre relacionou um dano a uma ação ou omissão (ligados por um nexo causal). Na responsabilidade subjetiva, a isso acresceríamos a necessidade da prova da culpa. Na responsabilidade objetiva, poderíamos prescindir da culpa (não, porém, do nexo causal). Esse modo de pensar é tão forte, tão intenso – diríamos até: tão natural em nossos modelos de pensamento – que apenas muito dificilmente conseguimos nos movimentar, com sucesso, para outras dimensões argumentativas, outras formas (possíveis) de abordagem do direito de danos contemporâneo.

Na busca de modelos conceituais que dialoguem melhor com a complexidade dos nossos dias, podemos dizer que a questão, hoje, assume outras cores. Isto é, talvez devamos enfrentar a necessária mudança de perspectiva na análise da responsabilidade civil do Estado pelos danos ligados à violência urbana. A mudança (ou uma delas) é esta: não tanto indagar em que medida existe nexo causal entre a omissão do Estado e o dano causado pelo criminoso, mas indagar, ao contrário, em que medida o dano participa do risco da atividade estatal[410]. Em outras palavras: o dano que o cidadão sofre, oriundo da violência urbana, é um fortuito interno – ou *pode ser* um fortuito interno, pois só os casos concretos, devidamente contextualizados, oferecerão subsídios suficientes para as respostas. Se for um fortuito interno, será porque o dano participa, no século XXI, dos riscos inerentes à atividade estatal, sendo descabido, na

410. O Enunciado nº 38, aprovado durante a primeira *Jornada de Direito Civil*, promovida pelo Conselho da Justiça Federal, tem a seguinte redação: "A responsabilidade fundada no risco da atividade, como prevista na segunda parte do parágrafo único do art. 927 do Código Civil, configura-se quando a atividade normalmente desenvolvida pelo autor do dano causar a pessoa determinada um ônus maior do que aos demais membros da coletividade". O Enunciado – citado, aliás, no artigo de Maria Celina Bodin de Moraes, *Risco, solidariedade e responsabilidade objetiva* – não espelha, de certa forma, o que acontece com a vítima de um ato de violência urbana? Ela não sofre um ônus maior do que os demais membros da coletividade? Ela não amargará, sozinha, esse dano? Se mantivermos o padrão mental tradicional, o Estado não se manterá, de certo modo, indiferente ao que acontecerá, dali em diante, com a vítima?

presente etapa civilizatória, isentar integralmente o Estado da responsabilidade civil por esses danos[411].

Cremos que a forma, sumária e técnica, de descrever a mudança de perspectiva é essa que esboçamos no parágrafo anterior. Podemos, além disso, trazer outros argumentos, outras perspectivas de análise que reforçam o que dissemos. Conforme temos sublinhado, vivemos dias que realizam uma releitura crítica acerca dos objetivos e funções do nexo causal. Já consignamos que não é objeto deste livro – absolutamente – discutir as teorias que buscam explicar e traduzir o nexo causal entre nós. Isso é algo que não participa, sequer de modo mediato, dos objetivos e das preocupações desta pesquisa. Mesmo porque, falando de modo amplo e talvez mais pragmático, essa discussão – às vezes marcada por espantosos labirintos conceituais – não parece ter contribuído, nestas últimas décadas, para uma proteção maior da vítima do dano, para a construção de um direito dos danos mais próximo das opções valorativas básicas do projeto constitucional, que valoriza a dimensão existencial e solidarista das relações jurídicas.

Os avanços se fazem, é certo, porém fundamentalmente a partir de novas visões[412] acerca do nexo causal, e não a partir das – talvez – infecundas discussões acerca das velhas teorias da causalidade. Temos frisado, ao longo deste trabalho, que "nenhuma solução jurídica pode fundamentar-se apenas em relações causais cegas, antes deve partir de juízos de valor, daqueles juízos que estejam subjacentes às normas"[413]. Hoje são crescentes as vozes que nos conclamam a ler o nexo causal em "novas bases"[414].

---

411. Convém lembrar que "cada pessoa tem uma esfera jurídica que, precisamente porque é jurídica, deve ser tutelada; por isso, todos nós temos o direito de não ser afetados por atuações de outras pessoas, ainda quando estas procedam com todas as cautelas exigíveis. Os riscos de cada atividade devem ficar com a pessoa que a realiza" (NORONHA, Fernando. *Direito das obrigações*. V. I. São Paulo: Saraiva, 2003, p. 436).

412. MULHOLLAND, Caitlin Sampaio. *A responsabilidade civil por presunção de causalidade*. Rio de Janeiro: GZ, 2010, p. 6-7 e 38.

413. NORONHA, Fernando. O nexo causal na responsabilidade civil. *Revista dos Tribunais*, v. 816, out/2003, pp. 733-752.

414. FREITAS, Juarez. Responsabilidade Civil do Estado e o princípio da proporcionalidade: vedação de excesso e de inoperância. *Responsabilidade Civil do Estado*. Juarez Freitas (org.). São Paulo: Malheiros, 2006, pp. 170-197, p. 171.

Em outras palavras, o modo de pensar tradicional a respeito da responsabilidade civil do Estado nos casos de violência urbana ainda parece estar fortemente imbuído da noção de causalidade estrita e naturalística, e por isso as respostas convencionais se limitam a dizer, de modo cômodo, que não existe nexo causal entre o dano experimentado pelo cidadão e a omissão do Estado em prestar segurança pública em níveis minimamente adequados. Essa visão, além desconsiderar outros aspectos contemporâneos do problema, praticamente esvazia o direito fundamental social de segurança pública – titularizado pelos cidadãos e exigível do Estado –, como também esvazia de normatividade, no que se refere à violência urbana, o dever, também de sede constitucional, do Estado de atuar com eficiência. O planejamento, o bom uso dos (sempre escassos) recursos públicos, a ação inteligente e prudente dos administradores, tudo isso, de certa forma, é negligenciado (e não é incentivado) pela postura hermenêutica que, sempre e sem exceção, isenta comodamente o Estado de responder pelos danos ligados à violência urbana.

A discussão – não há como fugir disso em sede de responsabilidade civil – há de ser iluminada pelas circunstâncias concretas do dano. Somente assim teremos condição de, com alguma razoabilidade, verificar em que medida estamos diante de um dano injusto, que poderá, à luz das novas compreensões do nexo causal, ser imputado ao Estado. Convém lembrar, mais uma vez, que o problema da responsabilidade civil não consiste na investigação ou descoberta do "verdadeiro" autor do fato danoso. Ele diz respeito, apenas, "à fixação do critério graças ao qual se pode substituir a atribuição automática do dano por um critério jurídico", ou seja, cuida-se de estabelecer quem, em que condições e no âmbito de que limites deve suportar o dano[415].

Que estamos diante, em princípio, de um risco inerente à atividade estatal, não parece haver dúvida razoável. Também parece não haver dúvida de que as democracias constitucionais contemporâneas não toleram – ou toleram cada vez menos – a manutenção dos de-

415. MORAES, Maria Celina Bodin. *Danos à pessoa humana*. Rio de Janeiro: Renovar, 2003, p. 154.

veres estatais em níveis puramente retóricos (é o que acontece com o dever de segurança pública entre nós, mantido o padrão mental tradicional a respeito do tema). Convém sempre repetir que, com isso, não se postula uma virada hermenêutica de 180 graus, uma libertina imputação de qualquer violência sofrida pelos cidadãos ao Estado. Se isso não é adequado nem correto, também não é adequada ou correta a postura absenteísta atual, que apenas repete conceitos forjados em meados do século passado, quando outras eram as percepções sobre os princípios constitucionais e sobre a teoria dos direitos fundamentais. O passo além, cremos, é aceitar como possível, hermeneuticamente, a responsabilidade civil do Estado por danos relacionados à violência urbana, à luz das novas compreensões do nexo causal, e – em etapa seguinte – verificar, no caso concreto, presente o princípio da solidariedade social, o grau de vulnerabilidade da vítima do dano, e toda uma série de circunstâncias que circundam o caso concreto, inclusive se havia dever estatal, concretamente, de evitar o dano.

Voltando ao ponto que deu início ao tópico: passamos – melhor diríamos: estamos passando – por profundas mudanças nas estruturas e funções do direito dos danos. O conceito de risco, tão usado nas discussões da responsabilidade civil (há mais de um século), revitaliza-se e ganha, em nossos dias, potenciais hermenêuticos realmente relevantes[416]. Seja-nos permitido lembrar brevemente por alguns conceitos básicos, elementares. A responsabilidade civil, tradicionalmente, trabalhou com quatro elementos ou pressupostos: a) ação ou omissão; b) dano; c) nexo causal; d) culpa. Esse último elemento (a culpa), perdeu e perde, progressivamente, espaço, a

416. Ricardo Luis Lorenzetti, em sentido semelhante, argumenta: "Percebemos uma crise da 'teoria geral da responsabilidade civil', a qual, para manter a vigência dos princípios conceituais largamente elaborados, os vai dotando de uma abstração cada vez maior para compreender situações heterodoxas, o que deteriora o seu potencial explicativo. Entendemos necessário empreender uma tarefa de 'reconstrução' teórica da responsabilidade por danos. Esta deve partir imprescindivelmente dos casos, das responsabilidades especiais, para constatar quanta heterogeneridade há nelas. Feita essa tarefa, deve ser construída a partir desses dados uma nova 'teoria geral', capaz de compreender os diversos subsistemas" (LORENZETTI, Ricardo Luis. *Teoria da decisão judicial.* Trad. Bruno Miragem. Notas da tradução. Cláudia Lima Marques. São Paulo: RT, 2008, p. 49).

ponto de podermos dizer que atualmente a responsabilidade subjetiva, baseada na culpa, não é preponderante como era nos séculos passados (basta lembrar da responsabilidade civil nas relações de consumo, preponderantemente objetiva).

Reformulando o parágrafo anterior sem a culpa, temos, portanto, que a responsabilidade civil exige: ação ou omissão; b) dano; c) nexo causal. Essa é, mais ou menos, a formulação que temos hoje, a formulação amplamente aceita pelos autores. Pois mesmo essa formulação da responsabilidade objetiva (sem culpa) está sendo posta em discussão. O conceito de risco está revolucionando (até hoje) nosso modo de compreender a responsabilidade civil. A grande discussão, hoje, pode se concentrar na chamada esfera de risco (isto é, indagar se o dano está na esfera de risco de determinada atividade. Se estiver, podemos ser flexíveis – e até eventualmente desconsiderar – os outros dois elementos clássicos: a ação ou omissão e o nexo causal).

A terminologia para essa última fase ainda não está definida. Podemos utilizar – como utilizamos neste capítulo – a expressão *responsabilidade objetiva agravada*, mas nada assegura que será essa a terminologia que se imporá. O importante não é tanto a terminologia, e sim que saibamos do que estamos falando. O nexo causal, nessa nova perspectiva, perde a importância absoluta como elemento decisório, se o dano estiver na esfera de risco da atividade[417]. O nexo causal, nessa linha, não é visto de um modo estreito e naturalístico, mas valorativo e imputacional. É nessa ordem de questões que devemos indagar: quem responde pelos riscos da violência? O Estado ou os cidadãos? Devemos privilegiar, na discussão, uma compreensão restritiva dos riscos? Devemos, ao contrário, privilegiar a dimensão da solidariedade social? Sabemos que no dilema entre cidadãos

417. De modo semelhante, argumentou-se que "o que precisa ser destacado é que o raciocínio a ser utilizado no diagnóstico ora proposto não é se existe relação causal entre a conduta do empresário e o dano, mas sim se há pertinência entre o dano e o risco daquela atividade" (FRAZÃO, Ana. Risco da empresa e caso fortuito externo. *Civilística*. a 5, nº 1, 2016, p. 6). Em nossa pesquisa, não indagamos, por certo, dos riscos da atividade empresarial, mas dos riscos da atividade estatal, que devem – acreditamos – ser mais (muito mais) severamente enxergados.

(poderíamos também chamá-los de consumidores nesse caso) e empresas de transporte público, houve uma compreensão restrita dos riscos dos transporte (os assaltos ficaram de fora)[418]. Devemos pensar de igual modo em relação ao Estado atualmente? Ou, ao contrário, conforme tentamos apontar, já existem razões conceituais e normativas que nos autorizam a pensar diferente?

É de se indagar se a violência urbana é um problema individual – da vítima apenas –, ou social? Continuaremos – até quando? – a enxergar, de modo atomizado, a questão da violência urbana, como se as vítimas fossem as responsáveis pelo que sofreram? Aliás, Ana Frazão cita Geneviève Viney e Patrice Jordain, que explicam que os tribunais franceses jamais acolheram o princípio "segundo o qual a aceitação dos riscos pela vítima é, por si e de forma geral, um motivo de exclusão de responsabilidade, motivo pelo qual vêm reconhecendo a responsabilização mesmo quando a vítima está ciente dos riscos"[419]. Voltando ao pensamento tradicional brasileiro, que costuma responsabilizar a vítima, e apenas ela, pelos riscos da violência urbana, a única resposta que o sistema jurídico – permeado pela dimensão normativa dos direitos fundamentais, pela força normativa dos princípios constitucionais – tem para as vítimas de violência urbana é: "perdão, você deu azar, não podemos fazer nada". Estamos realmente diante de um problema individual? Retórica à

---

418. Há estudiosos que, em argumentação interessante, percebem que a responsabilização das empresas de transporte pelos danos sofridos pelos passageiros em assaltos talvez não fosse a solução constitucionalmente mais adequada. "Mas, a responsabilização dos transportadores pelos atos criminosos de terceiros que atingem os passageiros não é ainda uma medida da concretização da solidariedade social, pois se ao final a condenação das empresas de transporte faria que o 'custo da violência' fosse pago, de forma difusa, pelos usuários do transporte quando do pagamento da tarifa, criar-se-ia, com essa obrigação de indenizar, uma situação de solidariedade restrita e, com isso, insuficiente na realização dos ditames do valor da solidariedade social, pois, mais uma vez, limitariam os efeitos negativos do fenômeno social em questão – criminalidade violenta – à camada mais exposta aos mesmos, ao invés de difundir seu custo por entre aqueles sujeitos que mais se beneficiam da persistência dele" (CORRÊA, André Rodrigues. *Solidariedade e responsabilidade*. São Paulo: Saraiva, 2009, p. 551). O autor, porém, não chega a formular a hipótese da responsabilização civil do Estado, preferindo raciocinar com a criação de um seguro social obrigatório, ou com um fundo de amparo às vítimas da criminalidade violenta, proveniente da redistribuição das receitas tributárias existentes.

419. FRAZÃO, Ana. Risco da empresa e caso fortuito externo. *Civilística*. a 5, nº 1, 2016, p. 20.

parte, parece óbvio que se trata de problema não só social, mas fundamentalmente estatal. Estatal à luz das prescrições constitucionais pertinentes. Os danos, no caso, participam dos riscos inerentes à atividade estatal. Não faz sentido – constitucional ou historicamente – pretender transferir esses riscos, na prática, para os mais vulneráveis, que ficam sem proteção material alguma, esvaziando o direito dos danos de qualquer missão social, de qualquer conteúdo material normativamente consistente diante de danos existenciais de singular gravidade.

4.3. Revisitando as excludentes: o que era já não é mais?

Talvez possamos iniciar este tópico afirmando que, atualmente, sobretudo com a evolução jurisprudencial relativa ao conceito de fortuito interno, a distinção entre fato de terceiro e caso fortuito e força maior é, em muitos casos – não diríamos que em todos – fundamentalmente terminológica. A verdade é que as excludentes são, em boa medida, inter-cambiáveis[420]. Isto é, um mesmo fato da vida poderia, em certos casos, encontrar categorização em mais de uma excludente de responsabilidade civil. Nesse contexto, "é o juízo de pertinência ou não ao risco que uniformiza as excludentes de responsabilidade, permitindo que a força maior ou o fortuito interno, o fato da vítima e o fato de terceiro sejam tratados de forma

420. Em sentido semelhante, argumenta José de Aguiar Dias: "Para o nosso legislador, não foi especificamente considerada a hipótese do fato de terceiro, senão que se encontra equiparado, para todos os efeitos, ao caso fortuito ou de força maior" (DIAS, José de Aguiar. *Da Responsabilidade Civil*. Rio de Janeiro: Forense, 1954, p. 664). Em sentido aparentemente diverso, Gisela Sampaio da Cruz argumenta: "No fato de terceiro, a exoneração do agente só terá lugar se o dano puder ser atribuído a *alguém*, sem que se precise identificar precisamente a pessoa de cuja participação proveio o dano, enquanto o caso fortuito ou de força maior, ao revés, se verifica 'no fato necessário, cujos efeitos não era possível evitar ou impedir'. Assim, 'no fato de terceiro, a pretensão ressarcitória da vítima continua de pé, em relação ao verdadeiro causador do dano', o que não ocorre no caso fortuito ou de força maior" (CRUZ, Gisela Sampaio da. *O nexo causal na responsabilidade civil*. Rio de Janeiro: Renovar, 2005, p. 184). Pensemos, por exemplo, numa clonagem de cartão de crédito. O banco responderá objetivamente, ainda que a conduta seja de terceiro. Trata-se, segundo o STJ, de fortuito interno (Súmula 479). Poderíamos, pensamos, categorizar a hipótese igualmente como fato de terceiro. Aliás, nada impede, no caso, que a vítima, caso queira – o que é bastante improvável, mas nada impede – proponha a ação diretamente contra o fraudador.

homogênea"[421]. Uma fraude bancária realizada por um hacker, por exemplo, pode ser lida como fortuito interno ou pode ser vista como um fato de terceiro. Nos dois casos, porém, a resposta é a mesma: a instituição financeira será responsável pelo dano, perante a vítima. Eventuais danos sofridos pelo cliente em virtude, por exemplo, de clonagem do cartão de crédito, correm invariavelmente por conta do banco. Convém ainda lembrar que a jurisprudência brasileira tem se mostrado particularmente severa na análise das excludentes de responsabilidade civil em relação aos bancos. Trata-se, aliás, de tendência que pode ser percebida na responsabilidade civil objetiva como um todo, inspirada pela teoria do risco.

Há, além disso, no contexto descrito, um estreitamento contínuo na aceitação do que pode ser tido como excludente do dever de indenizar (sobretudo nas hipóteses de responsabilidade objetiva, que são informadas, em geral, pela teoria do risco). O que antes podia ser considerado excludente de responsabilidade civil, hoje talvez não possa. Isso vale para aqueles casos e situações em que há condutas humanas, e vale também – ou pode valer – para aquelas situações em que estão em consideração fatos da natureza (que não fazem parte, por certo, das preocupações deste trabalho). De todo modo, o que orienta o tema, atualmente, é o princípio da proteção prioritária da vítima. Pontua-se nessa ordem de ideias: "A teoria da responsabilidade civil do Estado vem experimentando patente repensar. A evolução da responsabilidade do Estado ruma no sentido de sua objetivação, afastando-se da culpa e aproximando-se do risco"[422]. A autora frisa que os contínuos e reiterados problemas que se repetem sazonalmente nas cidades em virtude dos fenômenos naturais não servem de escusa para as responsabilidades estatais.

---

421. FRAZÃO, Ana. Risco da empresa e caso fortuito externo. *Civilística*. a 5, nº 1, 2016, p. 18.

422. BRAGA, Luziânia C. Pinheiro. Responsabilidade do Estado por omissão em razão das enchentes na cidade: o exemplo de Fortaleza no ano de 2004. *Revista de Direitos Difusos*, v. 47, agosto/2009, pp. 123-144, p. 142. Na conclusão do artigo, a autora indaga: "Quando o Estado brasileiro acordará para a necessidade de consensualidade na sua faceta administração? Por certo, trata-se de mais um aspecto de legitimação do agir estatal – exemplificado aqui através da função administrativa. Quando isso acontecerá? Quando?".

Os princípios e regras existentes no direito privado brasileiro – lidos à luz dos valores constitucionais e das contribuições da teoria dos direitos fundamentais – habilitam o intérprete a atribuir o dever de indenizar a determinadas pessoas, ainda que não tenham agido com culpa (novidade nenhuma até aqui, trata-se de algo que nos acompanha socialmente há muitas décadas, pelo menos legislativamente). Aliás, o princípio da preocupação prioritária com a vítima do dano é importantíssimo, fundamental mesmo, no estágio atual da responsabilidade civil do Estado (embora não só nela). Boa parte dos problemas ou encruzilhadas que a responsabilidade civil enfrenta, em nossos dias, exige que o intérprete convide para o diálogo o princípio da preocupação prioritária com a vítima dos danos. É preciso lembrar sempre disso, é preciso saber que esse é o norte que nos orienta.

Há outros aspectos que poderiam ser mencionados. Por exemplo, a questão da inevitabilidade do dano. Trata-se de pergunta tradicional, frequentemente repetida em acórdãos, mas podemos questionar se se trata de pergunta cabível ainda hoje. Talvez não seja – presentes os novos contextos conceituais relativos ao tema. É que não se trata, atualmente, de discutir se o responsável pela atividade poderia evitar o dano. Talvez, no caso concreto, isso não fosse possível. A questão é que a discussão não é bem essa. *Atualmente*, a discussão não é exatamente essa. Em outras palavras, é possível que o dano fosse inevitável (sob o ângulo da possibilidade de alguém impedi-lo). Essa não é, entretanto, a discussão central, pelo menos não deveria ser, aos olhos dos nossos dias. A discussão central é esta: o risco pelo dano, no caso, é da vítima ou do responsável pela atividade? Se for desse último, trata-se de responder mesmo sem tê-lo naturalisticamente causado. Isso não é algo herético nem absolutamente novo entre nós. Os bancos, à luz de jurisprudência até sumulada, respondem por atos de terceiros, desde que conexos às suas atividades. Os fatos de terceiros, nessa perspectiva, são fortuitos internos, participam dos riscos do negócio, relativamente às instituições financeiras.

Convém reforçar, argumentativamente, esse ponto, que nos parece relevante.

Já mencionamos, nesse contexto, que o critério isolado da inevitabilidade do dano pode funcionar como excludente de responsabilidade subjetiva, mas não necessariamente como excludente de responsabilidade pelo risco[423]. Podemos lembrar, de modo semelhante, não ser correto associar, na perspectiva da responsabilidade objetiva, o risco atípico com eventos inevitáveis, pois "essa responsabilidade abrange todo risco associado à atividade – seja ele evitável ou não – por intermédio da adoção de medidas específicas que podem ir da precaução que visa evitar e/ou reduzir a frequência da ocorrência dos riscos até a administração econômica de seus efeitos"[424]. De modo semelhante argumentou-se que a controlabilidade do risco não diz respeito apenas à possibilidade de evitar o dano, mas também à possibilidade de gerenciá-lo adequadamente. Daí por que são questionáveis as decisões jurisprudenciais de que assaltos à mão armada em coletivos, apesar de previsíveis e habituais, seriam fortuitos externos à atividade da transportadora, por serem inevitáveis.

Em relação ao transporte de pessoas, a grande questão, a questão fundamental – ao longo das últimas décadas – tem sido definir quais atos de terceiro guardam conexão com a atividade de transporte, e quais, ao contrário, não guardam. Esse é o ponto essencial. Podemos aliás ampliar, tematicamente, essa discussão, e ela continuará interessante (talvez se torne *ainda mais* interessante). Quais riscos se ligam à determinada atividade, e quais não se ligam? Atividade, aí, nem sempre será atividade empresarial, não há nenhuma razão – histórica ou normativa – para essa restrição. Atividade pode ser, por certo, a atividade estatal, que causa riscos e danos aos cidadãos, cotidianamente. Tão vastos e tão certos são esses riscos e esses danos que nossa tradição constitucional determinou que o Estado, por eles, responda sem culpa. Nesse ponto o problema novamente se põe: por quais atos de terceiro poderia responder o Estado? Quais participam do risco da atividade estatal e quais estão de fora? O direito de danos dos nossos dias já percebeu que a

423. FRAZÃO, Ana. Risco da empresa e caso fortuito externo. *Civilística*. a 5, nº 1, 2016, p. 18.

424. CORRÊA, André Rodrigues. *Solidariedade e responsabilidade*. São Paulo: Saraiva, 2009, p. 534.

causalidade é um juízo de imputação jurídica[425]. A questão do fato de terceiro – ou, se preferimos, do fortuito interno e externo – está sendo revisitada, neste século, com outros olhos, mais atentos ao risco da atividade exercida.

Conforme frisamos antes, já não nos satisfaz, socialmente, o fácil argumento da inexistência do nexo causal, quando estamos diante do chamado fato de terceiro. Isso, hoje, não basta, possivelmente não bastará. É preciso continuar na linha argumentativa. Pode ter havido, realmente, um fato de terceiro, e ainda assim a responsabilidade civil do responsável pela atividade se impor. Isso porque os riscos do negócio – ou, mais amplamente, os riscos da atividade – podem compreender, inclusive, na visão atual, os fatos de terceiro. É essa a investigação que precisa ser feita em cada caso concreto, são em torno desses problemas que devem orbitar as perguntas relevantes.

A análise do nexo causal, nos danos sofridos pelos cidadãos relacionados à violência urbana, deverá ser fortemente iluminada pelo princípio da solidariedade social, e pela percepção de que os riscos, no caso, não são dos cidadãos, e sim do Estado[426]. Trata-se de dano ocorrido na esfera de risco estatal. Não há razão constitucionalmente consistente para esvaziar de normatividade o dever jurídico do Estado de prestar segurança pública, como direito fundamental social, em níveis razoavelmente mínimos.

---

425. MULHOLLAND, Caitlin. *A responsabilidade civil por presunção de causalidade*. Rio de Janeiro: GZ Editora, 2009, p. 95-97.

426. A causalidade é uma questão essencialmente valorativa (KOTZ, Hein; ZWEIGERT, Konrad. *Introduction to comparative law*. Oxford: Clarendon Press, 1995, pp. 302). Citando os referidos autores, Ana Frazão sublinha que "isso ocorre claramente no direito norte-americano, no qual a análise do chamado nexo causal envolve critérios como oportunidade, equidade, certeza do direito e justiça social, motivo pelo qual o ponto crucial da responsabilidade por ato ilícito consiste em definir, dentre os inúmeros eventos danosos, quais devem ser transferidos do ofendido para o autor do dano, conforme as ideias de justiça e de equidade dominantes na sociedade" (FRAZÃO, Ana. Risco da empresa e caso fortuito externo. *Civilística*. a 5, nº 1, 2016, p. 5, nota de rodapé). Aliás, já Georges Ripert, em página clássica, sublinhou que se afastamos da ideia de culpa, a ideia de causalidade passa ao primeiro plano (RIPERT, Georges. *A regra moral nas obrigações civis*. São Paulo: Saraiva, 1937, p. 206).

Os estudos mais atuais percebem, nessa ordem de ideias, que a construção do nexo causal não se dá de modo tão estreito como se pensou em boa parte dos séculos passados. Sobretudo nas hipóteses em que a responsabilidade civil objetiva se fundamenta no risco da atividade, a construção do nexo causal se dá levando em consideração outros fatores, e sobretudo levando em consideração se o fato ocorreu na esfera de risco do responsável[427]. Nesse sentido, "fez-se imperioso encontrar um critério delimitador entre o chamado fortuito interno, inerente ao risco, e o fortuito externo, alheio ao risco e, consequentemente, suscetível de afastar a responsabilidade"[428].

Quais são os riscos inerentes à determinada atividade é pergunta que não pode receber resposta apriorística, sendo, ao contrário, questão fundamentalmente sujeita aos condicionamentos histórico-temporais. Outro aspecto igualmente relevante é a determinação social sobre quem deverá responder por determinados riscos. Trata-se de decisão que as sociedades, em cada período histórico, tomam, ainda que nem sempre com clareza acerca dos rumos trilhados e das opções possíveis.

Aliás, o percurso argumentativo que certos juristas fazem, ao mencionar os paradoxos do risco na sociedade dos nossos dias, ainda que não tenha sido escrito a partir dos problemas da violência urbana, pode, de certa forma, aplicar-se a eles. Maria Celina Bodin de Moraes, por exemplo, sublinha a existência de "um paradoxo que insere o conceito de risco no centro do funcionamento da sociedade industrializada. O acidente, como emerge da sociedade industrial, tem características que impedem de interpretá-lo nos significados

---

427. Nesse sentido, "não são todas as formas de responsabilidade jurídica que exigem uma construção tão estreita de nexo causal em que o dano é resultado da conduta do responsável, como ocorre nas situações envolvendo responsabilidade por ato ilícito, sendo que, nos casos em que a responsabilidade se dá em razão do risco, tal não é necessário, pois nessas hipóteses 'se tratará de um fato compreendido na esfera de risco objetivamente endereçada ao responsável'" (CORRÊA, André Rodrigues. *Solidariedade e responsabilidade*. São Paulo: Saraiva, 2009, p. 488). O autor, depois de citar Pietro Trimarchi (*Causalità e danno*. Milano: Giuffrè, 1967, p. 14), conclui afirmando que "que a definição de determinado ato/fato como hipótese contida na esfera de risco atribuída ao sujeito constitui o eixo da discussão acerca da responsabilidade objetiva" (CORRÊA, André Rodrigues. *Solidariedade e responsabilidade*. São Paulo: Saraiva, 2009, p. 488).

428. FRAZÃO, Ana. Risco da empresa e caso fortuito externo. *Civilística*. a 5, nº 1, 2016, p. 2.

anteriores de acaso ou providência. O conceito obedece a um tipo de objetividade específica e decorre do curso natural das atividades coletivas, e não de acontecimentos excepcionais ou extraordinários. O evento danoso deixa, pois, de ser considerado uma fatalidade e passa a ser tido como fenômeno 'normal', estatisticamente calculável"[429]. A verdade – gostemos ou não – é que a violência, há muito, deixou de ser um acontecimento excepcional ou extraordinário. Participa, terrivelmente, da sociedade que construímos, de modo diário e um tanto quanto (infelizmente) banal. Lidamos, aliás, estatisticamente, com a violência – para fazer mais um paralelo conceitual com o artigo da ilustre jurista.

A professora prossegue argumentando que se tais danos, na lógica da culpa, eram irressarcíveis, com a nova conotação dada à noção de acidente – não mais um evento atribuído ao acaso ou à fatalidade – atualmente a questão tem outro dimensionamento, com a superação do modelo liberal. Assim, "de fato, a evolução econômica e social tornara claro que a tradicional responsabilidade subjetiva era insuficiente, qualitativa e quantitativamente, para tutelar diversas espécies de relações jurídicas próprias da sociedade industrializada. Na nova realidade social, a reparação da vitima não poderia depender da prova impossível que identificasse quem, de fato, agiu de forma negligente para estabelecer a reparação dos danos injustamente sofridos". Um pouco depois, enfatiza: "A transformação da responsabilidade civil em direção à objetivação corresponde a uma mudança sócio-cultural de significa relevância que continua a influenciar o direito civil neste início de século. Ela traduz a passagem do modelo individualista-liberal de responsabilidade, compatível com a ideologia do Código Civil de 1916, para o chamado modelo solidarista, baseado na Constituição da República e agora no Código Civil de 2002, fundado na atenção e no cuidado para com o lesado: questiona-se hoje se à vitima deva ser negado

429. MORAES, Maria Celina Bodin de. Risco, solidariedade e responsabilidade objetiva. *Revista dos Tribunais*, v. 854, dez/2006, pp. 11-37, p. 14)

o direito ao ressarcimento e não mais, como outrora, se há razões para que o autor do dano seja responsabilizado"[430].

Conforme anotamos no início do segundo capítulo, a violência urbana, hoje, embora constitucionalmente conectada às funções estatais (ninguém põe em dúvida que o dever de prestar segurança pública é um dever do Estado), é um território de ninguém, no que diz respeito à assunção – jurídica – dos riscos. As empresas de transporte público, por exemplo, não respondem por esses riscos, e o Estado, segundo o padrão mental que prepondera atualmente, também não. Resta à vítima, sozinha e esquecida, reclamar de seu destino apenas[431]. Algo estranho, para dizer o mínimo, numa democracia constitucional regida pela normatividade dos direitos fundamentais.

Aliás, o tema, aos olhos do nosso tempo, não pode ser abordado sem que os direitos fundamentais sejam convidados para iluminar o diálogo. Hoje, no que diz respeito aos direitos fundamentais, avançamos muito, avançamos no sentido de superar a fase em que os víamos como mero exercício de retórica, vazios de qualquer normatividade. Atualmente, ao contrário, chega a ser lugar comum teórico afirmar-lhes a força vinculante. Isso, porém, na prática, não acontece em todas as áreas, não chega – pragmaticamente – a todos os setores do pensamento jurídico. Há, ainda, se assim podemos dizer, lugares sombrios, pouco iluminados, em que a tradição impera impondo velhos modos de pensar, até pela acomodação de deixar do mesmo modo o que "sempre foi assim".

O risco, hoje, temos enfatizado, aproxima-se da dimensão jurídica de modo crescente. O risco autoriza, em certas situações, a ordem jurídica a agir – mesmo antes do dano. Não só isso. O risco – ou, melhor dizendo, o conceito de risco – revoluciona certos modos de pensar, certas abordagens clássicas da responsabilidade civil. Soaria como heresia teórica afirmar, há algum tempo, que

430. MORAES, Maria Celina Bodin de. Risco, solidariedade e responsabilidade objetiva. *Revista dos Tribunais*, v. 854, dez/2006, pp. 11-37, p. 14).

431. Em sentido semelhante, KOWARICK, Lúcio. Viver em risco: sobre a vulnerabilidade no Brasil urbano. *Novos Estudos*. São Paulo, nº 63, jul. 2002, pp. 9-30, p. 29-30.

poderíamos não considerar o nexo causal, se o dano fizesse parte dos riscos da atividade. Hoje, porém – embora aos poucos e com embates, como é próprio das evoluções sociais, e não só jurídicas – começa-se a aceitar que o nexo causal possa não só ser flexibilizado, como até mesmo possa ser presumido em certos contextos. Isso, por certo, amplia os deveres e as responsabilidades daqueles que exercem certas atividades e, de outro lado – em fenômeno algo semelhante com o que ocorreu, historicamente, nos primórdios da teoria do risco –, vem ao encontro da preocupação atual de não deixar as vítimas, sobretudo se mais vulneráveis, desamparadas. Somente assim, construindo novas soluções a partir de reflexões contextualizadas, podemos realizar, aos poucos, o generoso projeto constitucional, buscando implementar a equidade e a solidariedade social (não nos discursos, não na retórica verborrágica, mas nas soluções úteis e concretas, caso a caso).

Já mencionamos, ademais, nos dois primeiros capítulos, que o Estado deve não apenas se abster de violar direitos fundamentais dos cidadãos – deve, hoje, mais: deve agir, de modo ativo e eficaz, para que tais direitos não sejam lesados por terceiro. Há uma inegável dimensão ativa em nossos dias, o que reforça e evidencia os deveres de proteção a cargo das atuais democracias constitucionais[432].

Os efeitos da criminalidade não só sobre os usuários do transporte coletivo, mas sobre os cidadãos em geral é algo tão presente em nossos dias, e de forma (frequentemente) tão brutal, que qualquer esforço argumentativo para demonstrar essa realidade soaria

432. Juan María Bilbao Ubillos, professor espanhol, compartilha essas reflexões, raciocinando acerca dos danos causados por atitudes discriminatórias: "A mesma conclusão se chega a partir dos diplomas internacionais subscritos pela Espanha nesta matéria. Todos estes documentos têm um ponto em comum: os Estados que os ratificam não só se responsabilizam pelo cumprimento da proibição de discriminar por seus próprios órgãos, como também adquirem o compromisso de adotar as medidas adequadas para evitar que outros discriminem. À obrigação de respeitar o disposto nos textos internacionais, não cometendo diretamente atos discriminatórios, soma-se à obrigação de prevenir e sancionar devidamente as condutas discriminatórias de terceiros em qualquer cenário da vida social, pondo à disposição das vítimas as garantias processuais mais idôneas para reparar a violação" (BILBAO UBILLOS, Juan María. Proibição de discriminação e relações entre particulares. Trad. Renata R. Batista. *A Constitucionalização do Direito: fundamentos teóricos e aplicações específicas*. Cláudio Pereira de Souza e Daniel Sarmento (Orgs). Rio de Janeiro: Lumen Juris, 2007, p. 398).

possivelmente ingênuo. Por outro lado, não deixa de ser espantoso o relativo silêncio que impera relativamente às possíveis consequências jurídicas que adviriam, ou deveriam advir, para o Estado, diante desse estado de coisas. Não parece haver dúvida de que a segurança pública é tarefa fundamentalmente estatal. Tampouco parece haver discussão de que essa tarefa – melhor diríamos, esse dever, constitucionalmente posto – não vem sendo cumprido, nem razoavelmente, nem mesmo em níveis mínimos. É fundamental, parece-nos, que o problema seja posto com mais frequência, sobretudo em trabalhos acadêmicos, para que surjam reflexões acerca dos caminhos que podemos ou devemos trilhar. Talvez não se deva excluir das reflexões uma cobertura securitária mais ampla, a exemplo do que ocorre, hoje, com o DPVAT (embora isso não esteja, absolutamente, dentro dos limites deste trabalho)[433]. A discussão acerca das melhores formas, socialmente falando, de distribuir os custos desses danos é complexa, e praticamente inexistente entre nós.

O que nos parece certo é que a solidariedade social, constitucionalmente posta, deverá iluminar fortemente a busca de soluções. A discussão, hoje, diz respeito aos critérios da justiça distributiva[434]

433. A questão da violência urbana e suas vítimas – desamparadas, atualmente, sob o ângulo jurídico – exige reflexões atuais e consistentes (e, também, urgentes). Como distribuir, socialmente, esses custos? André Rodrigues Côrrea indaga se "para garantir uma justa repartição dos custos sociais relativos ao fenômeno da violência urbana melhor seria, no lugar de impor um dever de reparar a cargo do transportador, estabelecer um sistema de seguro social a cargo daqueles que lucram com essa realidade, a chamada indústria da segurança, pois essa tem como público consumidor de seus produtos e serviços um grupo em boa parte distinto daquele que compõe o grupo de usuários do transporte público, mais expostos ao risco em questão. Haveria, aqui, um sistema que redistribuiria o custo decorrente da criminalidade urbana violenta em moldes semelhantes ao que ocorre no sistema desenvolvido para acidentes de trânsito: há um grupo – proprietários de veículos – a quem se encarrega de contribuir para a formação de um fundo que deverá arcar, dentro de certo limites, com os custos decorrentes do pagamento dos danos sofridos por um grupo mais amplo de pessoas – as vítimas de acidentes causados por veículos automotores terrestres. Não há, aqui, uma coincidência entre o grupo de contribuintes e o grupo de beneficiários, podendo existir sujeitos que não contribuem – aqueles que não são proprietários de veículos automotores terrestres – e, ainda assim, são beneficiários do seguro" (CORRÊA, André Rodrigues. *Solidariedade e responsabilidade*. São Paulo: Saraiva, 2009, p. 430).

434. Acerca da justiça distributiva, conferir POSNER, Richard A. *Problemas de Filosofia do Direito.* Trad. Jeffesor Luiz Caranco. São Paulo: Martins Fontes, 2007, p. 448 e seguintes. Também: RIPSTEIN, Arthur. *Equality, responsability and the law*. Cambridge: Cambridge University Press, 1999, p. 267 e seguintes.

nos dilemas da responsabilidade civil e, mais ainda, como devemos encarar os conceitos de risco, e qual a leitura contemporaneamente adequada que devemos dar às excludentes da responsabilidade civil.

Em suma, não exageramos ao dizer que o fato de terceiro já não é mais – ou *nem sempre* é mais – um fato de terceiro. Em outras palavras, em certas situações o chamado fato de terceiro já não exclui o dever de indenizar de quem alega essa excludente. Isso porque "mais importante do que verificar qual a relação causal entre a omissão do réu e o ato de terceiro é verificar se esse último pode ser considerado um risco descrito como um fortuito interno, típico da atividade desempenhada por aquele"[435]. Em outras palavras, "o ato de terceiro se apresenta, pela sua frequência, como risco inerente à atividade do réu". Os exemplos, hoje, são mais numerosos do que poderíamos supor – e tendem a aumentar. Basta lembrar que os bancos respondem pelos atos de terceiro. Não só: na seara ambiental, é comum – nas reflexões teóricas e nos julgados – a afirmação de que o fato de terceiro, isto é, aquele causado por pessoa diversa daquele que efetivamente deverá arcar com os danos causados ao meio ambiente, não afasta a responsabilidade pelos danos ambientais.

Não só, aliás. Conforme já apontamos neste livro, o fato de terceiro, na atividade das instituições financeiras, não é lido como se fosse um fato de terceiro, isto é, não rompe o nexo causal, não é uma excludente de responsabilidade civil. Há uma tendência que se fortalece, sobretudo na jurisprudência, no sentido de alargar a compreensão do fortuito interno, de jeito a incluir no conceito mesmo fatos de terceiros que causem danos aos consumidores (clientes ou não, pois as vítimas do evento danoso são consumidoras por equiparação, podendo se valer de todo o instrumental teórico-normativo à disposição dos consumidores). Convém registrar que não são admissíveis como caso fortuito aqueles fatos que estejam,

---

435. CORRÊA, André Rodrigues. *Solidariedade e responsabilidade*. São Paulo: Saraiva, 2009, p. 533. O autor, mais adiante, argutamente aponta que a assimilação entre o fato de terceiro e a força maior é cada vez mais criticável, e conclui: "Diante de uma sociabilidade cada vez mais violenta, faz-se necessário impor responsabilidades especiais que prcisam ser ponderadas no direito de danos" (CORRÊA, André Rodrigues. *Solidariedade e responsabilidade*. São Paulo: Saraiva, 2009, p. 546). Em sentido semelhante: CALDEIRA, César. Assaltos a passageiros de ônibus no Rio de Janeiro: um estudo sócio-jurídico. *Revista de Informação Legislativa*. Brasília, ano 38, nº 149, jan.-mar. 2001, p. 165.

de qualquer modo, relacionados com a atividade desenvolvida, ou façam parte dos riscos do negócio. Cuida-se, nesse passo, de fortuito interno, que não exclui o dever de indenizar[436].

Podemos sempre indagar acerca dos critérios que determinada instituição, ou determinado corpo de regras, adota em relação à distribuição dos riscos[437]. Podemos indagar também – e o fazemos nesta obra – acerca da coerência desses critérios. Em outras palavras, qual a razão para que determinadas vítimas, em certas circunstâncias, sejam indenizadas, e outras, não (por que, por exemplo, as vítimas da violência urbana em estacionamentos de shopping são indenizadas, segundo decisões do STJ, e as vítimas da violência urbana no transporte público, não, segundo decisões do mesmo tribunal). Um fato de terceiro – repetimos talvez com exagero retórico – nem sempre é um fato de terceiro, no sentido de excluir o dever de indenizar do responsável pela atividade. Será que poderíamos continuar afirmando que a violência urbana – que atinge tão severamente os cidadãos brasileiros – é resultado, apenas, de fatos de terceiro? Que, ocorrido o dano, o Estado nada tem com isso? Que não existem laços de conexão, normativos e conceituais, entre o dano e o agir estatal? Que o Estado, depois do dano, só pode lamentar, se tanto?

4.4. Novas chaves de leitura: sempre resistimos ao novo?

A pergunta é retórica, é mais uma forma de chamar a atenção para o fato de que, na história das ideias, o novo nunca se impõe

---

436. O STJ já definiu que não é possível admitir o furto ou o roubo como causas excludentes do dever de indenizar. Argumentou-se que "há de se levar em conta a natureza específica da empresa explorada pela instituição financeira, de modo a considerar esse tipo de evento, como um fortuito interno, inerente à própria atividade, incapaz de afastar, portanto, a responsabilidade do depositário" (STJ, REsp 1.133.111, Rel. Min. Sidnei Beneti, 3ª T, DJ 05/11/2009). A linha de tendência jurisprudencial foi consagrada no seguinte enunciado: "As instituições financeiras respondem objetivamente pelos danos gerados por fortuito interno relativo a fraudes e delitos praticados por terceiros no âmbito de operações bancárias" (STJ, Súmula 479). Outrossim, na linha que apontamos no texto decidiu recentemente o STJ que "o fato de um terceiro ser o causador do dano, por si só, não configura motivo suficiente para elidir a responsabilidade do transportador, sendo imprescindível aferir se a conduta danosa pode ser considerada independente (equiparando-se a caso fortuito externo) ou se é conexa à própria atividade econômica e aos riscos inerentes à sua exploração" (STJ, REsp 1.136.885, Rel. Min. Nancy Andrighi, 3ª T, DJ 07/03/2016).

437. DOUGLAS, Mary. *Risk acceptability according to the social science*. New York: Sage, 1985, p. 83.

facilmente, nunca é suave ou sem lutas o seu caminho. Isso, por certo, não é exclusividade do fenômeno jurídico, sendo até mais sensível, mais nítido, em outras áreas do pensamento.

Trata-se, portanto, de uma constatação, um fato empírico, facilmente observável em várias reconstruções históricas, inclusive – mas não apenas – na história da ciência.

Falemos, mais particularmente, da experiência jurídica. Dissemos ser comum que existam embates teóricos, é comum que haja resistência diante de novas proposições, novas interpretações, novos conceitos e inéditos modos de ver. Não esqueçamos da extrema resistência, no Brasil, durante boa parte do século passado, em relação à aceitação do dano moral. A jurisprudência, em geral, com lentes bastante tradicionalistas, não entendia como se poderia indenizar um dano que não fosse patrimonial. A doutrina, também, em geral, manifestou extrema resistência – naturalmente, com as exceções que sempre se destacam pela antevisão e pelo poder de compreender as novas realidades quando essas começam a se delinear[438].

---

438. A propósito dos embates, anteriormente à Constituição Federal de 1988, acerca da aceitação do dano moral, convém lembrar que contar a história do dano moral no Brasil é, de certo modo, contar a história dos conflitos jurisprudenciais (e doutrinários) que existiram entre aqueles – mais conservadores – que entendiam não ser adequado a indenização compensatória em casos de danos morais, e daqueles outros que a imaginavam possível. Por muitas décadas, a jurisprudência brasileira resistiu à idéia de indenizar os danos morais. Usava-se, então, o argumento – comum entre os doutrinadores do início do século passado – de que, como a honra não tem preço, não se pode pagar nada por ela. Desse modo, concluíam, o dano moral puro, isto é, o dano moral desacompanhado do dano material não seria, segundo os padrões mentais da época, indenizável. Ficava muito claro, pelos argumentos usados, que o direito civil se preocupava, na verdade, com o patrimônio, sendo a pessoa humana, e seus valores existenciais, relegados a plano secundário. O Supremo Tribunal Federal, em vários julgados, afirmava, com dura convicção, que "não é admissível que os sofrimentos morais dêem lugar à reparação pecuniária, se deles não decorre nenhum dano material" (STF, RE 11.786, Rel. Min. Hahnemann Guimarães, 2ª T., DJ 06/10/52). Havia, contudo, na doutrina, vozes geniais, que percebiam a profunda injustiça desse estado de coisas. Pontes de Miranda, em 1927, com a antevisão que o distinguia, escreveu: "Não compreendemos como se possa sustentar a absoluta irreparabilidade do dano moral. Nos próprios danos à propriedade, há elemento imaterial, que se não confunde com o valor material do dano. Que mal-entendida justiça é essa que dá valor ao dano imaterial ligado ao material e não dá ao dano imaterial sozinho? Além disso, o mais vulgarizado fundamento para se não conceder a reparação do dano imaterial é o de que não seria completo o ressarcimento. Mas não é justo, como bem ponderava JOSEF KOHLER, que nada se dê, somente por não se poder dar o exato" (PONTES DE MIRANDA. *Fontes e evolução do direito civil brasileiro.* Rio de Janeiro: Pimenta de Mello,

Fenômeno semelhante aconteceu, de certo modo, com as novas leituras do direito civil a partir da perspectiva constitucional. Não foi sem dificuldades – e sem resistências por parte da visão tradicional – que o novo modelo interpretativo se impôs. Havia, ainda, em grande parte, o apego cômodo a antigas chaves de leituras, a modos e formas de ver os conceitos, categorias e institutos civis a partir de uma proteção privilegiada para o patrimônio, não para a pessoa. Hoje, no entanto, acreditamos que se pode dizer, com alguma tranquilidade, que os novos modelos de pensamento se impuseram, e as novas gerações de intérpretes – professores, juízes, membros do ministério público, defensores públicos, advogados – já veem com naturalidade as interpretações do direito civil-constitucional, já incorporaram, por assim dizer, a nova postura interpretativa, que passa a ser vista como natural, até esperada, como se não pudesse ser de outro modo. Aliás, atribui-se a Arthur Schopenhauer a percepção de que toda verdade passa por três estágios: primeiro, ela é ridicularizada. Depois, é rejeitada com violência. Por fim, é aceita como se fosse algo evidente, como sempre tivesse sido assim.

Há outro exemplo possível, que já mencionamos, embora brevemente. Hoje, é voz uníssona na doutrina que a responsabilidade civil do Estado, no Brasil, é objetiva desde a Constituição de 1946, que consagrou – pela primeira vez entre nós – a teoria do risco administrativo. Isso, porém, é uma visão de hoje, uma visão retrospectiva, com a vantagem que o distanciamento histórico permite, com um

---

1927, p. 182). A jurisprudência, porém, nem sempre acompanhava esses avanços doutrinários. Pontes de Miranda lamentava: "A corrente patrimonialista dominava os tribunais; mais do que timidez: resistência". Em 1913, a partir do voto de Pedro Lessa, o STF aceitou ressarcir a lesão não-material, em caso de acidente ferroviário. Porém, dois anos depois, julgando embargos opostos àquela decisão, voltou atrás, afirmando incisivamente que "a legislação pátria nunca consagrou a obrigação de indenizar danos puramente morais". O primeiro caso – "leading case" – no STF que sinalizou uma mudança de atitude ocorreu em julgado relatado pelo Ministro Aliomar Baleeiro (MONTEIRO FILHO, Carlos Edison do Rêgo. *Elementos de responsabilidade civil por dano moral*. Rio de Janeiro: Renovar, 2000, p. 10). Embora possamos criticar certos excessos, "a difusão da reparação do dano moral é consequência direta, embora inconsciente, de um processo de constitucionalização da responsabilidade civil" (Maria Celina Bodin de Moraes. A Constitucionalização do Direito Civil e seus efeitos sobre a Responsabilidade Civil. In: *A Constitucionalização do Direito: fundamentos teóricos e aplicações específicas*. Cláudio Pereira de Souza e Daniel Sarmento (Orgs). Rio de Janeiro: Lumen Juris, 2007, p. 442).

olhar mais lúcido e sereno. Nos anos e até décadas que se seguiram à previsão da responsabilidade objetiva do Estado pela Constituição, no entanto, as coisas não eram tão tranquilas como poderíamos supor. A visão tradicional não aceitava, no plano interpretativo, que a Constituição tivesse mudado o caráter da responsabilidade do Estado (então prevista no Código Civil, com caráter subjetivo). Mesmo porque, lembremos, não era comum, na época, o diálogo entre a Constituição e o Código Civil, não havia uma "tecnologia" desenvolvida nesse sentido, por assim dizer. A questão da unidade do ordenamento era vista como algo retórico, próprio das reflexões da teoria geral do direito, mas sem consequências práticas imediatas, relevantes. Para alguns seria quase uma heresia que a Constituição pudesse alterar, em ponto relevante, contra disposição expressa do Código Civil, algum artigo seu. O Código Civil, no padrão mental tradicional na época, era lido como se fosse a "constituição do direito privado", em conhecida dicção.

Isso evidencia, com clareza, que a norma não é o texto legal – digamos, com o perdão da obviedade. A norma jurídica "é um *posterius* e não um *prius* em relação ao processo interpretativo. Resulta da valoração do fato concreto, à luz de todo o ordenamento que, traduzindo-se na atividade interpretativa, exige ponderação no exame das peculiaridades do objetivo cognitivo"[439]. O direito civil – embora tenha se renovado, de modo fascinante, nas últimas décadas, alterando velhas estruturas e incorporando novas funções – sempre foi visto como o espaço jurídico do tradicionalismo. Os civilistas, com seu conservadorismo inteligente, hesitam muito em abandonar antigos esquemas ou classificações ou renovar velhas pautas temáticas.

É preciso não esquecer que a responsabilidade civil, historicamente, em múltiplas situações, funcionalizou-se como o instituto que evitou que os custos do progresso fossem suportados pelos agentes socialmente mais vulneráveis. Essa é uma linha histórica que precisa ser relembrada. Na passagem do século XIX para o século XX foram as obras de Josserand e de Saleilles que chamaram a atenção

439. TEPEDINO, Gustavo. *RTDC*, Editorial, v. 30, abr/jun.2007.

para a existência de danos injustos que *não eram indenizáveis*, à luz dos padrões mentais e normativos então prevalentes[440]. A interpretação que conferimos aos conceitos, categorias e institutos é que, em boa medida, define *o que são* os conceitos, categorias e institutos[441]

É preciso ainda atentar para a relatividade histórica do conceito de risco. Não é só o conceito de dano indenizável que muda com o tempo, sendo marcado por forte historicidade. Também o conceito de risco é fundamentalmente relativo – depende das circunstâncias de tempo e espaço. Aliás, não são raros nem superficiais os estudos que analisam a responsabilidade civil pelo "contato social". Surge, nesse contexto, a "responsabilidade social pelo simples perigo a que a sociedade é exposta, e as fontes geradoras das situações de risco, numa perspectiva solidária, têm o dever de suprimir o fator de risco do contexto social"[442].

Inicialmente intitulamos este tópico final do livro com o seguinte título: "Somos conservadores? Abismo entre percepções sociais e respostas jurídicas", para sublinhar o tom lento, refratário a mudanças, que timbra o pensamento jurídico em geral. Os juristas – e, em particular, os civilistas – são associados ao conservadorismo, a um modo de pensar, socialmente falando, que tende a não

440. É sempre instrutiva, a respeito, a leitura de SILVA, Wilson Melo da. *Responsabilidade sem culpa e socialização do risco*. Belo Horizonte: Bernardo Álvares, 1962, p. 97. Convém frisar que não propomos, necessariamente, a ampliação dos danos indenizáveis, mas a apenas a percepção de que certos danos, cuja gravidade existencial é inquestionável, não podem ficar sem indenização, sob pena de esvaziar de sentido normativo o princípio da solidariedade social e a própria dignidade da pessoa humana, além de desconsiderar o princípio da proteção prioritária da vítima.

441. Caitlin Mulholland ressalta "que o trabalho da doutrina contemporânea da reponsabilidade civil não deixa de lado sua função renovadora, mas a construção jurisprudencial é, pela sua própria função, mais ágil em detectar e aplicar aos casos concretos novos princípios, adotando um novo paradigma do Direito de Danos" (MULHOLLAND, Caitlin Sampaio. *A responsabilidade civil por presunção de causalidade*. Rio de Janeiro: GZ, 2010, p. 23, nota 37). Cabe, aliás, lembrar que "diferentemente da concepção condicionalística que estabelece que todas as condições de um dano são sua causa (ligação natural de causa e efeito), a concepção probabilística da responsabilidade civil é baseada na ideia de que a análise jurídica da imputação deve revelar-se por meio da classificação da atividade ou conduta como sendo estatisticamente e tipicamente associada ao dano sofrido" (Obra citada, p. 289). Precisamos, portanto, classificar hermeneuticamente determinadas atividades como associadas, ou não, a determinados tipos de danos.

442. STEIGLEDER, Annelise Monteiro. *Responsabilidade civil ambiental*. Porto Alegre: Livraria do Advogado, 2011, p. 180.

aceitar tão facilmente mudanças em suas tradicionais estruturas conceituais[443]. Em relação à responsabilidade civil do Estado por atos relacionados à violência urbana, cremos, acontece algo semelhante. As respostas jurídicas, diante do problema, tardam, não refletem – possivelmente – as dinâmicas percepções sociais acerca do problema. Talvez não exageremos ao afirmar que há um fosso entre as expectativas sociais a respeito do tema e as respectivas respostas jurídicas – lentas e insatisfatórias.

José Roberto de Castro Neves, a respeito, escreveu: "A ordem jurídica não é mera espectadora da vida social. Como agente de transformação, ela tem o dever de atuar na construção dessa sociedade justa, livre e solidária. Para isso, o ordenamento jurídico precisa passar por uma análise crítica, por uma apreciação teleológica. Afinal, a quem o direito serve? Qual a sua função? A responsabilidade civil é um tema que, pela sua relevância social, não pode escapar dessa reflexão. Diante de uma sociedade injusta, o caminho do direito – aberto corajosamente, como Bilac fala da senda dos desbravadores do sertão, 'quando a bandeira entrou pelo teu seio' – é o caminho de dilatar a responsabilidade, de torná-la maior, amparando mais e mais situações". E continua: "Com efeito, há uma clara tendência em se alargar as hipóteses de responsabilidade civil, o que é feito a partir da 'desconstrução' de alguns conceitos clássicos do direito civil, por vezes afetando verdadeiros tabus"[444].

Seja-nos permitido reproduzir, aqui, o que escrevemos em 2004: "Nós somos acusados de ser conservadores – e falo aqui dos

---

443. Sintomaticamente, os civilistas são conhecidos por simbolizar, tradicionalmente, o conservadorismo jurídico. Pierre Bourdieu, por exemplo, enxerga nos privatistas o "culto do texto, o primado da doutrina e da exegese, quer dizer, ao mesmo tempo da teoria e do passado" (BOURDIEU, Pierre. *O poder simbólico*. Trad. Fernando Tomaz. Rio de Janeiro: Bertrand Brasil, 2001, p. 252. De modo semelhante, percebeu-se que "a permanência jurídica se manifesta, em toda sua plenitude, no setor específico das codificações. E, aí, especialmente em matéria de Direito Civil, tido por protótipo do conservadorismo jurídico" (VASCONCELOS, Arnaldo. *Teoria da Norma Jurídica*. São Paulo: Malheiros, 1993, p. 144). Nesse contexto teórico, convém lembrar que o século XIX foi pródigo em generalizações, amplas construções teóricas e esquemas abstratos (MEAD, George H. *Movements of thougt in the nineteenth century*. Chicago: The University of Chicago Press, 1972).

444. CASTRO NEVES, José Roberto de. Responsabilidade civil – vinte rachaduras, quebras e desmoronamentos (e uma canção desesperada). *RTDC*, v. 33, ano 9, jan-mar/2008, pp. 219-246, p. 221-222.

civilistas –, e essa é uma crítica, em grande parte, verdadeira. Só que esse conservadorismo, esse apego desmesurado à tradição, não nos pode tornar insensíveis às desigualdades, não pode fazer com que esqueçamos que a Constituição impôs uma dimensão material, substantiva, às nossas tarefas, e não apenas um papel de reproduzir, no presente, as estruturas do passado". Continuávamos: "Superamos as castas, mas será que superamos mesmo? Há pouco tempo tive acesso a um estudo que informava que uma hipotética jovem analfabeta, desempregada, morando no Nordeste rural do país, tem 98,9% de probabilidade de continuar pobre. Se a Constituição impõe ao Estado e à sociedade o compromisso de erradicar a pobreza e as desigualdades regionais, como pretender manter o direito civil imune há tudo isso? É certo que, para avançar, somos levados a abandonar nossa tradição de passividade, de meros legitimadores do atual estado de coisas. O jurista sempre foi o Tabelião da História, como anotou, com fina ironia, um escritor. Por quê? Porque se limitava a reproduzir em suas lições, com muito atraso, velhas novidades, e sempre com má-vontade". Concluíamos então: "É preciso repensar essa função clássica. Será que não podemos assumir a vanguarda de certas mudanças? Será que a função civilizatória do direito não implica uma mudança de postura de seus intérpretes? Será que a história nos reservou, de maneira determinista, o papel de eternos coadjuvantes passivos nas transformações sociais? ". "Não se trata de defender funções milagrosas para o direito, como se ele pudesse, num passe de mágica, transformar a terra num paraíso. Sabemos que não é assim. Porém, nem por isso podemos incidir no erro oposto de enxergar na ordem jurídica uma função puramente legitimadora do atual estado de coisas. Nem tanto ao mar, nem tanto à terra. Como disse certa vez um escritor inglês, o sujeito pessimista reclama dos ventos, o otimista espera que eles mudem, e o realista ajusta as velas. Ajustemos as velas do direito aos novos tempos, e conseguiremos, quem sabe, um direito civil mais próximo das pessoas, de suas angústias e de seus problemas"[445].

---

445. BRAGA NETTO, Felipe Peixoto. A Constituição e a dimensão privada do existir. *Quinze anos de Constituição*. SAMPAIO, José Adércio Leite (org.). Belo Horizonte: Del Rey, 2004, p. 316. Ver ainda, embora com outros argumentos, próprios da época: VON GIERKE, Otto. *La función social del derecho privado*. Madrid: Sociedad Editorial Española, 1904.

Ao analisar, teórica e criticamente, a responsabilidade civil do Estado, percebemos que há avanços realizados, e pontos por avançar. Certamente, hoje, o Estado responde civilmente por atos e omissões que durante boa parte do século passado, no Brasil, ele não respondia. Essas mudanças, sabemos, são lentas, e culturalmente complexas. Aliás, já anotamos que, hoje, todos os autores registram que a teoria do risco administrativo passou a fazer parte da tradição jurídico-constitucional brasileira a partir da Constituição de 1946. Se, porém, refizermos – retrospectivamente – os passos jurisprudenciais, veremos que gastamos muitos anos, até décadas, depois de 1946, para efetivamente aceitar a responsabilidade civil – objetiva – do Estado.

Avançamos lentamente. Essa parece ser a nota das mudanças sociais, e isso se mostra particularmente verdadeiro no direito, que – não por acaso – recebeu a pecha de ser conservador, de não apreciar mudanças que não contam com o apoio sereno dos (muitos) anos. Caminhamos, cremos, lentamente embora, rumo a uma progressiva responsabilização civil do Estado pelos danos sofridos pelos cidadãos em decorrência de falhas na segurança pública. O tema, sabemos, delicado e complexo, traz consigo temores e cautelas nem sempre explicitados.

Convém, por fim, como palavra final, lembrar que além dos danos individuais, há claramente danos difusos resultantes da violência urbana, traduzidos na perda de qualidade de vida da comunidade. Se podemos falar – com razão – em desequilibro ecológico no direito ambiental, podemos, de certa forma, usar a mesma expressão para sublinhar os gravíssimos danos que a violência urbana causa no tecido social. Não se trata apenas da dimensão individual dos danos – que já é terrível –, mas há, também, uma dimensão difusa, menos mensurável, mas nem por isso menos real. Aliás, talvez não seja equivocado afirmar que em cada violência individualmente sofrida por um cidadão – ainda que puramente patrimonial – haverá, de certa forma, reflexamente, uma lesão àquilo que é de todos, uma lesão a camadas caras à pacificação social e a construção de uma sociedade livre, justa e solidária.

Hoje, é comum que seja feita a conexão entre o direito ao meio ambiente ecologicamente equilibrado à qualidade de vida das pessoas. Havendo lesão àquele direito, há, decerto, dano ambiental extrapatrimonial difuso, se constatada a perda de qualidade de vida, atingindo, em níveis variados, a coletividade. Em relação às lesões ambientais extrapatrimoniais difusas já se percebeu que "os valores imateriais associados ao bem ambiental degradado devem ser analisados de forma abstrata, examinando-se aspectos como a perda de bem-estar proporcionada pelo bem ambiental"[446]. A quantificação há de refletir a gravidade da lesão ocorrida.

O Estado – na mais lisonjeira das luzes – tem feito pouco em relação ao cumprimento de seus deveres constitucionais de prestar segurança pública. Talvez fosse mais exato dizer que há, no caso, sobretudo em certas regiões, uma ausência absoluta, uma como que indiferença em relação à sorte dos cidadãos nesse campo[447]. Não por acaso mencionamos – citando a decisão do STF a propósito dos presídios brasileiros, no segundo capítulo – a expressão "estado de coisas inconstitucional". Expressões e palavras, porém, embora possam acalmar a proverbial necessidade classificatória dos juristas, em nada resolvem o problema, continuando os cidadãos a amargar, dia após dia, as dramáticas dimensões pessoais da violência. É chegado o momento de transformar a retórica em soluções jurídicas que possam, em alguma medida, não resolver o problema, mas ao menos buscar meios e modos de evitar que as vítimas fiquem inteiramente desamparadas, sob a ótica do direito de danos. Pontes de Miranda, a propósito do tema, escrevendo em meados do século passado, argumentou: "Tudo anuncia, porém, o aumento das visíveis brechas

446. STEIGLEDER, Annelise Monteiro. *Responsabilidade civil ambiental*. Porto Alegre: Livraria do Advogado, 2011, p. 148.

447. Os estudos mais atuais notam que "o Poder Público está obrigado a sacrificar o mínimo para preservar o máximo da eficácia direta e imediata dos direitos fundamentais. Claro, a evolução do princípio da proporcionalidade não está terminada. Ao contrário: falta sobretudo efetivar e introjetar a vedação de insuficiência ou omissão" (FREITAS, Juarez. A responsabilidade extracontratual do Estado e o princípio da proporcionalidade: vedação de excesso e de omissão. *Revista de Direito Administrativo*. Rio de Janeiro, nº 241, 2005, pp. 21/37, p. 26). A omissão estatal, ou o agir insuficiente, nesse contexto, podem gerar – e cada vez mais gerarão – pretensões dos cidadãos contra o Estado, não mais se aceitando – ou se aceitando cada vez menos – a cômoda indiferença ou o agir negligente da administração pública.

que no velho sistema de abriam; e dia virá em que, para viver, terá o Estado de carregar com todas as responsabilidades decorrentes dos desvios e crimes individuais. É um desses dilemas de que se pontilha o percurso da sua evolução histórica"[448].

A responsabilidade civil, frisamos ao longo do trabalho, funcionaliza-se – de tempos em tempos, em variados ciclos históricos – como técnica que busca, em certa medida, socializar certos danos, evitando que as pessoas mais vulneráveis arquem sozinhas com eles. Aliás, não por acaso falamos tanto, hoje, em direito de danos, cuja preocupação fundamental é com o ressarcimento da vítima e não mais com a repressão do ofensor[449]. O direito de danos contemporâneo dialoga com os direitos fundamentais e recebe os fortes influxos dos princípios normativos constitucionais[450].

Conforme anotamos anteriormente, neste mesmo capítulo, talvez seja o momento de indagar se não chegou a hora de transformar as vítimas em verdadeiros cidadãos[451]. A propósito, Peter Haberle, de modo inspirado, destaca que os textos constitucionais devem ser cultivados, para que resultem numa Constituição[452].

---

448. PONTES DE MIRANDA, Francisco Cavalcanti. *Tratado de Direito Privado*. T. 53. Rio de Janeiro: Borsoi, 1952, p. 37. José de Aguiar Dias, escrevendo na mesma época, destacou com lucidez: "Avançar até a composição dos danos resultantes da atividade criminosa de particulares é, por enquanto, prematuro, embora seja lícito prever a evolução, logicamente endereçada a esse ponto, da responsabilidade civil do Estado" (AGUIAR DIAS, José de. *Da Responsabilidade Civil*. Rio de Janeiro: Forense, 1954, p. 581).

449. FRAZÃO, Ana. Risco da empresa e caso fortuito externo. *Civilística*. a 5, nº 1, 2016, p. 9.

450. Em outras palavras,"trata-se, assim, de vincular diretamente a responsabilidade civil aos princípios constitucionais da dignidade, da igualdade e da solidariedade" (MORAES, Maria Celina Bodin de. A Constitucionalização do Direito Civil e seus efeitos sobre a Responsabilidade Civil. In: *A Constitucionalização do Direito: fundamentos teóricos e aplicações específicas*. Cláudio Pereira de Souza e Daniel Sarmento (Orgs). Rio de Janeiro: Lumen Juris, 2007, p. 449).

451. Em sentido semelhante, embora escrevendo sob outro contexto, Heloísa Barboza diagnosticou: "Não há, nem deve haver, em resumo, outra perspectiva para o Direito Civil, senão a de se tornar – de fato, o direito que permita – a todos, indistintamente, verdadeiros cidadãos. Esta a meta a ser alcançada" (BARBOZA, Heloísa Helena. Perspectivas do direito civil brasileiro para o próximo século. *Revista da Faculdade de Direito da UERJ*, nº 6-7, Rio de Janeiro: Renovar, 1999, p. 38). Trata-se de dever, por certo, não apenas do direito civil, mas de todo sistema jurídico, em diálogo das fontes, sob inspiração dos princípios e regras constitucionais.

452. HABERLE, Peter. *Liberdad, Igualdad, Fraternidad*: 1789 como historia, actualidad y futuro del estado constitucional. Madrid: Trotta, 1998, p. 47. Criticamos, ao longo da pesquisa, o padrão mental da jurisprudência brasileira relativamente ao tema – que

As sociedades não são estáticas, estão, de certo modo, sempre se movendo e alterando suas feições, escolhendo esse ou aquele caminho, essa ou aquela opção de futuro. Essas mudanças, mais ou menos drásticas, mais ou menos estáveis, estão guiadas – conscientemente ou não – por distintas visões de futuro. Escrevendo no início do século passado, já havia autores que percebiam que um direito privado que traga consigo uma missão social não pode deixar de se preocupar com o estabelecimento de normas que conferem proteção material aos mais vulneráveis[453].

---

nega, em regra, qualquer pretensão indenizatória contra o Estado pelos danos sofridos pelos cidadãos relacionados à violência urbana. É preciso registrar, porém, que há, aqui e ali, entendimentos diversos. Começam a surgir, embora lentamente, decisões que imputam ao Estado a responsabilidade civil decorrente de assaltos. O Estado do Rio de Janeiro foi condenado pela sua 13 Câmera Cível (por maioria) a indenizar, por danos morais, um pai – acompanhado por filhos adolescentes – assaltado num sinal de trânsito a poucos metros da delegacia de polícia do bairro. Segundo os desembargadores, a própria delegacia reconheceu que os assaltos são frequentes na região, sem que nenhuma medida tenha sido tomada pelo Estado para minorar as consequências (*RTDC*, v. 23, p. 292, jun./set. 2005). O STJ reconheceu, em determinado caso, a responsabilidade civil do Estado pelo estupro de uma menor. O estupro, no caso, ocorreu no retorno da garota para casa, tendo sido liberada antes do horário do fim das aulas em virtude da ausência de professor (STJ, REsp 819.789, Rel. Min. Francisco Falcão, 1ª T., DJ 25/05/06). A demanda foi negada tanto em primeira como em segunda instância. O STJ, no entanto, reformou o acórdão, impondo a responsabilidade estatal. Também no STF a teoria da responsabilidade estatal pelos danos relacionados à segurança pública começa a se esboçar. A Suprema Corte entendeu configurada grave omissão, permanente e reiterada, do Estado de Pernambuco, em "prestar o adequado serviço de policiamento ostensivo, nos locais notoriamente possível de práticas criminosas violentas, o que também ocorreria em diversos outros Estados da Federação. Em razão disso, o cidadão teria o direito de exigir do Estado – o qual não poderia se demitir das consequências que resultariam do cumprimento do seu dever constitucional de prover segurança pública – a contraprestação da falta desse serviço". Ressaltou-se que situações configuradoras de falta de serviço podem acarretar a responsabilidade civil objetiva do Poder Público, considerado o dever de prestação pelo Estado, a necessária existência de causa e efeito, ou seja, a omissão administrativa e o dano sofrido pela vítima, e que, no caso, estariam presentes todos os elementos que compõem a estrutura dessa responsabilidade (STF, STA 223-AgR, Rel. Min. Celso de Mello, Plenário, j. 14/04/2008).

453. VON GIERKE, Otto. *La función social del derecho privado*. Madrid: Sociedad Editorial Española, 1904, p. 42. O autor, um pouco adiante, lembra a necessidade da previsão de hipóteses de responsabilidade sem culpa, pois, argumenta, se o autor da violação jurídica pode não incorrer em culpa, o prejudicado é mais inocente ainda. Nota-se, no raciocínio, uma preocupação com as vítimas dos danos, algo que se intensificou nas décadas posteriores. Aliás, sabemos, não é novidade, que algumas pessoas, ou grupos, sofrem mais intensamente os riscos da violência urbana. Nota-se, assim, "a injusta distribuição geográfica do risco relativo à ocorrência de eventos que podem ser qualificados como criminalidade urbana violenta. Não se pode cogitar que o fe-

Talvez não seja exagero afirmar que nós, como sociedade, ao reconhecer o peso do passado, podemos adivinhar (e construir) um horizonte mais generoso. No que diz respeito ao tema desta obra, algo nos parece certo: as respostas atuais soam incrivelmente inadequadas e não guardam harmonia com as opções valorativas básicas da Constituição da República. Juarez Freitas, a propósito, pondera que a "Constituição brasileira, apesar de todas as agressões recebidas, continua a convocar a releitura serena da doutrina da responsabilidade do Estado, que precisa ser profudamente revista" para "incentivar o cumprimento das tarefas estatais defensivas e positivas e, ao mesmo tempo, reparar enormes danos juridicamente injustos". Trata-se, argumenta, "de duplo movimento, que consiste em assimilar a proporcionalidade como (a) proibição de excessos e (b) vedação de inoperância ou fuga dos deveres estatais objetivamente estabelecidos"[454]. Manter o padrão mental atual, diante do

nômeno da criminalidade esteja distribuído de forma idêntica entre todos os pontos da cidade; pelo contrário, assim como as vantagens de viver em uma metrópole estão concentradas em alguns grupos de seus habitantes, as desvantagens, ou melhor, os riscos também se concentram em determinados grupos, em regra, os que se encontram em pontos baixos da escala econômica, isto é, aqueles que moram nas periferias e se utilizam do sistema de transporte público" (CORRÊA, André Rodrigues. *Solidariedade e responsabilidade*. São Paulo: Saraiva, 2009, p. 434). Reforçando essa constatação, podemos mencionar – segundo dados divulgados pelo 10º Anuário do Fórum brasileiro de Segurança Pública – que uma pessoa é morta de forma violenta a cada 9 minutos no Brasil. 73% dessas pessoas são negros. Entre 2009 e 2015 tivemos 17.688 pessoas mortas por policiais. Só com esse número – número oficial, possivelmente muito menor que o número real – é possível afirmar que a polícia brasileira mata em 6 dias o que a britânica mata em 25 anos: http://www.forumseguranca.org.br/produtos/anuario-brasileiro-de-seguranca-publica/10o-anuario-brasileiro-de-seguranca-publica, acesso em 18/12/2016).

454. FREITAS, Juarez. A Constituição, a responsabilidade do Estado e a eficácia direta e imediata dos direitos fundamentais. SAMPAIO, José Adércio Leite (Coord.). *Constituição e crise política*. Belo Horizonte: Del Rey, 2006, pp. 381-401, p. 381. Relativamente ao cumprimento das tarefas estatais positivas, convém lembrar – embora escorregando na obviedade – que o dever de proteção cabe aos Estado, não aos particulares. Nesse sentido, "a vinculação dos particulares a tais direitos não abrange o dever de proteção dos mesmos, em relação a lesões e ameaças provenientes de terceiros. Em outras palavras, cada pessoa ou entidade privada tem a obrigação jurídica de respeitar, comissiva e omissivamente, os direitos fundamentais alheios, mas não tem o dever de proteger estes mesmos direitos diante de agressões de terceiros. Ao particular, faltariam os meios e instrumentos para tanto. No Estado de Direito, detentor do monopólio do uso legítimo da força, este dever de proteção pesa, em princípio, sobre as autoridades estatais do Legislativo, Executivo e Judiciário" (SARMENTO, Daniel. *Direitos Fundamentais e Relações Privadas*. Rio de Janeiro: Lumen Juris, 2004, p. 300).

problema, talvez seja apenas um modo de fuga, uma forma de não enfrentá-lo, diante de suas notórias dificuldades. Mas sabemos que abandonar um problema não é, certamente, a melhor maneira de resolvê-lo.

As soluções jurídicas a que o século XXI chegará serão soluções que dialoguem com a complexidade da nossa realidade, sem rejeitá-la. Lidamos com danos pouco lineares, danos complexos, danos que desafiam os modelos conceituais clássicos. As possibilidades funcionais, na matéria, são amplíssimas, mas dependem de um olhar dinâmico que perpasse os modelos conceituais dos direitos fundamentais e os avanços conquistados pelo direito da responsabilidade civil das últimas décadas. Cabe-nos o desafio, consistente e diário, de buscar conexões de sentido que realizem as opções valorativas básicas da Constituição e que sejam compatíveis com nossa democracia constitucional, que optou, há décadas, por constitucionalizar a responsabilidade civil do Estado, dispensando a culpa estatal para que os cidadãos sejam indenizados.

BIBLIOGRAFIA

ABRAHAM, Tomás. *Shakespeare, el antifilósofo*. Buenos Aires: Sudamericana, 2014.

ADORNO, Sérgio; CARDIA, Nancy. Dilemas do controle democrático da violência: execuções sumárias e grupos de extermínio. São Paulo (Brasil), 1980-1989. In: Tavares dos Santos, José Vicente. (Org.). *Violências em tempo de globalização*. São Paulo: Hucitec, 1998.

AGUIAR JÚNIOR, Ruy Rosado de. A experiência no STJ. *O Superior Tribunal de Justiça e a reconstrução do direito privado*. FRAZÃO, Ana; TEPEDINO, Gustavo (Coords). São Paulo: RT, 2011, pp. 15-22.

AGUIAR JÚNIOR, Ruy Rosado de. O novo Código Civil e o Código de Defesa do Consumidor – pontos de convergência. *Revista de Direito do Consumidor*. São Paulo, nº 48, out./dez. 2003.

ALEXY, Robert. *Teoria de los Derechos Fundamentales*. Trad. Ernesto Garzón Valdés. Madrid: Centro de Estudios Constitucionales, 1993.

ALPA, Guido. Struttura dell'illecito: dolo, colpa, imputabilità, causalità. In: *Responsabilità civile e danno*: lineamenti e questioni. Bologna: Il Mulino, 1991.

AMARAL, Francisco. Racionalidade e Sistema no Direito Civil Brasileiro. *Revista de Direito Civil*. São Paulo, nº 63, 1993, pp. 44/56.

ANDRADE, Manoel de. *Teoria Geral das Obrigações*. Coimbra: Coimbra Editora, 1997.

ANTUNES, Paulo de Bessa. *Direito Ambiental*. Rio de Janeiro: Lumen Juris, 2007.

ARAGÃO, Alexandre Santos de. Os fundamentos da responsabilidade civil do Estado. *Revista dos Tribunais*. v.824, jun/2004, pp. 72-81.

ARAGÃO, Alexandre Santos de. O conceito de serviços públicos no Direito Constitucional brasileiro. In: *A Constitucionalização do Direito: fundamentos teóricos e aplicações específicas*. Cláudio Pereira de Souza e Daniel Sarmento (Orgs). Rio de Janeiro: Lumen Juris, 2007.

ARAGÓN, Manuel. *Constitución y control del poder*: introducción a una teoría constitucional del control. Buenos Aires: Ediciones Ciudad Argentina, 1995.

ARENHART, Sérgio Cruz. *A tutela inibitória da vida privada*. São Paulo: RT, 2000.

ÁVILA, Humberto. Repensando o 'Princípio da supremacia do interesse público sobre o particular'. *O Direito Público em tempos de crise*. SARLET, Ingo Wolfgang (Org.). Porto Alegre: Livraria do Advogado, 1999, pp. 99-127.

ÁVILA, Humberto. *Teoria dos Princípios: da definição à aplicação dos princípios jurídicos*. São Paulo: Malheiros, 2003.

AZEVEDO, Antônio Junqueira. *Negócio jurídico: existência, validade e eficácia*. São Paulo: Saraiva, 2000.

AZEVEDO, Antônio Junqueira. Por uma nova categoria de dano na responsabilidade civil: o dano social. *O Código Civil e sua interdisciplinaridade*. In: FILOMENO, José Geraldo Brito e outros (Orgs.). Belo Horizonte: Del Rey, 2004, pp. 370-377.

BAPTISTA, Patrícia. *Transformações do direito* administrativo. Rio de Janeiro: Renovar, 2003.

BARBOZA, Heloísa Helena. Perspectivas do direito civil brasileiro para o próximo século. *Revista da Faculdade de Direito da UERJ*, nº 6-7, Rio de Janeiro: Renovar, 1999.

BARBOSA MOREIRA, José Carlos. Abuso do Direito. *RTDC*. v. 13, jan.-mar./2003, pp. 97/110.

BARCELLONA, Pietro. *El individualismo propietario*. Madrid: Trotta, 1996.

BARCELLONA, Pietro. Proprietà costituzionale. In *Digesto delle discipline privatistiche*, Sezione Civile. v. XV. Torino: UTET, 1993.

BARROSO, Luís Roberto. Fundamentos Teóricos e Filosóficos do Novo Direito Constitucional Brasileiro. In: *Revista de Direito Administrativo*, nº 225, 2001, pp. 05-37.

BARZUN, Jacques. *From Dawn to Decadence*. New York: Perennial, 2001.

BECK, Ulrich. *Sociedade de Risco – rumo a uma outra modernidade*. Trad. Sebastião Nascimento. 2 ed. São Paulo: Ed. 34, 2011.

BENJAMIN, Herman V., Responsabilidade civil pelo dano ambiental. *Revista de Direito Ambiental*. São Paulo, v. 3, nº 9, p. 5-52, jan./mar. 1998.

BINENBOJM, Gustavo. A constitucionalização do direito administrativo no Brasil: um inventário de avanços e retrocessos. In: *A Constitucionalização do Direito: fundamentos teóricos e aplicações específicas*. Cláudio Pereira de Souza e Daniel Sarmento (Orgs). Rio de Janeiro: Lumen Juris, 2007, pp. 743-780.

BINENBOJM, Gustavo. Da supremacia do interesse público ao dever de proporcionalidade: um novo paradigma para o direito administrativo. *Interesses públicos vs Interesses privados*. SARMENTO, Daniel (Org.). Rio de Janeiro: Lumen Juris, 2005, pp. 117-169.

BLACKBURN, Simon. *Dicionário Oxford de Filosofia*. Trad. Desidério Murcho. Rio de Janeiro: Jorge Zahar Editor, 1997.

BLOOM, Harold. *Como e Por que Ler*. Rio de Janeiro: Objetiva, 2001.

BLOOM, Harold. *Shakespeare*: A invenção do humano. Rio de Janeiro: Objetiva, 1998.

BOBBIO, Norberto. *A Era dos Direitos*. Tradução Carlos Nelson Coutinho. Rio de Janeiro: Campus, 1992.

BOBBIO, Norberto. *Dalla strutura alla funzione*. Milano: Edizioni di Comunitá, 1977.

BOBBIO, Norberto. *Direito e Estado no Pensamento de Emanuel Kant*. Brasília: Editora Universidade de Brasília, 1997.

BOURDIEU, Pierre. *O poder simbólico*. Trad. Fernando Tomaz. Rio de Janeiro: Bertrand Brasil, 2001.

BRAGA, Luziânia C. Pinheiro. Responsabilidade do Estado por omissão em razão das enchentes na cidade: o exemplo de Fortaleza no ano de 2004. *Revista de Direitos Difusos*, v. 47, agosto/2009, pp. 123-144.

BRAGA NETTO, Felipe Peixoto. A Constituição e a dimensão privada do existir. *Quinze anos de Constituição*. SAMPAIO, José Adércio Leite (org.). Belo Horizonte: Del Rey, 2004, pp. 309/316.

BRAGA NETTO, Felipe Peixoto. Felipe Peixoto. *Teoria dos Ilícitos Civis*. Belo Horizonte: Del Rey, 2003.

BUSTAMANTE, Thomas da Rosa. A razoabilidade na dogmática jurídica contemporânea: em busca de um mapa semântico. *RTDC*, vol. 22, abri/jun 2005.

CAHALI, Yussef Said. Indenização segundo a gravidade da culpa. *Revista da Escola Paulista da Magistratura*. nº 1, 1996, pp. 21-27.

CAHALI, Yussef Said. *Responsabilidade Civil do Estado*. São Paulo: RT, 2007, 3ª edição.

CALDEIRA, César. Assaltos a passageiros de ônibus no Rio de Janeiro: um estudo sócio-jurídico. *Revista de Informação Legislativa*. Brasília, ano 38, nº 149, jan.-mar. 2001, pp. 159-171.

CALDEIRA, César. Responsabilidade civil do Estado por omissão na área de segurança pública: o problema dos danos causados por multidões no Tribunal de Justiça do Estado do Rio de Janeiro. Rio de Janeiro. *EMARF – TRF 2ª Região*, v. 8. nº 1, pp. 09-47.

CALDEIRA, Teresa. *Cidade de muros*: crime, segregação e cidadania em São Paulo. São Paulo: Editora 34, EDUSP, 2003.

CAMPILONGO, Celso Fernandes. *Direito e Democracia*. São Paulo: Max Limonad, 1997.

CANARIS, Claus-Wilhelm. *Direitos Fundamentais e Direito Privado*. Trad. Paulo Motta Pinto e Ingo Wolfgang Sarlet. Coimbra: Coimbra editora, 2003.

CANARIS, Claus-Wilhelm. *Pensamento sistemático e conceito de sistema na ciência do direito*. Introdução e trad. A. Menezes Cordeiro. Lisboa: Calouste Gulbenkian, 1996.

CANOTILHO, J.J. Gomes; LEITE, José Rubens Morato. *Direito Constitucional Ambiental Brasileiro*. São Paulo: Saraiva, 2007.

CAPITANT, David. *Lês effets juridiques des droits fondamentaux en Allemagne*. Paris: LG.DJ, 2001.

CARDIA, Nancy. A violência urbana e os jovens. In: Pinheiro, Paulo Sergio (coord.). (Org.). *São Paulo sem medo: um diagnóstico da violência urbana*. Rio de Janeiro: Editora Garamond, 1998, pp. 133-154.

CARDIA, Nancy. The Impact of Exposure to Violence in Sao Paulo: Accepting Violence or Continuing Horror? In: Rotker, Susan (ed.) *Citizens of Fear: Urban Violence in Latin America*, New Brunswick: Rutgers University Press, 2002, pp. 152-186.

CARRÁ, Bruno Leonardo Câmara. *Responsabilidade Civil sem Dano. Uma análise crítica*. São Paulo: Atlas, 2014.

CASTELLS, Manuel. *A sociedade em rede*. Lisboa: Calouste Gulbenkian, 2005.

CASTRO NEVES, José Roberto de. *Medida por medida: o direito em Shakespeare*. Rio de Janeiro: Edições Janeiro, 2016.

CASTRO NEVES, José Roberto de. Responsabilidade civil – vinte rachaduras, quebras e desmoronamentos (e uma canção desesperada). *RTDC*, v. 33, ano 9, jan-mar/2008, pp. 219-246.

CASTRONOVO, Carlo. *La nuova responsabilità civile*. Milano: Giuffrè, 2006.

CAVALIERI FILHO, Sérgio. *Programa de Responsabildidade Civil*. São Paulo: Malheiros, 2003.

CAVALIERI FILHO, Sérgio. *Programa de Responsabilidade Civil*. São Paulo, Atlas, 2014.

COELHO, Fábio Ulhoa. *Direito Civil, v. 2*. São Paulo: Saraiva, 2005.

CITTADINO, Gisele. *Pluralismo, Direito e Justiça Distributiva. Elementos da Filosofia Constitucional Contemporânea*. 2ª edição. Rio de Janeiro: Lumen Juris, 2000.

CITTADINO, Gisele. Raymundo Faoro e a Reconstrução da Democracia no Brasil. In: *Raymundo Faoro e o Brasil*. Juarez Guimarães. (Org.). São Paulo: Editora Fundação Perseu Abramo, 2009.

CONTINENTINO, Múcio. *Direitos Reaes-Direitos Pessoaes/Direitos Absolutos-Direitos Relativos*. Rio de Janeiro: Irmãos Pongetti, 1935.

CORRÊA, André Rodrigues. *Solidariedade e responsabilidade*. São Paulo: Saraiva, 2009.

COUTO DE CASTRO, Guilherme. *A responsabilidade civil objetiva no direito brasileiro*. Rio de Janeiro: Forense, 1997.

CZAJKOWSKI, Rainer. Sobre a Responsabilidade Civil do Estado. *Jurisprudência brasileira: Responsabilidade civil do Estado. v.* 170. Curitiba: Juruá, 1993.

DAHL, Robert A. *Sobre a Democracia*. Tradução Beatriz Sidou. Brasília: UNB, 2001.

DIAS, José de Aguiar. *Da Responsabilidade Civil*. Rio de Janeiro: Forense, 1954.

DIAS, José de Aguiar. *Da Responsabilidade Civil*. 10 edição. Rio de Janeiro: Forense, 1995.

DIEZ-PICAZO. *La doctrina de los propios actos – Un estudo critico sobre la jurisprudencia del Tribunal Supremo*. Barcelona: Bosch, 1963.

DIMOULIS, Dimitri; MARTINS, Leonardo. *Teoria Geral dos Direitos Fundamentais*. São Paulo: Atlas, 2012.

DINIZ, Maria Helena. *Curso de Direito Civil Brasileiro*. São Paulo: Saraiva, 1994.

DONEDA, Danilo. Os direitos da personalidade no Código Civil. *A Parte Geral do novo Código Civil: estudos na perspectiva civil-constitucional*. TEPEDINO, Gustavo (Org.). Rio de Janeiro: Renovar, 2002.

DORNELLES, J. R. W. Conflito de Segurança. *Entre Pombos e Falcões*. 2. ed. Rio de Janeiro: Lumen Juris, 2003.

DORNELLES, J. R. W. Globalização, direitos humanos e a violência na modernidade recente. *Temas Emergentes de Direitos Humanos*, v. V, p. 311-332, 2006.

DOUGLAS, Mary. *Risk acceptability according to the social science.* New York: Sage, 1985.

DUARTE, Fernanda; VIEIRA, José Ribas; CAMARGO, Margarida Maria Lacombe; GOMES, Maria Paulina. *Os direitos à honra e à imagem pelo Supremo Tribunal Federal.* Rio de Janeiro: Renovar, 2006.

DWORKIN, Ronald. *Freedom's law: the moral reading of the American Constitution.* Cambridge: Harvard Universiy Presses, 1996.

DURANT, Will. *História da civilização.* t. I. Trad. Gulnara de Moraes Lobato. São Paulo: Companhia Editora Nacional, 1957.

EDELMAN, Bernard. *La personne en danger.* Paris: PUF, 1999.

EDMUNDSON, Willian A. *Uma introdução aos direitos.* Trad. Evandro Ferreira e Silva. Revisão da tradução Newton Eichemberg. São Paulo: Martins Fontes, 2006.

ESSER, Josef. *Principio y norma en la elaboración jurisprudencial del derecho privado.* Trad. Eduardo Valenti Fiol. Barcelona: Bosch, 1961.

FACHIN, Luiz Edson. O "aggiornamento" do direito civil brasileiro e a confiança negocial. *Repensando os fundamentos do direito civil brasileiro contemporâneo.* Rio de Janeiro: Renovar, 2008.

FACHIN, Luiz Edson. *Estatuto Jurídico do Patrimônio Mínimo.* Rio de Janeiro: Renovar, 2001.

FACHIN, Luiz Edson. *Teoria crítica do direito civil.* Rio de Janeiro: Renovar, 2000.

FACHIN, Luiz Edson; RUZYK, Carlos Eduardo. Um projeto de código civil na contramão da Constituição. *Revista Trimestral de Direito Civil.* Rio de Janeiro, v. 4, set./dez. 2000.

FACCHINI NETO, Eugenio. Reflexões histórico-evolutivas sobre a constitucionalização do direito privado. *Direitos Fundamentais e Direito Privado.* Porto Alegre: Livraria do Advogado, 2003, pp. 11-60.

FAORO, Raymundo. *Os Donos do Poder.* Rio de Janeiro: Globo, 1989.

FARIAS, Cristiano Chaves de; ROSENVALD, Nelson; BRAGA NETTO, Felipe Peixoto. *Curso de Direito Civil*, v. 3. São Paulo: Atlas, 2014.

FERNANDES, Luís Carvalho. *Teoria geral do direito civil.* v. 1. Lisboa: Universidade Católica, 2007.

FIEDLER, Leslie A. *The Stranger em Shakespeare*. Londres: Lowe and Brydone, 1972.

FLEINER-GERSTER, Thomas. *Teoria Geral do Estado*. Trad. Marlene Holzhausen. Revisão técnica Flávia Portella Puschel. São Paulo: Martins Fontes, 2006.

FONSECA, Arnoldo Medeiros da. *Caso fortuito e teoria da imprevisão*. 3ª edição. São Paulo: Forense, 1958.

FRASER, Nancy. Redistribuição, reconhecimento e participação: por uma concepção integrada de justiça. *Igualdade, diferença e direitos humanos*. Rio de Janeiro: Lumen Juris, 2010, pp. 167-189.

FRAZÃO, Ana. Risco da empresa e caso fortuito externo. *Civilística*. a 5, nº 1, 2016.

FREITAS, Juarez. *A* Constituição, a responsabilidade do Estado e a eficácia direta e imediata dos direitos fundamentais. SAMPAIO, José Adércio Leite (Coord.). *Constituição e crise política*. Belo Horizonte: Del Rey, 2006, pp. 381-401.

FREITAS, Juarez. A democracia como princípio jurídico. *Direito Público Moderno*. FERRAZ, Luciano; MOTTA, Fabrício (Orgs). Belo Horizonte: Del Rey, 2003, 167-197.

FREITAS, Juarez. Responsabilidade civil do Estado e o princípio da proporcionalidade: vedação do excesso e da omissão. *Revista de Direito Administrativo*. Rio de Janeiro, v. 241, 2005, pp. 21/37.

FREITAS, Juarez. Responsabilidade civil do Estado e o princípio da proporcionalidade, *Revista de Doutrina da 4ª* Região, Porto Alegre, nº 10, jan. 2006, p. 73-95.

FREITAS, Juarez. Responsabilidade Civil do Estado e o princípio da proporcionalidade: vedação de excesso e de inoperância. *Responsabilidade Civil do Estado*. Juarez Freitas (org.). São Paulo: Malheiros, 2006, pp. 170-197.

FRIEDMAN, L. M. *The Republic of Choice: Law, Authority and Culture*. Cambridge: Harvard UP, 1990.

GALGANO, Francesco. *Il diritto privato fra codice e costituzione*. Bologna: Zanichelli, 1988.

GANDINI, João Agnaldo Donizete; SALOMÃO, Diana Paola. A responsabilidade civil do Estado por conduta omissiva. *Revista Forense*, v. 386, julho/agosto de 2006, Rio de Janeiro: Forense, pp. 129-151.

GASPARI, Elio. *A Ditadura Escancarada*. São Paulo: Companhia das Letras, 2002.

GASTAL, Alexandre Fernandes. Verdade e verossimilhança: a facilitação da prova como instrumento de tutela dos direitos materiais. *Direitos Fundamentais e Vulnerabilidade Social*. BERTOLDI, Marcia Rodrigues; GASTAL, Alexandre Fernandes; CARDOSO, Simone Tassinari (Orgs). Porto Alegre: Livraria do Advogado Editora, 2016.

GILMORE, Grant. *The Death of Contract*. Columbus: Ohio State University Press, 1974.

GIORDANI, José Acir Lessa. *A responsabilidade objetiva genérica no Código Civil de 2002*. Rio de Janeiro: Lumen Juris, 2004.

GIORGIANNI, Michele. *RTDC*, ano 4, v. 13, jan./mar. 2003.

GOMES, José Jairo. *Responsabilidade Civil e Eticidade*. Belo Horizonte: Del Rey, 2005.

GOMES, Orlando. *Raízes históricas e sociológicas do Código Civil brasileiro*. São Paulo: Martins Fontes, 2006.

GONÇALVES, Carlos Roberto. *Comentários ao Código Civil:* parte especial, Direito das Obrigações (arts. 927 a 965). JUNQUEIRA DE AZEVEDO, Antônio (Org.). São Paulo: Saraiva, 2003.

GONÇALVES, Carlos Roberto. *Responsabilidade Civil*. São Paulo: Saraiva, 2003.

GONÇALVES, Tiago Moraes. O caso fortuito e a força maior frente à responsabilização objetiva pelo risco da atividade na sociedade contemporânea. *Revista de Direito Privado*, v. 47, jul. 2011.

GOUGH, J. W. *Fundamental law in english constitutional*. Oxford: Clarendon Press, 1961.

GRIMM, Dieter. A função protetiva do Estado. Trad. Eduardo Mendonça. *A Constitucionalização do Direito: fundamentos teóricos e aplicações específicas*. Cláudio Pereira de Souza e Daniel Sarmento (Orgs). Rio de Janeiro: Lumen Juris, 2007, pp. 149-165.

GRIMM, Dieter. Jurisdição Constitucional e Democracia. *Revista de Direito do Estado*. 4:3, 2006, pp. 6-9.

GUERRA FILHO, Willis Santiago. Hermenêutica constitucional, deveres fundamentais e princípio da proporcionalidade. BOUCALT, Carlos E. de Abreu; RODRIGUEZ, José Rodrigo (Orgs). *Hermenêutica plural*: possibilidades jusfilosóficas em contextos imperfeitos. São Paulo: Martins Fontes, 2005, pp. 391-411.

GUTMANN, Amy. In: TAYLOR, Charles. *El multiculturalismo y "La Política del Reconocimiento".* Introdução de Amy Gutmann. Comentarios de Susan Wolf, Steven C. Rockefeller, Michael Walzer; ensayos de Jürgen Habermas, K.Anthony Appiah. Trad. Mónica Utrilla de Neira; Liliana Andrade Llanas y Gerard Vilar Roca. México: Fondo de Cultura Económica, 2009.

HABERLE, Peter. *Liberdad, Igualdad, Fraternidad*: 1789 como historia, actualidad y futuro del estado constitucional. Madrid: Trotta, 1998.

HABERMAS, Jürgen. *The new conservatism*. Cambridge: MIT Press, 1990.

HABERMAS, Jürgen. *The Structural Transformation of the Public Sphere*. T. Thomas Burger. Cambridge: MIT Press, 1991.

HIRONAKA, Giselda Maria Novaes. Responsabilidade civil: o estado da arte. In: NERY, Rosa Maria de Andrade; DONNINI, Rogério (Coords). *Responsabilidade Civil: estudos em homenagem ao Professor Rui Geraldo Camargo Viana*. São Paulo: RT, 2009.

HOFMEISTER, Maria Alice Costa. *O dano pessoal na sociedade de risco*. Rio de Janeiro: Renovar, 2002.

HOLANDA, Sérgio Buarque de. *Raízes do Brasil*. São Paulo: Companhia das Letras, 1995.

HONAN, Park. *Shakespeare: Uma vida*. São Paulo: Companhia das Letras, 2001.

HORBACH, Carlos Bastide. Responsabilidade do Estado: 25 anos de aplicação da Constituição de 88. *25 anos da Constituição brasileira de 1988*: Democracia e Direitos Fundamentais no Estado Democrático de Direito. RIBEIRO, Patrícia Henriques (Org.). Belo Horizonte: D'Plácido, 2014, pp. 105-132.

HUTCHINSON, Tomás. *Daño Ambiental*. Buenos Aires: Abeledo-Perrot, 1998.

ITURRASPE, Mosset. *Daño Ambiental*. Buenos Aires: Bubinzal Culzoni, 1999.

ITURRASPE, Mosset. *Responsabilidad por daños*. t. I. Buenos Aires: Rubinzal--Culzoni, sem indicação do ano.

JOLOWICZ, H.F. *Historical Introduction to the study of Roman Law*. Cambridge: University Press, 1952.

JUSTEN FILHO, Marçal. *Curso de Direito Administrativo*. São Paulo: Saraiva, 2011.

KOTZ, Hein; ZWEIGERT, Konrad. *Introduction to comparative law*. Oxford: Clarendon Press, 1995.

KOWARICK, Lúcio. Viver em risco: sobre a vulnerabilidade no Brasil urbano. *Novos Estudos*. São Paulo, nº 63, jul. 2002, pp. 9-30.

KRELL, Andreas. *Direitos sociais e controle judicial no Brasil e na Alemanha*: os (des)caminhos de um direito constitucional comparado. Porto Alegre: Sergio Antônio Fabris Editor, 2002.

LANGTON, Christopher. *O Fim da Ciência.* São Paulo: Companhia das Letras, 1998.

LARENZ, Karl. *Metodologia da ciência do direito.* Lisboa: Fundação Calouste Gulbenkian, 1997.

LARMORE, Charles. *The Morals of Modernity*. Cambridge: Cambridge University Press, 1996.

LEAL, Adisson. Violação positiva dos contratos. In: ANDRIGHI, Nancy. *Responsabilidade civil e inadimplemento no direito brasileiro.* São Paulo: Atlas, 2014.

LEWICKI, Bruno. Panorama da boa-fé objetiva. In: TEPEDINO, Gustavo (Coord.). *Problemas de Direito Civil-Constitucional.* Rio de Janeiro: Renovar, 2000.

LIMA, Alvino. *Culpa e risco.* São Paulo: RT, 2ª ed, 1999.

LÔBO, Paulo Luiz Netto. Condições gerais dos contratos e o novo Código Civil brasileiro, *RTDC*, vol. 27, jul/set, 2006.

LÔBO, Paulo Luiz Netto. Constitucionalização do Direito Civil. *Direitos e Deveres*, nº 3, jul./dez. Maceió: Imprensa Universitária, 1998, pp. 92-121.

LÔBO, Paulo Luiz Netto. *Direito Civil. Obrigações.* São Paulo: Saraiva, 2011.

LÔBO, Paulo Luiz Netto. *Direito Civil. Parte Geral.* São Paulo: Saraiva, 2009.

LÔBO, Paulo Luiz Netto. *Responsabilidade por vício do produto ou do serviço.* Brasília: Brasília Jurídica, 1996.

LOPES, Almeida. *Direito das Obrigações.* Coimbra: Coimbra Editora, 1984.

LOPES, Luciane Cristine. A responsabilidade civil do Estado em face da omissão inconstitucional. *Revista IOB de Direito Administrativo.* v. 31, ano III, jul. 2008, pp. 64-87.

LORENZETTI, Ricardo Luis. *Fundamento do Direito Privado.* São Paulo: Revista dos Tribunais, 1998.

LORENZETTI, Ricardo Luis. La Responsabilidad Civil. *Revista de Direito do Consumidor.* São Paulo: RT, abr/jun. 2000.

LORENZETTI, Ricardo Luis. *Teoria da decisão judicial.* Trad. Bruno Miragem. Notas da tradução. Cláudia Lima Marques. São Paulo: RT, 2008.

LOUREIRO, José Carlos. Constituição, tecnologia e risco(s): entre medo(s) e esperança(s). *Direito, inovação e tecnologia*. MENDES, Gilmar Ferreira; SARLET, Ingo Wolfgang; COELHO, Alexandre Zavaglia P. (coords). São Paulo: Saraiva, 2015, pp. 33-84.

MACCORMICK, Neil. *Rhetoric and the Rule of Law*. Oxford: Oxford University Press, 2005.

MARCHE, Stephen. *How Shakespeare changed everything*. New York: Harper, 2012.

MARINONI, Luiz Guilherme. *Novas Linhas do Processo Civil*. São Paulo: Malheiros, 2000.

MARINONI, Luiz Guilherme. *Tutela contra o ilícito*. São Paulo: RT, 2016.

MARINONI, Luiz Guilherme. *Tutela inibitória: individual e coletiva*. São Paulo: RT, 1998.

MARQUES, Cláudia Lima. *Contratos no Código de Defesa do Consumidor*. São Paulo: RT, 2002.

MARQUES NETO, Floriano Peixoto de Azevedo. *Regulação Estatal e Interesses Públicos*. São Paulo: Malheiros, 2004.

MARTINEZ, Gregorio Peces-Barba. *Curso de Derechos Fundamentales. Teoria General*. Madrid: Universidad Carlos III, 1995.

MARTINS-COSTA, Judith. *A ilicitude derivada do exercício contraditório de um direito: o renascer do venire contra factum proprium*. Rio de Janeiro: Revista Forense, nº 376, nov./dez. 2004.

MARTINS-COSTA, Judith. Do inadimplemento das obrigações. In: FIGUEIREDO TEIXEIRA, Sálvio de (Coord.). *Comentários ao novo Código Civil*, v. 5, tomo II. Rio de Janeiro, Forense, 2003.

MARTINS-COSTA, Judith. Os danos à pessoa no direito brasileiro e a natureza de sua reparação. *A Reconstrução do Direito Privado*. MARTINS-COSTA, Judith (Org.). São Paulo: RT, 2002, pp. 408/446

MATTIETTO, Leonardo de Andrade. *O Direito Civil-Constitucional e a Nova Teoria dos Contratos*. In: TEPEDINO, Gustavo (Coord.). *Problemas de Direito Civil-Constitucional*. Rio de Janeiro: Renovar, 2000.

MATTIETTO, Leonardo de Andrade. O papel da vontade nas situações jurídicas patrimoniais: o negócio jurídico e o novo Código Civil. *Diálogos sobre Direito Civil – Construindo a racionalidade contemporânea*. Rio de Janeiro: Renovar, 2002.

MAZEAUD, Henri; MAZEAUD, Leon. *Traité théorique et pratique de la responsabilité civile*. Paris: Montchrestien, 1945.

MCCOLGAN, A. *Woman under the Law: the false promese of Human Rights.* London: Longman, 2000.

MEAD, George H. *Movements of thougt in the nineteenth century*. Chicago: The University of Chicago Press, 1972.

MEDAUAR, Odete. *Direito administrativo moderno.* São Paulo: RT, 2011.

MEDAUAR, Odete. Jornada sobre Gestores Públicos e Responsabilidade Civil na Administração Pública, *Boletim de Direito Administrativo*, 1/1, NDJ, jan. 2004.

MEIRELES, Hely Lopes. *Direito Administrativo Brasileiro*. São Paulo: Malheiros, 2000.

MELLO, Oswaldo Aranha Bandeira de. *Princípios Gerais de Direito Administrativo*. v. II. São Paulo: Forense, 1969.

MENDES, Conrado Hübner, *Direitos Fundamentais, Separação de Poderes e Deliberação*. São Paulo: Saraiva, 2011.

MENDES, Conrado Hübner. O projeto de uma corte deliberativa. *Jurisdição Constitucional Brasileira*. VOLVODIC, Adriana; PINTO, Henrique Mota; GORZONI, Paula; SOUZA; Rodrigo Pagani de. (Orgs). São Paulo: Malheiros: 2012.

MILARÉ, Édis. *Direito do Ambiente*. São Paulo: RT, 2014.

MONATERI, P. G. *Pensare il Diritto Civile*. Torino: Giappichelli, 1999.

MONTEIRO FILHO, Carlos Edison do Rêgo. Artigo 944 do Código Civil: o problema da mitigação do princípio da reparação integral. *O direito e o tempo: embates jurídicos e utopias contemporâneas – Estados em homenagem ao Professor Ricardo Pereira Lira.* Rio de Janeiro: Renovar, 2008, pp. 757-796.

MONTEIRO FILHO, Carlos Edison do Rêgo. *Elementos de responsabilidade civil por dano moral.* Rio de Janeiro: Renovar, 2000.

MONTEIRO FILHO, Carlos Edison do Rêgo. Desafios à concretização do princípio da reparação integral no Superior Tribunal de Justiça. *O Superior Tribunal de Justiça e a Reconstrução do Direito Privado.* FRAZÃO, Ana; TEPEDINO, Gustavo (Orgs). São Paulo: RT, 2011, pp. 229-271.

MONTEIRO FILHO, Carlos Edison do Rêgo. *Problemas de responsabilidade civil do Estado*. RTDC, v. 11, jul/set 2002, pp. 35-65.

MONTEIRO FILHO, Carlos Edison do Rêgo. Problemas de Responsabilidade Civil do Estado. *Responsabilidade Civil do Estado.* Juarez Freitas (org.). São Paulo: Malheiros, 2006, pp. 37-69.

MORAES, Maria Celina Bodin de. *A caminho de um direito civil constitucional.* Revista de Direito Civil. v. 65, ano 17, julho-setembro/1993, pp. 21-32.

MORAES, Maria Celina Bodin de. A Constitucionalização do Direito Civil e seus efeitos sobre a Responsabilidade Civil. *A Constitucionalização do Direito: fundamentos teóricos e aplicações específicas.* Cláudio Pereira de Souza e Daniel Sarmento (Orgs). Rio de Janeiro: Lumen Juris, 2007, pp. 435-453.

MORAES, Maria Celina Bodin de. A constitucionalização do direito civil e seus efeitos sobre a responsabilidade civil. *Direito, Estado e Sociedade.* v. 9, nº 29, jul-dez 2016, pp. 233-258.

MORAES, Maria Celina Bodin de. Ampliando os direitos da personalidade. *20 anos da Constituição Cidadã de 1988.* VIEIRA, José Ribas (Org.). Rio de Janeiro: Forense, 2008, pp. 369-388.

MORAES, Maria Celina Bodin de. Constituição e direito civil: tendências. *Revista Direito, Estado e Sociedade.* Rio de Janeiro, nº 15, ago./dez., 1999, pp. 95-113.

MORAES, Maria Celina Bodin de. *Danos à pessoa humana.* Rio de Janeiro: Renovar, 2003.

MORAES, Maria Celina Bodin de. Honra, liberdade de expressão e ponderação. *O Superior Tribunal de Justiça e a reconstrução do direito privado.* FRAZÃO, Ana; TEPEDINO, Gustavo (Coords). São Paulo: RT, 2011, pp. 597-614.

MORAES, Maria Celina Bodin de. O jovem direito civil-constitucional. *Civilística.* a 1, nº 1. 2012, editorial

MORAES, Maria Celina Bodin de. O princípio da solidariedade. In: PEIXINHO, Manoel Messias; GUERRA, Isabela Franco; NASCIMENTO FILHO, Firly (coord). *Os princípios da Constituição de 1988.* Rio de Janeiro: Lumen Juris, 2001, pp. 167-206.

MORAES, Maria Celina Bodin de. Os últimos 25 anos e o futuro. *Civilística.* a 2, nº 3. 2013, editorial.

MORAES, Maria Celina Bodin de. Professores ou juízes? *Civilística.* a 3, nº 2. jul.-dez 2014, editorial.

MORAES, Maria Celina Bodin de. *Punitives damages* em sistemas civilistas: problemas e perspectivas. *RTDC*, v. 18, ano 5, abr/jun-2004, pp. 45-78.

MORAES, Maria Celina Bodin de. Risco, solidariedade e responsabilidade objetiva. *Revista dos Tribunais*, v. 854, dez/2006, pp. 11-37.

MORAES, Maria Celina Bodin de; BARBOSA, Fernanda Nunes. O processo civil constitucionalizado. *Civilística*, a. 5, nº 1, 2016, editorial.

MULHOLLAND, Caitlin Sampaio. *A responsabilidade civil por presunção de causalidade*. Rio de Janeiro: GZ, 2010.

NASH, Roderick Frazier. *The Righst of Nature: a history of environmental Ethics*. The University of Wisconsin Press. Madison, 1989.

NEGREIROS, Teresa. Dicotomia Público/Privado frente ao Problema da Colisão de Princípios. *Teoria dos Direitos Fundamentais*. TORRES, Ricardo Lobo (Org.). Rio de Janeiro: Renovar, 1999, pp. 337-375.

NEGREIROS, Teresa. *Teoria do Contrato. Novos Paradigmas*. Rio de Janeiro: Renovar, 2002.

NERY JR, Nelson; NERY, Rosa Maria B. de Andrade. Responsabilidade civil, meio ambiente e ação coletiva ambiental. BENJAMIN, Herman (Org.). *Dano ambiental: prevenção, reparação e repressão*. São Paulo: RT, 1993.

NORONHA, Fernando. Desenvolvimentos contemporâneos da responsabilidade civil. *Revista dos Tribunais*, v. 761, São Paulo, 1999.

NORONHA, Fernando. *Direito das obrigações, v. I*. São Paulo: Saraiva, 2003.

NORONHA, Fernando. O nexo causal na responsabilidade civil. *Revista da EMESC*, v. 15, Florianópolis, jun. 2003, pp. 123-157.

PAILLET, Michel. *La responsabilitè administrative*. Paris: Dalloz, 1996.

PECES-BARBA MARTINEZ, Gregório. *Teoria dei diritti fundamentali*. Milano: Giuffrè, 1993.

PESSOA JORGE, Fernando. *Ensaio sobre os pressupostos da responsabilidade civil*. Coimbra: Almedina, 1999.

PEREIRA, Rodolfo Viana. O controle como categoria dogmático-constitucional. *25 anos da Constituição brasileira de 1988*: Democracia e Direitos Fundamentais no Estado Democrático de Direito. RIBEIRO, Patrícia Henriques (Org.). Belo Horizonte: D'Plácido, 2014, pp. 555-589.

PEREIRA DE AGUIAR, Carlos Alberto. A miséria e a criminalidade no Rio de Janeiro. *A responsabilidade civi e o fato social no século XXI*. In: COUTO, Antônio; SLAIBI FILHO, Nagib (Orgs.). Rio de Janeiro: Forense, 2004, pp. 159-169.

PERLINGIERI, Pietro. La dottrina del diritto civile nella legalità costituzionale. *RTDC*, v. 31, jul/set. 2007, pp. 75-86.

PERLINGIERI, Pietro. *La personalità umana nell'ordinamento giuridico*. Camerino: Jovene, 1972.

PERLINGIERI, Pietro. La responsabilità civile tra indennizzo e risarcimento. *Rassegna di diritto civile*, nº 4, 2004, pp. 1061-1087.

PERLINGIERI, Pietro. Norme costituzionali e rapporti di diritto civile. *Scuole, tendenze e metodi*. Napoli: Esi, 1989.

PERLINGIERI, Pietro. *Perfis de Direito Civil*. Rio de Janeiro: Renovar, 1999.

PERLINGIERI, Pietro. *O direito civil na legalidade constitucional*. Rio de Janeiro: Renovar, 2008.

PINHEIRO, Rosalice Figaldo Pinheiro; GLITZ, Frederico Eduardo Zenedin. A tutela externa do crédito e a função social do contrato: possibilidades do caso "Zeca Pagodinho". In: TEPEDINO, Gustavo; FACHIN, Luiz Edson. *Diálogos sobre Direito Civil*. Volume II. Rio de Janeiro: Renovar, 2008, pp. 323-344.

PINTO, Helena Elias. *Responsabilidade Civil do Estado por Omissão*. Rio de Janeiro: Lumen Juris, 2008.

PONTES DE MIRANDA. *Fontes e Evolução do Direito Civil Brasileiro*. Rio de Janeiro: Pimenta de Mello, 1928.

PONTES DE MIRANDA. *História e prática do habeas corpus. Direito constitucional e processual comparado*. Rio de Janeiro: José Konfino Editor, 1955.

PONTES DE MIRANDA. *Obras literárias: poesia e prosa*. Rio de Janeiro: José Olympio, 1960.

PONTES DE MIRANDA. *Tratado da Ação Rescisória*. Rio de Janeiro: Forense, 1976.

PONTES DE MIRANDA. *Tratado de Direito Privado*. t. I. Rio de Janeiro: Borsoi, 1954.

PONTES DE MIRANDA. *Tratado de Direito Privado*. t. II. Rio de Janeiro: Borsoi, 1954.

PONTES DE MIRANDA. *Tratado de Direito Privado*. t. IV. Rio de Janeiro: Borsoi, 1954.

PONTES DE MIRANDA. *Tratado de Direito Privado*. t. XXIII. Rio de Janeiro: Borsoi, 1971.

PONTES DE MIRANDA. *Tratado de Direito Privado*, t. XLXI. Rio de Janeiro: Borsoi, 1973.

PONTES DE MIRANDA. *Tratado de Direito Privado*, t. LIII. Rio de Janeiro: Borsoi, 1966.

POSNER, Richard A. *Problemas de Filosofia do Direito*. Trad. Jeffesor Luiz Caranco. São Paulo: Martins Fontes, 2007.

POTHIER, R. J. *Tratado das obrigações*. Campinas: Servanda, 2001.

QUINTANA, Mário. *Caderno H*. São Paulo: Globo, 1998.

RAZ, Joseph. *The Morality of Freedom*. Oxford: Oxford Universty Press, 1986.

RAZ, Joseph. *Valor, respeito e apego*. Trad. Vadim Niktin. São Paulo: Martins Fontes, 2004.

REHBINDER, Eckard. Germany (Chapter 3). KOTZÉ, L. J.; PATERSON, A. L. (eds.). *The role of the judiciary in environmental governance*. Netherlands: Kluwer Law International, 2009.

RIBEIRO, Maurício Portugal. O direito contemporâneo e a metodologia de ensino do direito. *Direito Global*. SUNDFELD, Carlos Ari; VIEIRA, Oscar Vilhena (Coords). São Paulo: Max Limonad, 1999.

RIPERT, Georges. *A regra moral nas obrigações civis*. São Paulo: Saraiva, 1937.

RIPSTEIN, Arthur. *Equality, responsability and the law*. Cambridge: Cambridge University Press, 1999.

RIVERO, Jean; MOUTOUH, Huges. *Liberdades públicas*. Trad. Maria Ermantina de Almeida Prado Galvão. São Paulo: Martins Fontes, 2006.

ROBERTO, Giordano Bruno Soares. *Introdução à história do direito privado e da codificação*. Belo Horizonte: Del Rey, 2003.

RODOTÀ, Stefano. *Il problema della responsabilità civile*. Milano: Giuffrè, 1967.

RODOTÀ, Stefano. *La vida y las reglas. Entre el derecho y el no derecho*. Trad. Andrea Greppi. Madrid: Editorial Trotta. 2010.

RODOTÀ, Stefano. *Perché laico*. Bari: Laterza, 2010.

RODRÍGUEZ-ARANA, Jaime. Nuevas Orientaciones Doctrinales sobre la Responsabilidad Patrimonial de la Administración Pública, *Scientia luridica*, Universidade do Minho, Braga, nº 293, maio/agosto, 2002.

ROSENVALD, Nelson. *As funções da Responsabilidade Civil*. São Paulo: Atlas, 2013.

ROSENVALD, Nelson. *Direito Civil em Movimento*. Salvador: Juspodivm, 2017.

ROSENVALD, Nelson; MILAGRES, Marcelo (Coords). *Responsabilidade Civil*: novas tendências. Indaiatuba: Foco, 2017.

ROUANET, Sérgio. *As Razões do Iluminismo*. São Paulo: Companhia das Letras, 2000.

ROXIN, Claus. *Funcionalismo e imputação objetiva no direito penal*. Trad. e introdução de Luís Greco, 3 ed., Rio de Janeiro: Renovar, 2002.

RUZYK, Carlos Eduardo Pianovski. O "caso das pílulas de farinha" como exemplo da construção jurisprudencial de um "direito de danos" e da violação da liberdade positiva como "dano à pessoa". *O Superior Tribunal de Justiça e a reconstrução do direito privado*. FRAZÃO, Ana; TEPEDINO, Gustavo (Coords). São Paulo: RT, 2011, pp. 288-302.

SALDANHA, Nelson. *Estudos de Teoria do Direito*. Belo Horizonte: Del Rey, 1994.

SALDANHA, Nelson. *Ethos* Político, Direitos e Cidadania. *Legitimação dos Direitos Humanos*. TORRES, Ricardo Lobo (Org.). Rio de Janeiro: Renovar, 2002, pp. 389-395.

SALDANHA, Nelson. *Filosofia do Direito*. Rio de Janeiro: Renovar, 1998.

SALDANHA, Nelson. *O Jardim e a Praça: Ensaio sobre o lado privado e o lado público da vida social e histórica*. Porto Alegre: Sergio Antonio Fabris Editor, 1986.

SAMPAIO DA CRUZ, Gisela. *O problema do nexo causal na responsabilidade civil*. Rio de Janeiro: Renovar, 2005.

SANTIAGO NINO, Carlos. *La Constitución de la Democracia Deliberativa*. Barcelona: Gedisa, 1997.

SARLET, Ingo Wolfgang. Direitos Fundamentais e direito penal: breves notas a respeito dos limites e possibilidades da aplicação das categorias da proibição do excesso e de insuficiência em matéria criminal: a necessária e permanente busca da superação dos "fundamentalismos" hermenêuticos. *Revista da ESMEC*, v. 15, nº 21, 2008.

SARLET, Ingo Wolfgang. Mínimo existencial e Direito Privado: apontamentos sobre algumas dimensões da possível eficácia dos direitos fundamentais sociais no âmbito das relações jurídico-privadas. *RTDC*, v. 29, jan/mar 2007, pp. 53-93.

SARLET, Ingo Wolfgang; FENSTERSEIFER, Tiago. Algumas notas sobre a dimensão ecológica da dignidade da pessoa humana e sobre a dignidade da vida em geral. *Direito ambiental atual*. TRENNEPOHL, Curt; TRENNEPOHL, Terence (Coords). São Paulo: Elsevier, 2014, pp. 83-100.

SARMENTO, Daniel. A dimensão objetiva dos direitos fundamentais: fragmentos de uma teoria. *Jurisdição constitucional e direitos fundamentais*. José Adércio Leite Sampaio (Coord.). Belo Horizonte: Del Rey, 2003, pp. 251-314.

SARMENTO, Daniel. A igualdade étnico-racial no direito constitucional brasileiro: discriminação "de facto", teoria do impacto desproporcional e ação afirmativa. In: *Livres e iguais: estudos de direito constitucional*. Rio de Janeiro: Renovar, 2010, pp. 139-166.

SARMENTO, Daniel. Dimensão objetiva dos direitos fundamentais: fragmentos de uma teoria. In: Ricardo Lobo Torres e Celso Albuquerque Mello (Orgs). *Arquivos de Direitos Humanos*, v., IV. Rio de Janeiro: Renovar, 2003, pp. 63-102.

SARMENTO, Daniel. *Direitos Fundamentais e Relações Privadas*. Rio de Janeiro: Lumen Juris, 2004.

SARMENTO, Daniel. Interesses públicos vs interesses privados na perspectiva da teoria e da filosofia constitucional. *Constituição e crise política*. SAMPAIO, José Adércio Leite (Coord). Belo Horizonte: Del Rey, 2006, pp. 311-379.

SARMENTO, Daniel. Ubiquidade constitucional: os dois lados da moeda. *A Constitucionalização do Direito: fundamentos teóricos e aplicações específicas*. Cláudio Pereira de Souza e Daniel Sarmento (Orgs). Rio de Janeiro: Lumen Juris, 2007, pp. 113-148.

SAVATIER, René. *Traité de la responsabilité civil en droit français. Conséquences et aspects divers de la responsabilité*. t. II. Paris: LGDJ, 1951.

SCHAUER, Frederick. Formalism, *Yale Law Journal*, v. 97, março 1988, pp. 19-58.

SCHREIBER, Anderson. *A proibição do comportamento contraditório – Tutela da confiança e venire contra factum proprium*. Rio de Janeiro: Renovar, 2005.

SCHREIBER, Anderson. Novas tendências da Responsabilidade Civil brasileira, *RTDC*, vol. 22, abr/jun 2005.

SCHREIBER, Anderson. *Novos paradigmas da responsabilidade civil*. São Paulo: Atlas, 2013.

SEGUÍ, Adela M. Aspectos relevantes de la responsabilidad civil moderna. *Revista de Direito do Consumidor*. São Paulo: RT, nº 52, out./dez. 2004, pp. 267-318.

SEN, Amartya. *Desarrollo y Libertad*. Planeta: Barcelona, 2000.

SHOPENHAUER, Arthur. *A arte de escrever* (organização, prefácio e notas de Pedro Süssekind). Porto Alegre: LP&M, 2007.

SILVA, José Afonso da. *Direito Ambiental Constitucional*. São Paulo: Malheiros, 1995.

SILVA, Virgílio Afonso da. *Interpretação constitucional*. São Paulo: Malheiros, 2007.

SILVA, Wilson Melo da. *Responsabilidade sem culpa e socialização do risco*. Belo Horizonte: Bernardo Álvares, 1962.

SLAWINSKI, Célia Barbosa Abreu. Breves reflexões sobre a eficácia atual da boa-fé objetiva no ordenamento jurídico brasileiro. In: TEPEDINO, Gustavo (Coord.). *Problemas de Direito Civil-Constitucional.* Rio de Janeiro: Renovar, 2000.

SOLLOW, Robert M. Intergenerational Equity and Exhaustible Resources. *Review of Economic Studies.* Symposium on the Economics of Exhaustible Resources, 1974.

SOMBRA, Thiago Luís Santos. *A tutela da confiança em face dos comportamentos contraditórios.* São Paulo: Revista de Direito Privado, nº 33. jan./mar. 2008, pp. 307-342.

SOUSSE, Marcel. *La notion de réparation de dommages en droit administratif français.* Paris: LGDJ, 1994.

STEIGLEDER, Annelise Monteiro. *Responsabilidade civil ambiental.* Porto Alegre: Livraria do Advogado, 2011.

STOLFI, Giuseppe. *Teoria del negozio giuridico.* Madrid: Briz, 1959.

STRECK, Lenio Luiz; MORAIS, Jose Luis Bolzan de. *Ciência Política e Teoria do Estado.* Porto Alegre: Livraria do Advogado, 2014.

SUNDFELD, Carlos Ari; PINTO, Henrique Motta. Três desafios para melhorar a jurisdição constitucional brasileira. *Jurisdição Constitucional Brasileira.* VOLVODIC, Adriana; PINTO, Henrique Mota; GORZONI, Paula; SOUZA; Rodrigo Pagani de. (Orgs). São Paulo: Malheiros: 2012.

TÁCITO, Caio. Tendências atuais sobre a Responsabilidade Civil do Estado. *Revista de Direito Administrativo*, v. 55, 1959.

TARTUCE, Flávio. Reflexões sobre o dano social. *RTDC*, v. 34, ano 9, abr/jun 2008, pp. 179-201.

TAYLOR, Charles. *El multiculturalismo y "La Política del Reconocimiento".* Introdução de Amy Gutmann. Comentarios de Susan Wolf, Steven C. Rockefeller, Michael Walzer; ensayos de Jürgen Habermas, K.Anthony Appiah. Trad. Mónica Utrilla de Neira; Liliana Andrade Llanas y Gerard Vilar Roca. México: Fondo de Cultura Económica, 2009.

TELLES, Edward E. *O significado da raça na sociedade brasileira.* Trad. Ana Arruda Callado. Princenton e Oxford: Princenton University Press, 2012.

TEPEDINO, Gustavo. A Evolução da Responsabilidade Civil no Direito Brasileiro e suas Controvérsias na Atividade Estatal. *Temas de Direito Civil.* Rio de Janeiro: Renovar, 2001, pp. 173-215.

TEPEDINO, Gustavo. A responsabilidade médica na experiência brasileira contemporânea. *Temas de Direito Civil. Tomo II.* Rio de Janeiro: Renovar, 2006.

TEPEDINO, Gustavo. *Temas de Direito Civil.* Rio de Janeiro: Renovar, 2001.

TORRES, Ricardo Lobo. A Legitimação dos Direitos Humanos e os Princípios da Ponderação e da Razoabilidade. *Legitimação dos Direitos Humanos*. TORRES, Ricardo Lobo (Org.). Rio de Janeiro: Renovar, 2002, pp. 397-449.

TORRES, Ricardo Lobo. O mínimo existencial e os direitos fundamentais. *Revista de Direito Administrativo*, nº 177, 1989, pp. 20-49.

TRIMARCHI, Pietro. *Rischio e responsabilità oggettiva.* Milano: Giuffrè, 1961.

TUCHMAN, Barbara. *A Prática da História.* Rio de Janeiro: José Olympio Editora, 1991.

TUNC, André. *Responsabilitè civile.* Paris: Económica, 1989.

TUNC, André. The twentieth century development and function of the law of torts in France. *The International and Comparative Law Quarterly*, v. 14, London: BIICL, 1965, pp. 1089-1103.

UBILLO, Juan María Bilbao. *La Eficácia de los Derechos Fundamentales frente a particulares. Análisis de la Jurisprudencia del Tribuna Constitucional.* Madrid: Centros de Estudios Políticos y Consitucionales, 1997.

UBILLO, Juan María Bilbao. Proibição de discriminação e relações entre particulares. Trad. Renata R. Batista. *A Constitucionalização do Direito: fundamentos teóricos e aplicações específicas.* Cláudio Pereira de Souza e Daniel Sarmento (Orgs). Rio de Janeiro: Lumen Juris, 2007, pp. 391-433.

VALGAS, Rodrigo. Nexo causal e excludentes da responsabilidade extracontratual do Estado. *Interesse Público*, v. 59, ano 12, jan./fev 2010, Belo Horizonte, pp. 119-128.

VASCONCELOS, Arnaldo. *Teoria da Norma Jurídica.* São Paulo: Malheiros, 1993.

VASCONCELOS, Pedro Carlos Bacelar de. *Teoral geral do controlo jurídico do poder público.* Lisboa: Edições Cosmos, 1996.

VIEHWEG, Theodor. *Tópica e jurisprudência.* Brasília: Departamento de Imprensa Nacional, 1979.

VINEY, Geneviève. Diálogos com a Doutrina. *RTDC*, v. 29, jan./mar. 2007.

VINEY, Geneviève. *Introduction a la responsabilitè.* Traitè de droit civil. Jacques Ghestin (org.). Paris: LGDJ, 2008.

VON GIERKE, Otto. *La función social del derecho privado.* Madrid: Sociedad Editorial Española, 1904.

VON HUMBOLDT, Wilhelm. *Os limites da acção do Estado.* Porto: Colecção Resjurídica, 1990.

VOIDEY, Nadège. *Le risque en droit civil*. Aix-Marseille: Presses Universitaires d'Aix-Marseille, 2005.

WALD, Arnoldo. *Curso de Direito Civil Brasileiro, Obrigações e Contratos*. São Paulo: RT, 1998.

WALDRON, Jeremy. *Law and disagreement*. Oxford: Oxford University Press, 2004.

WALZER, Michael. *Da Tolerância*. Trad. Almiro Pisetta. São Paulo: Martins Fontes, 1999.

WIEACKER, Franz. *A História do Direito Privado Moderno*. Trad. A. M. Botelho Hespanha, 2ª ed., Lisboa: Fundação Calouste Gulbenkian, 1980.

WOOD, Jennifer; CARDIA, Nancy. Plural Policing in Brazil, In: *Plural Policing in Comparative Perspective*. Jones, T. e Newburn, T. (Coord). London: Routledge, 2006, pp. 245-295.

YOSHINO, Kenji. *Mil vezes mais justo – o que as peças de Shakespeare nos ensinam sobre a Justiça*. Trad. Fernando Santos. São Paulo: Martins Fontes, 2014.

ZAGREBELSKY, Gustavo. *El derecho dúctil*. Madrid: Trotta, 2003.

ZANITELLI, Leandro Martins. Responsabilidade civil objetiva no Brasil: uma crítica às explicações habituais. *RTDC*, v. 20, p. 213, out/dez. 2004.

ZANNONI, Eduardo. *El daño en la responsabilidad civil*. Buenos Aires: Astrea, 1987.

EDITORA *Jus*PODIVM

www.editorajuspodivm.com.br

Pré-impressão, impressão e acabamento

GRÁFICA SANTUÁRIO

grafica@editorasantuario.com.br
www.graficasantuario.com.br
Aparecida-SP